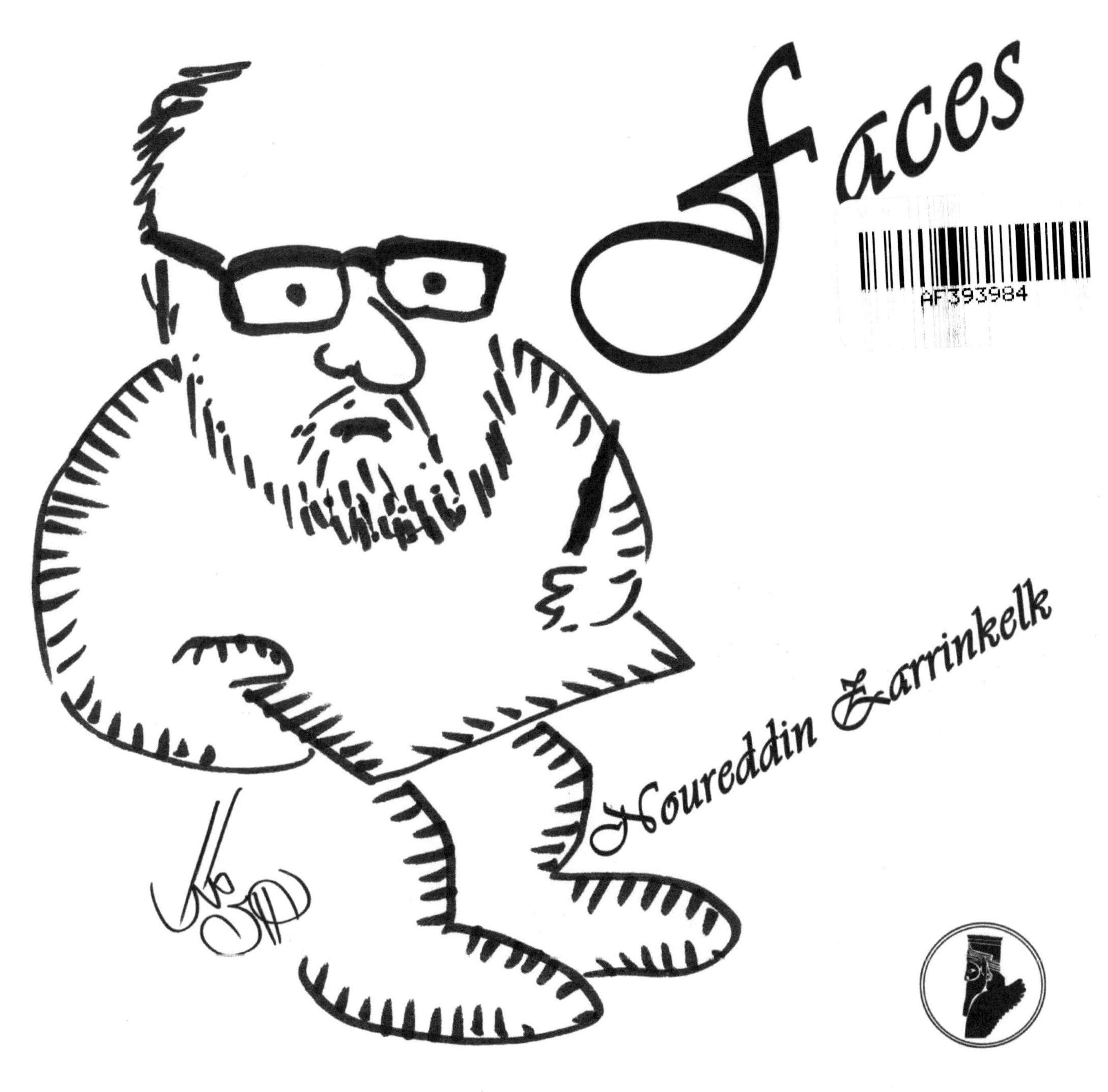

Faces
AF393984
Noureddin Zarrinkelk

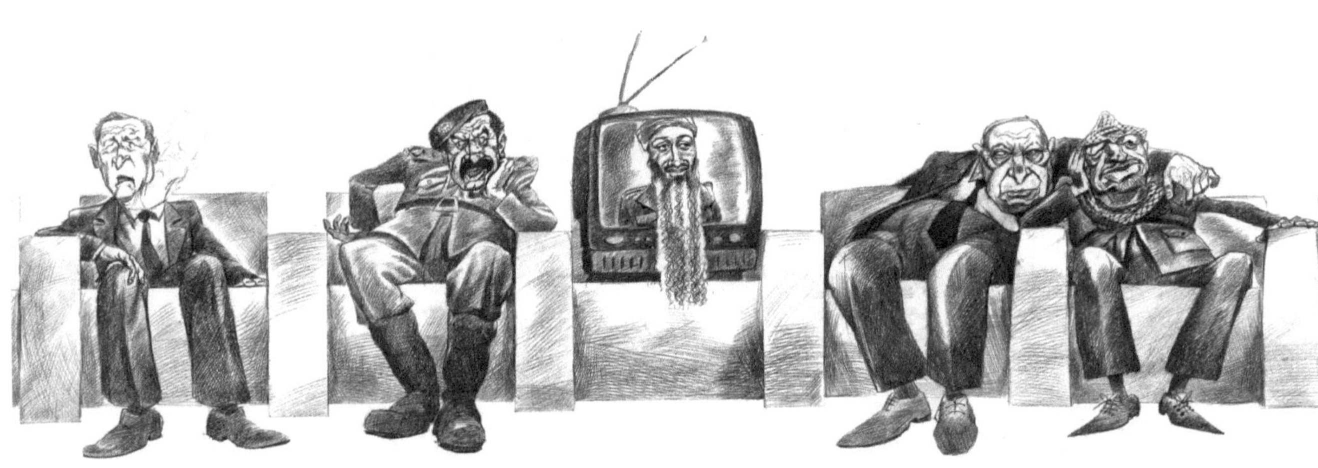

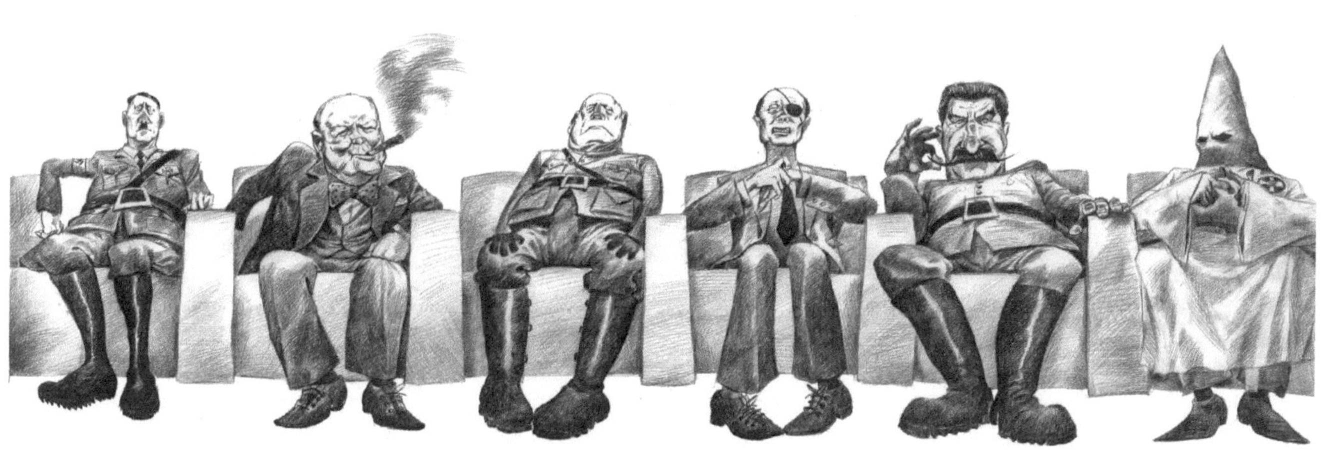

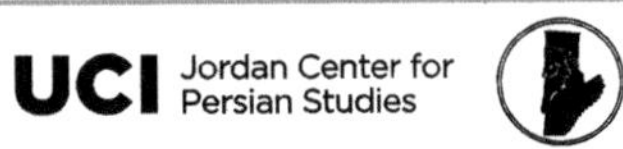

Faces

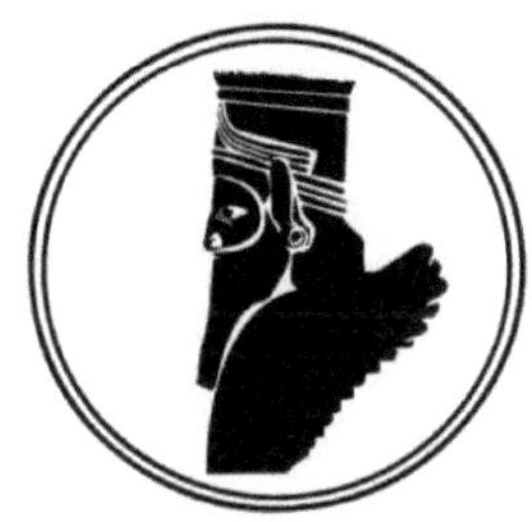

It has been truly a pleasure and honor to have Dr. Nourredin Zarrinkelk at the Samuel M. Jordan Center for Persian Studies for the past two years. He has brought life and creativity to UCI and Iranian Studies in Orange County. This book contains 200 sketches of interesting and important people drawn by Dr. Zarrinkelk in the past four decades. The setting where these sketches took place were in the public and whoever caught his eye in conferences, coffee shops or friendly gatherings became the subject of his work. We are honored to have Faces published at the UCI Jordan Center for Persian Studies and hope to continue our collaboration.

Touraj Daryaee
Director of the Jordan Center for Persian Studies & Culture
University of California, Irvine

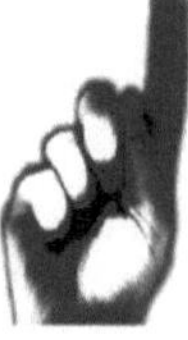

A pencil, a piece of paper and a voyeur eye are all that is needed to design an icon or portrait. Perhaps this definition - in the age of the camera, Internet and mobile - is not a comprehensive definition; but for my own sake, it's the hand design, and in this book, face design.

If for many people, killing time, has ways, such as solving cross words, watching TV or reading junk papers; for others - like me - designing the faces of people who are on the solving cross words, Watching TV and reading junk papers is the best way to kill time - along with the sense of joy of killing!

Watching people and scenes, paying attention to the differences in the attitudes and behavior (such as slippery guys who took the gestures of VIPs) or dear friends around table each busy with their cellphones! and hundreds of ridiculous scenes, are most enjoyable entertainment for me and people like me.

The formulas of anatomy and osteology such as: small head, fallen shoulders, lean legs, obese nose, tight eyes, loose mouths, and a thousand other points are in place, and the test is the same.

Subway Couple, neighborhood park, lounge waiting room, speech meeting, bus station, airport waiting room and campers, all the good laboratories for this fun and safe way to keep a pen and paper for hours to keep active.

If the old men come out with the jaw and the puffy eyes and back can be defined, and the children are brought up with small and large organs, large eyes and laps, you will see many contradictions in their direct observations, and at the end of this result "There is nothing formula in the universe of nature!" And academic definitions are not mathematical formulas, nor the principles of physics that can not be found wrong.

The face design, portraiture, or imagination that you see in this book is a kind of entertaining and humorous, but it's not always fun and fun for the deadly soul; as in the history of painting kings and owners of wealth and money, a high- Court painters

It has been a small but enlightening corner of history. (Where did Shah Abbas's royal mustache come from, apart from the portraits of that king?)

There are still many portraiture enthusiasts who come to the world's top travel destinations

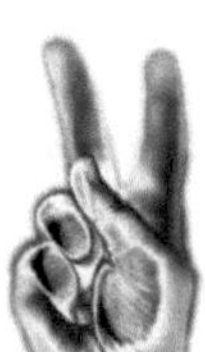

such as the Jerusalem Museums, the Venice Square of Venice, as well as other tourist places, which draw their bread from the design of the icons of travelers, lovers and hands. That their hearts).

In Iranian history, due to the religious doctrines of Islam in which simulation is prohibited; the art of the iconography is very rare; only in the centuries after the eleventh century, it was only from the kings (Shah Abbas Safavi, Agha Muhammad Khan Qajar, Fath Alishah, Nasseruddin and his descendants) and the owners of the state, the emirs and the ministers. Why, today, despite the diminution of the ban on imagery, less design can be found on the streets and markets of Iran, which is a symbol of being - albeit for livelihoods - unknown to me (although perhaps it's clear for us)! .

Just as a memo, I write in the following: Two of the icons I see in my book, from me and Renzo Kinoshita is the director of the International Association of Animation Directors, whom he took from me and one for him, but do you imagine how these designs are drawn? On the entrance steps of the Hiroshima Hall of Fame, where he took the image of customers against wages!

Of course, I did not get paid because I had traveled with him, and I would kill him with each other!

....

And the last word is that you see two parts in your book:
1- Icons over the last two years in different situations - street, bazaar, airport, hospital. More than television figures on lazy nights.
2. The icons my friends and enemies have taken from me together.

Noureddin Zarrinkelk
California / Fall 2017

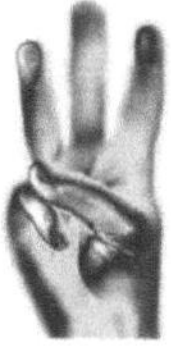

Borivoj Dovniković Bordo

ABOUT NOUREDDIN ZARRINKELK

The colleague Nouri Zarrinkelk is my friend for many years already. I feel close to him especialy because of his versatility in creativity and activity in the field of the animated film and graphic art – from realization of animated films, illustration, graphic design to education and activity in ASIFA, our International Association of Animated Film – what characterizes my career too. His election for the ASIFA president 2003
was a logical recognition of his reputation as an artist and man.

His whole creativity – in animation and graphics – is interwoven with powerfull peculiarities of Iranian art and soul, what makes him one of the most renowned representatives of the culture of his country. In the same time, his art, with universal values, designates him as an world artist.

I was encountering Nouri's animated films at international animation festivals and I would always identify its author after several scenes. The special place in my memory has had the film The Mad, Mad, Mad World, in which Nouri very wittily revived on the map the continents and parts of continents as creatures in interaction. Excellent, contemporary idea, appropriate animation. . . And then I asked myself: how couldn't I get this simple idea for my film!

In the times to come, we all are waiting for Nouri's new achievements in the wide field of his creativity.

Long live, my friend Nouri.

B o r d o

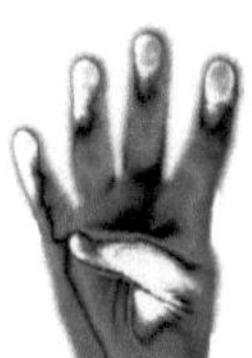

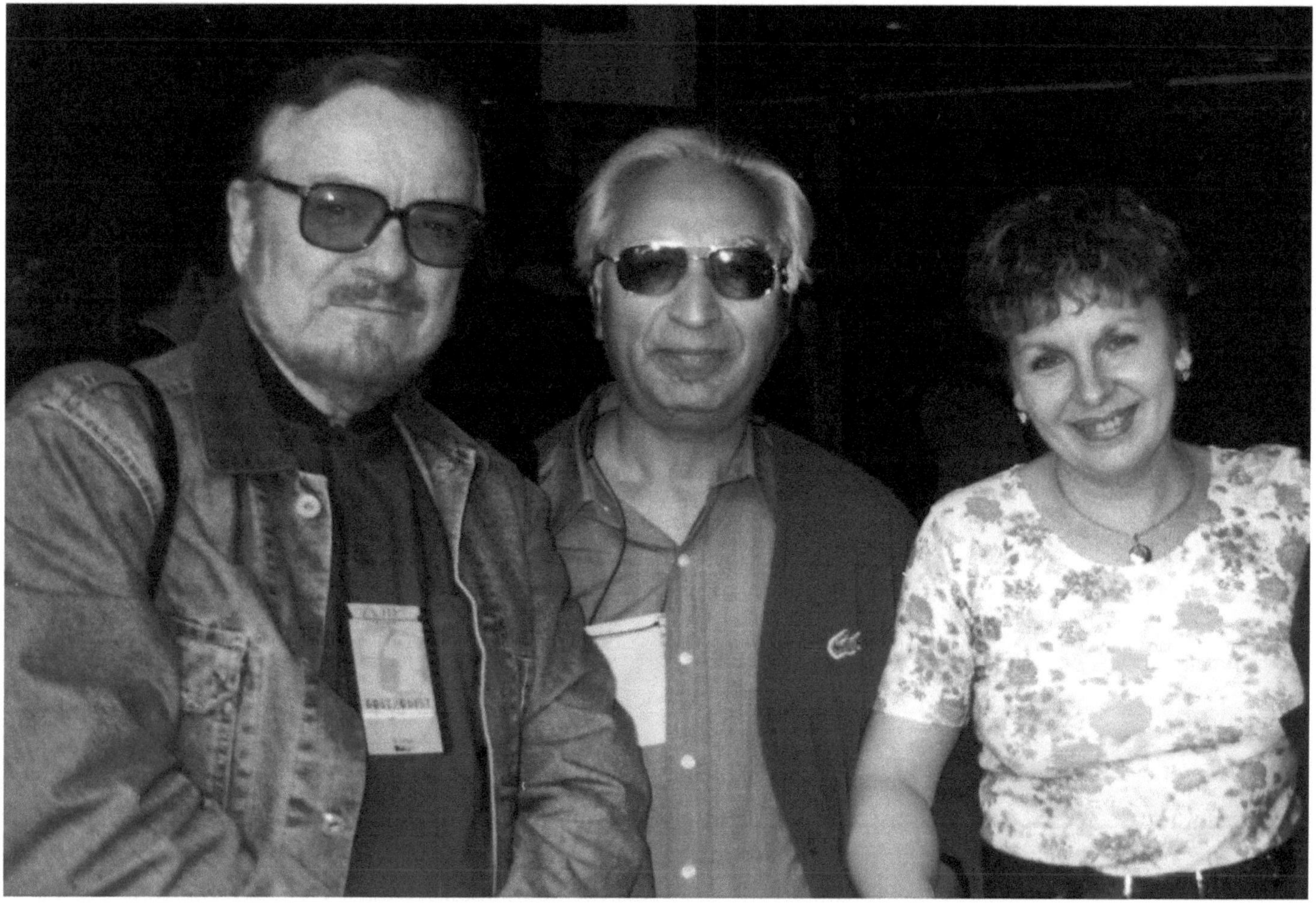

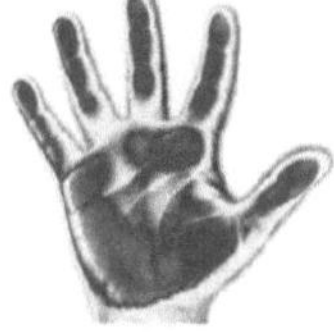

I have had the pleasure of knowing Noureddin Zarrinkelk, as a colleague and my dear friend, since our first meeting at the Annecy Animation Festival, France, in 1979. I subsequently invited him to tour New England schools and colleges with his beautiful work in 1986 and again in 2009. In both instances, not only were American audiences captivated by his fine work, but they were charmed by this man's sense of humor and humanity.

Through the last 38 years, Noureddin and I have met at many animation festivals, sharing our work and our dreams, and often our paths would cross with our work for ASIFA, the International Animators Association. Before I retired from the ASIFA Board in 2000, I persuaded Noureddin to take the reins of ASIFA as its President, a position he fulfilled with great honor. It is with similar honor that I now introduce his new book of drawings compiled by his lovely daughter, Negar.

David Ehrlich

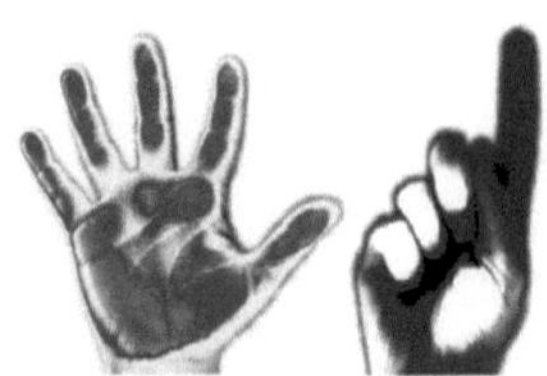

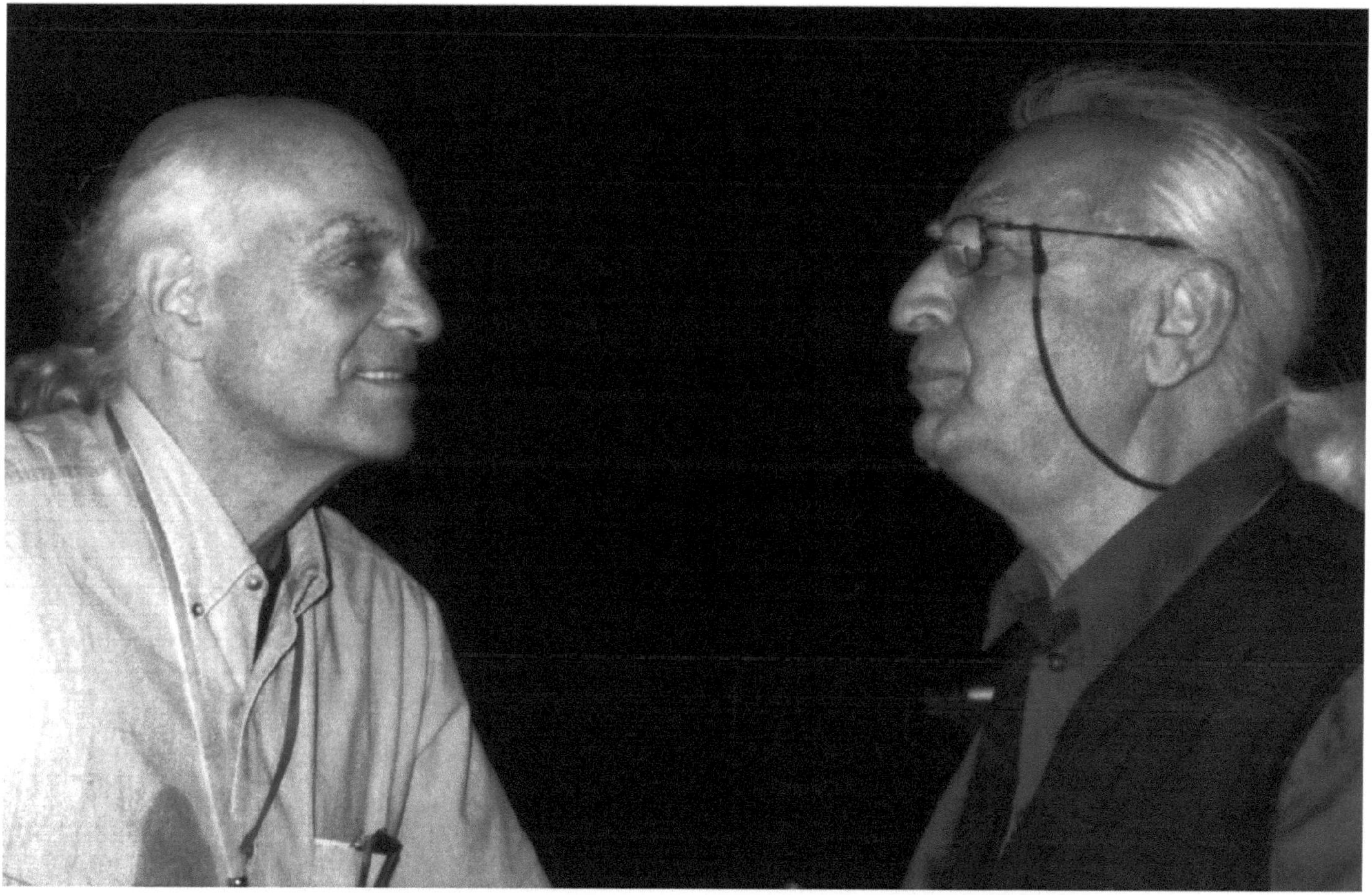

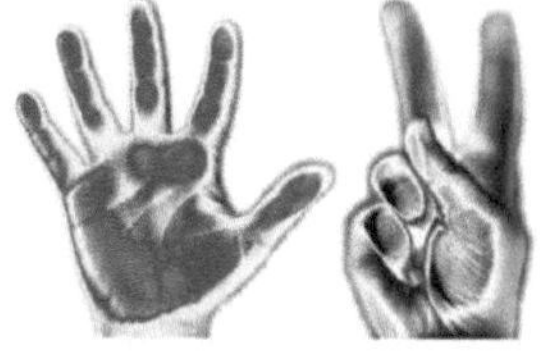

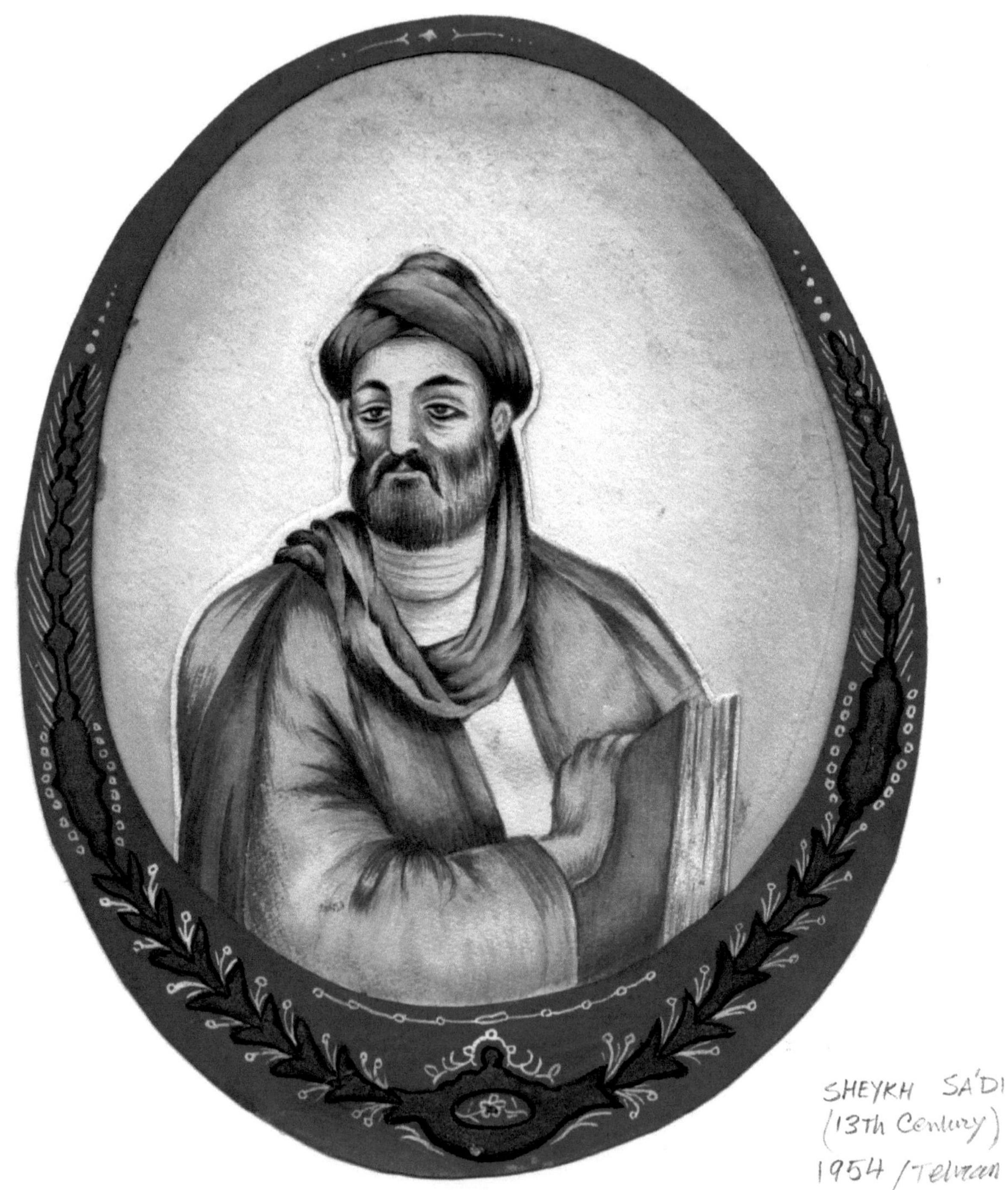

1

SHEYKH SA'DI
(13th Century)
1954 / Tehran

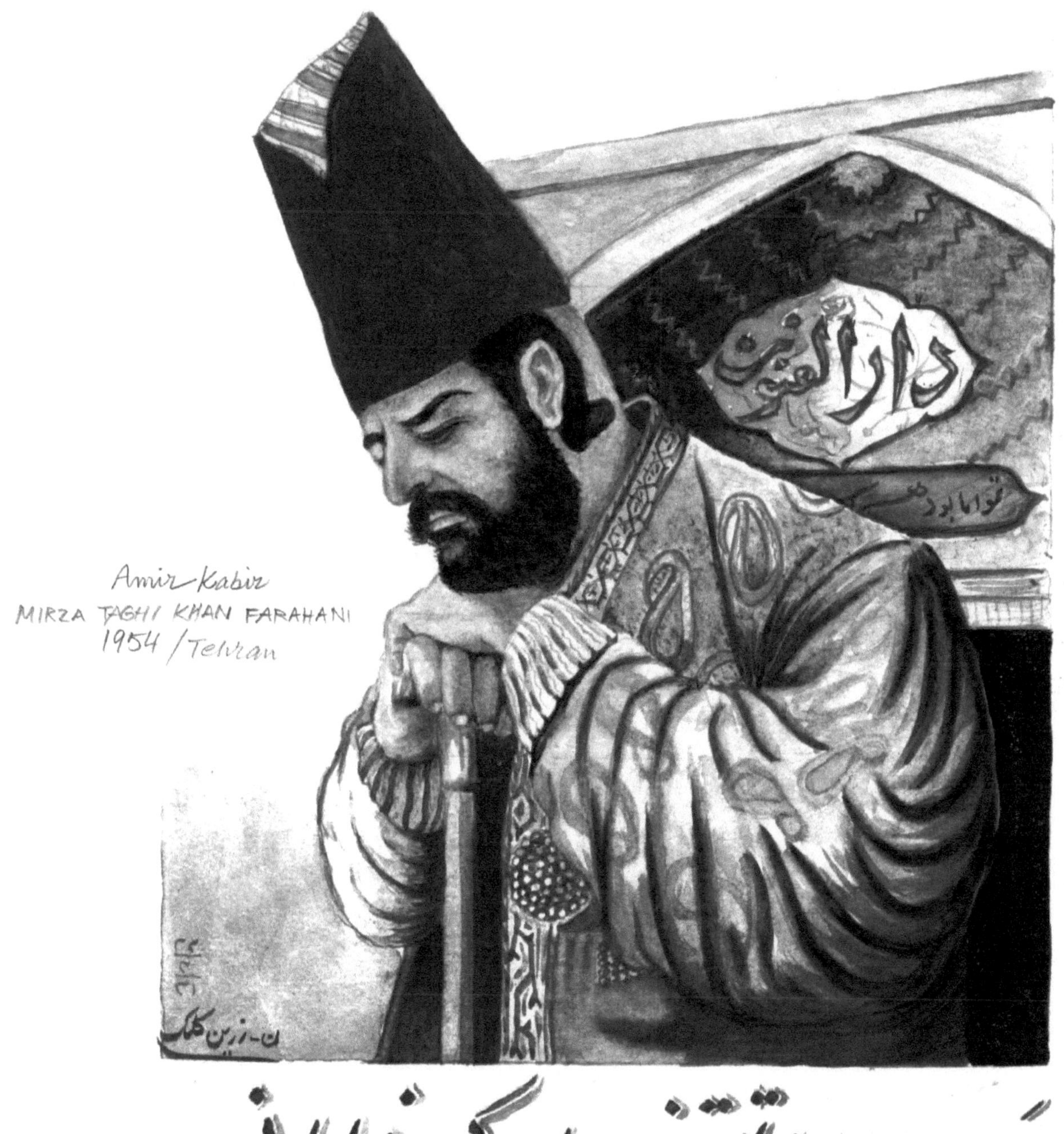

مرحوم میرزا تقی خان امیرکبیر فراهانی

2

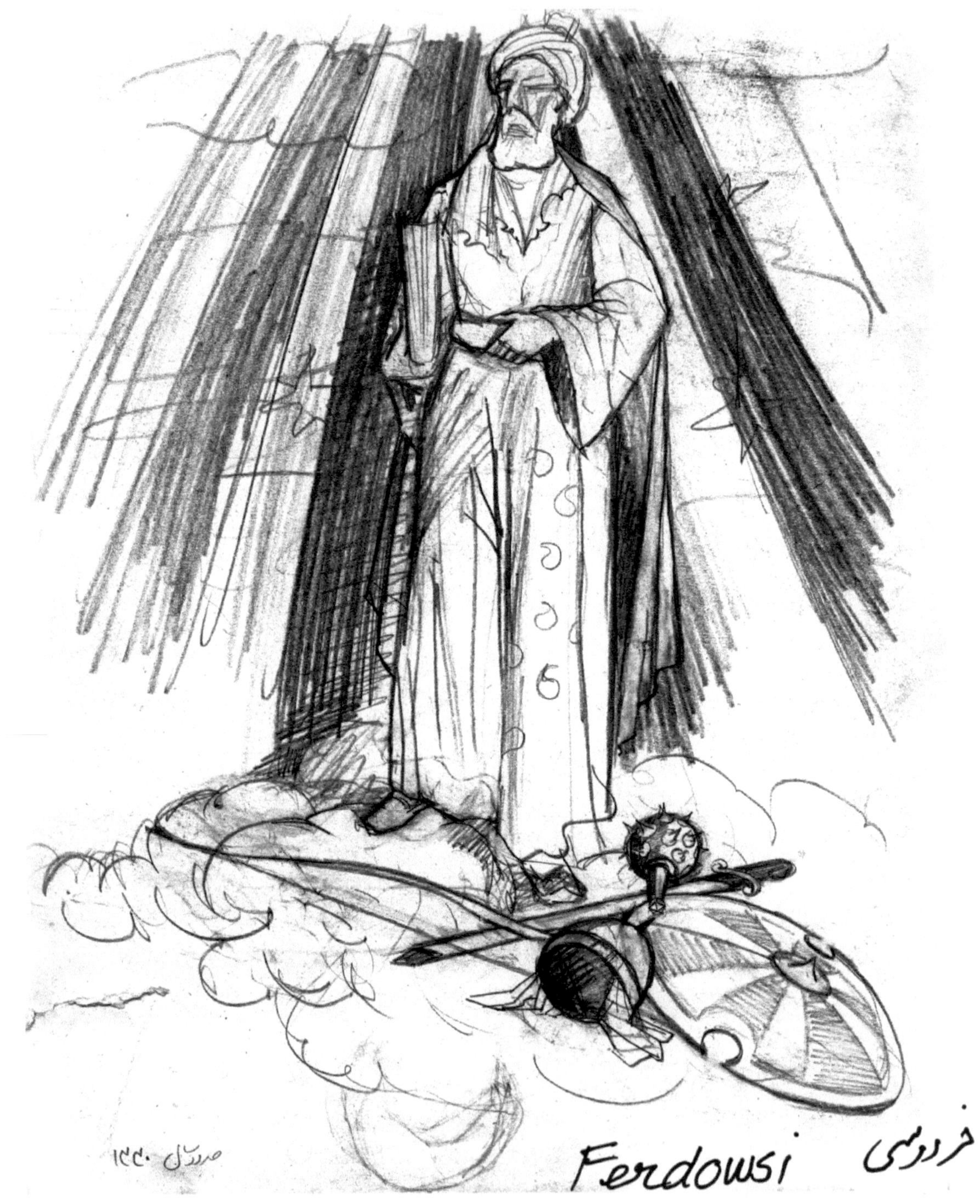

3

Ferdowsi

Ferdowsi

فردوسی

SADEGH DALILI
1953/IRAN

5

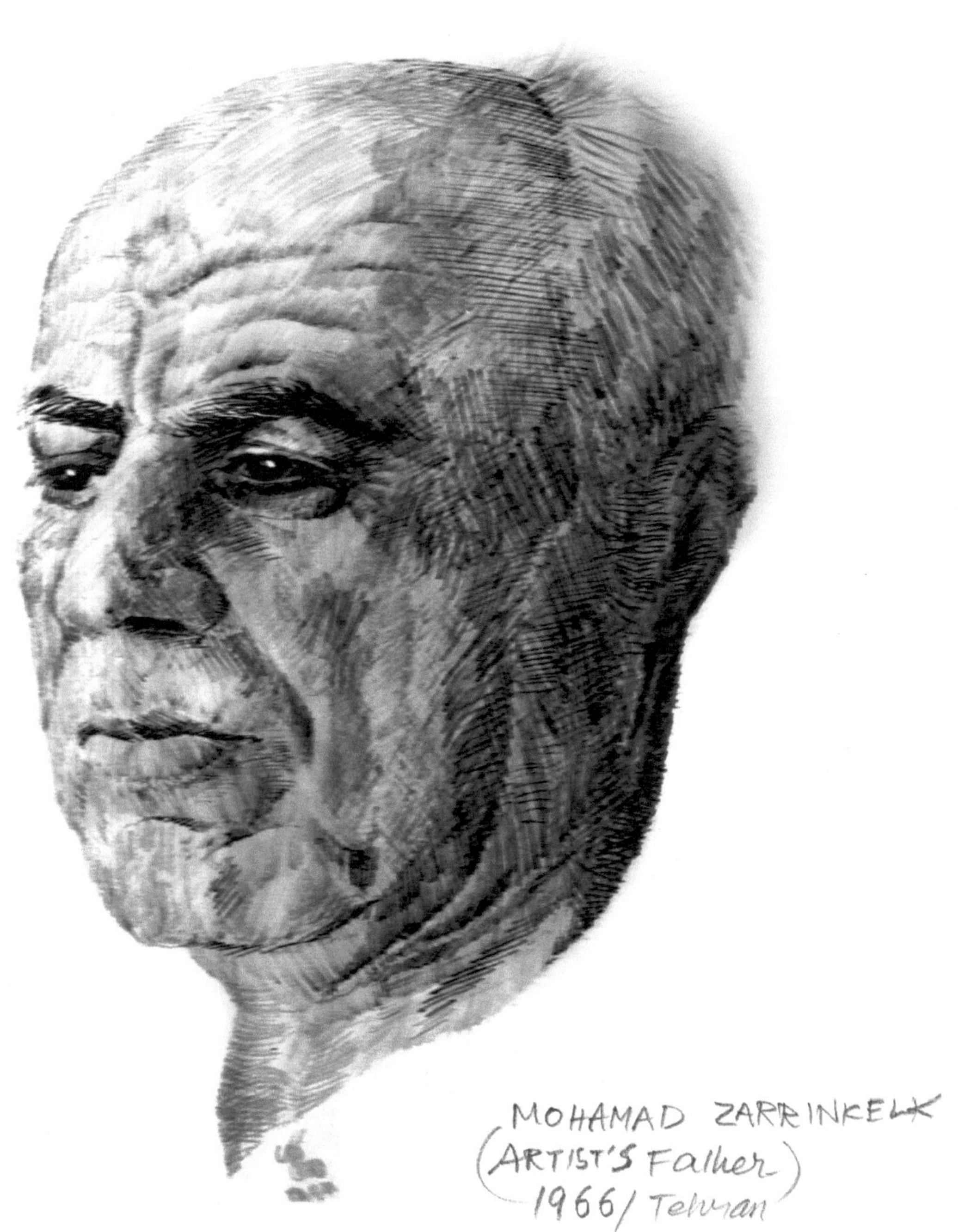

MOHAMAD ZARRINKELK
(ARTIST'S FATHER)
1966/ Tehran

6

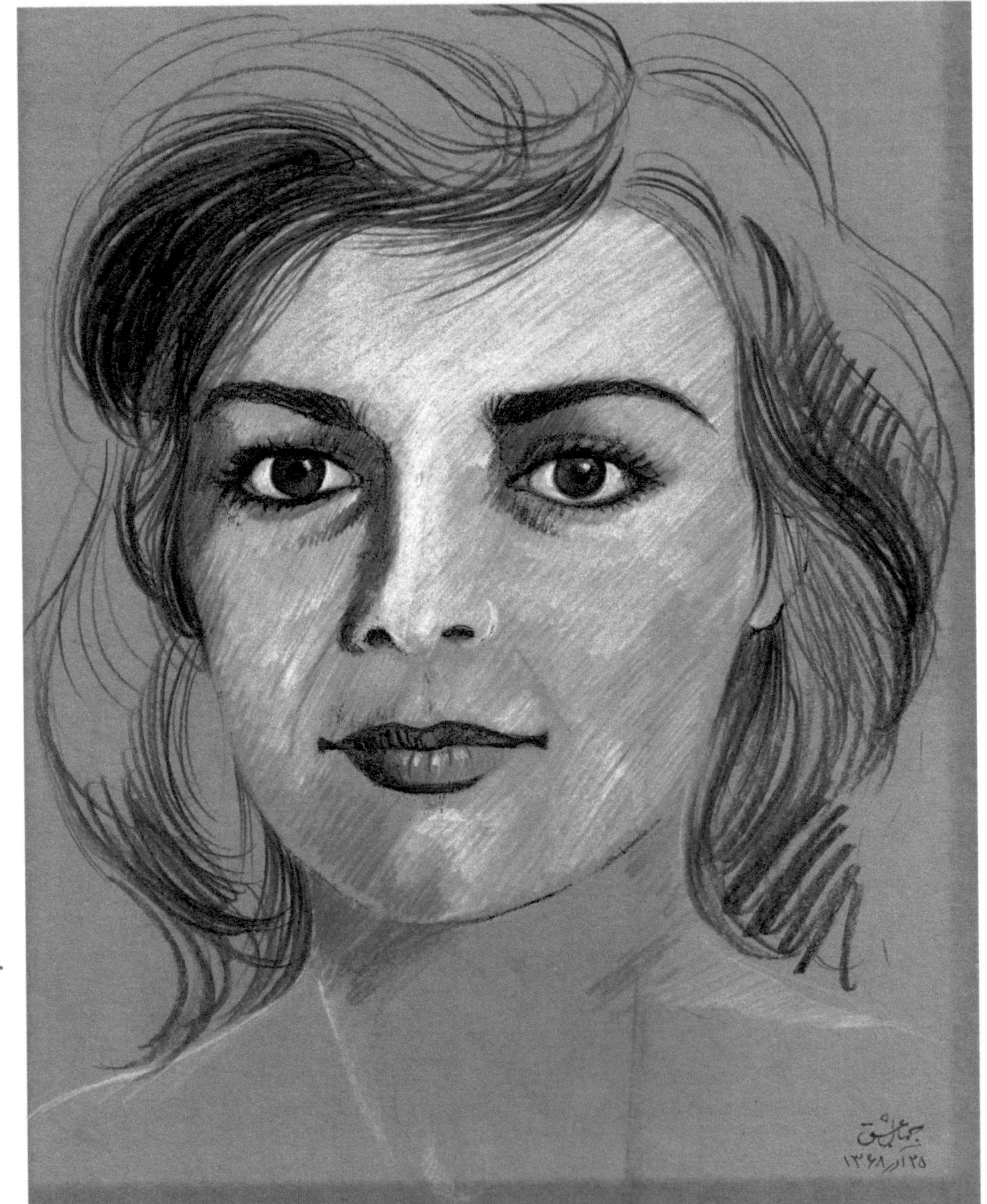

7

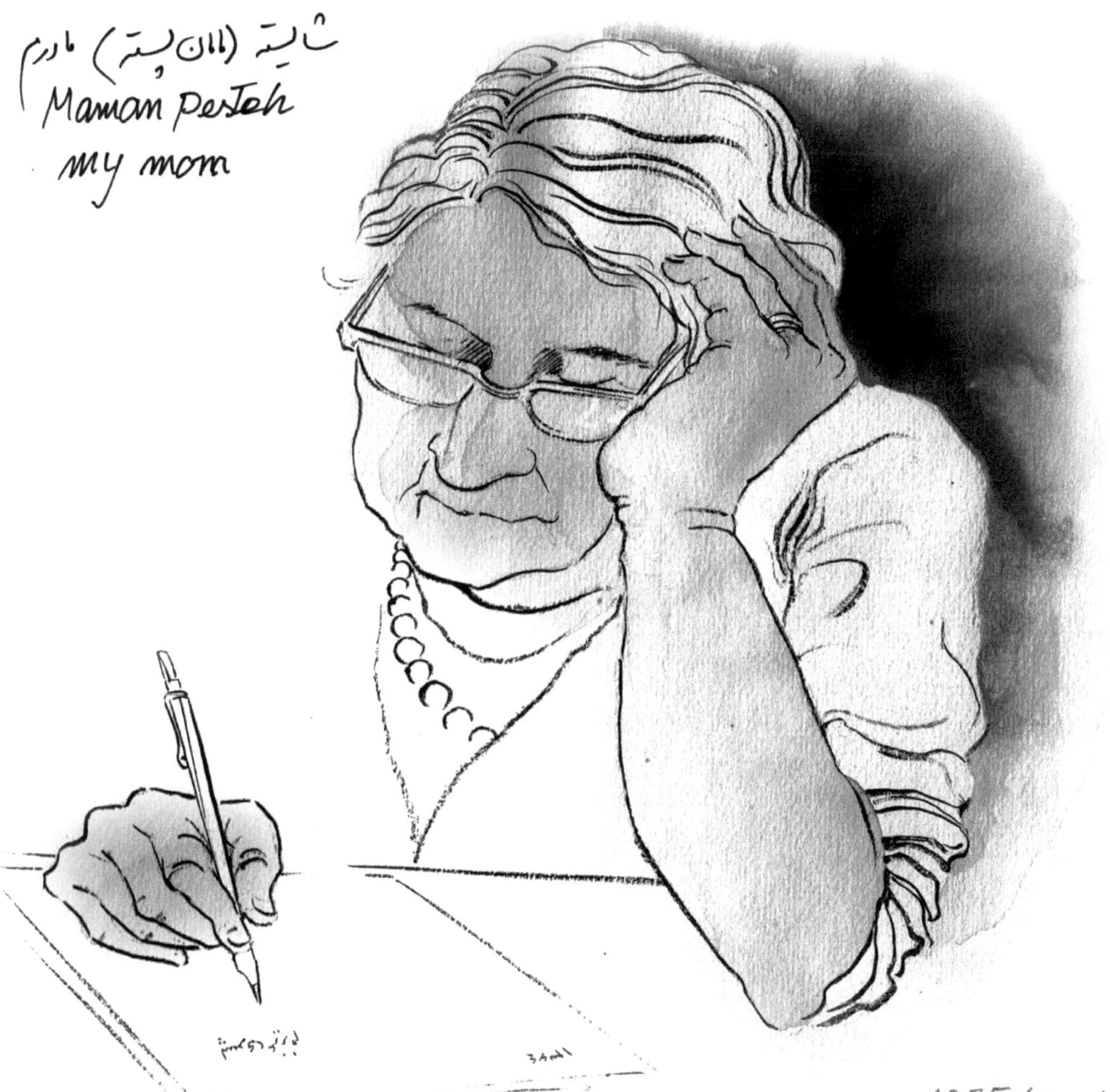

8

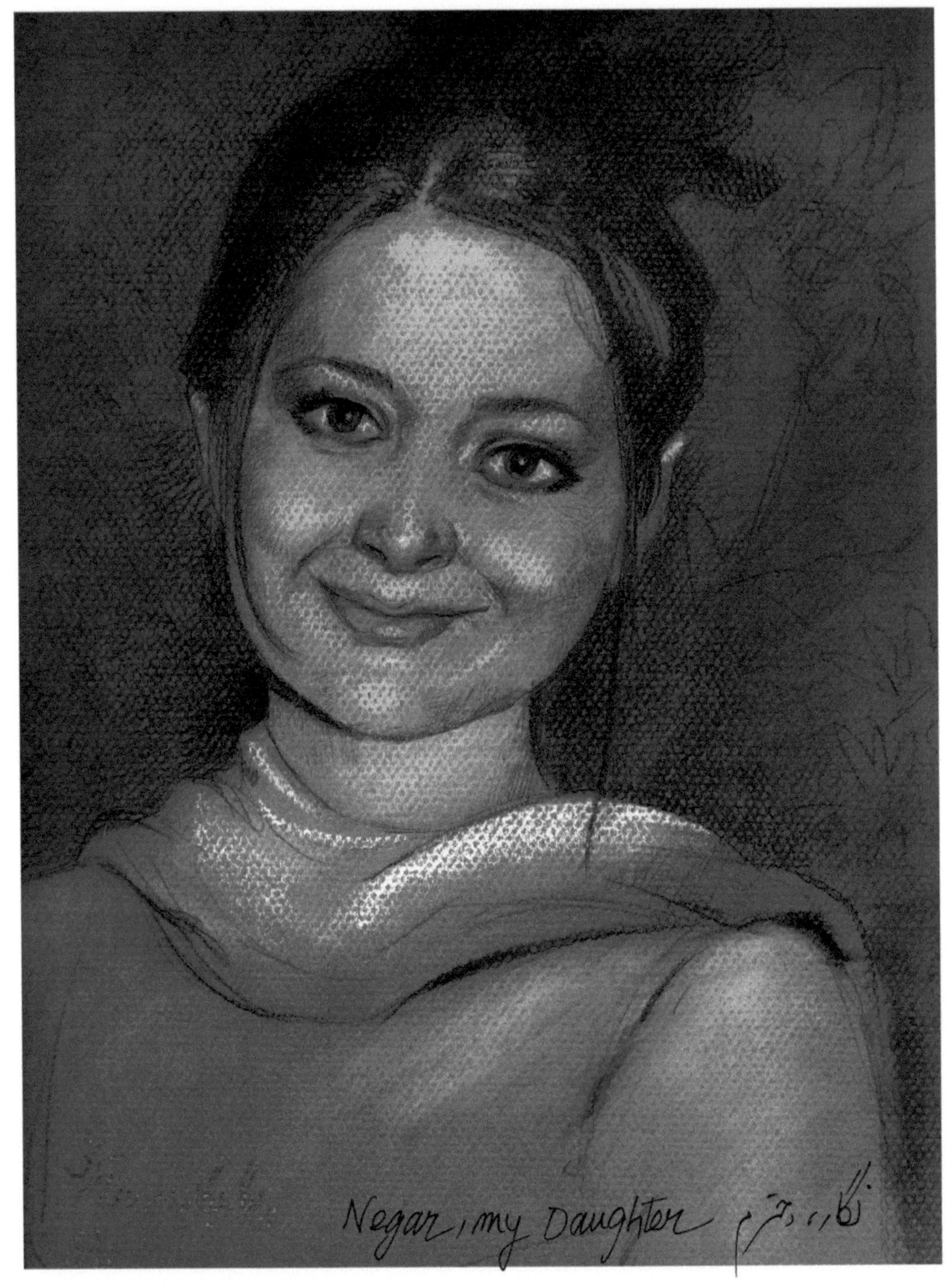

Negar, my Daughter نگار، دخترم

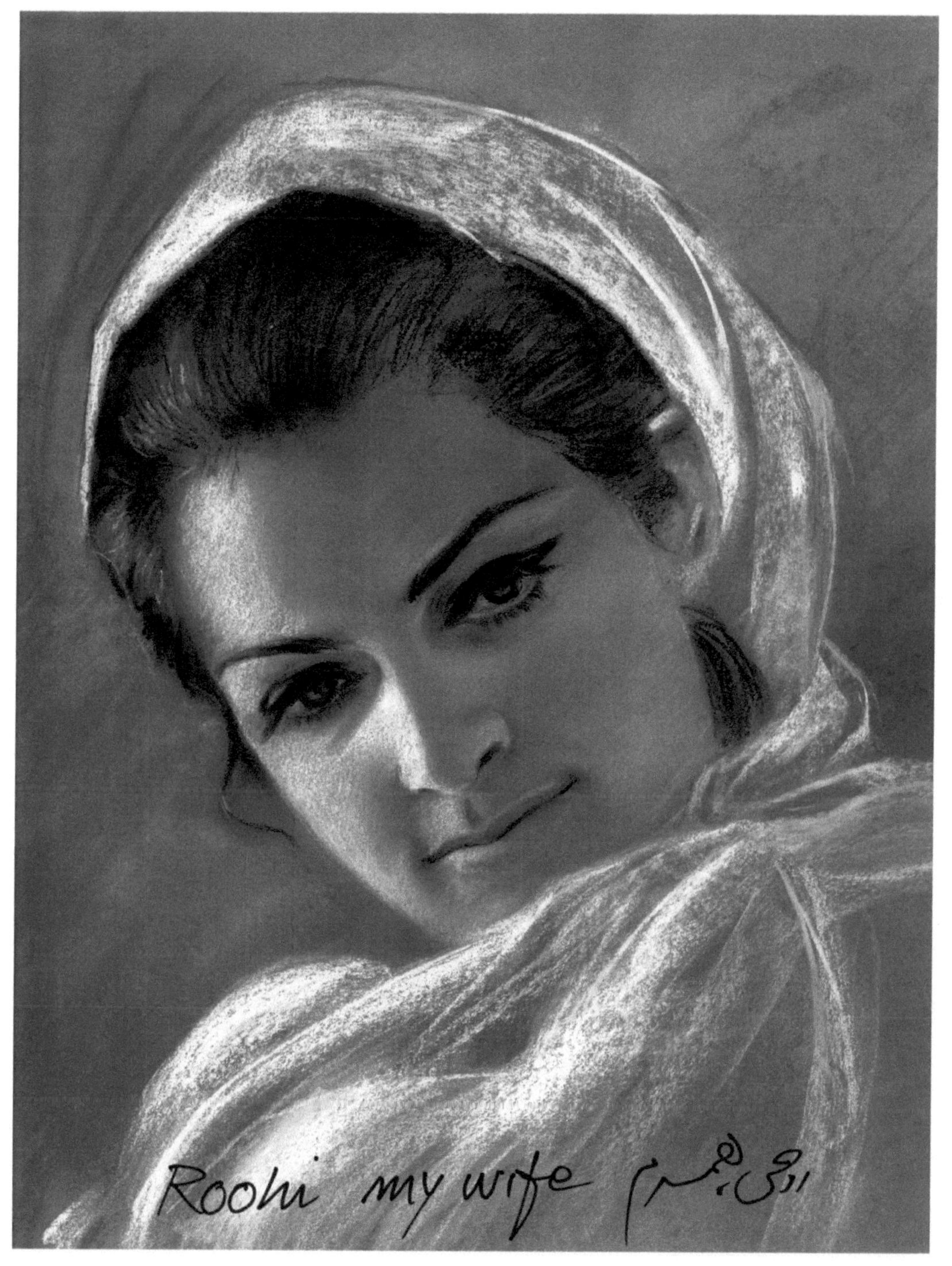

Roohi my wife روحی، ہمسرم

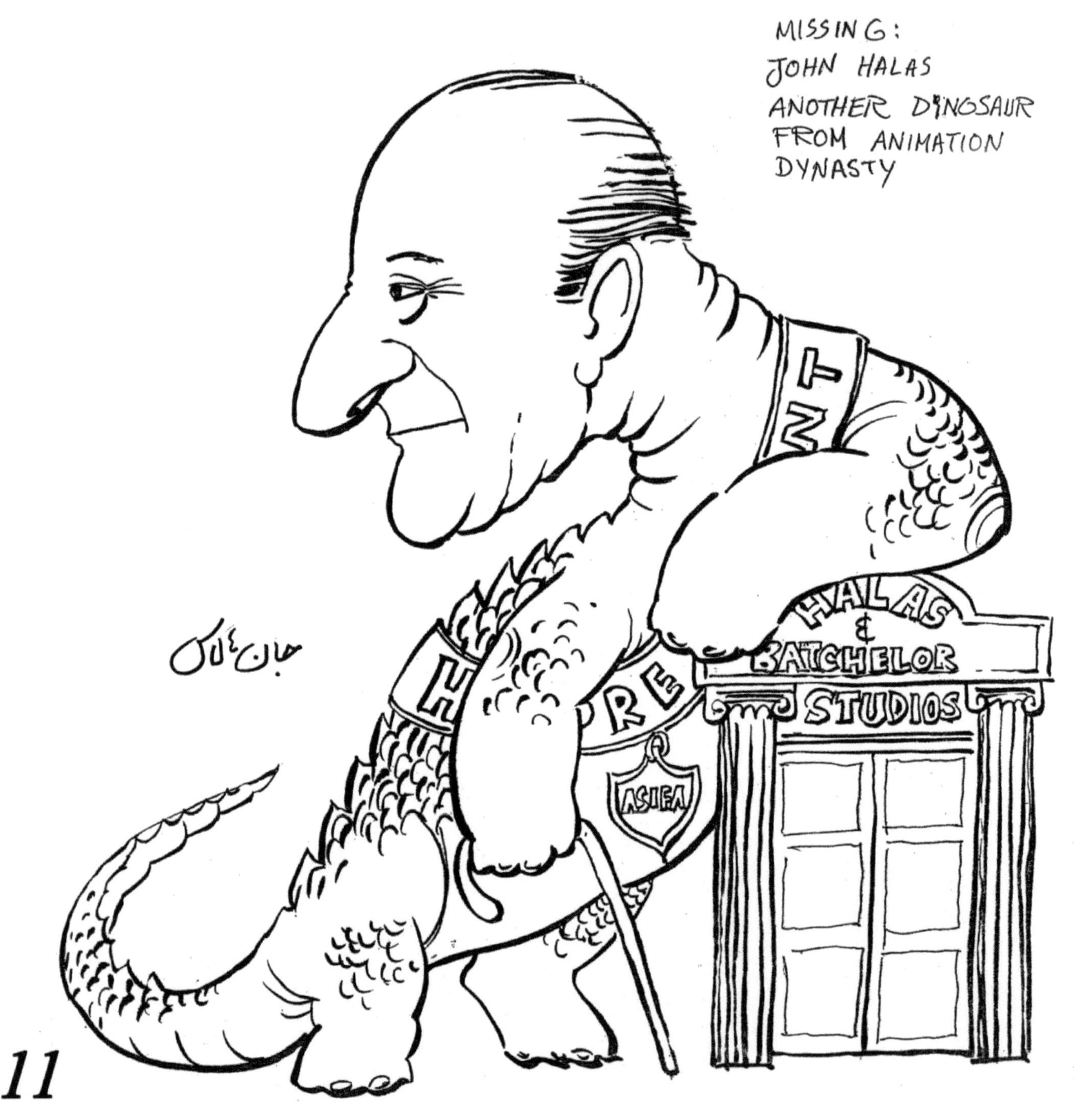

MISSING:
JOHN HALAS
ANOTHER DINOSAUR
FROM ANIMATION
DYNASTY
HALAS & BATCHELOR STUDIOS
ASIFA
11

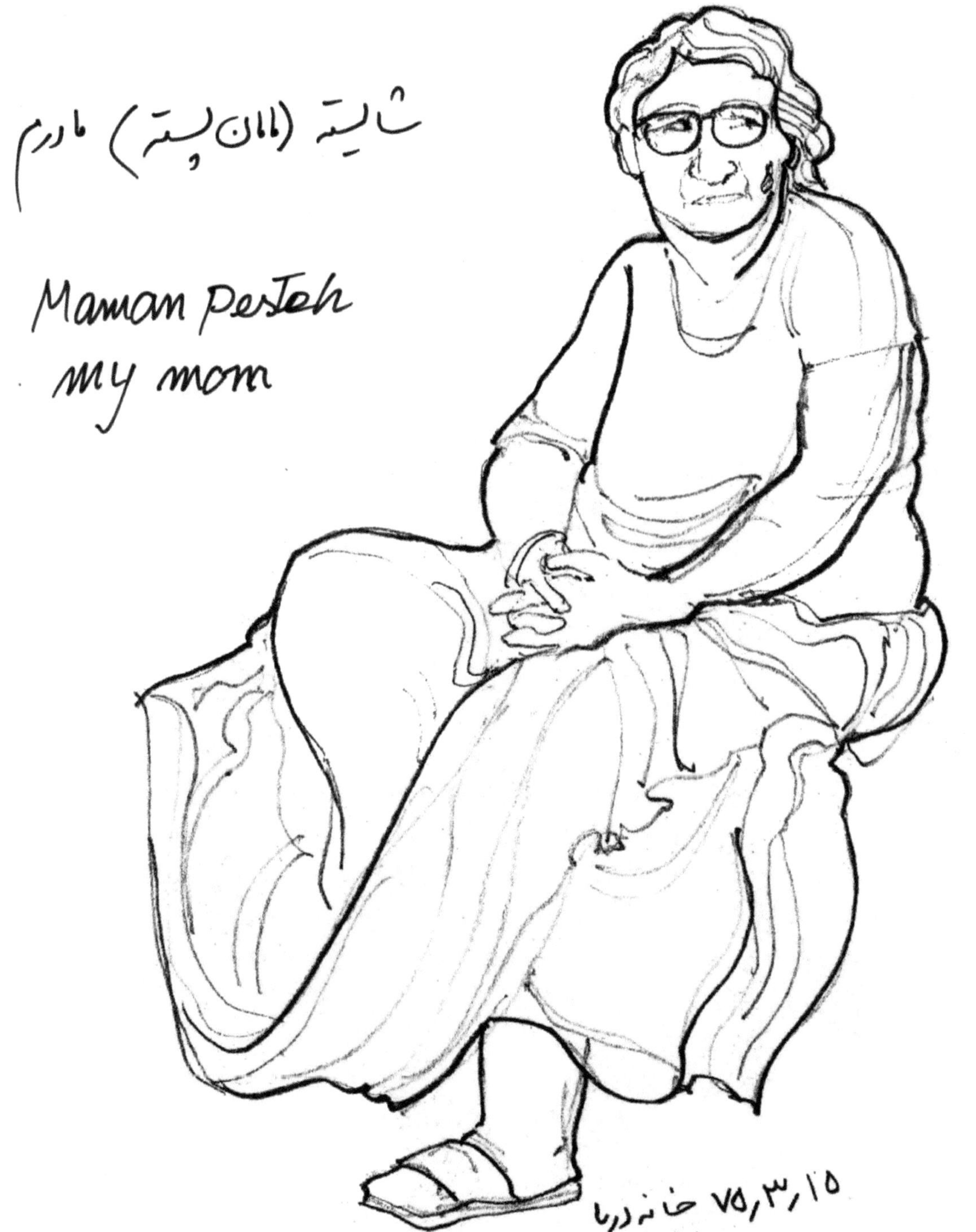

12

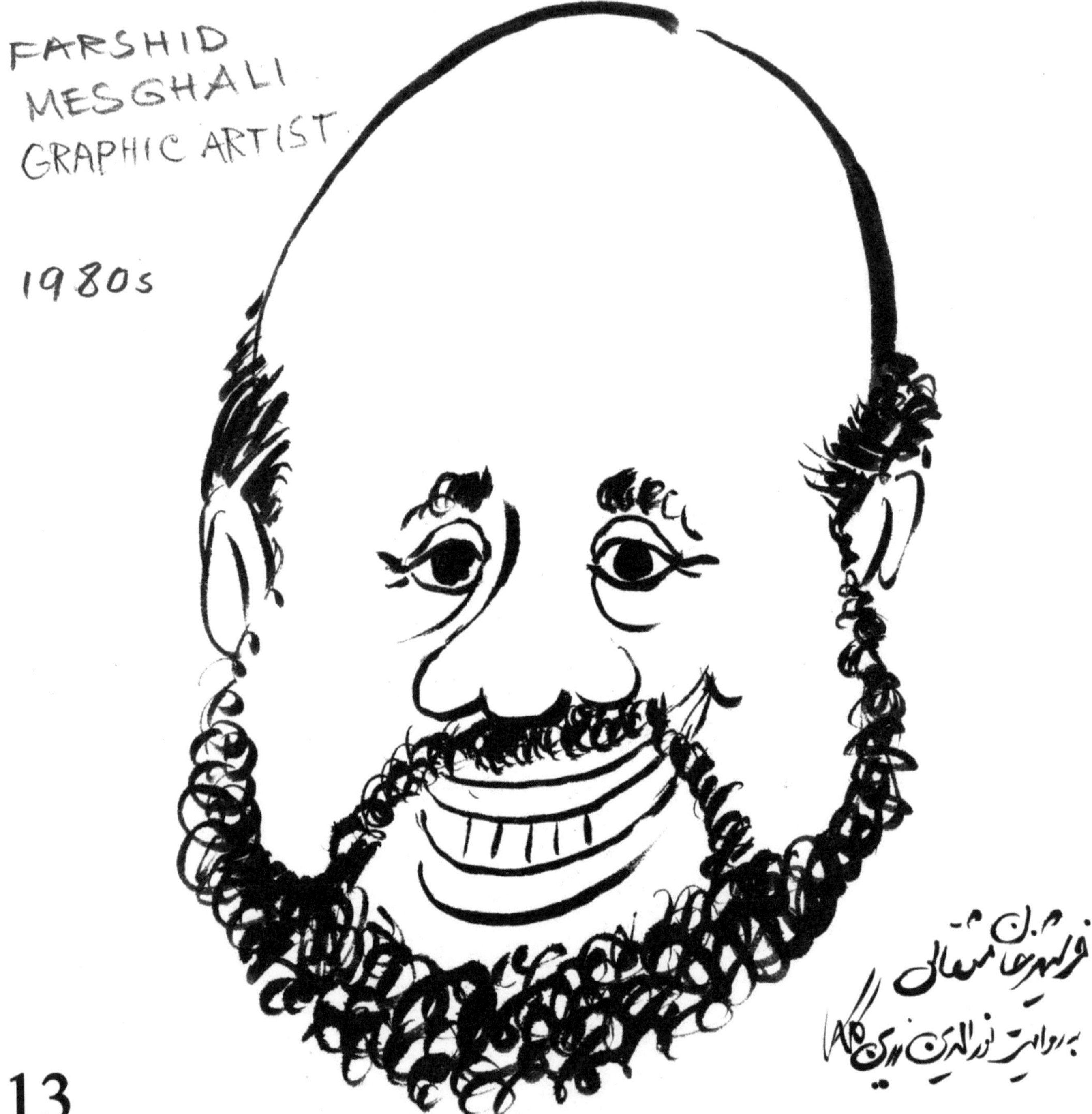

13

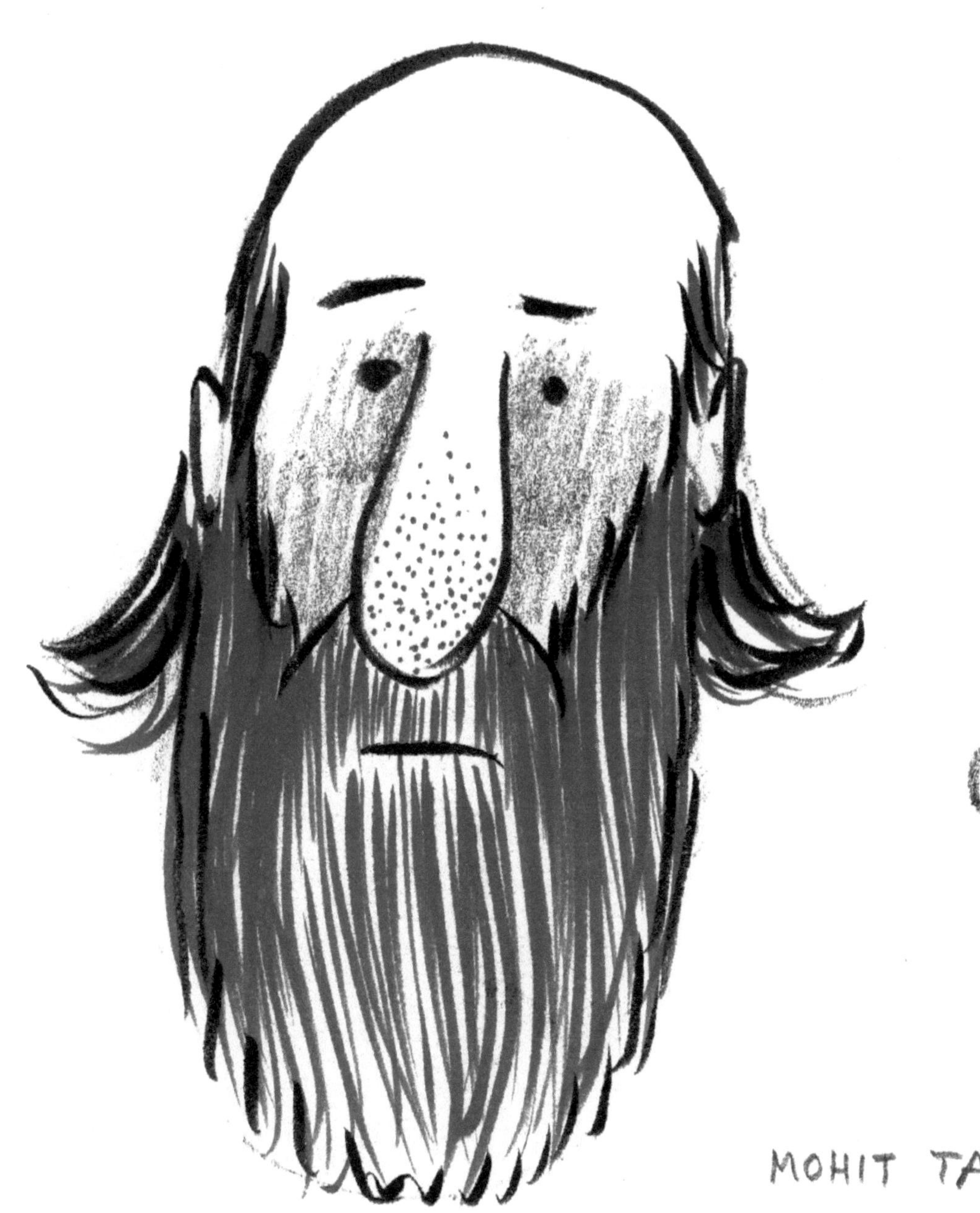
میر طباطبک
VE, V, CO
MOHIT TABATABAI
OCT. 1995
14

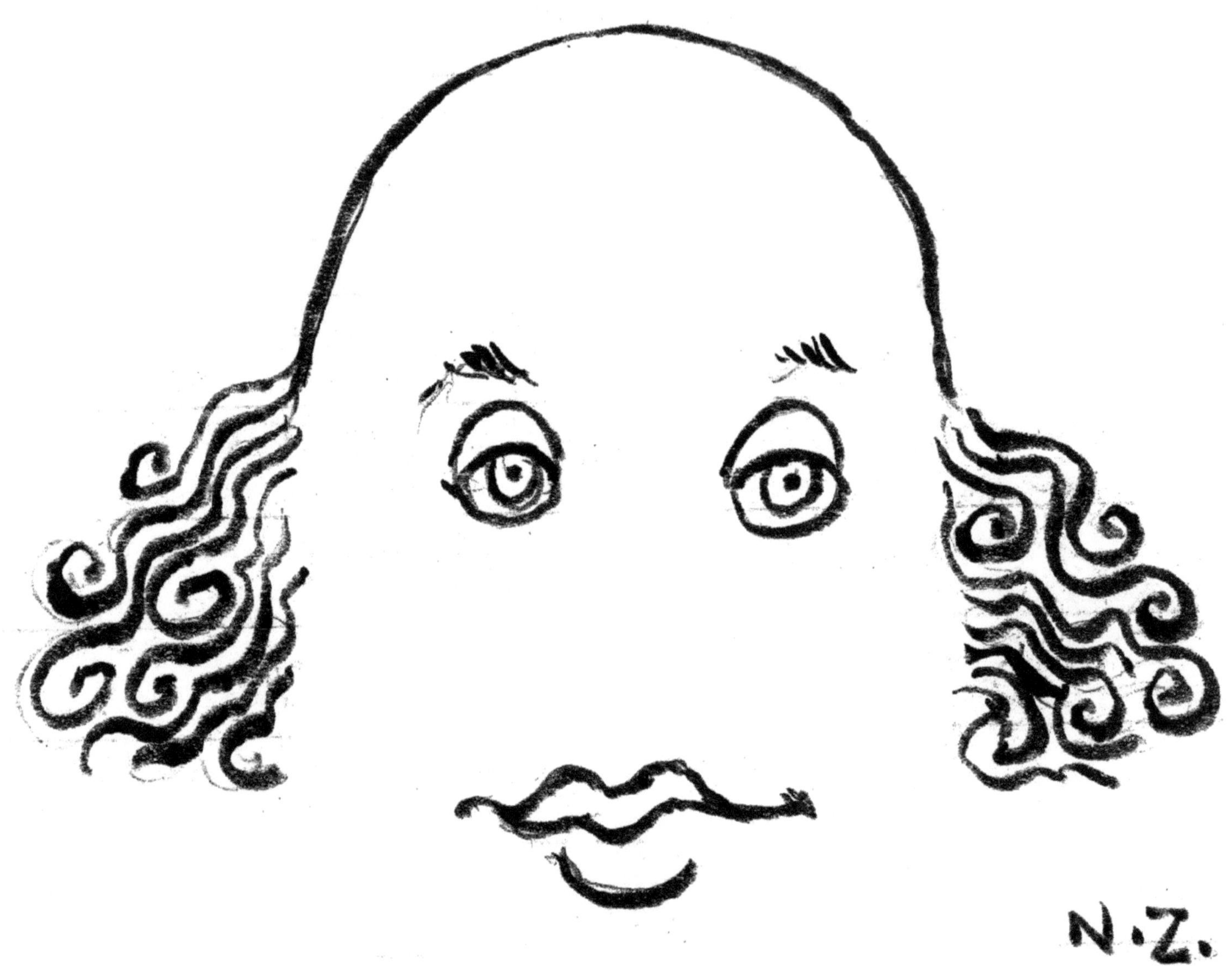

15

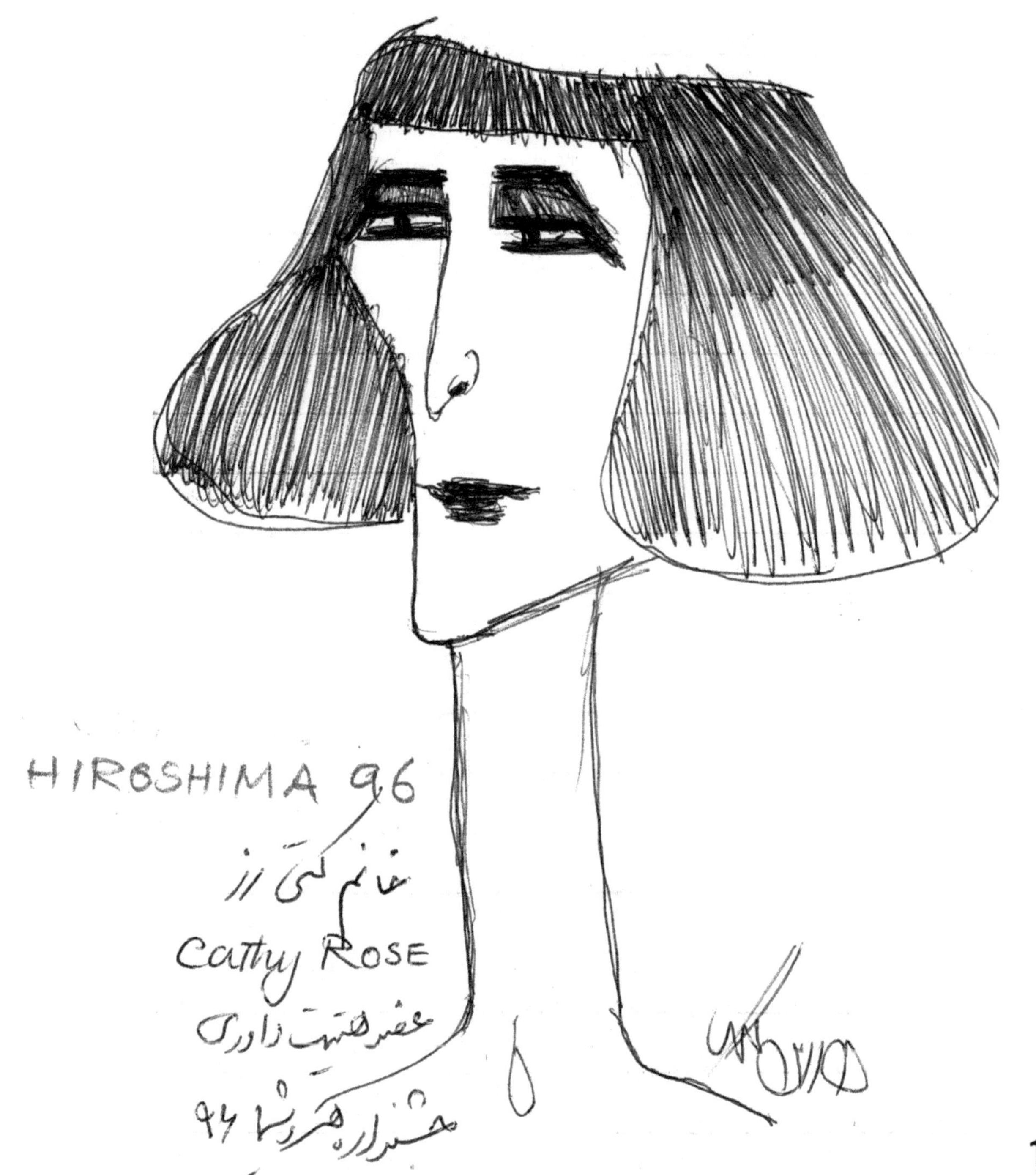

16

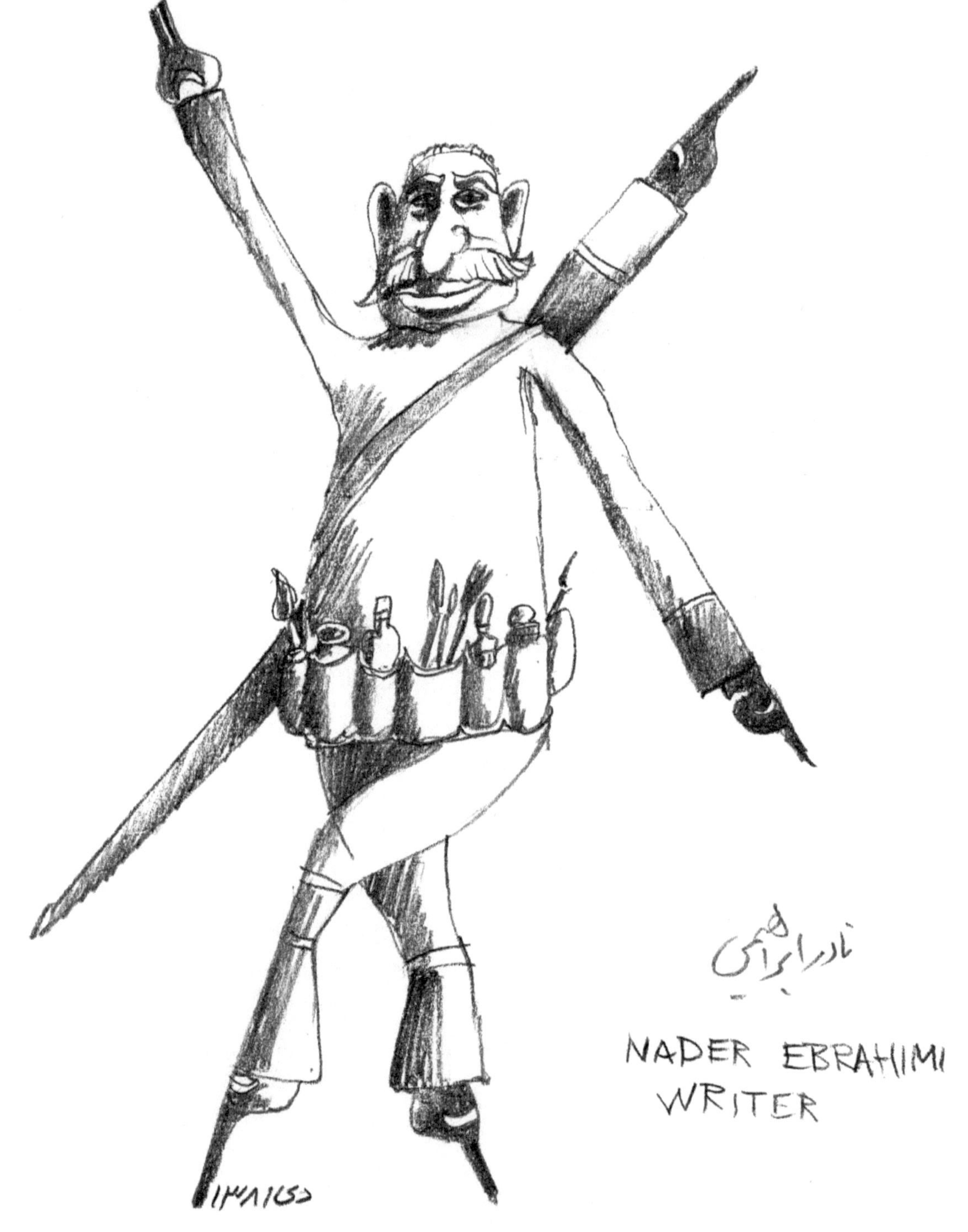

NADER EBRAHIMI
WRITER

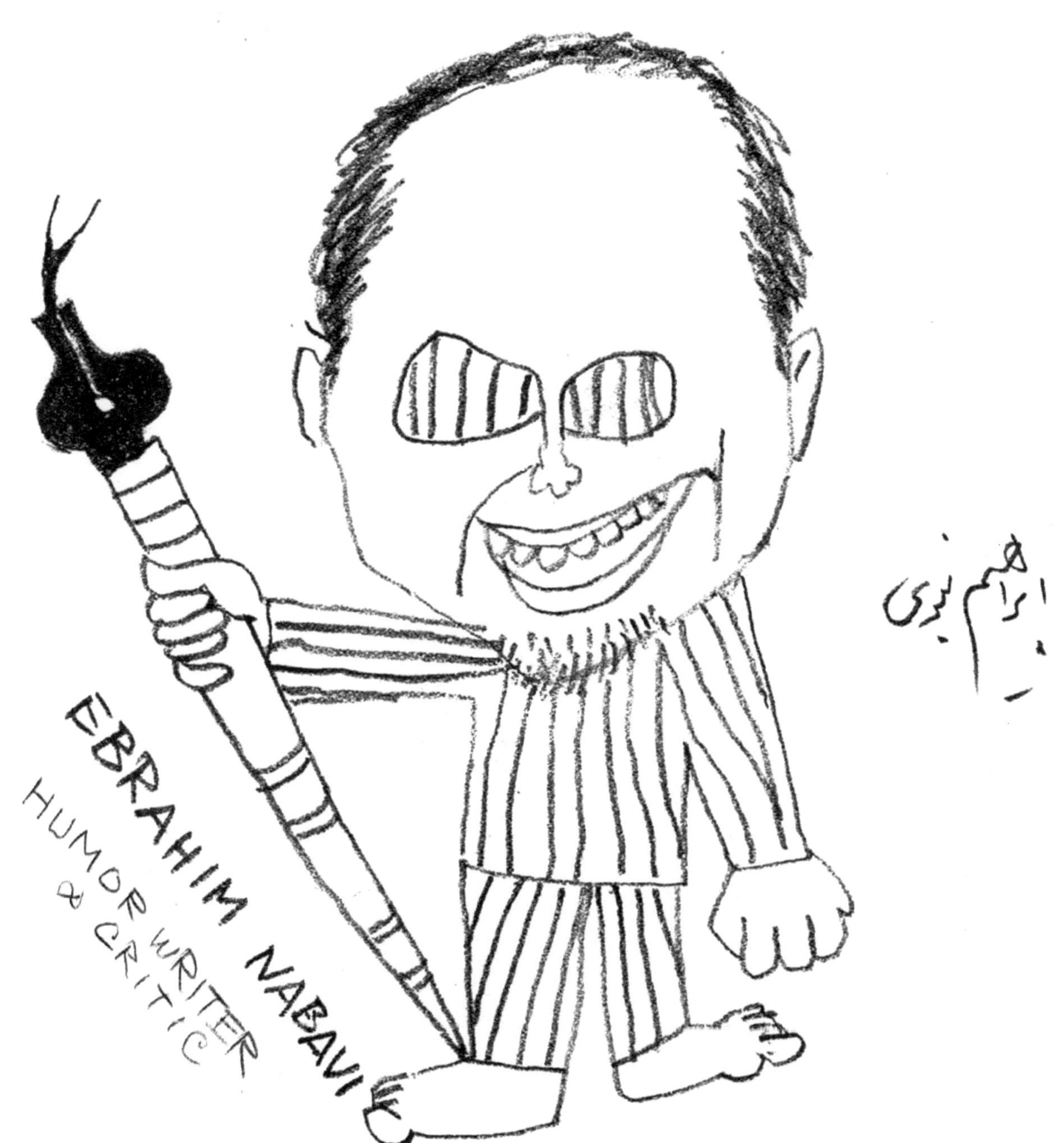

EBRAHIM NABAVI
HUMOR WRITER & CRITIC

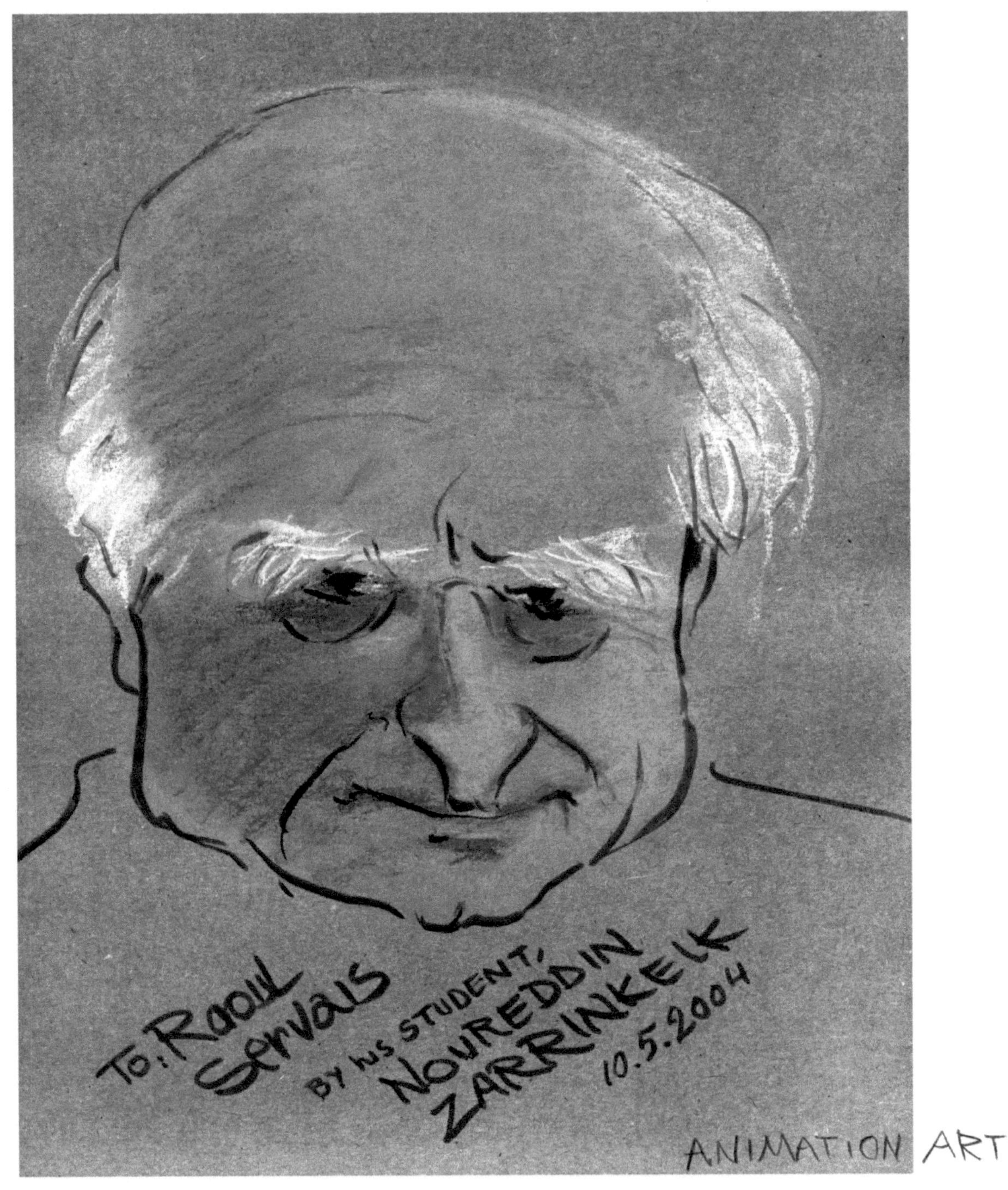

19

ANIMATION ARTIST

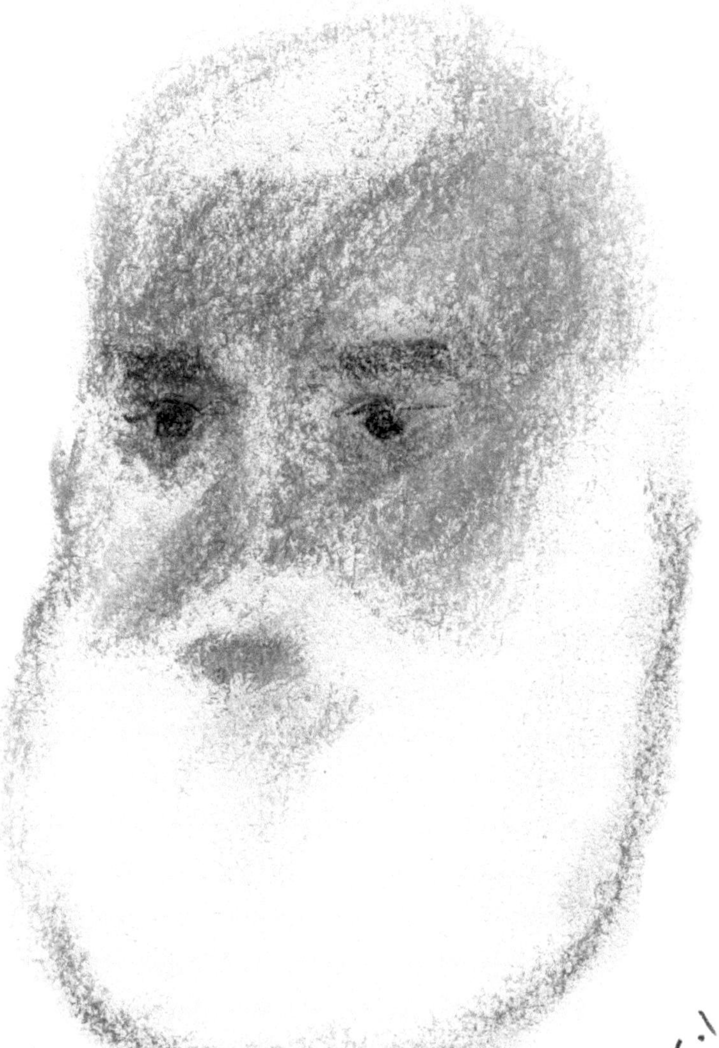

HOUSHANG EBTEHAJ
(SAYEH)
POET

90th anniversary

2017

20

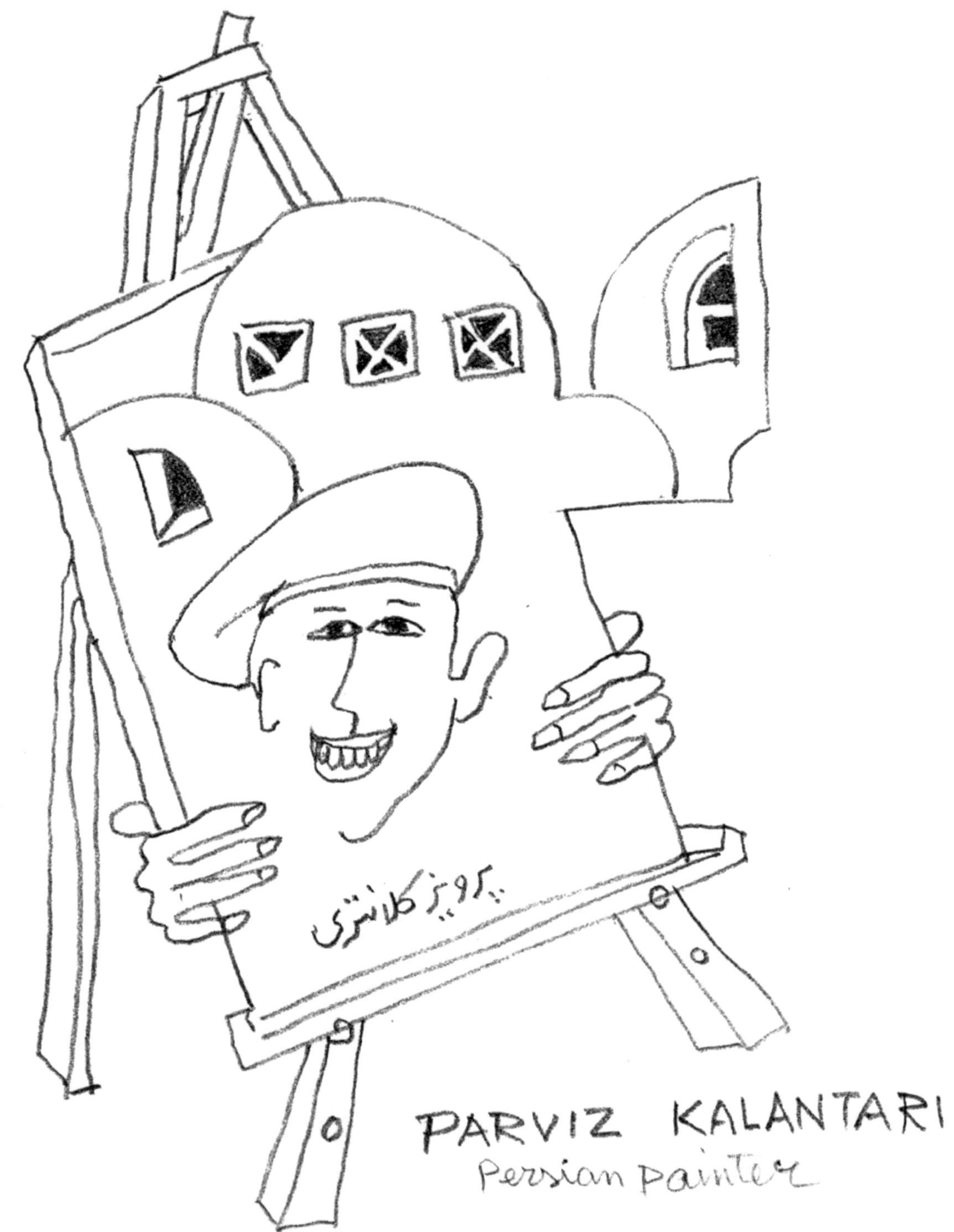

PARVIZ KALANTARI
Persian painter

21

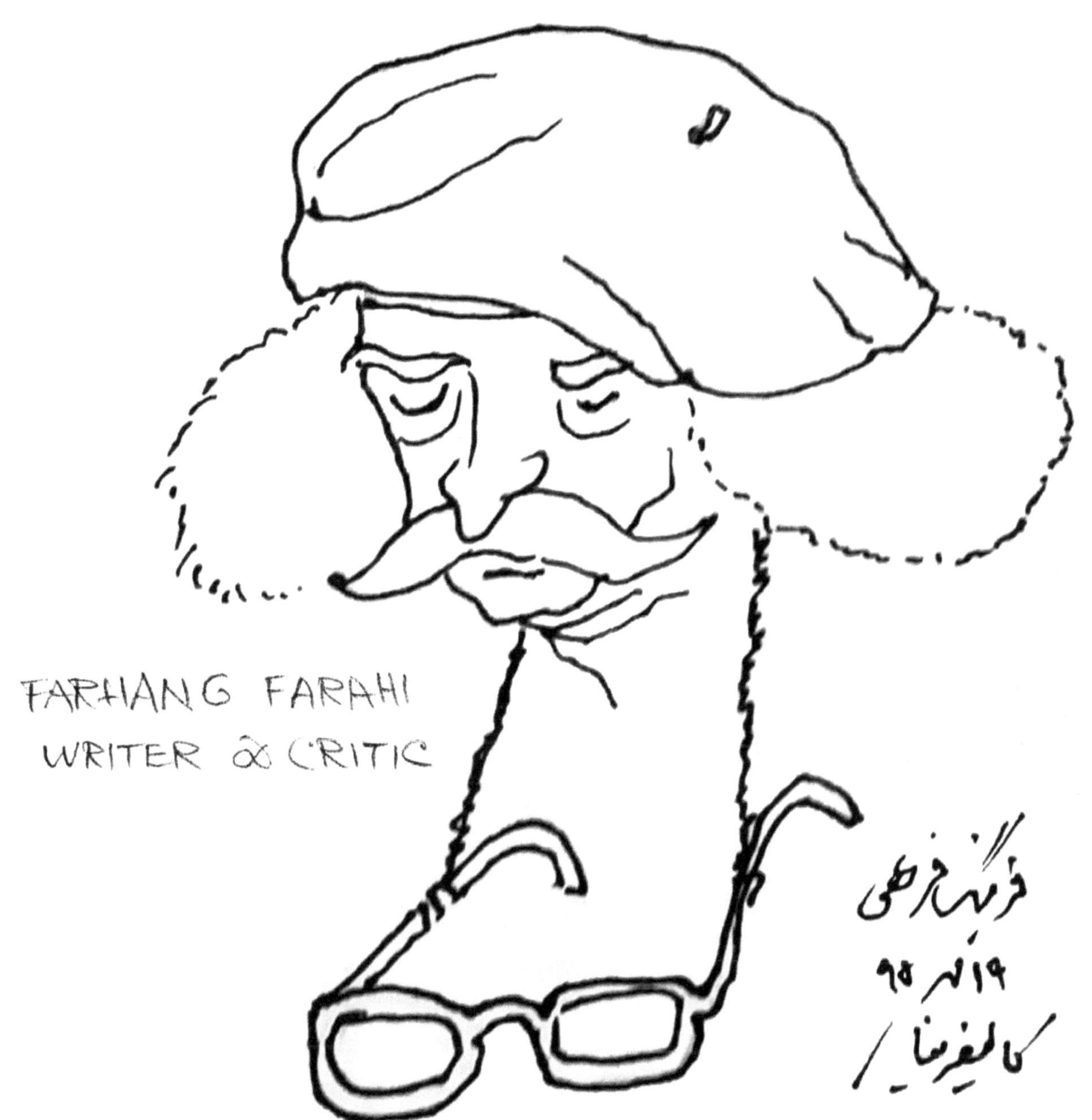

FARHANG FARAHI
WRITER & CRITIC

22

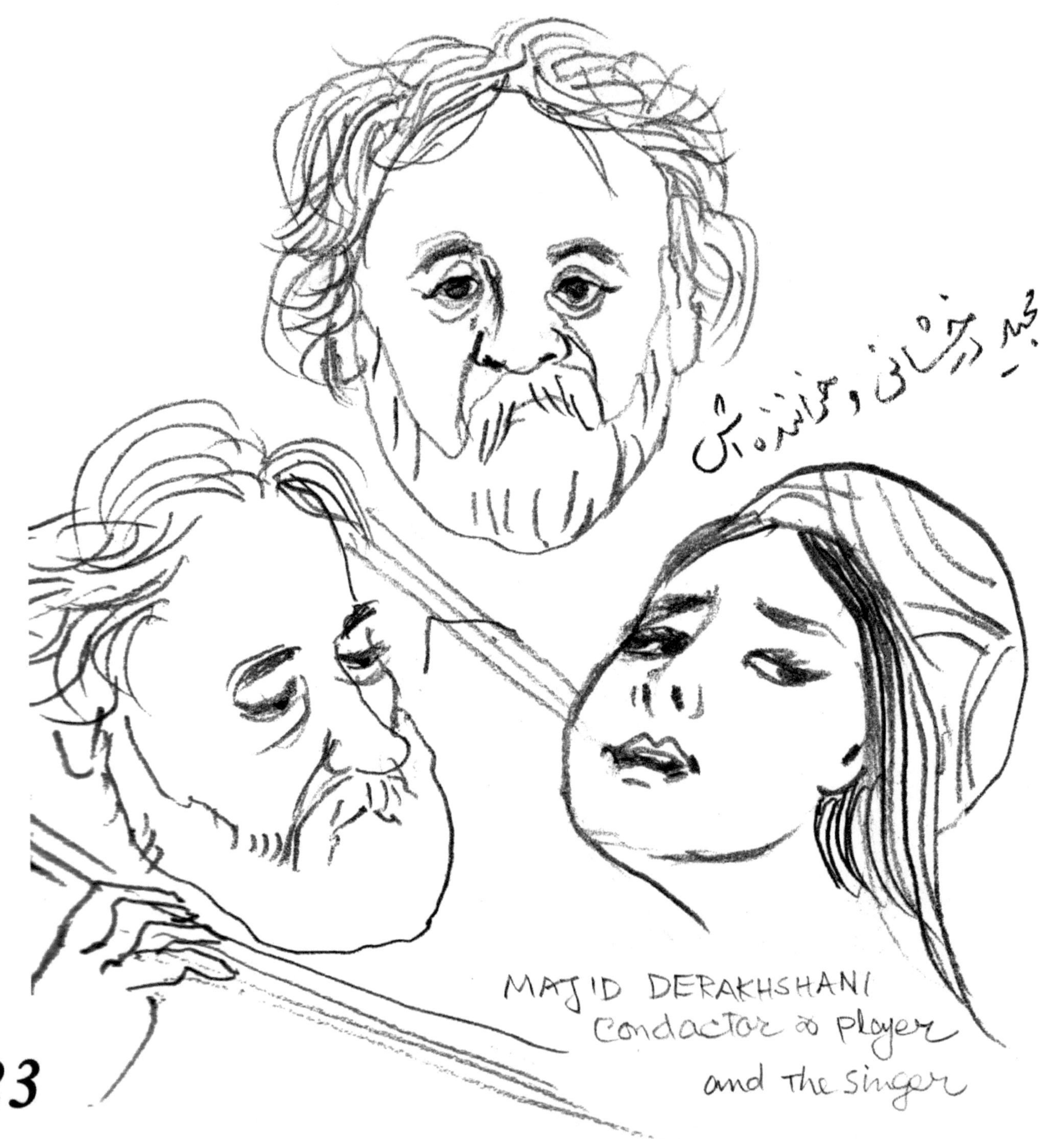
مجید درخشانی و خواننده ش
MAJID DERAKHSHANI
conductor & player
and the singer
23

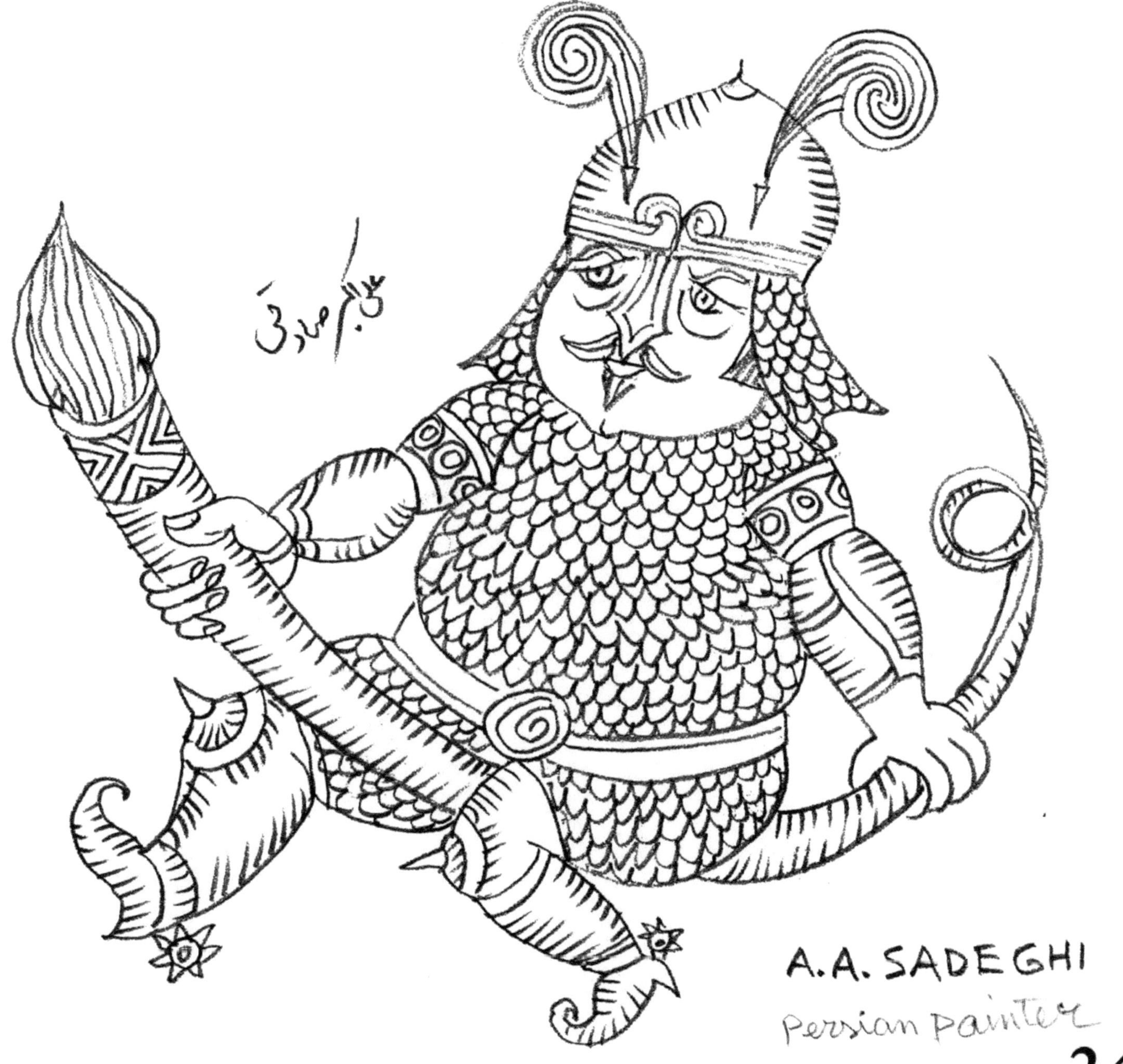

24

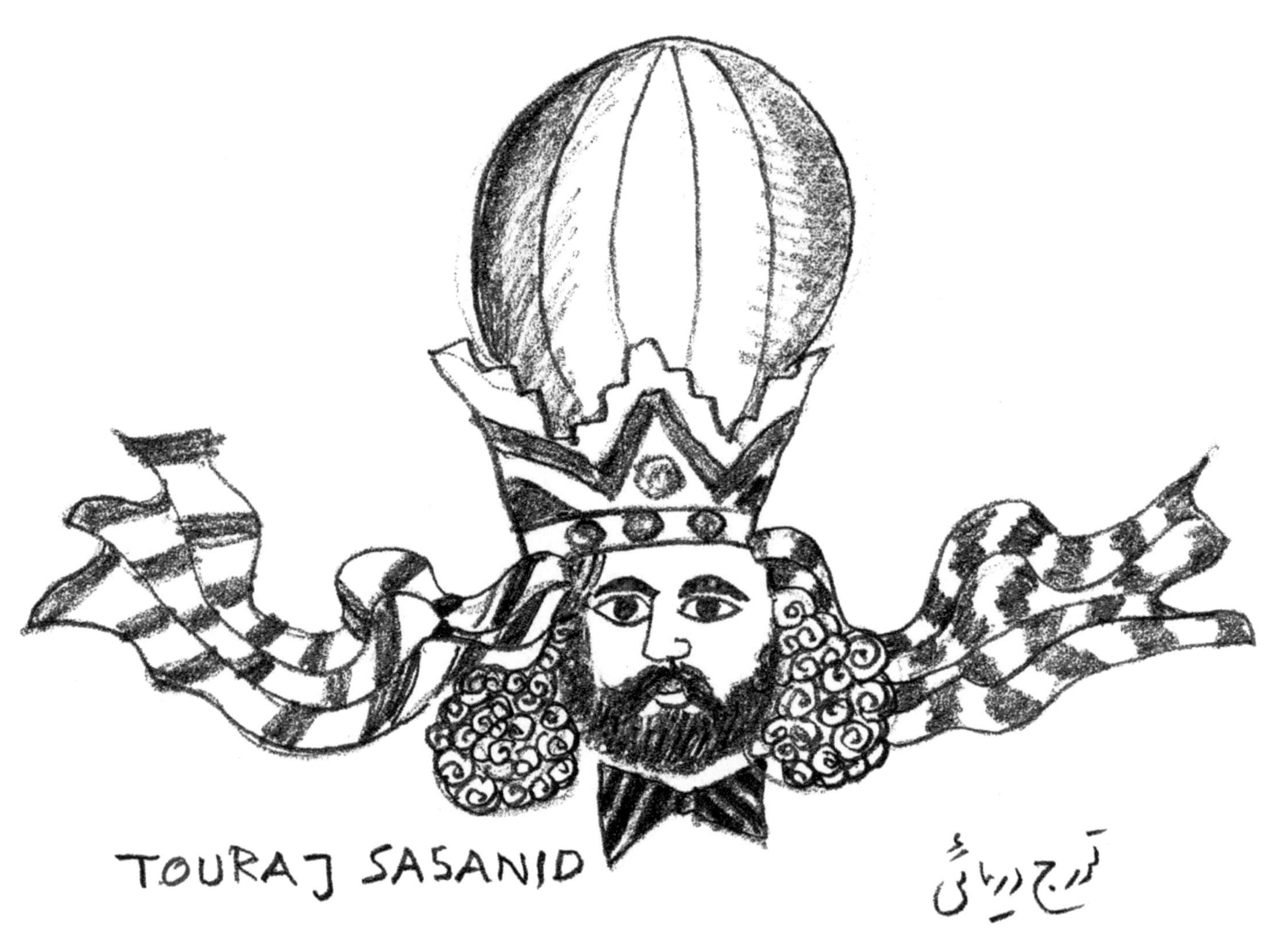

TOURAJ SASANID

تورج ساسانی

Director of Persian Studies
at UCI

25

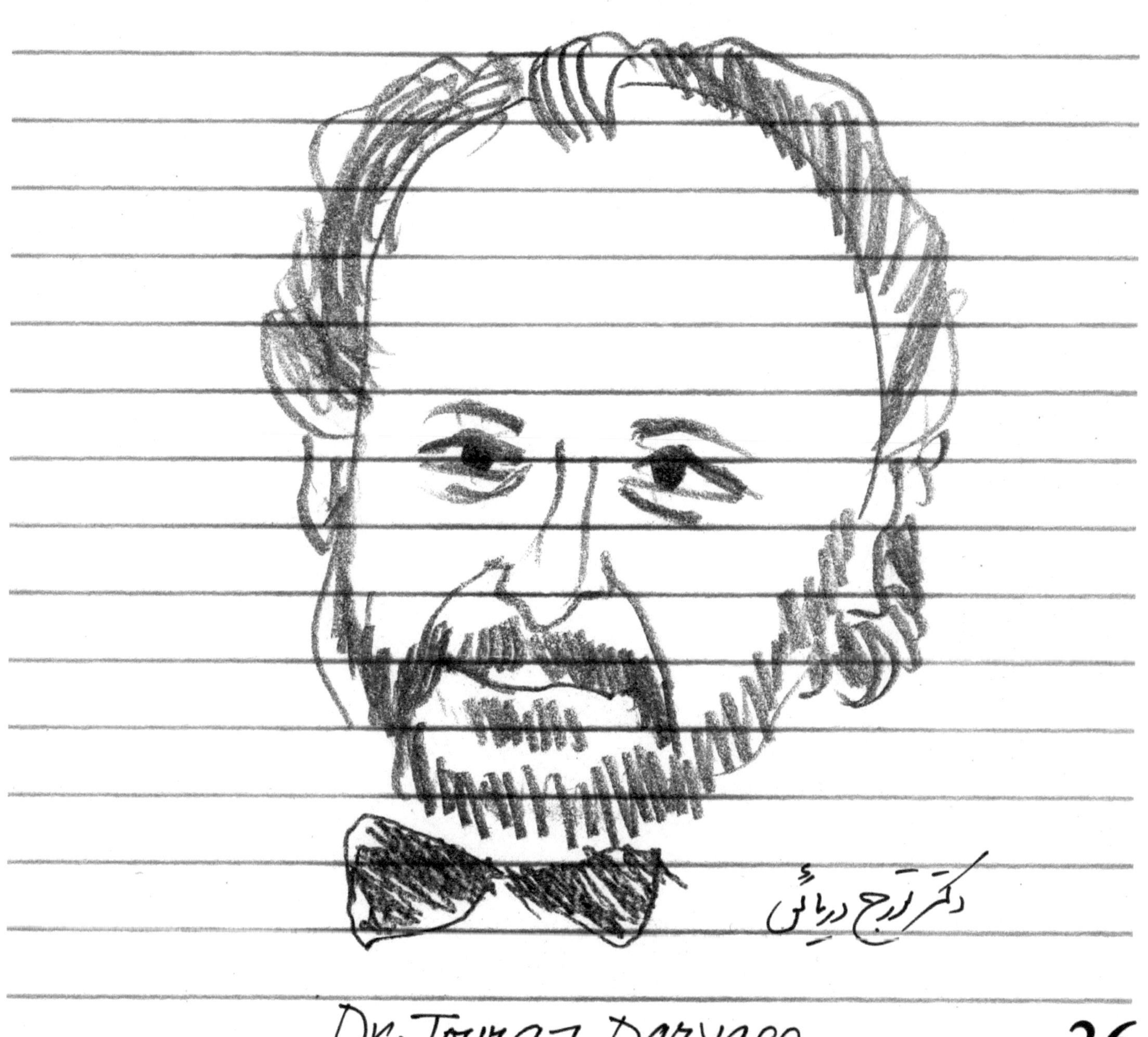

Dr. Touraj Daryaee

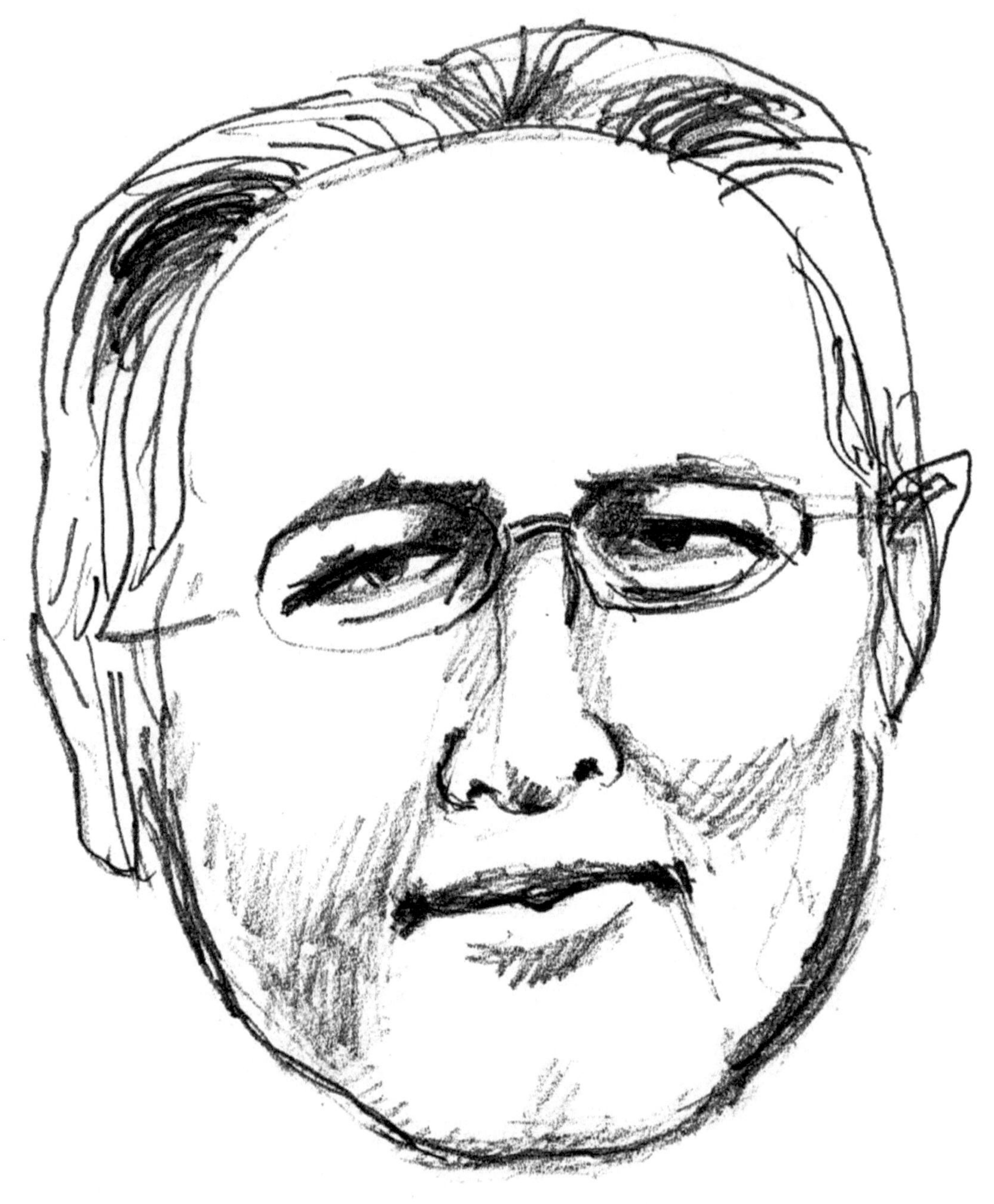

27

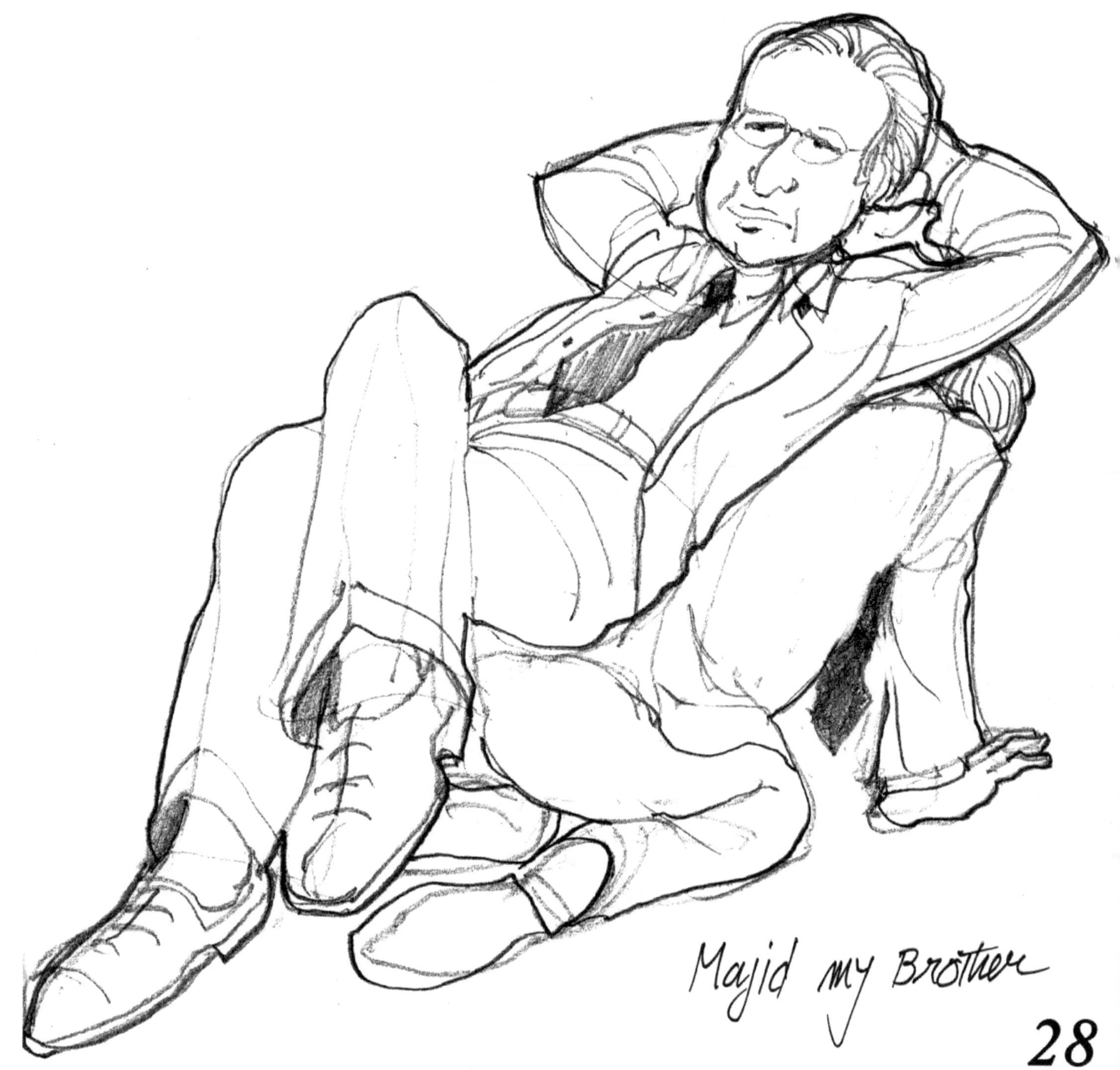

28

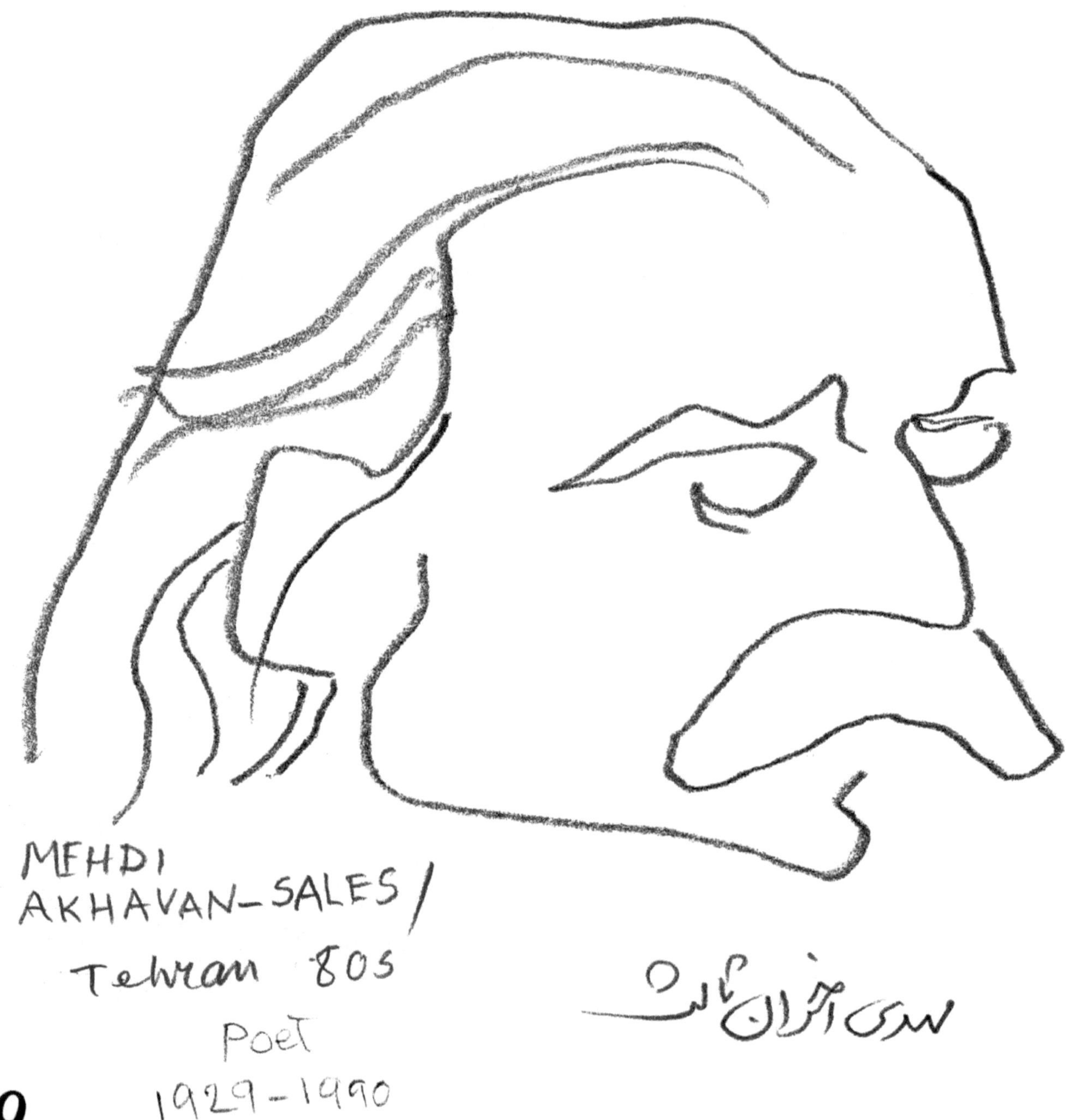

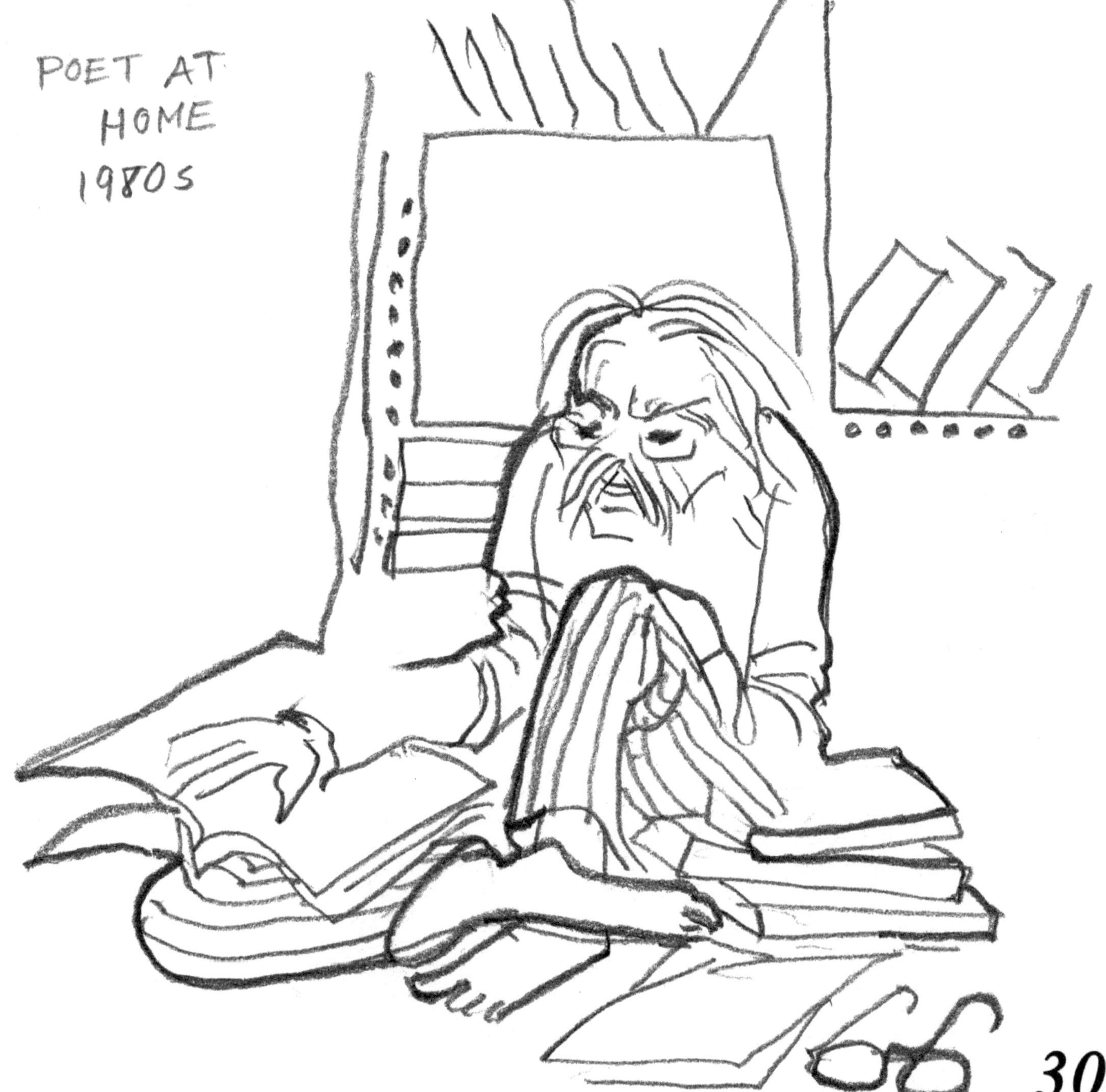

30

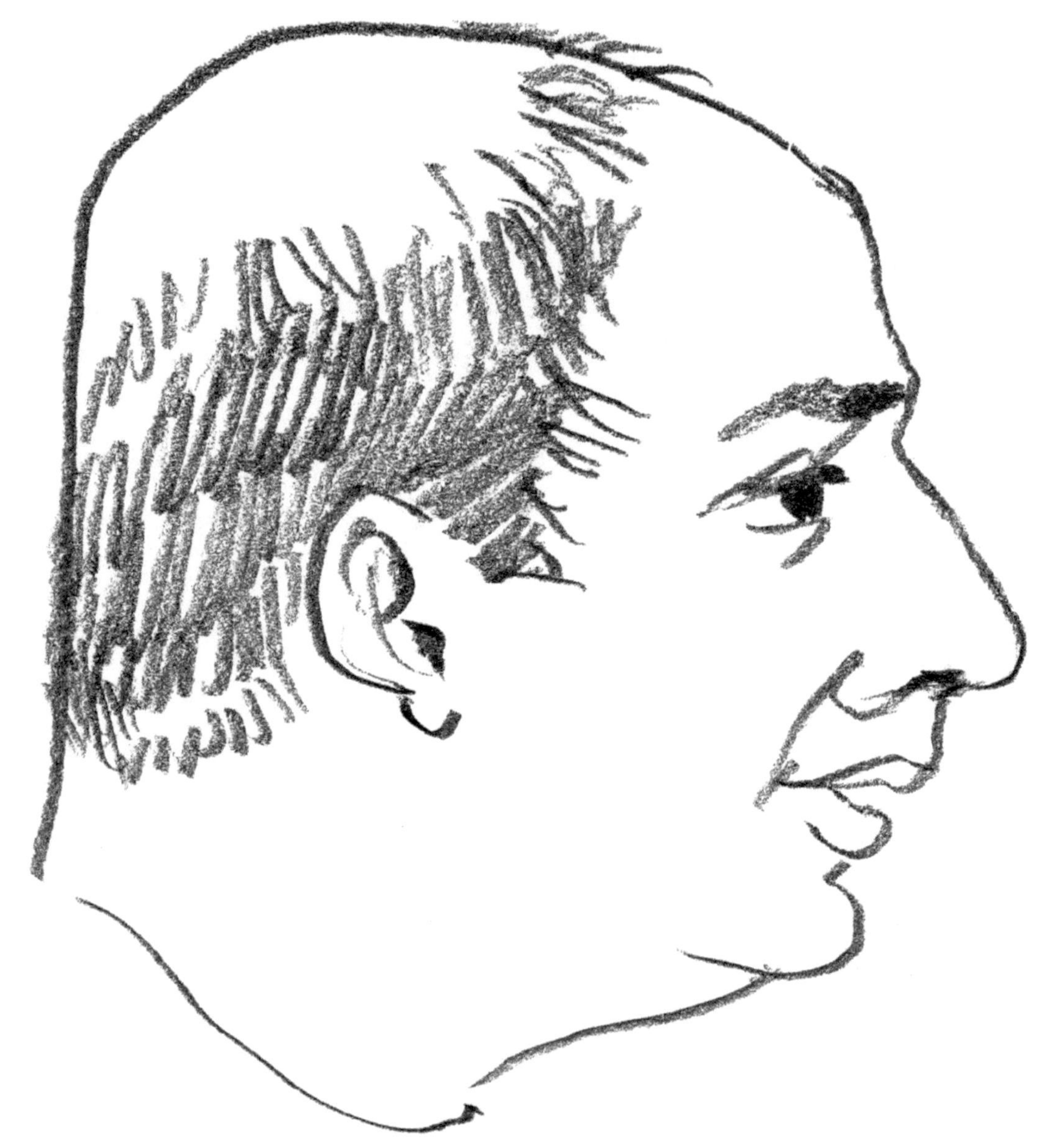

Farshid, My son in law ‮فرشید، داماد‬

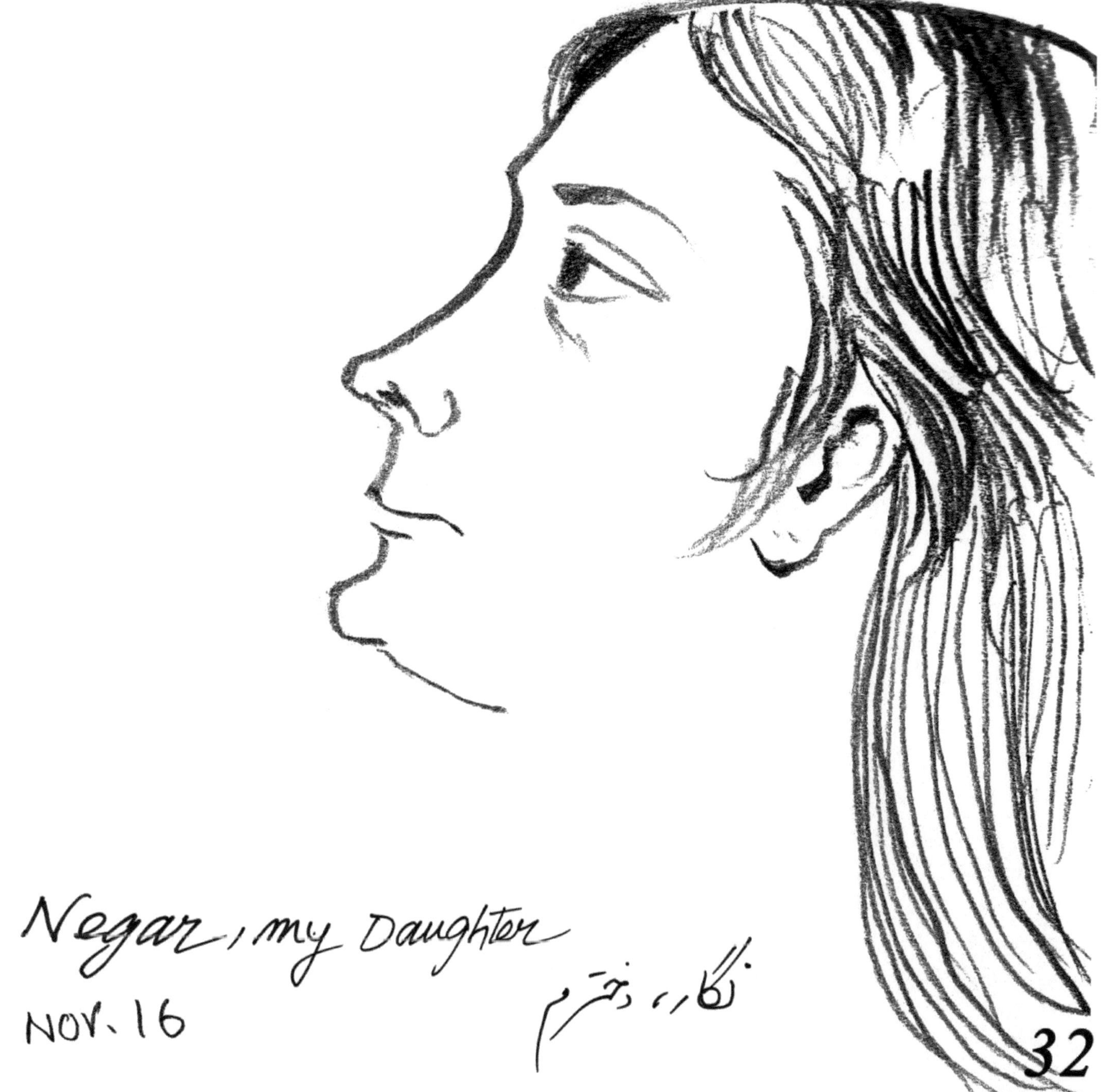

Negar, my Daughter

Nov. 16

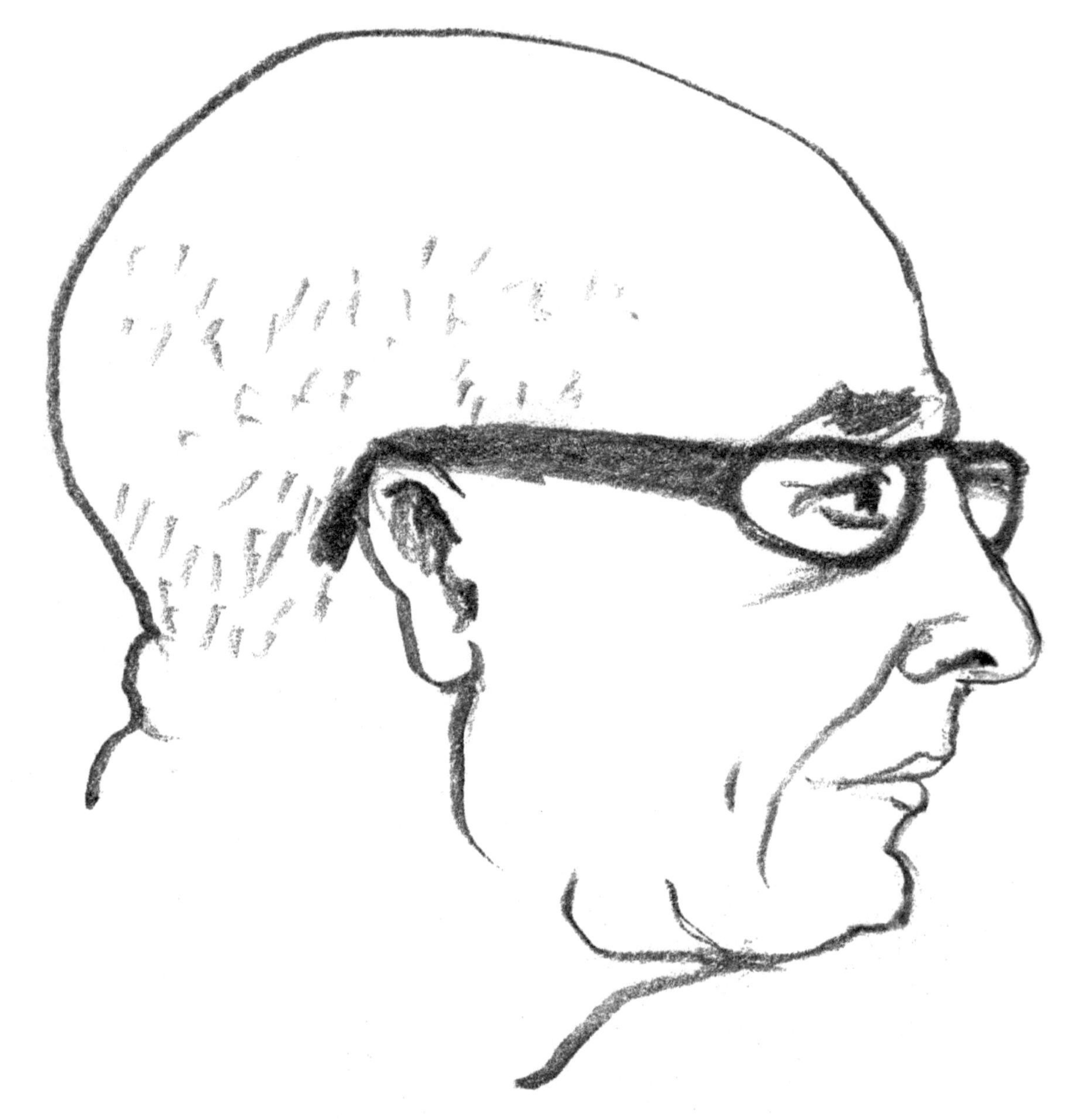

33

Farhad Nov. 16

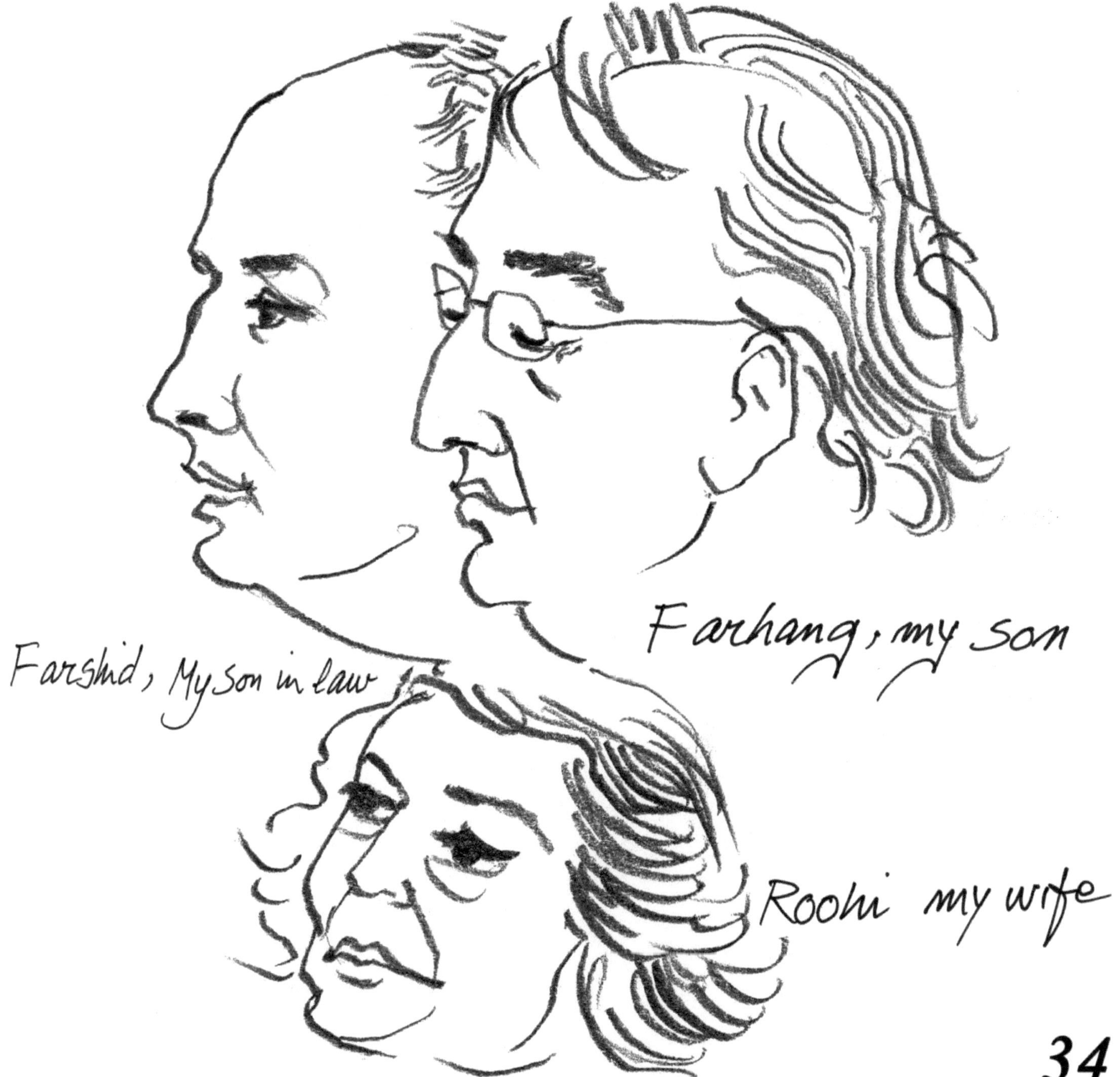

34

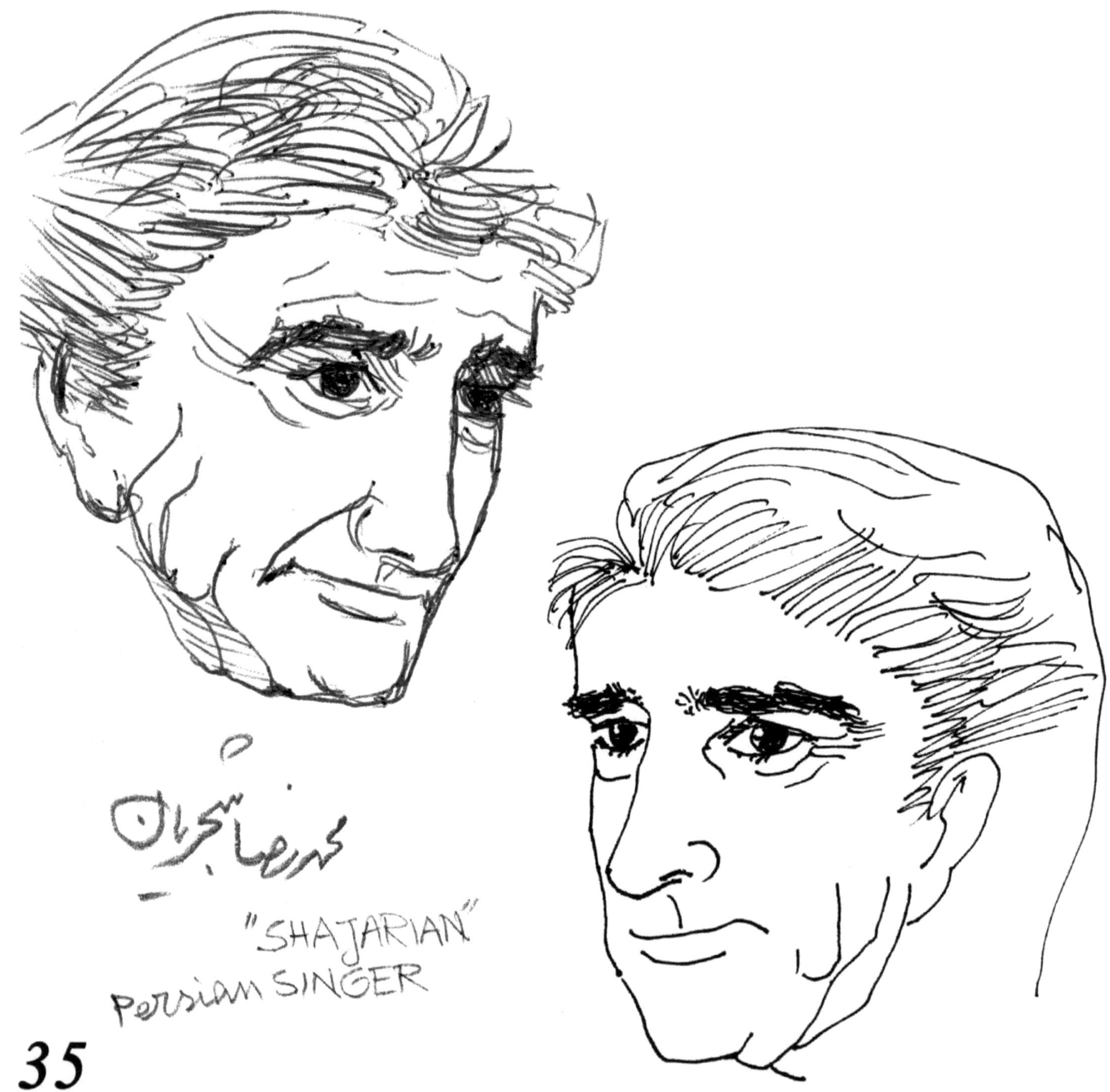
محمدرضا شجریان
"SHAJARIAN"
Persian SINGER
35

SIMIN
BEHBAHANI
I'll Rebuild You Iran
دوباره می سازمت وطن
دوباره می سازمت وطن

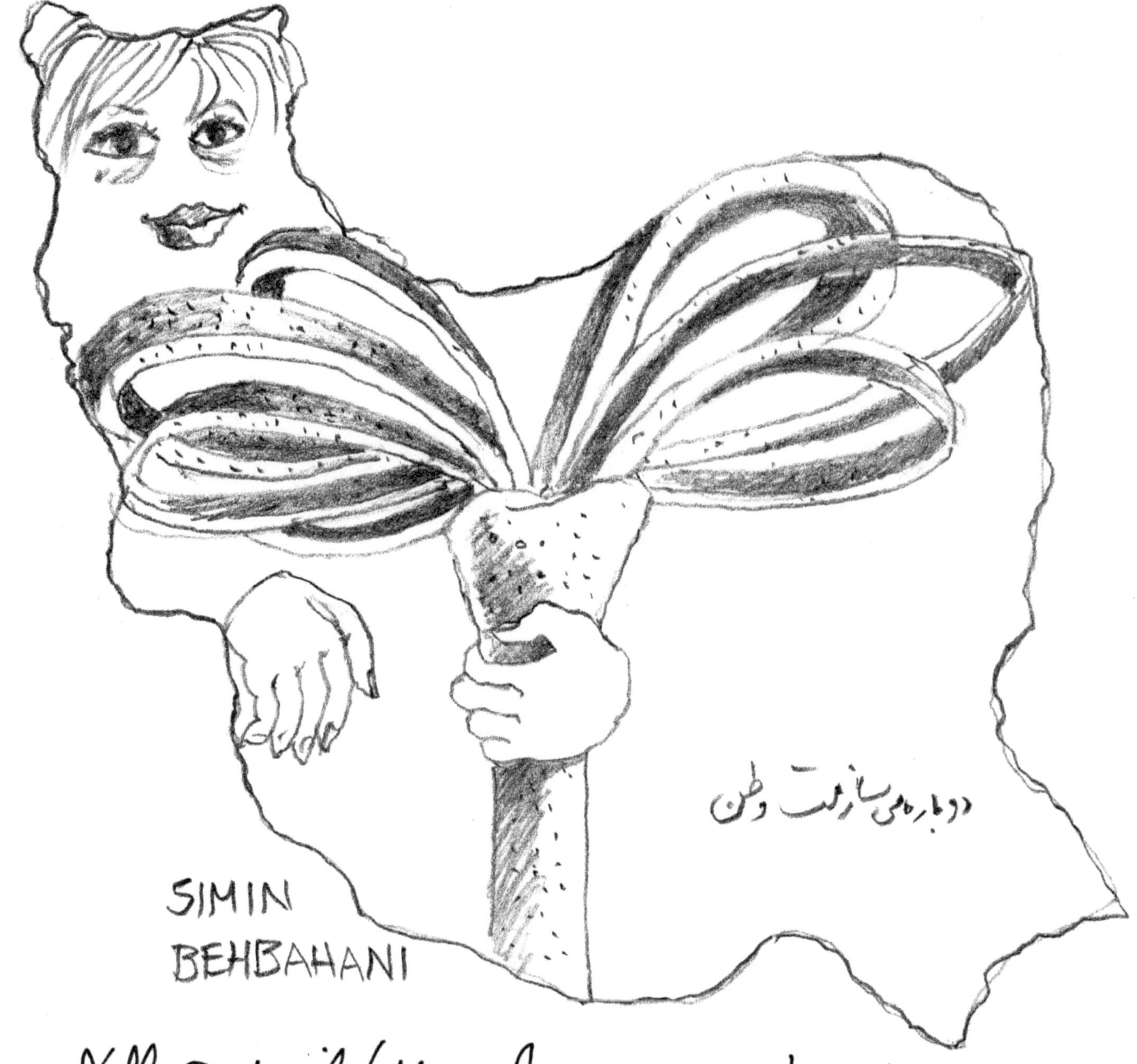

36

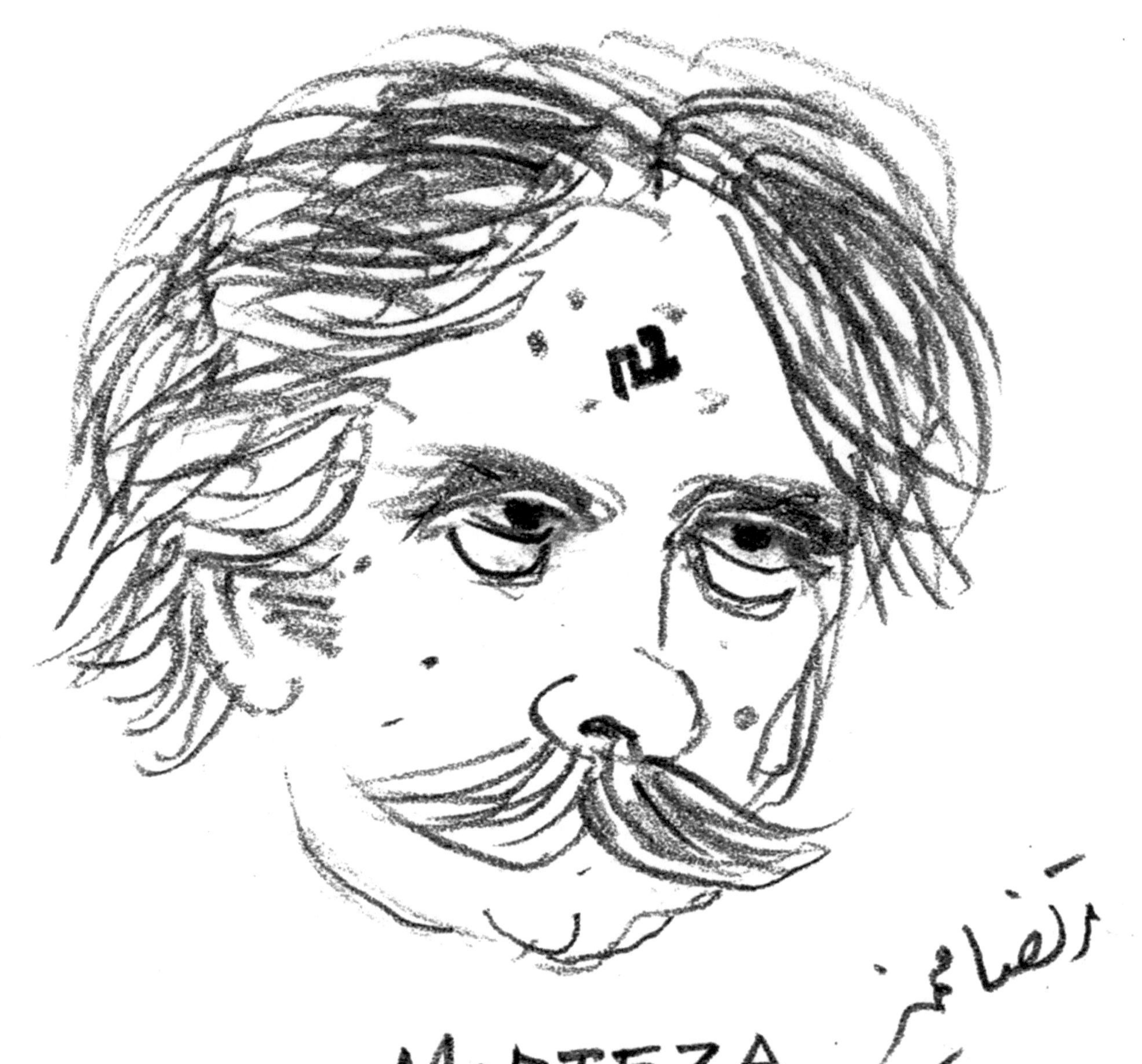

37

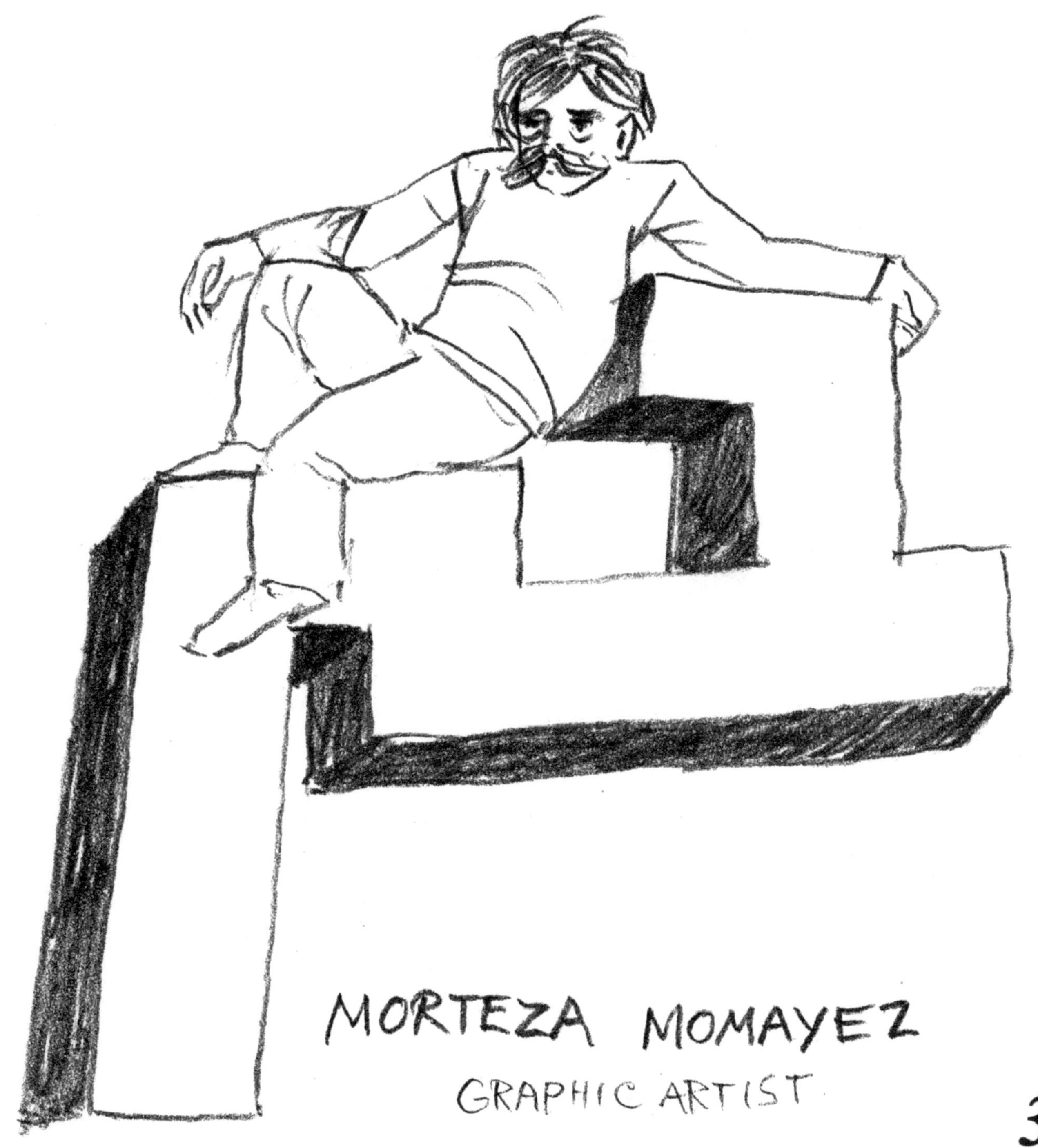

38

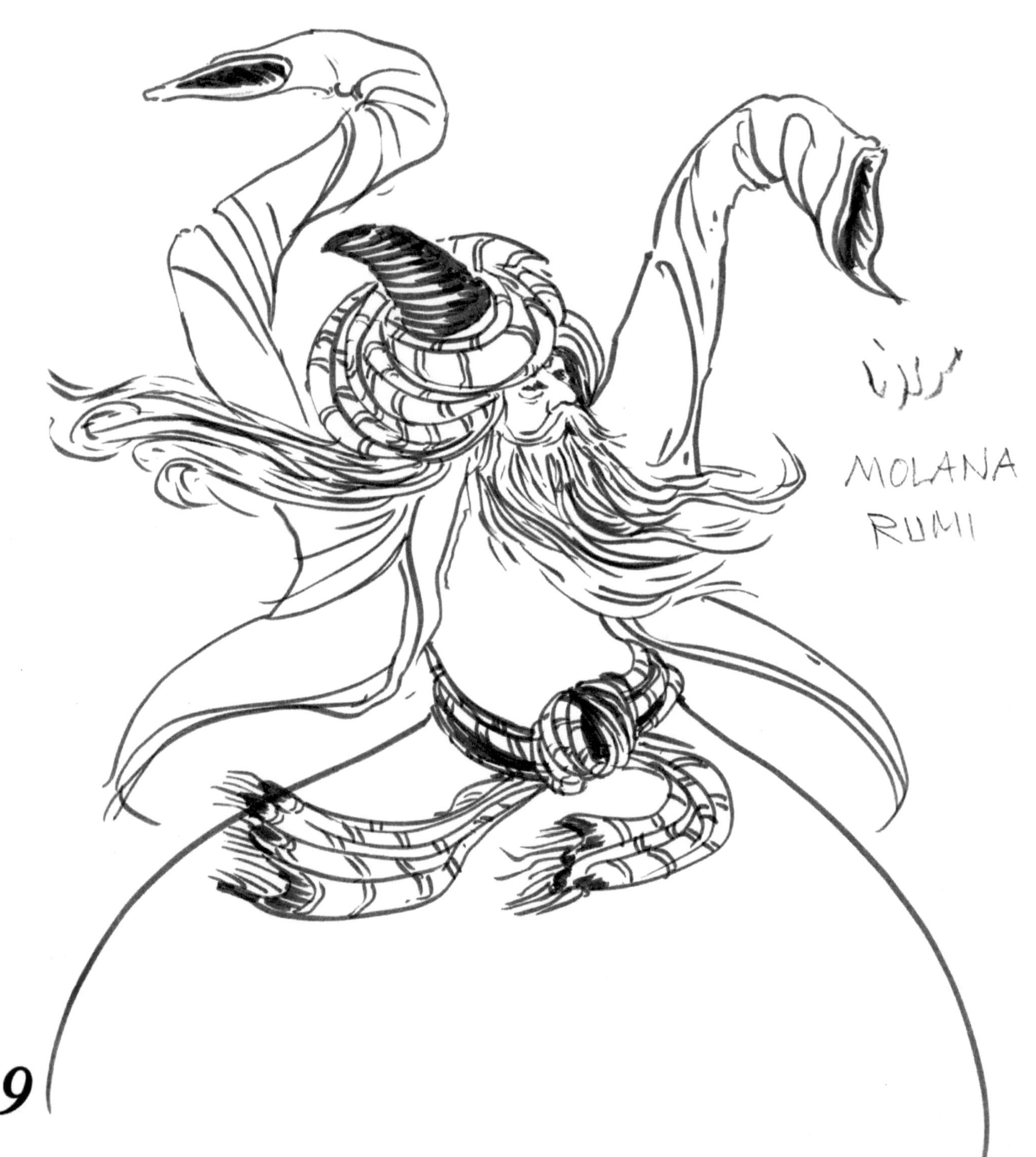

39

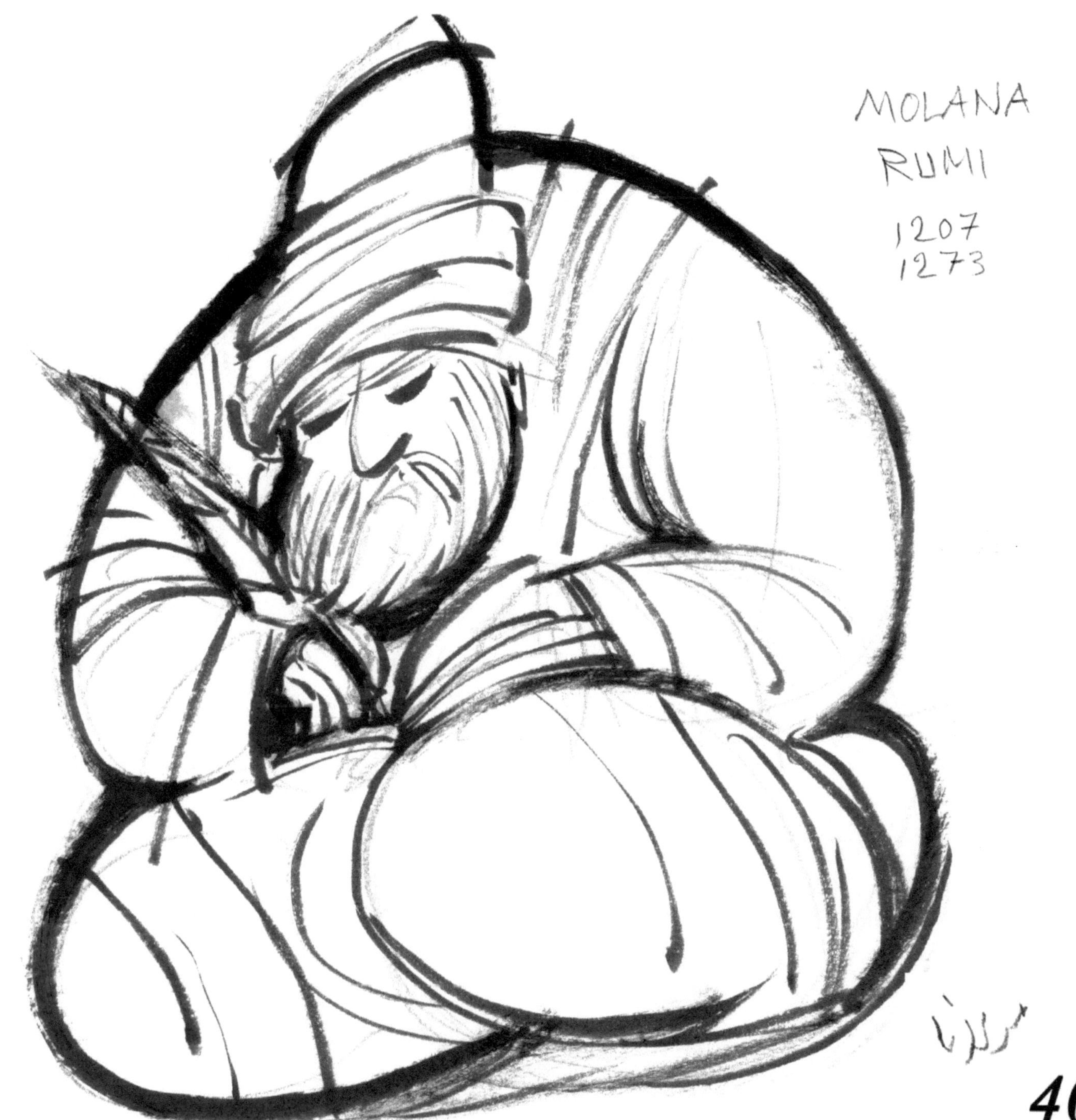

40

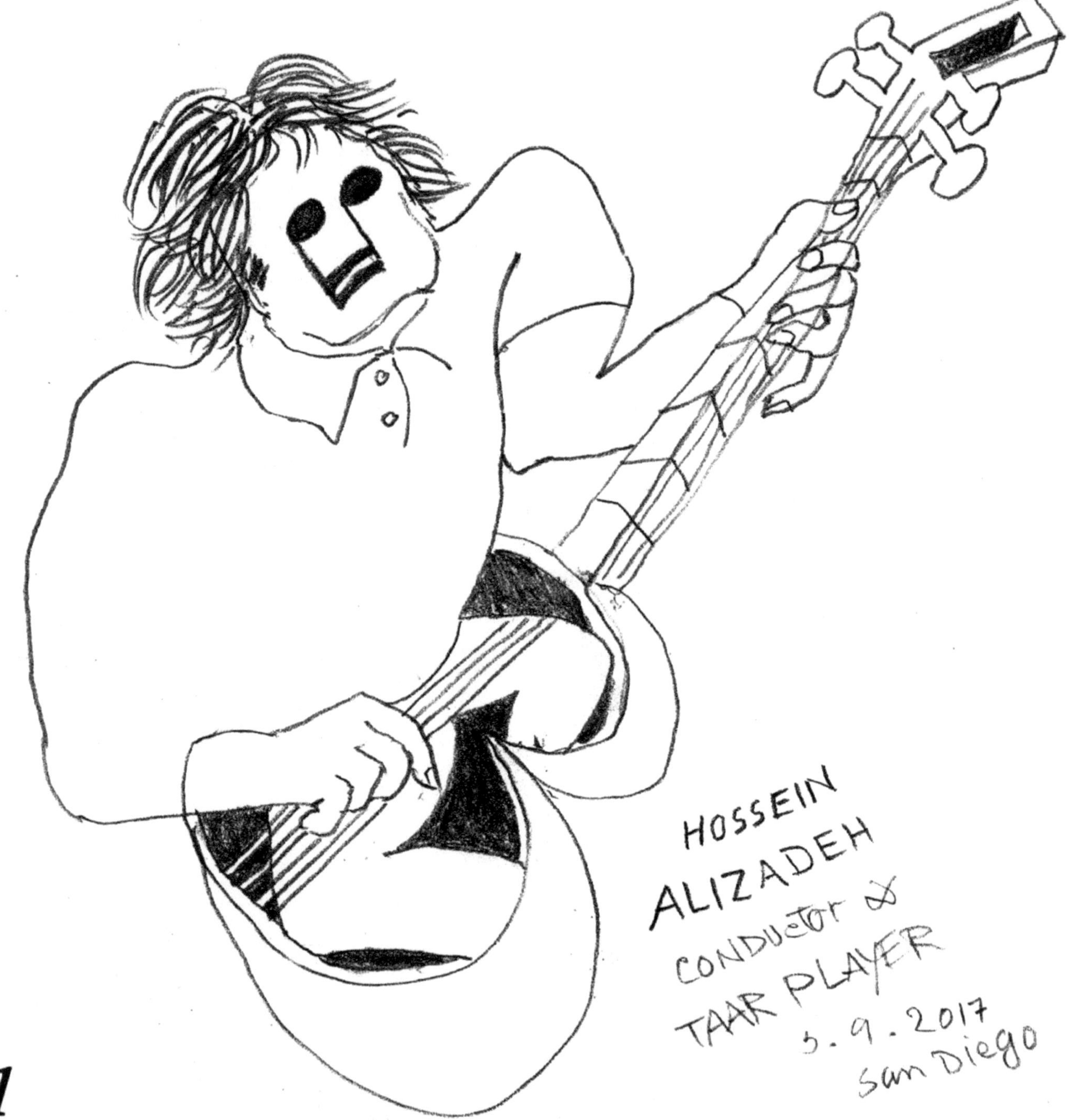

HOSSEIN
ALIZADEH
CONDUCTOR &
TAAR PLAYER
3.9.2017
San Diego
41

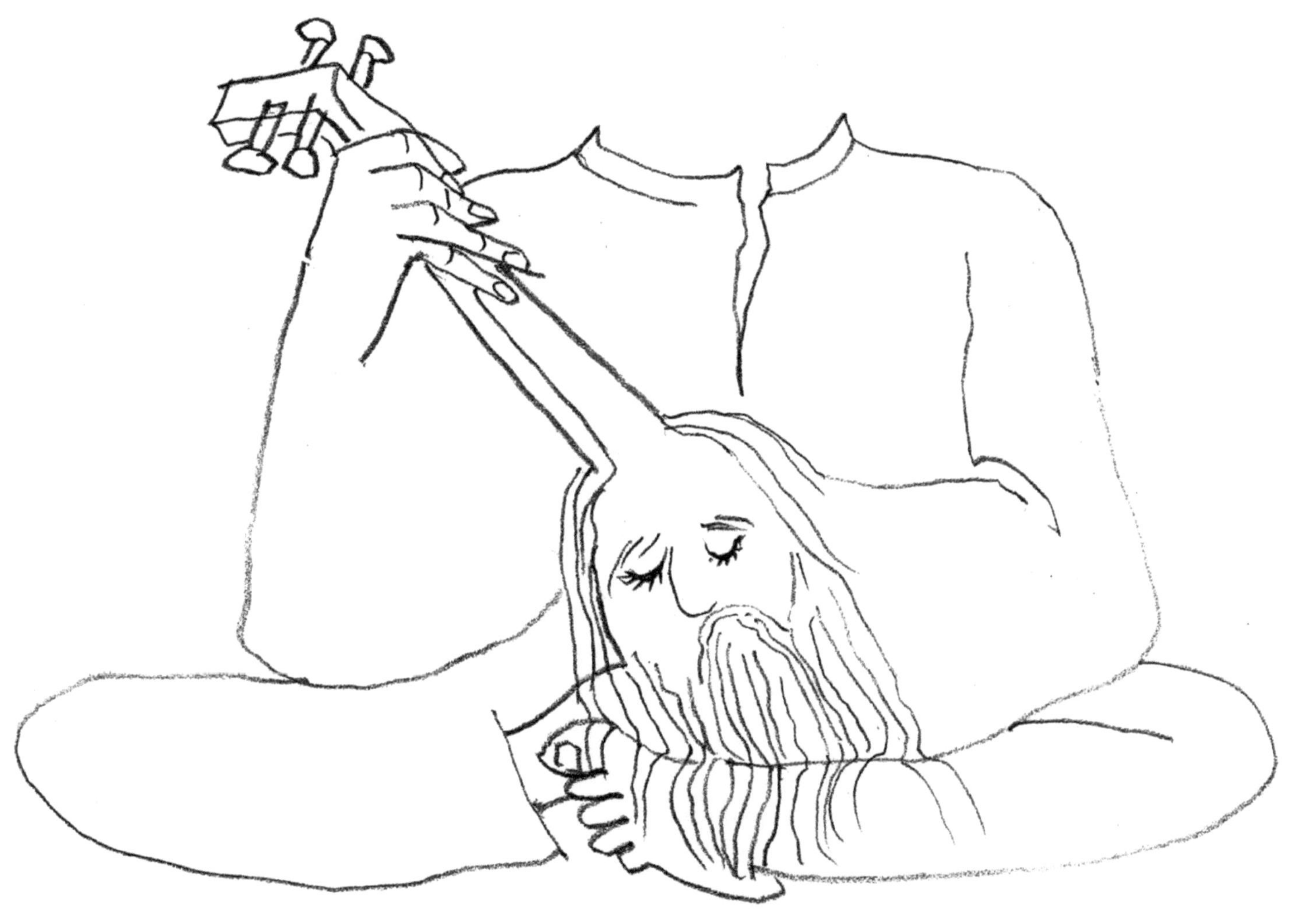

MOHAMAD REZA LOTFI

CONDUCTOR & PLAYER

1947 - 2014

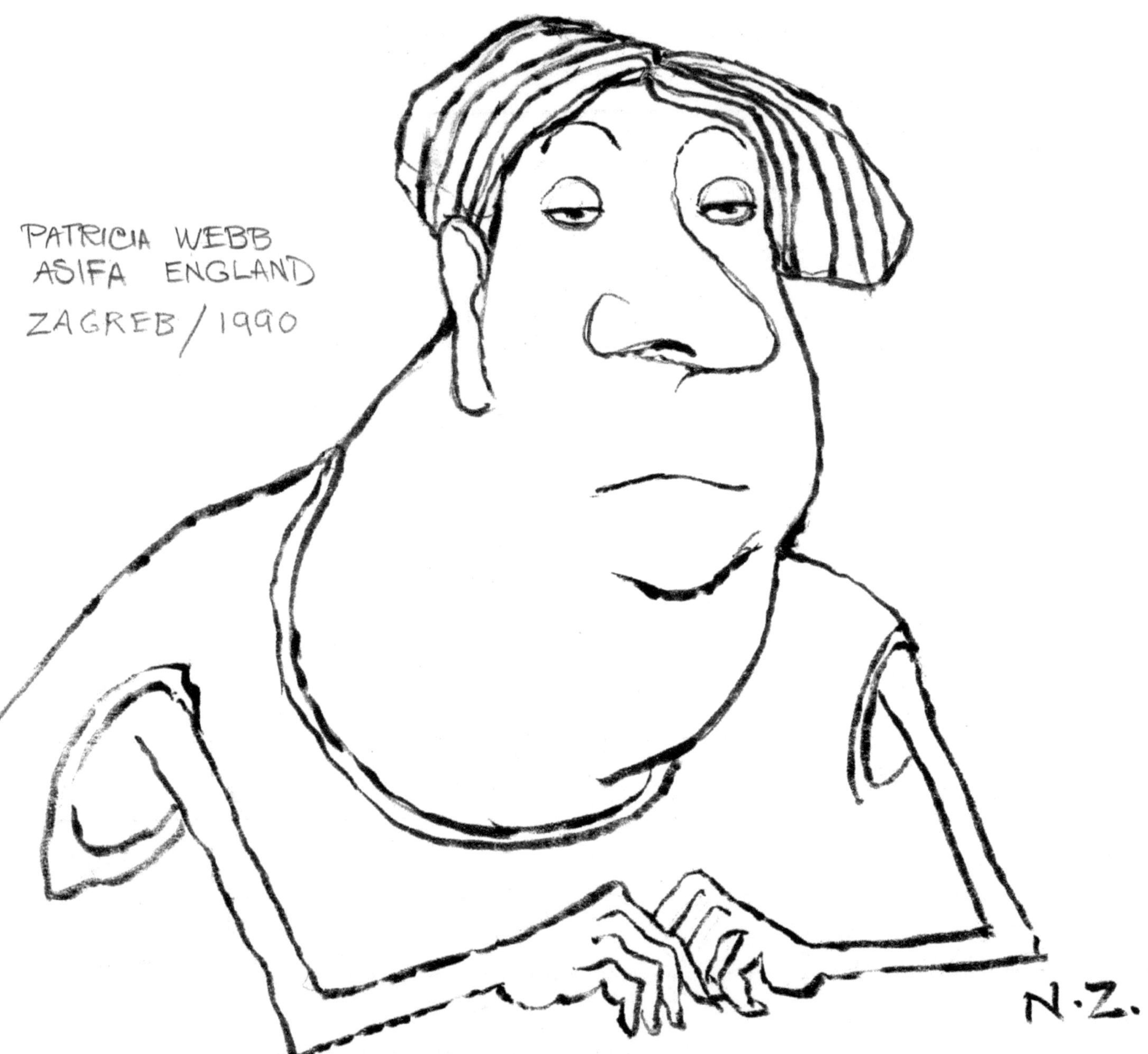

43

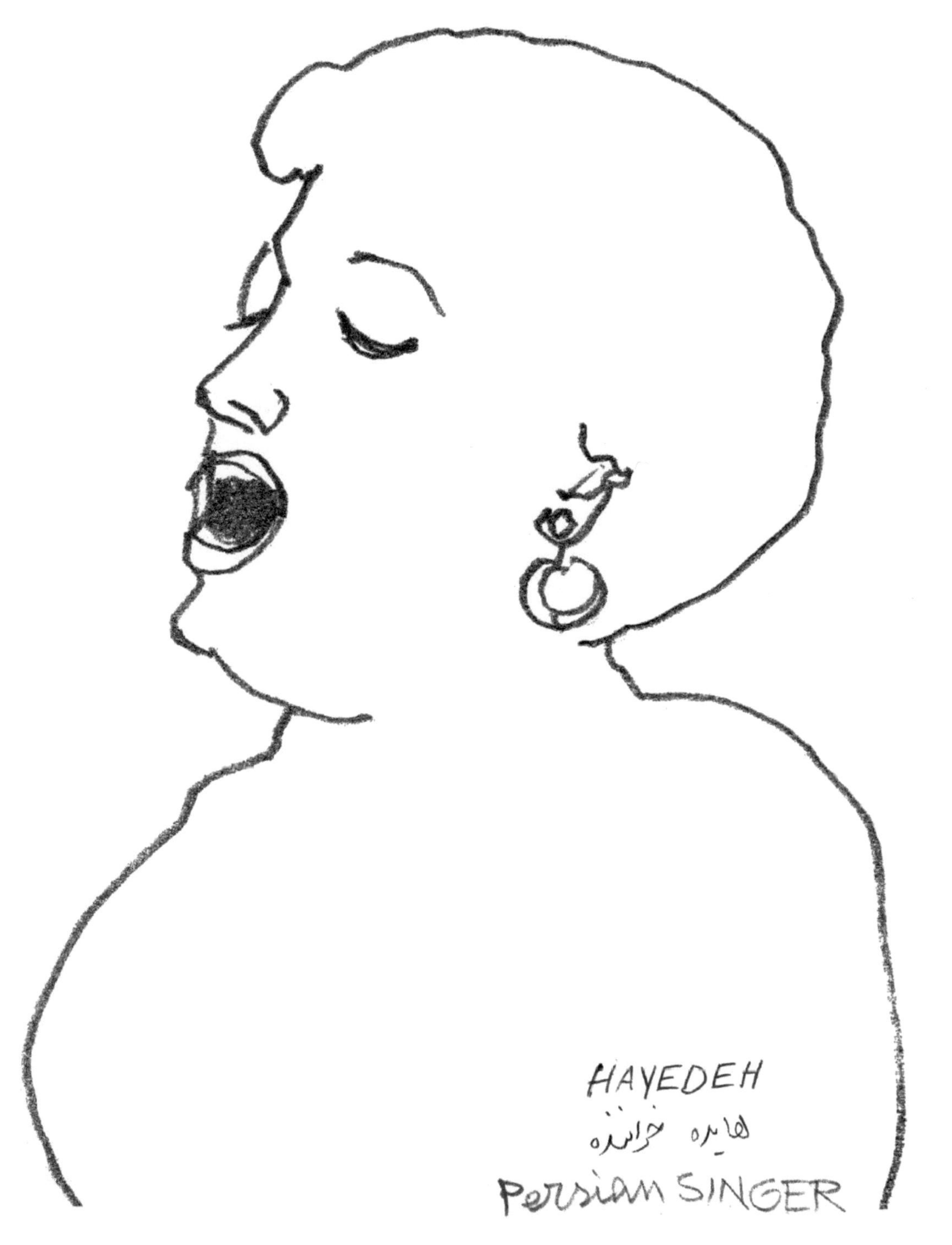

44

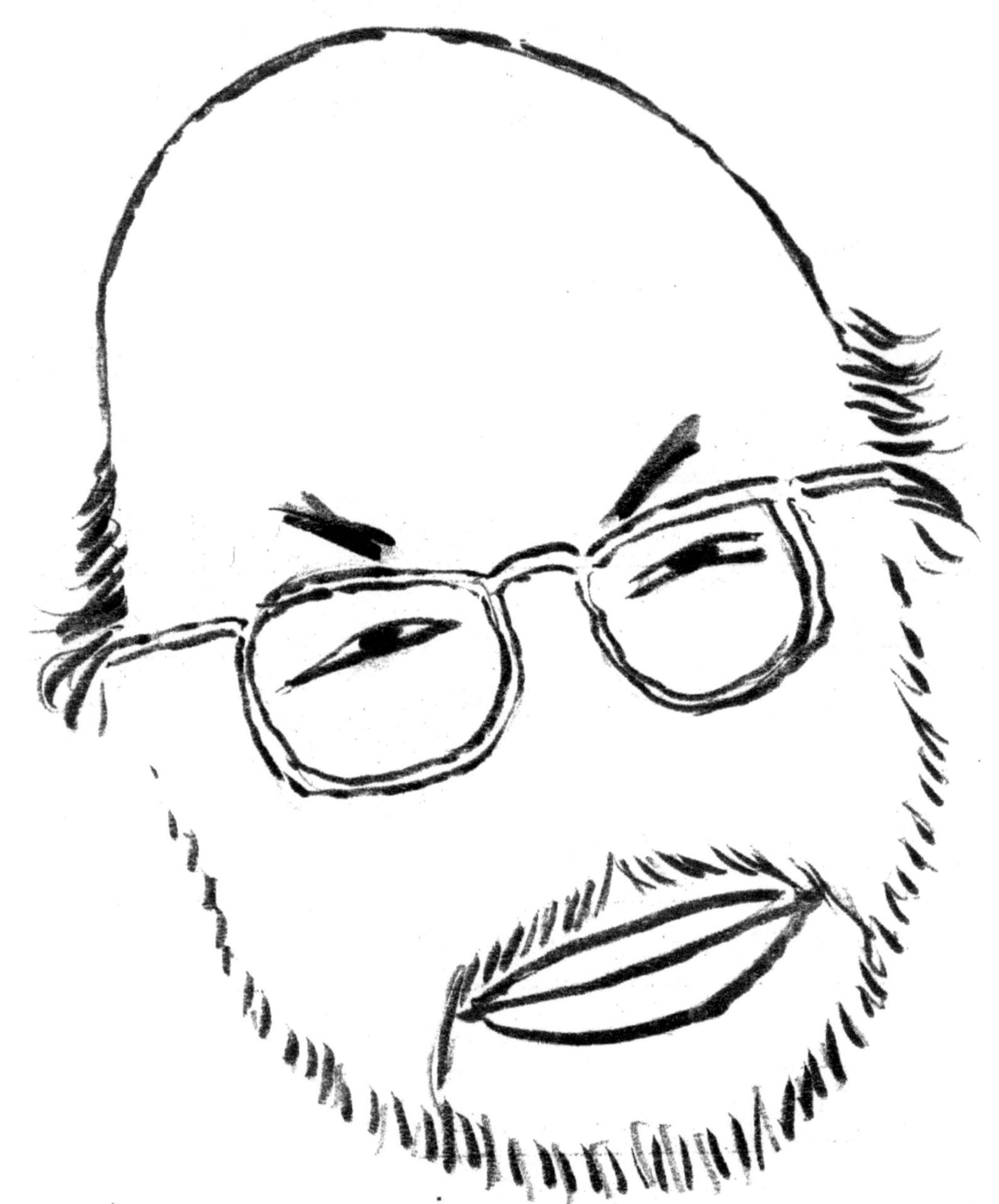

Animator, Director
JAPAN 1936-97

RENZO KINOSHITO

FOUNDER: ASIFA JAPAN

45

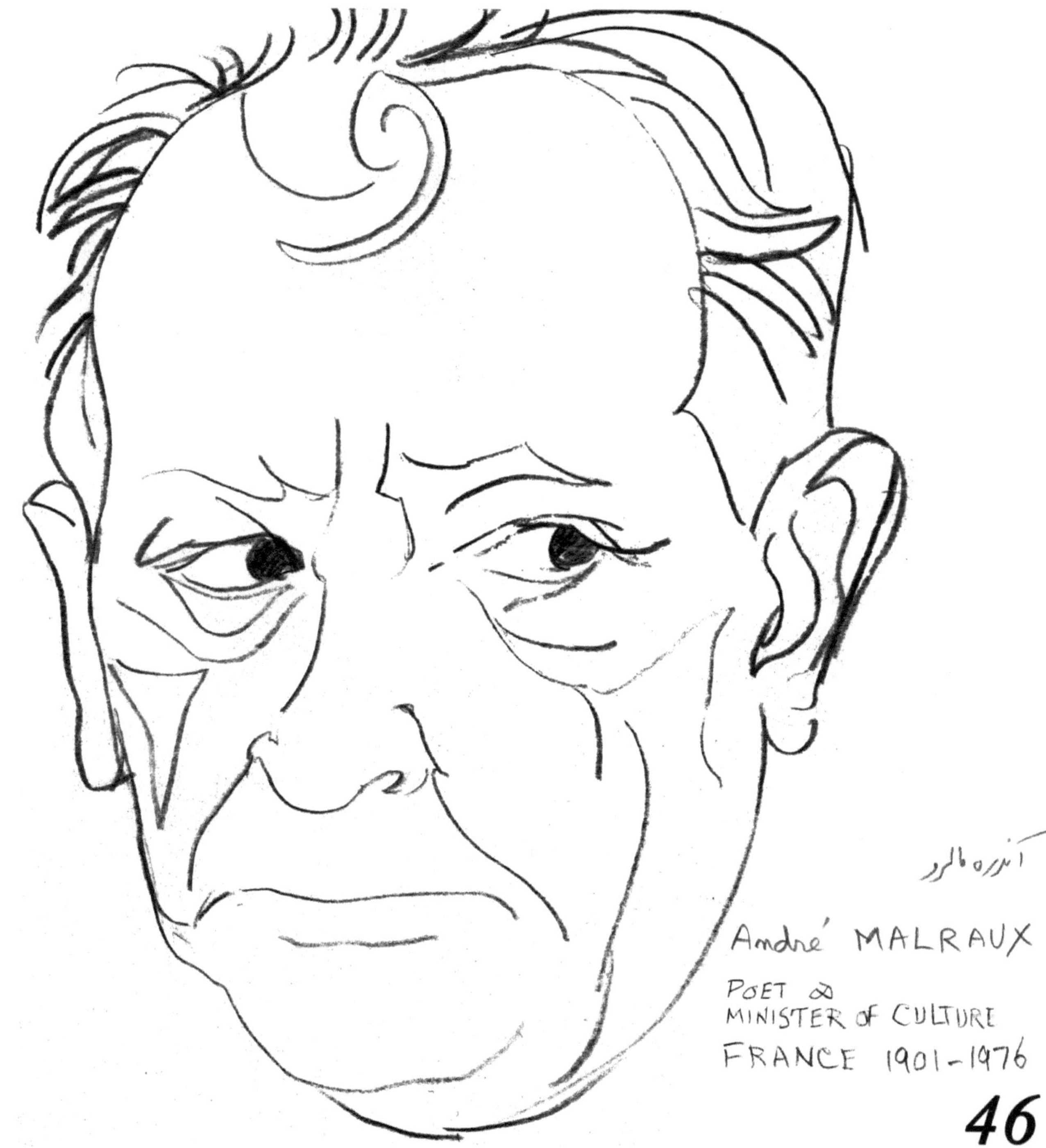
André MALRAUX
POET &
MINISTER OF CULTURE
FRANCE 1901-1976
46

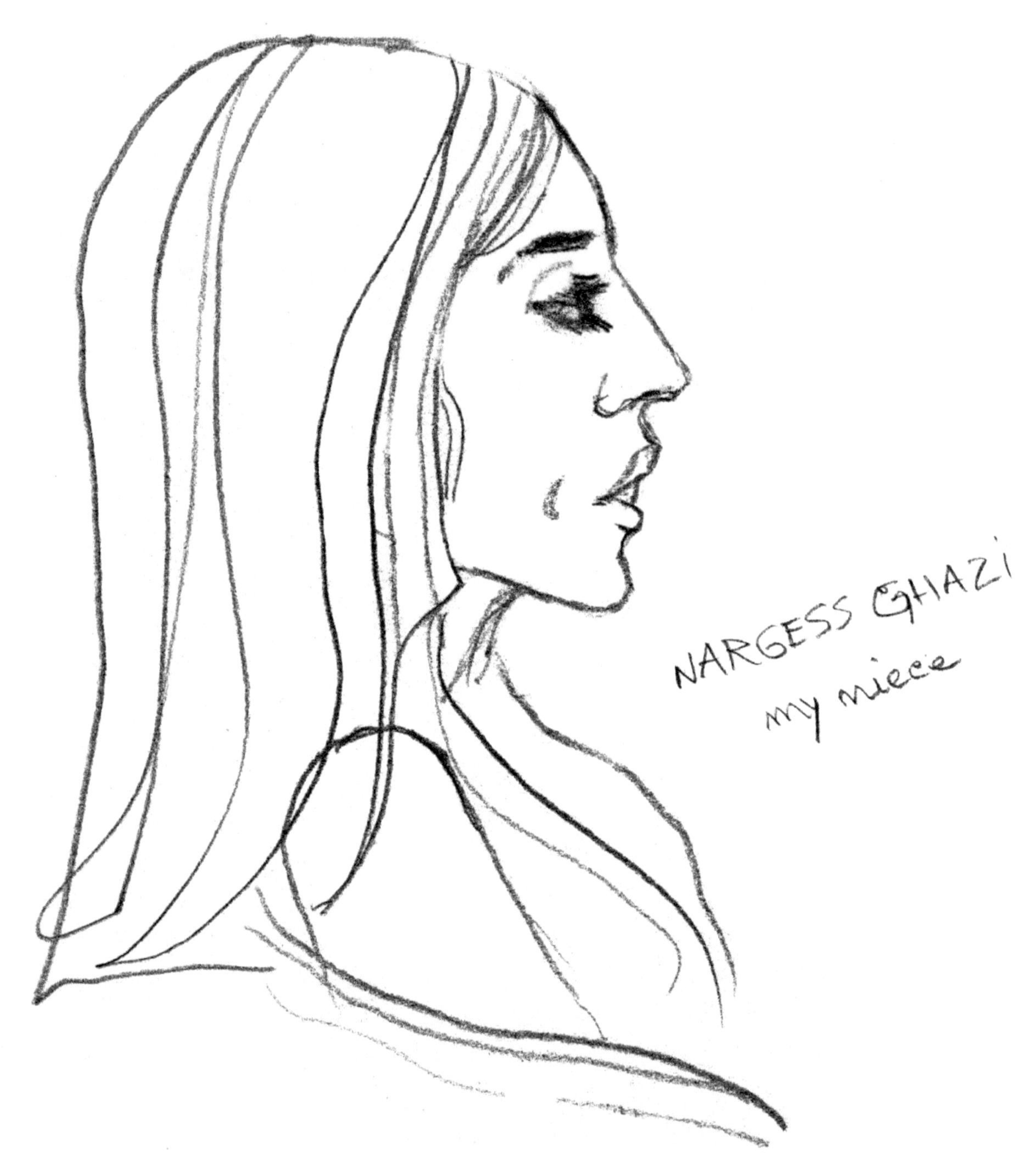

47

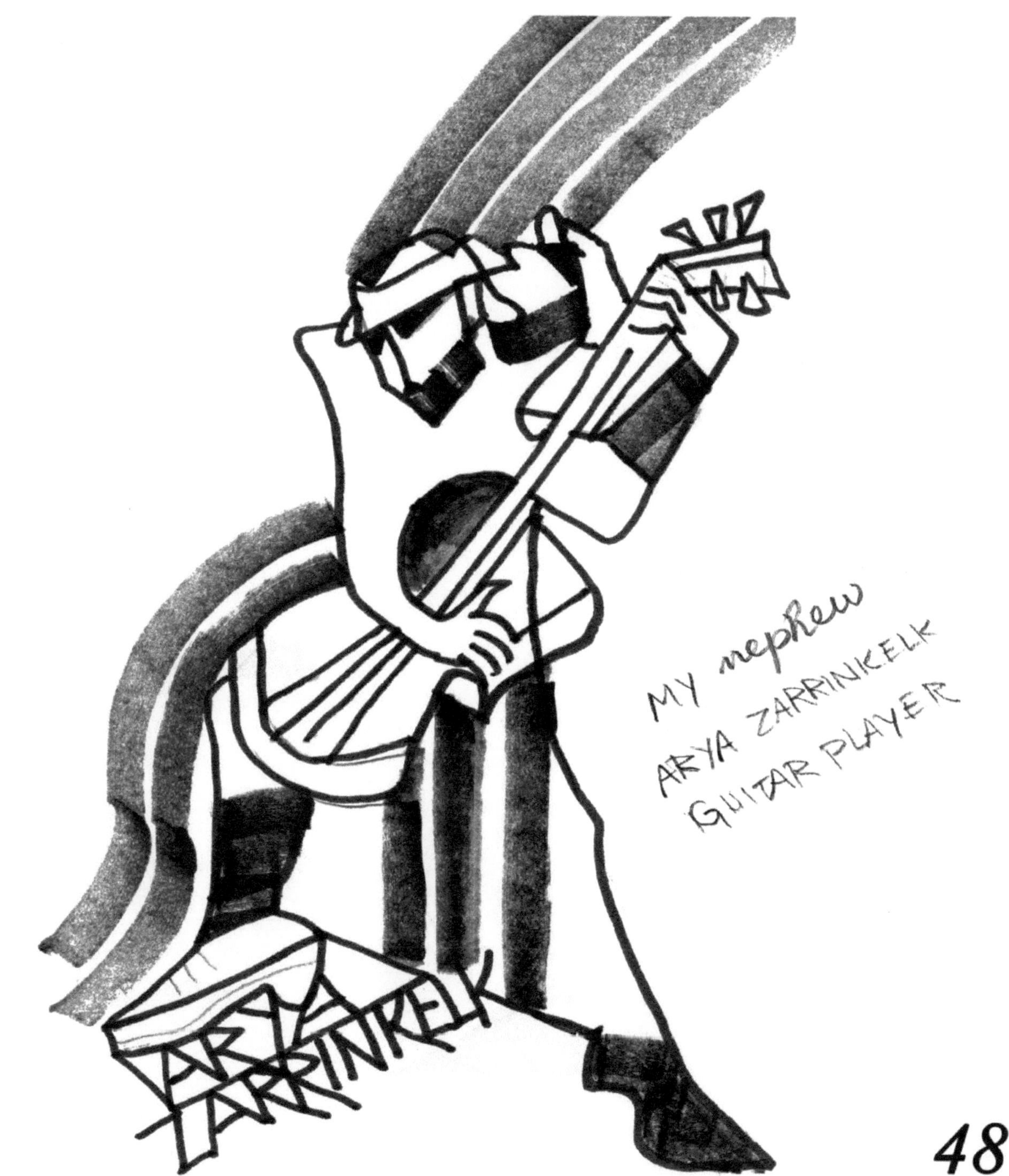

48

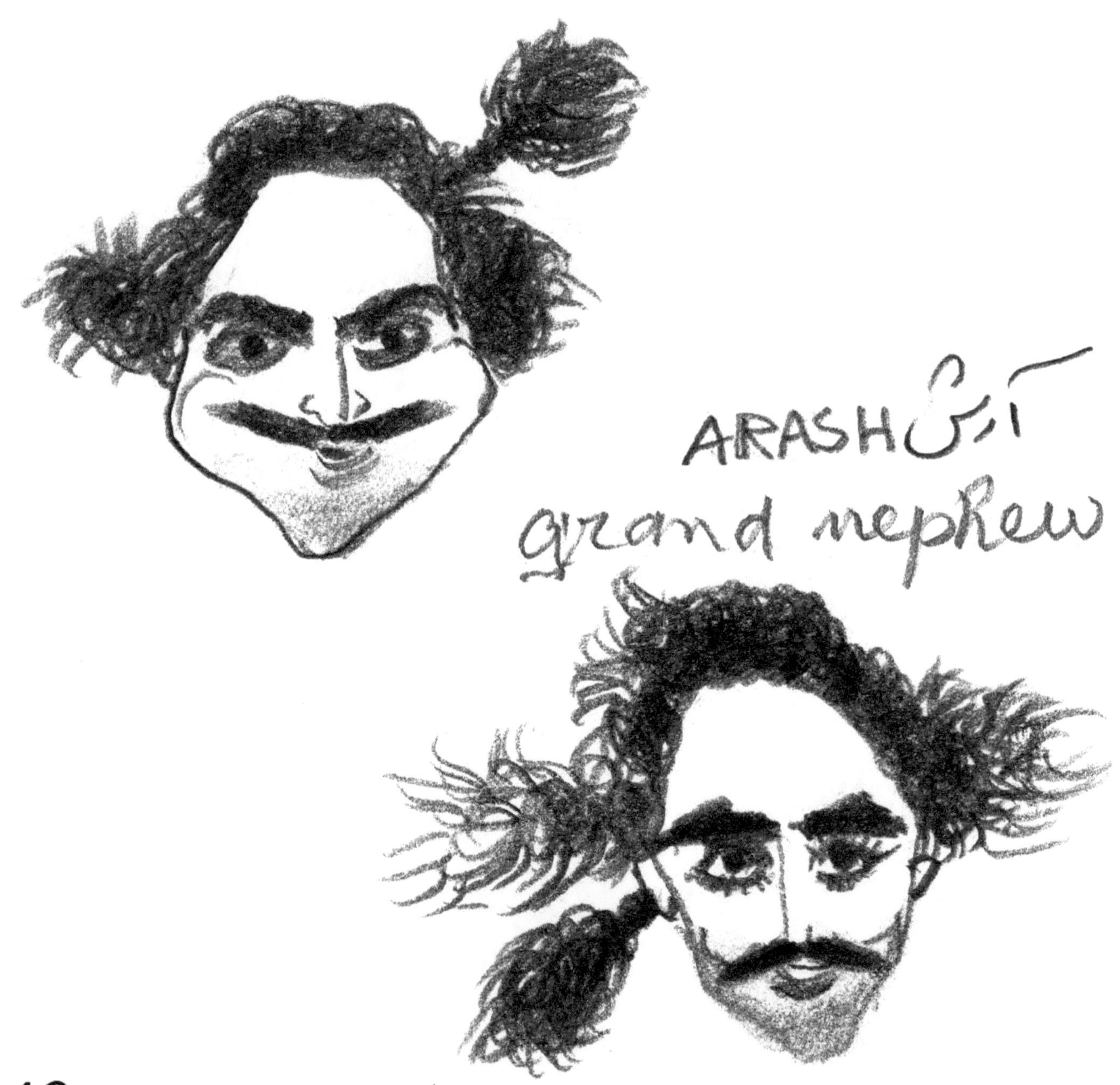

49

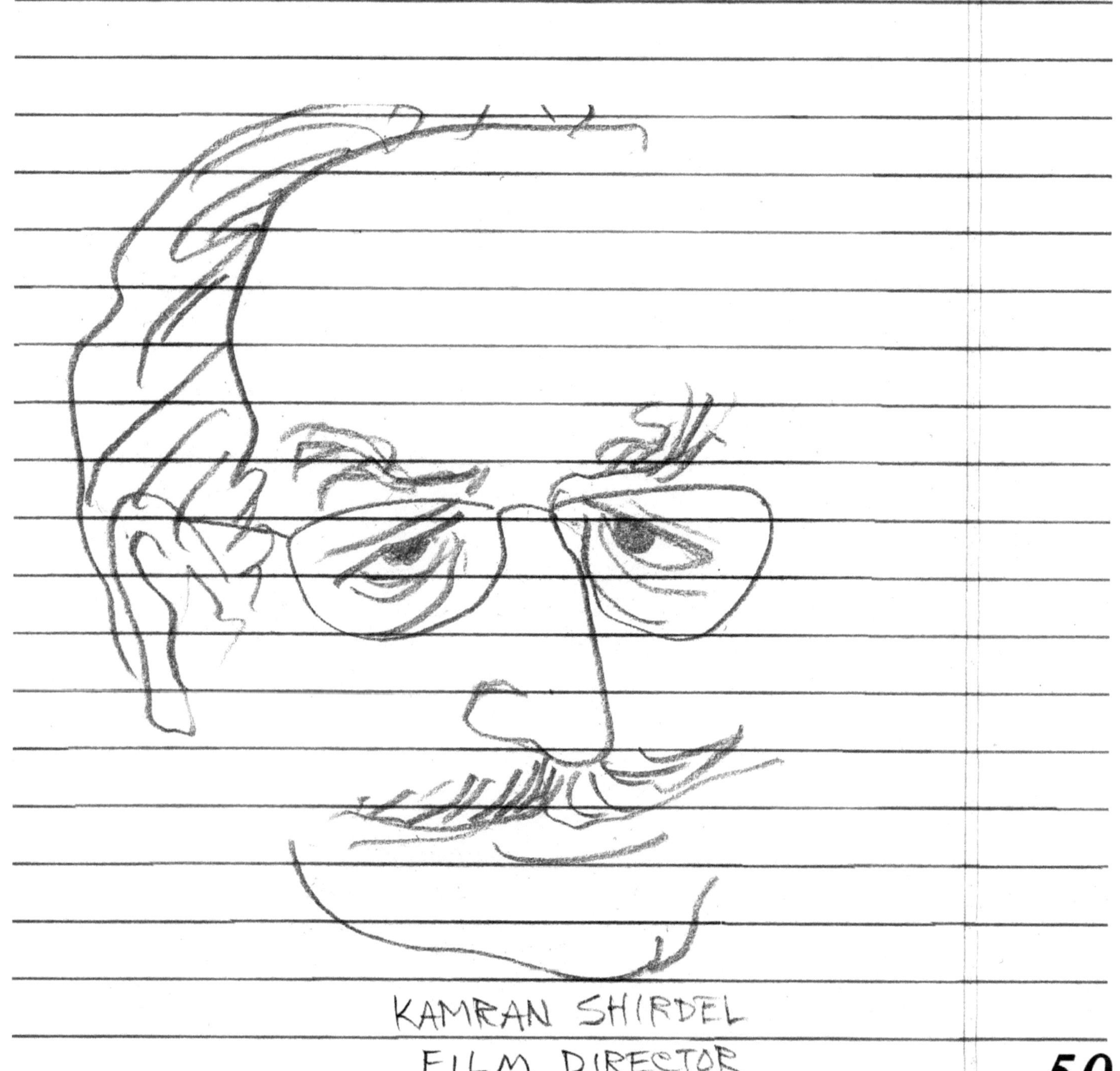

KAMRAN SHIRDEL
FILM DIRECTOR

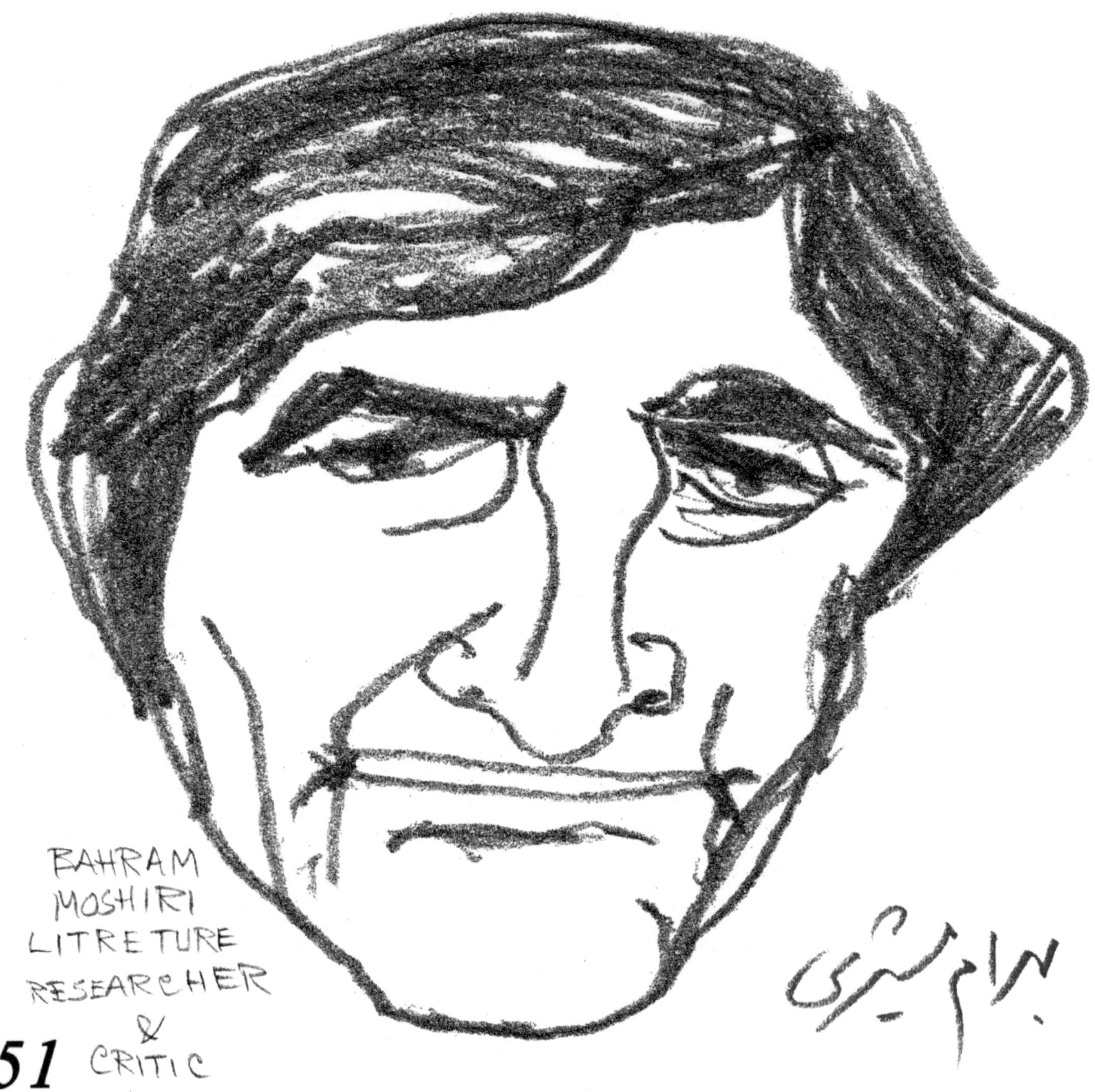

BAHRAM
MOSHIRI
LITRETURE
RESEARCHER
&
CRITIC
51

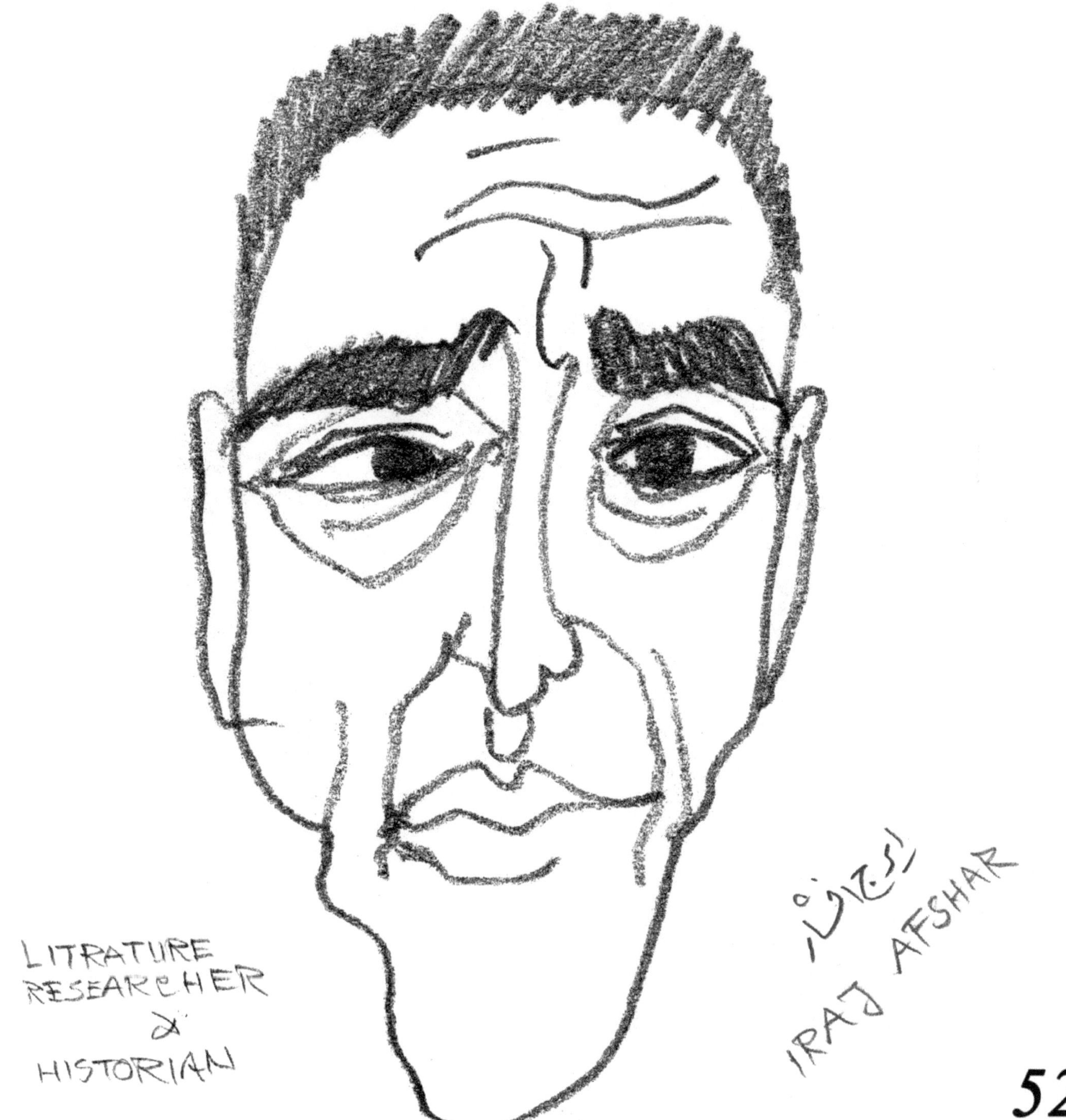
LITRATURE
RESEARCHER
&
HISTORIAN
اٖرج افشار
IRAJ AFSHAR
52

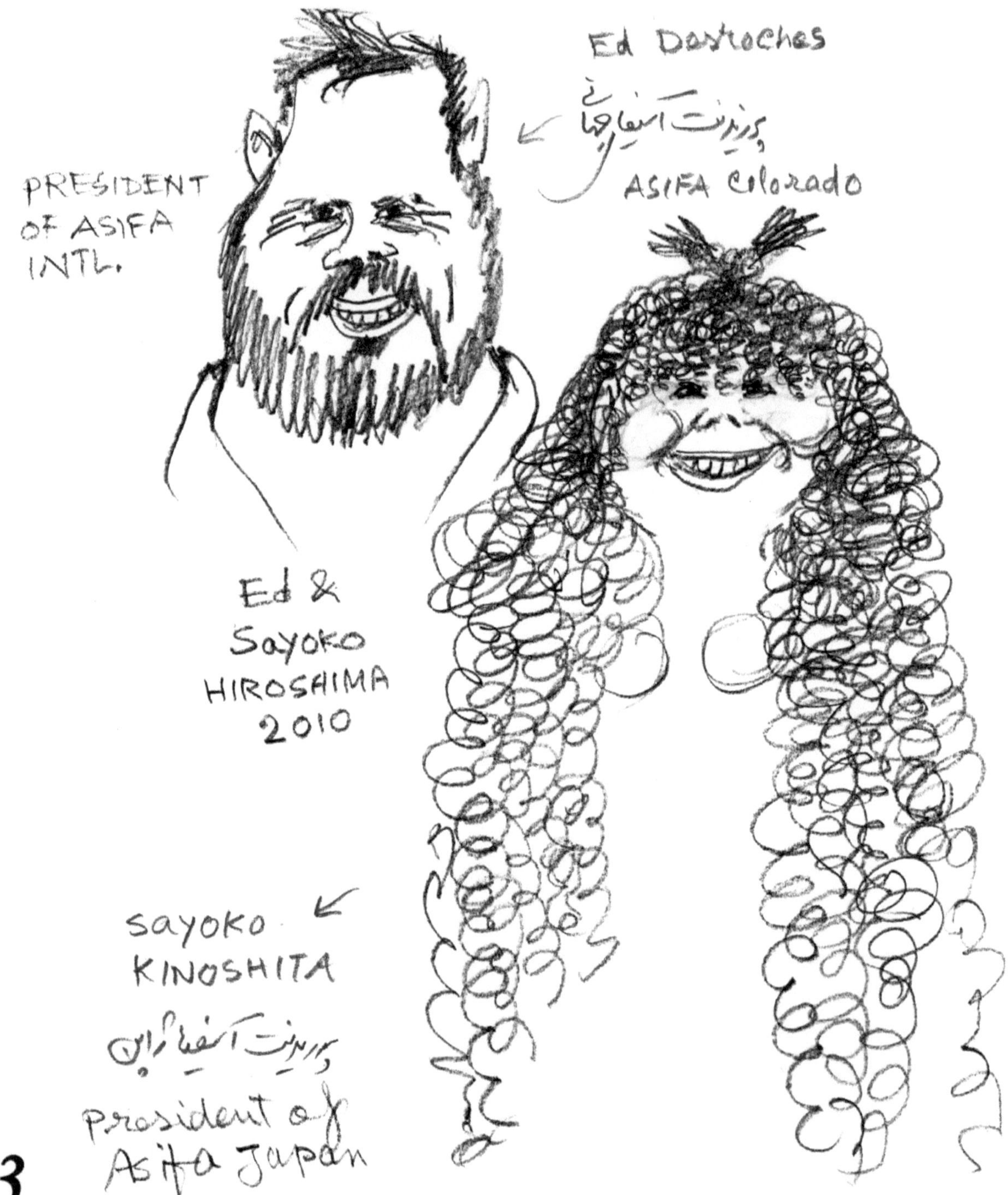
PRESIDENT
OF ASIFA
INTL.

Ed &
Sayoko
HIROSHIMA
2010

sayoko
KINOSHITA

President of
Asifa Japan

Ed Desroches

ASIFA Colorado

Edvard Nazarove (RUSSIA)

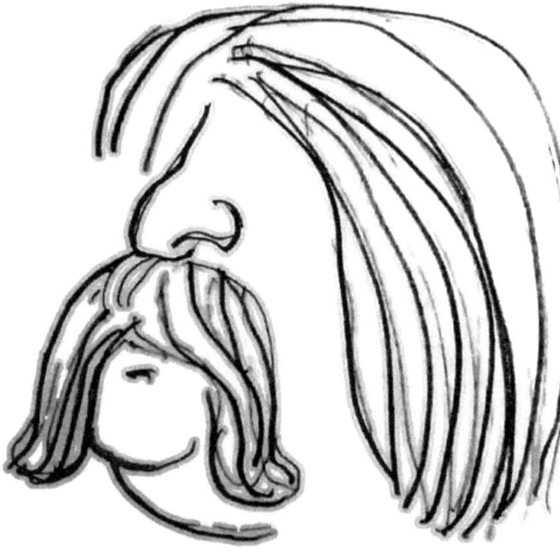

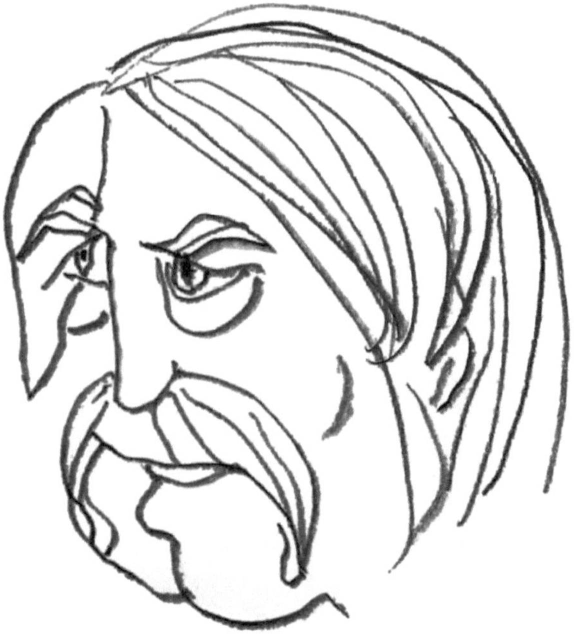

President of ASIFA RUSSIA

Died: 2017

54

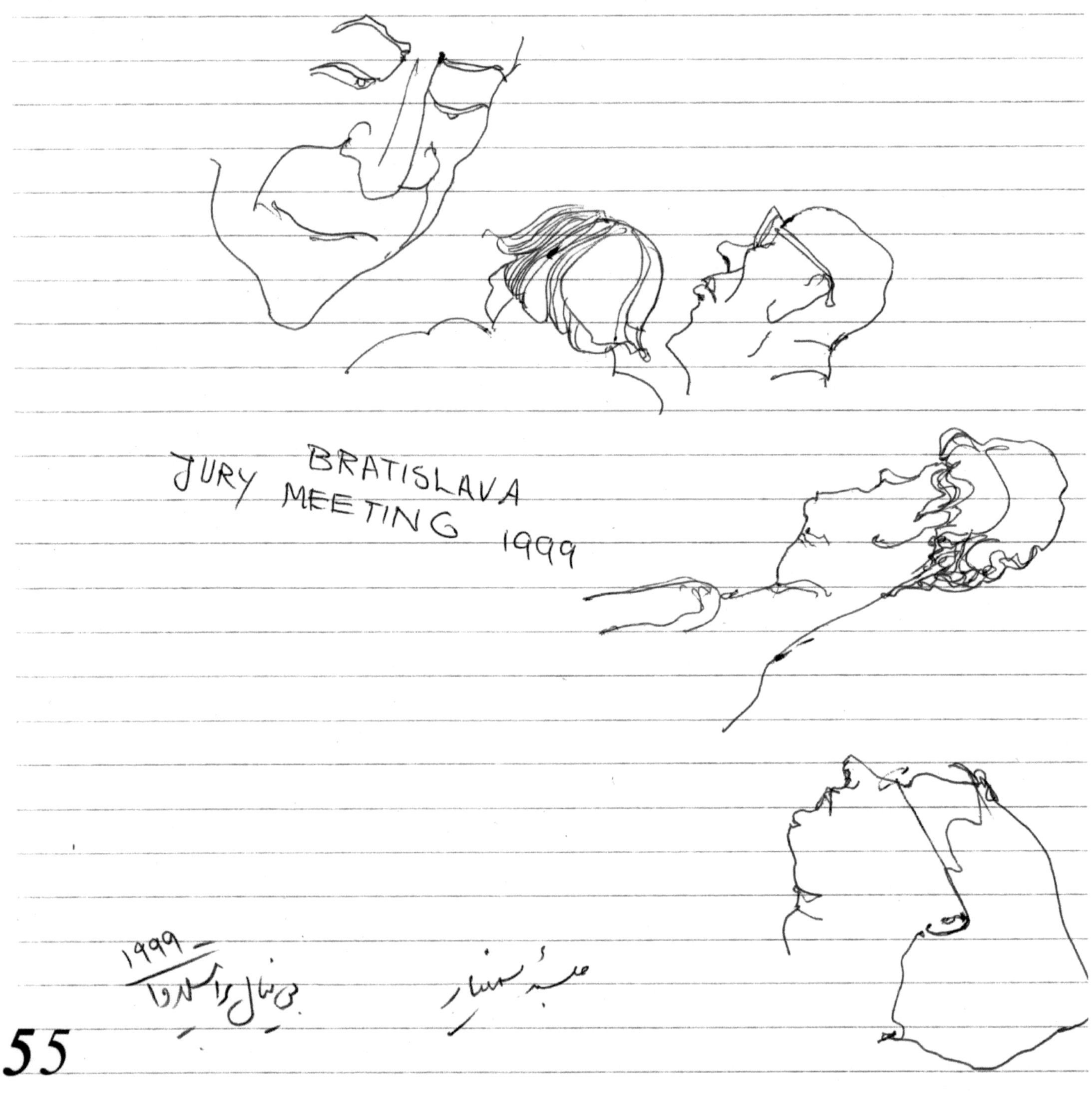

55

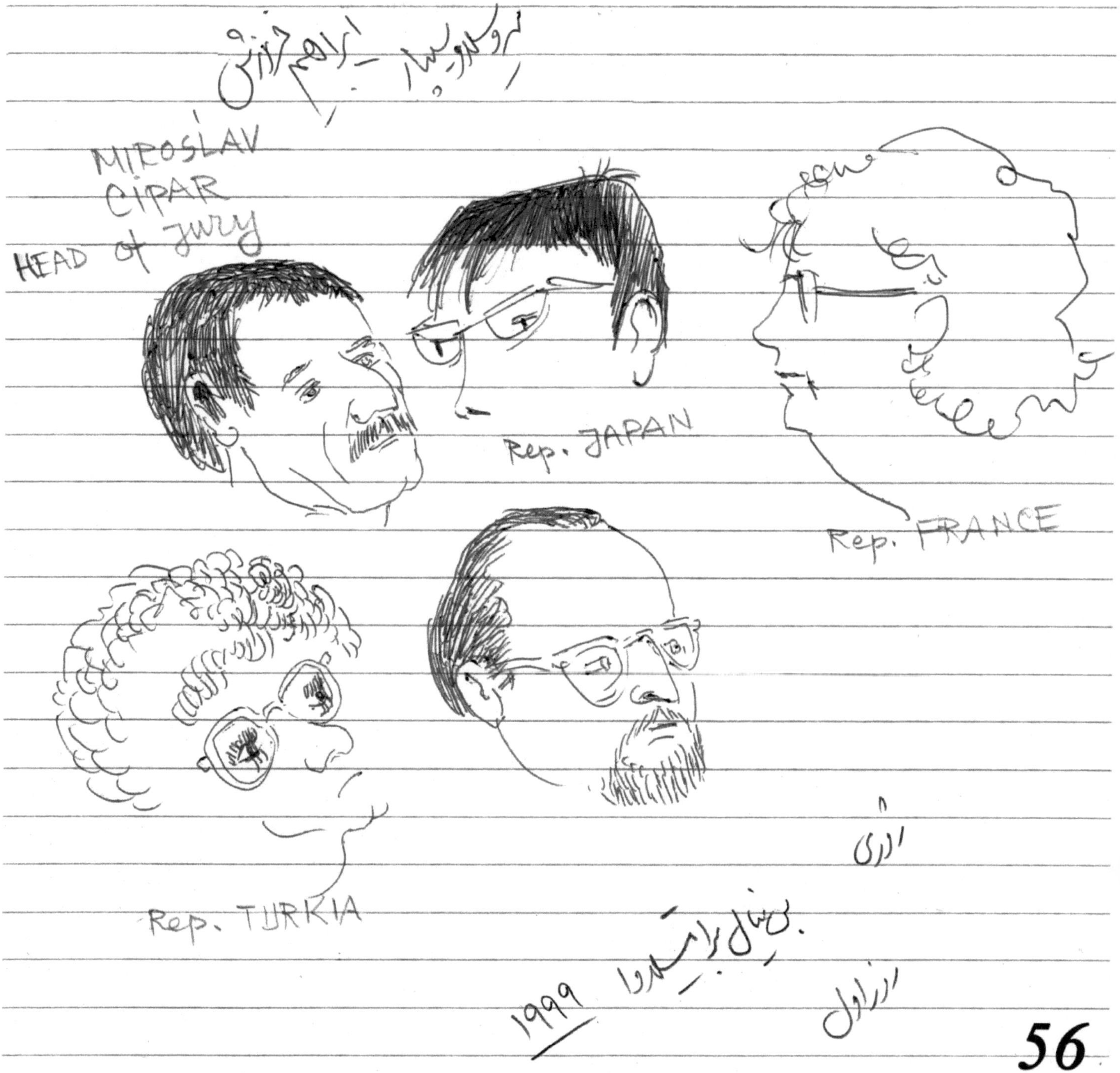

MIROSLAV
CIPAR
HEAD
of JURY

Rep. JAPAN

Rep. FRANCE

Rep. TURKIA

1999

56

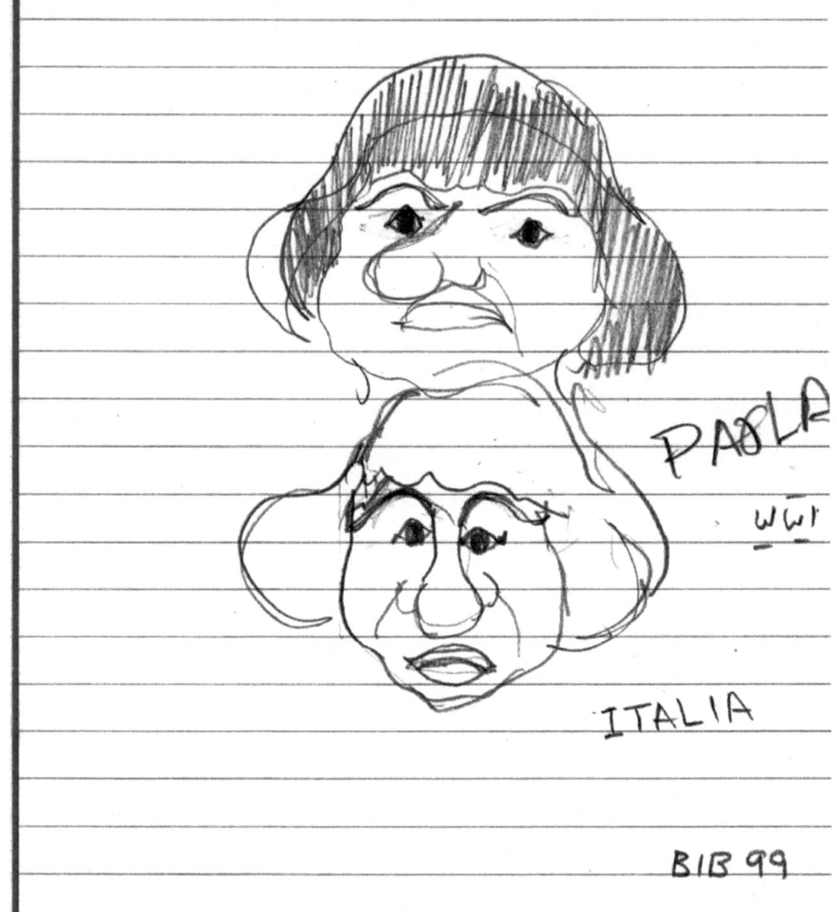

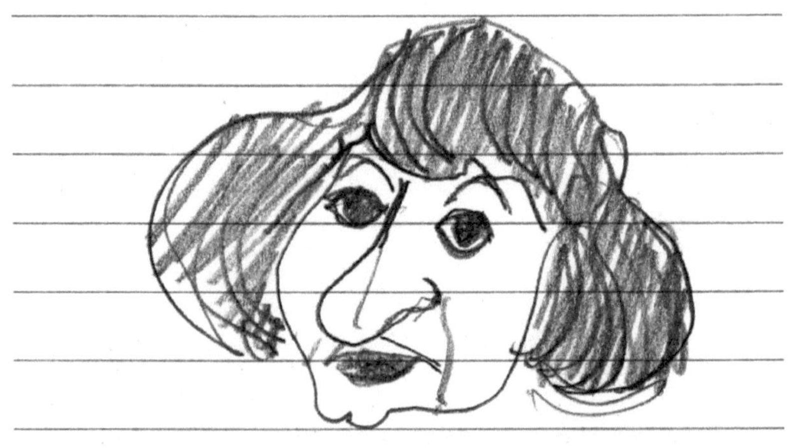

57

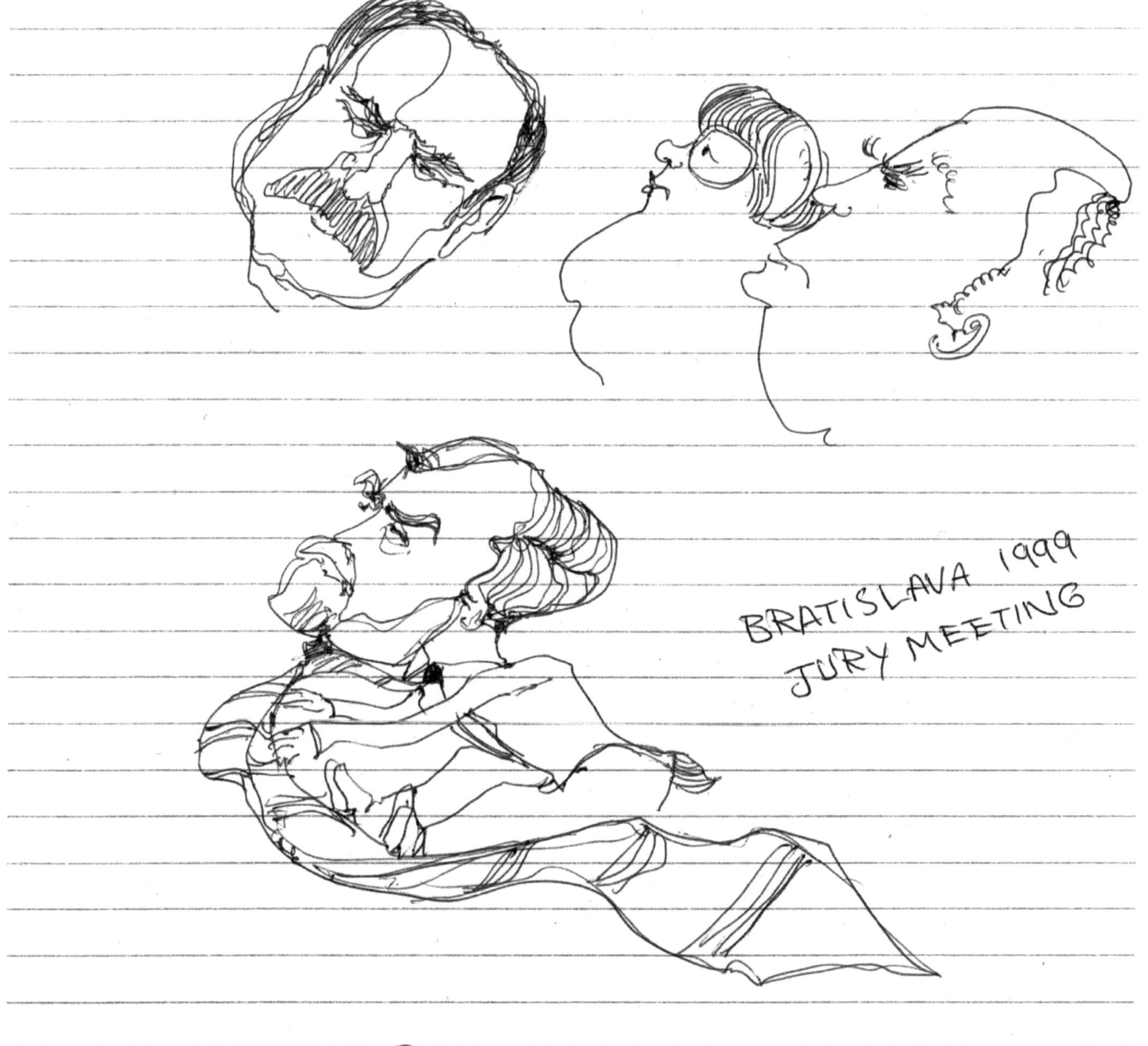

BRATISLAVA 1999
JURY MEETING

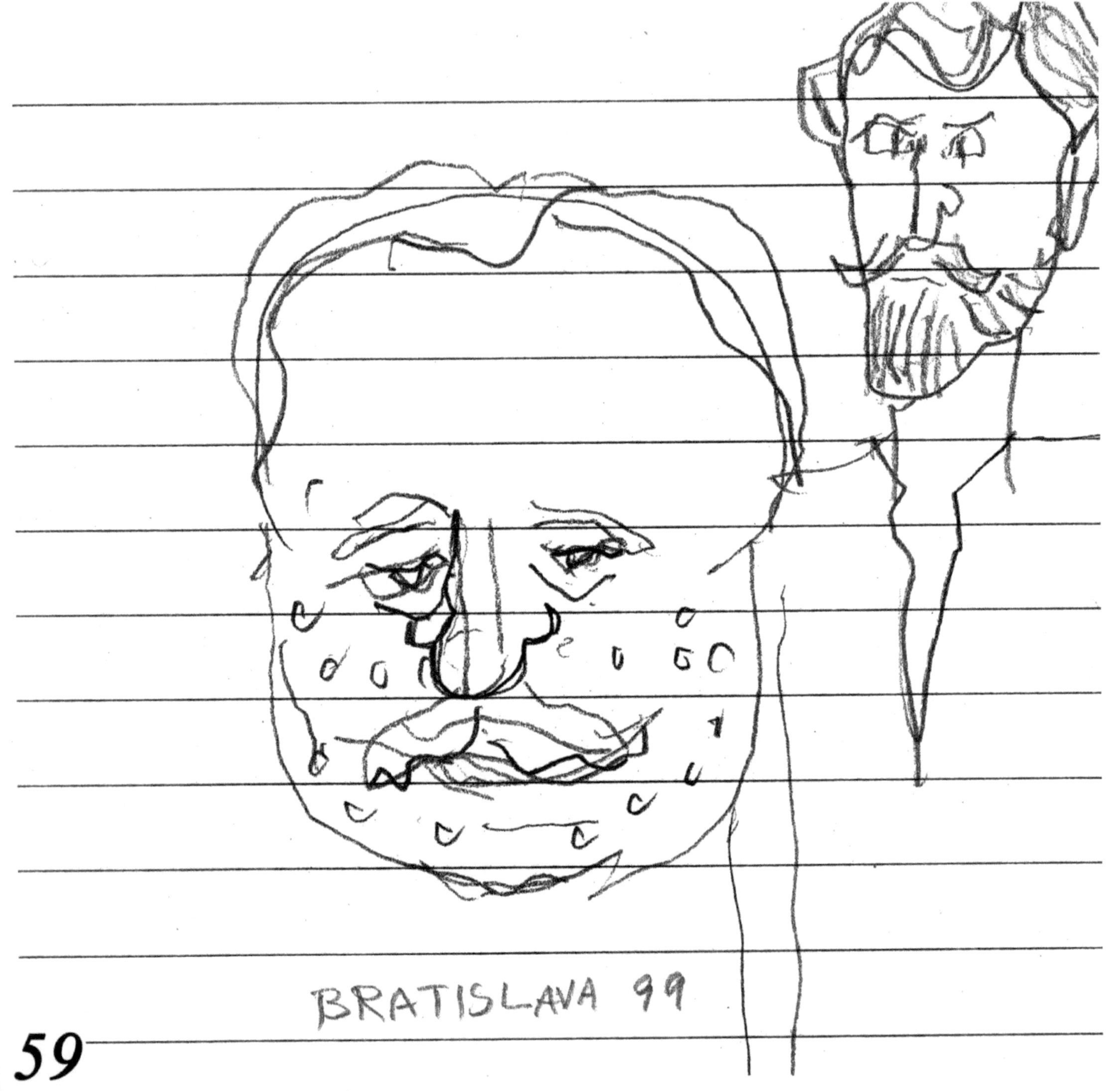

BRATISLAVA 99
59

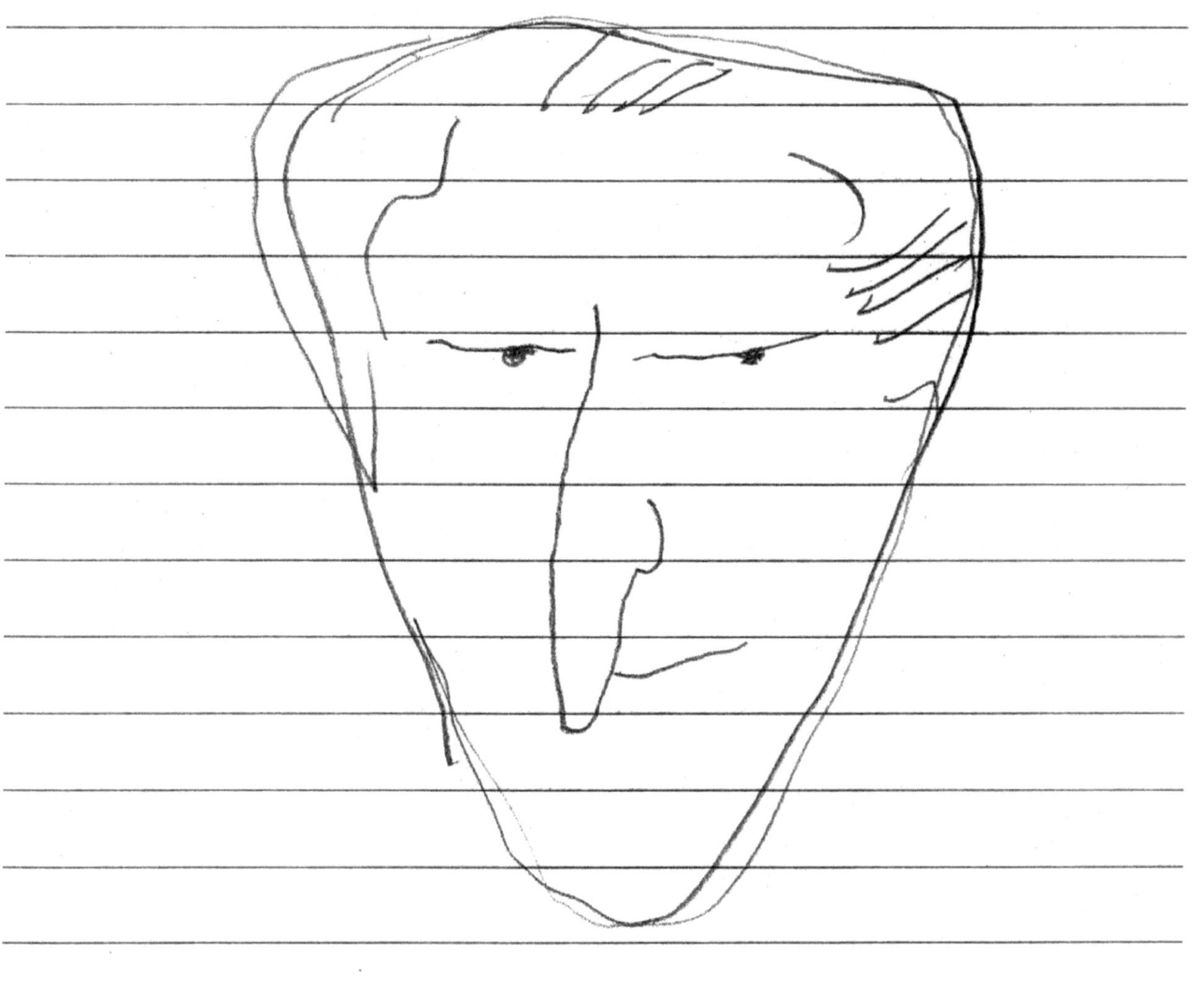

60

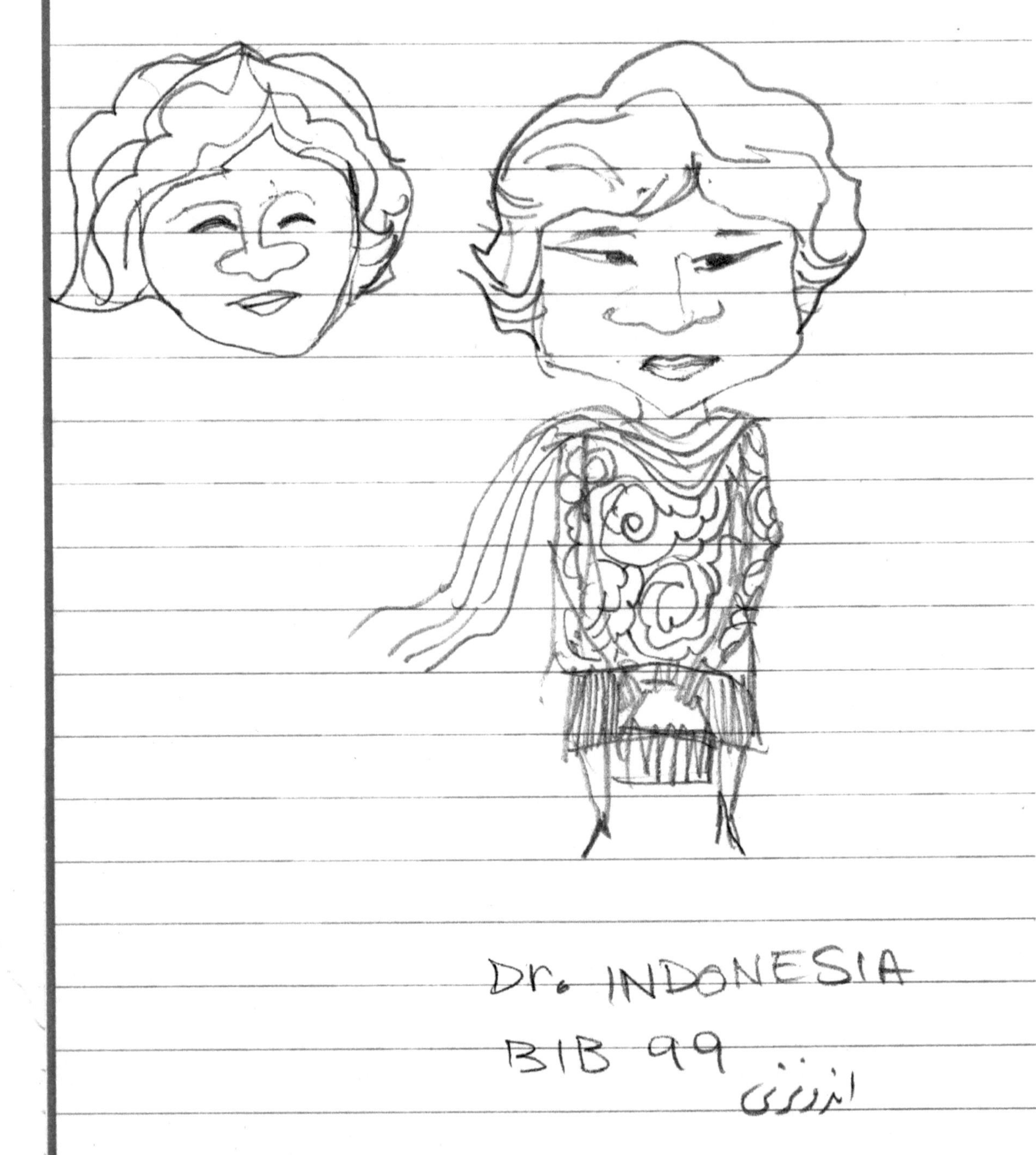

Dr. INDONESIA
BIB 99 اندونيسيا

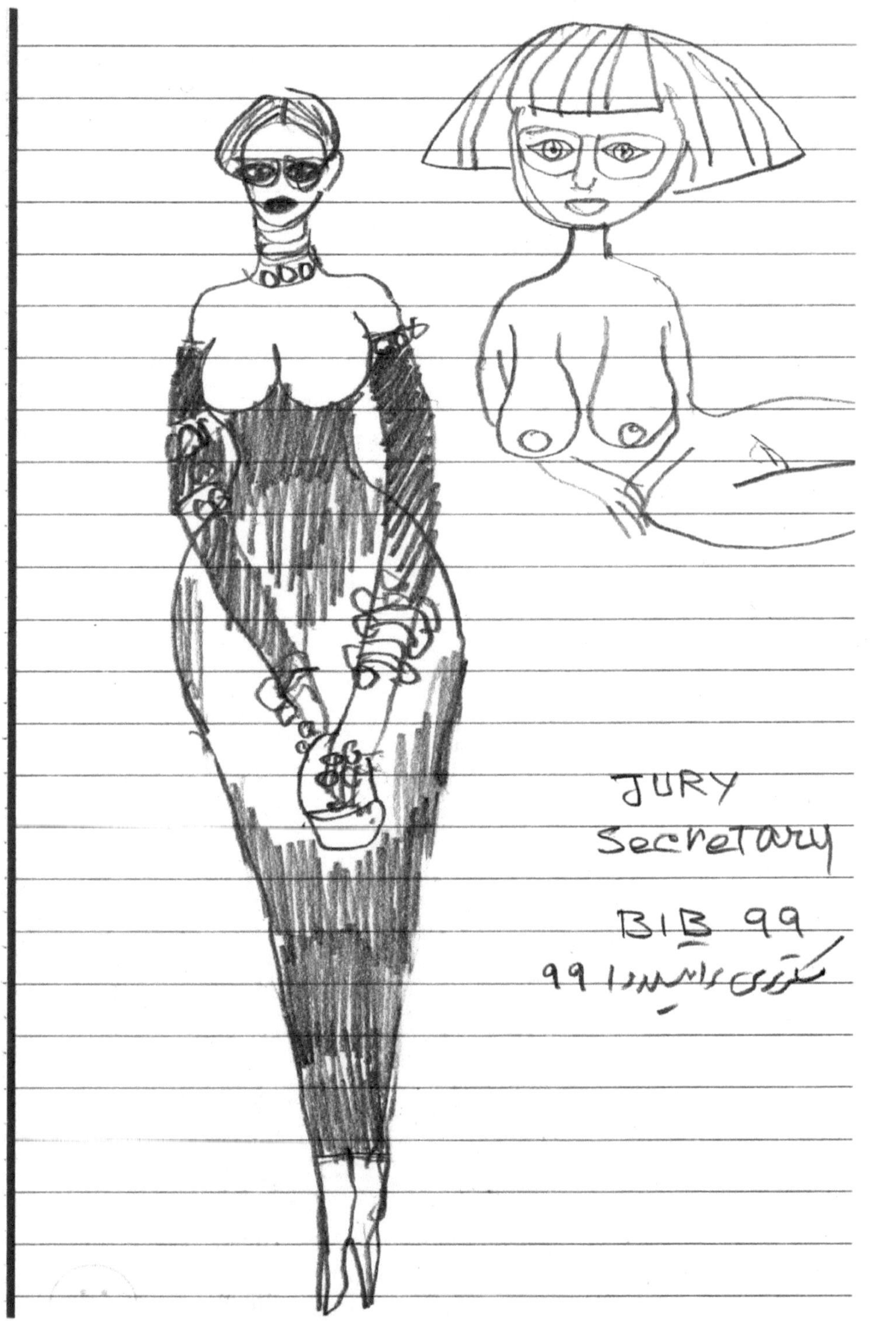

62

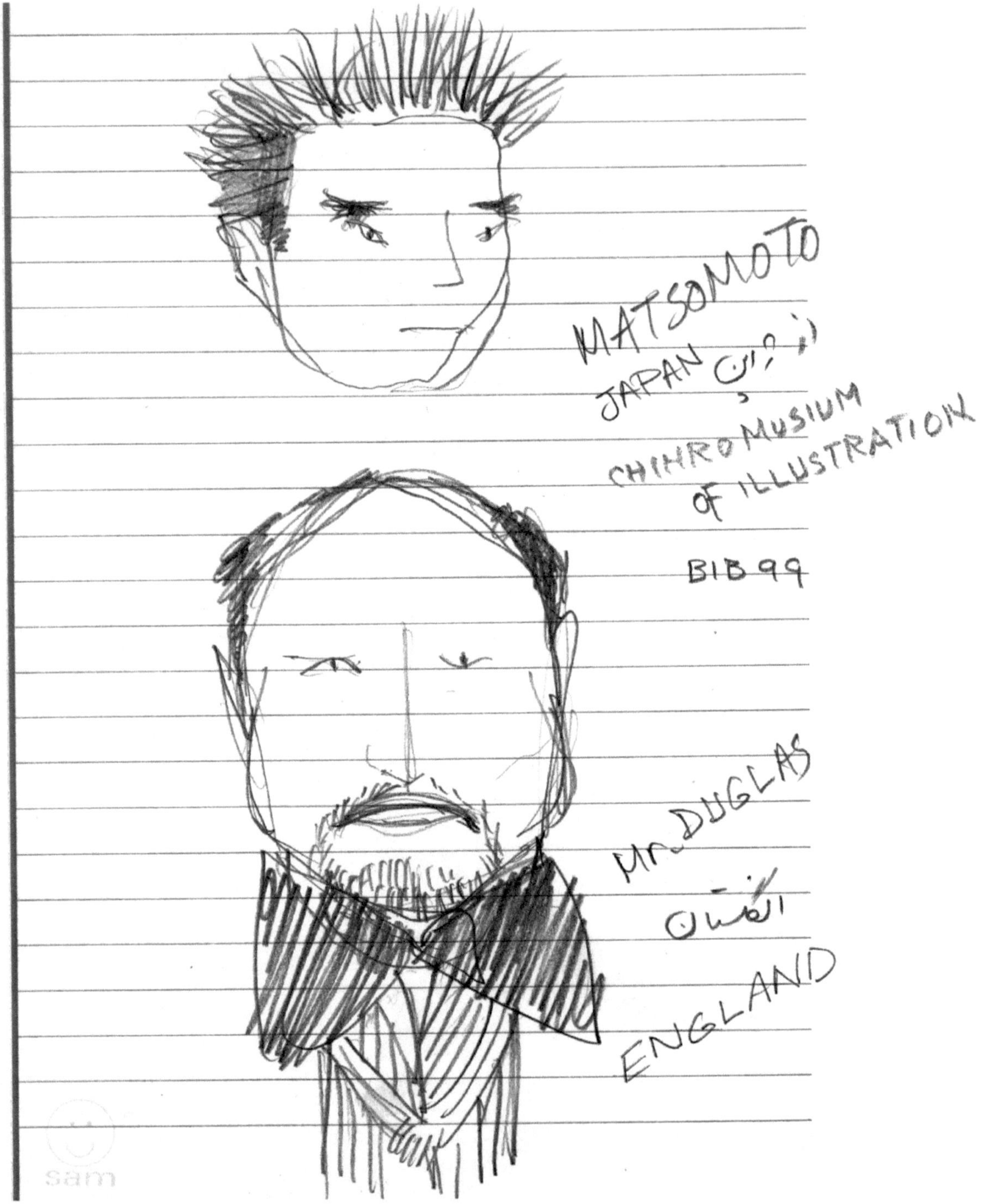

MATSOMOTO
JAPAN أليس بن؟
CHIHRO MUSIUM
OF ILLUSTRATION

BIB 99

Mr DUGLAS
أقشان
ENGLAND

63

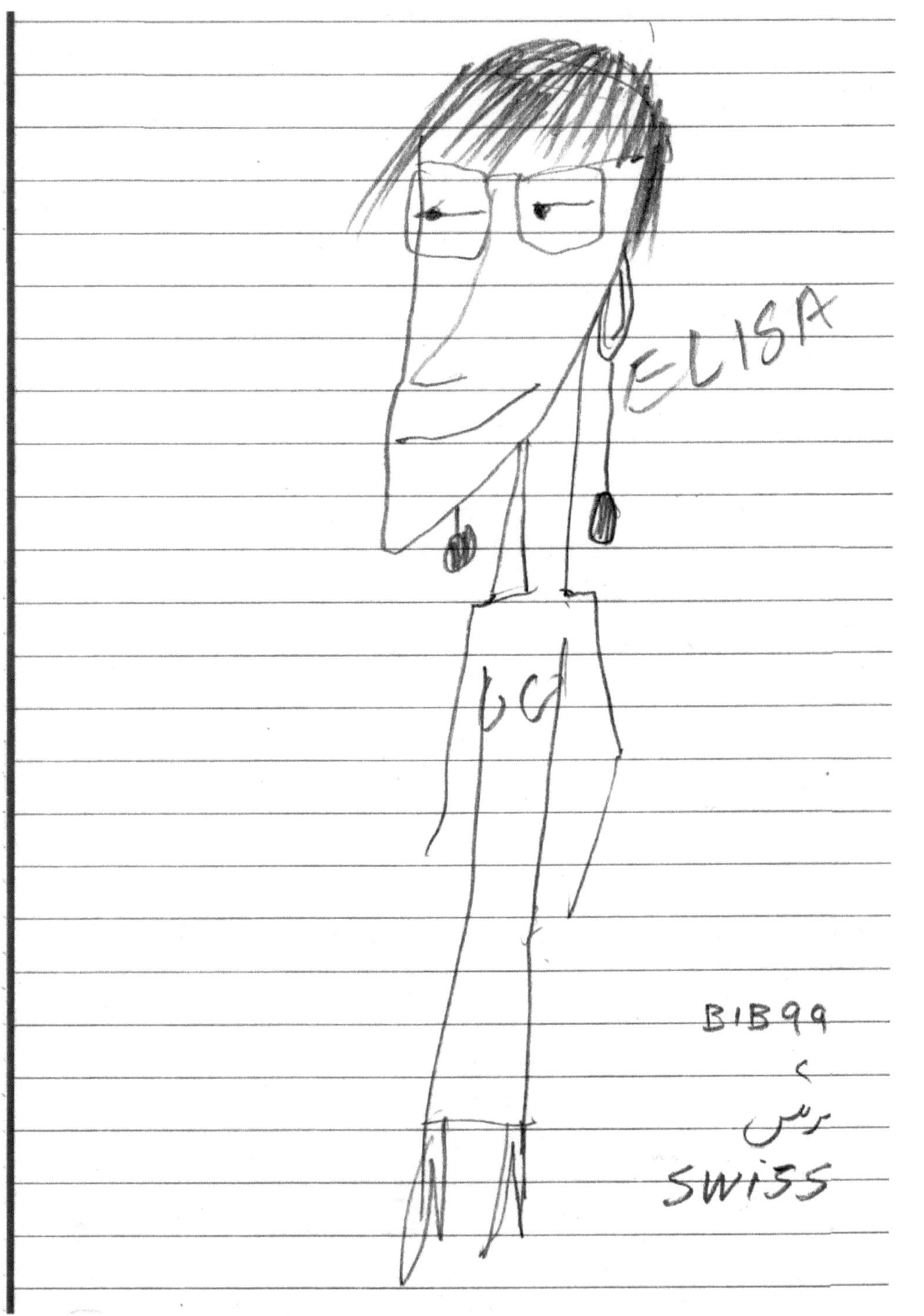

64

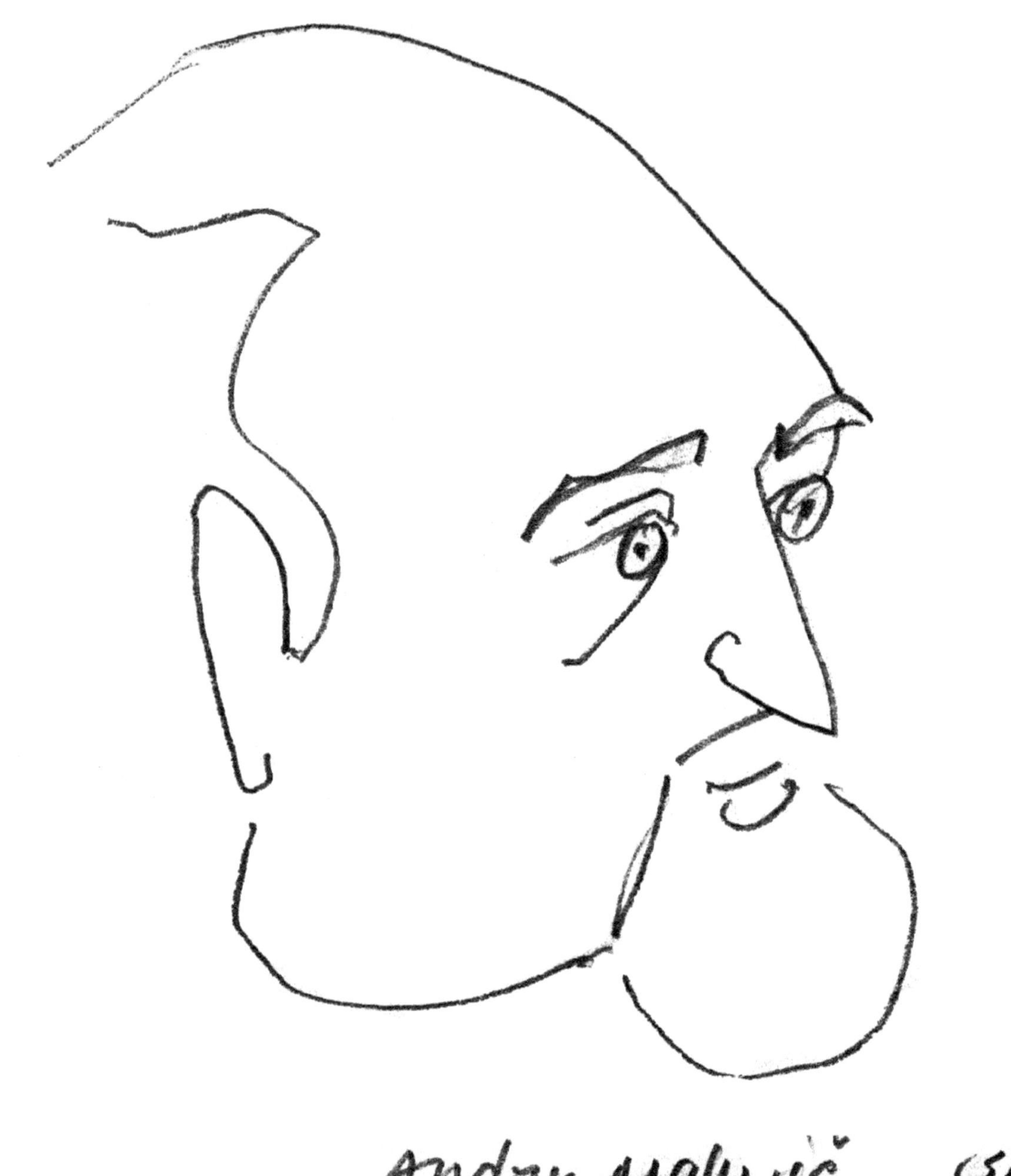

65

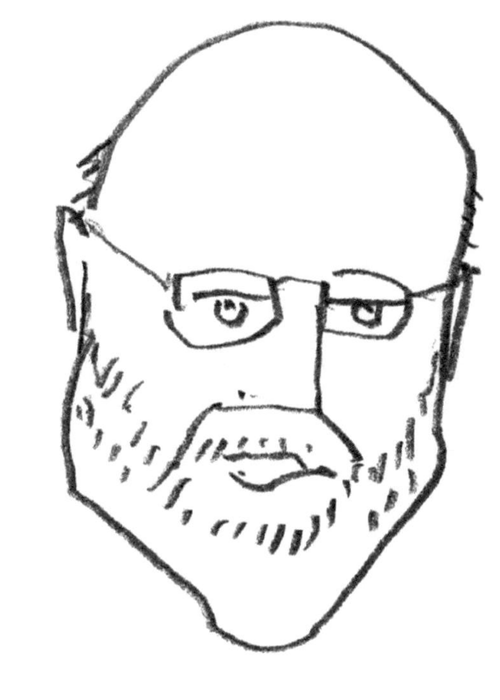

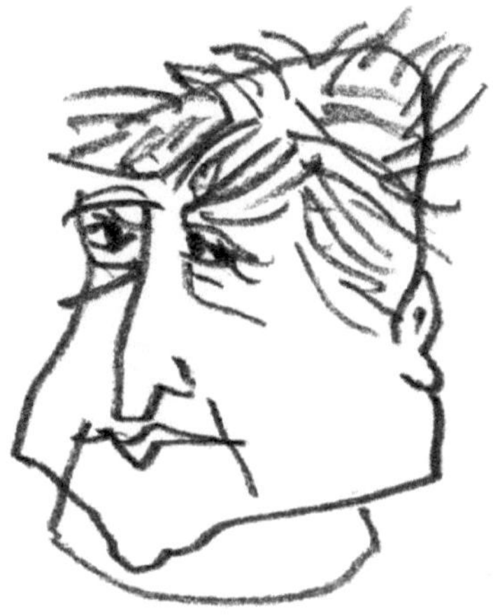

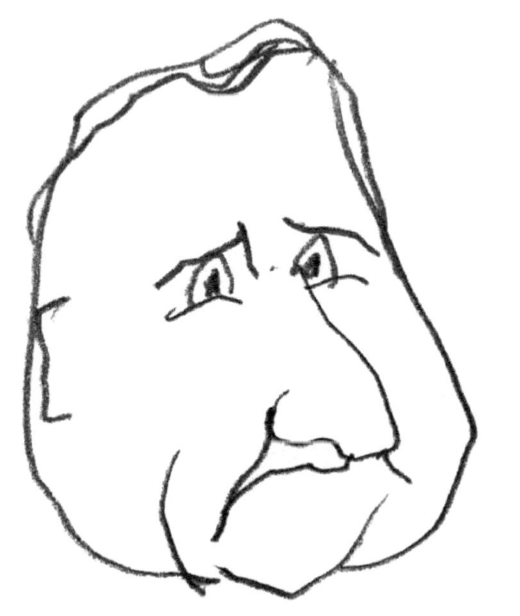

AT A MEETING
2016

66

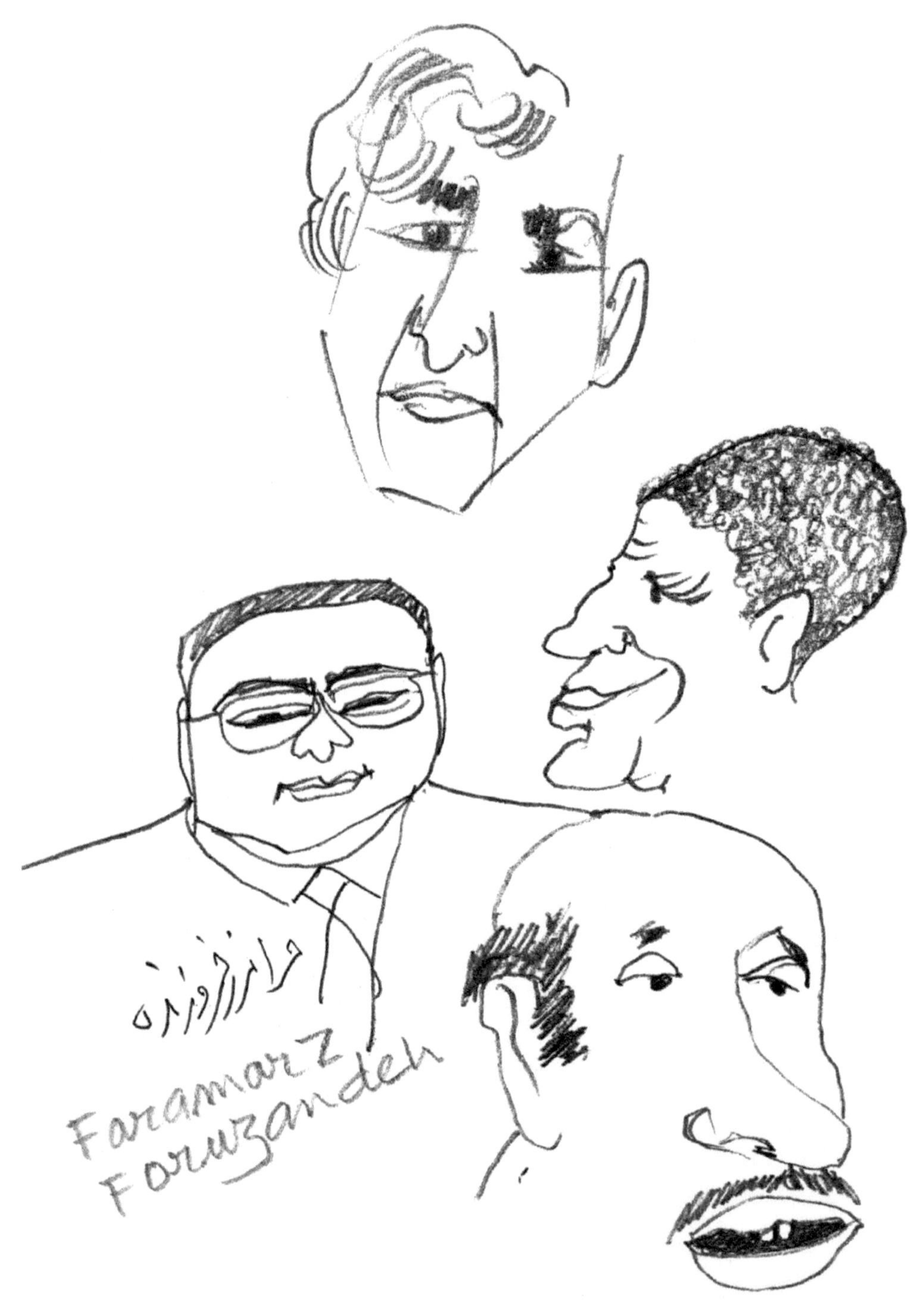

67

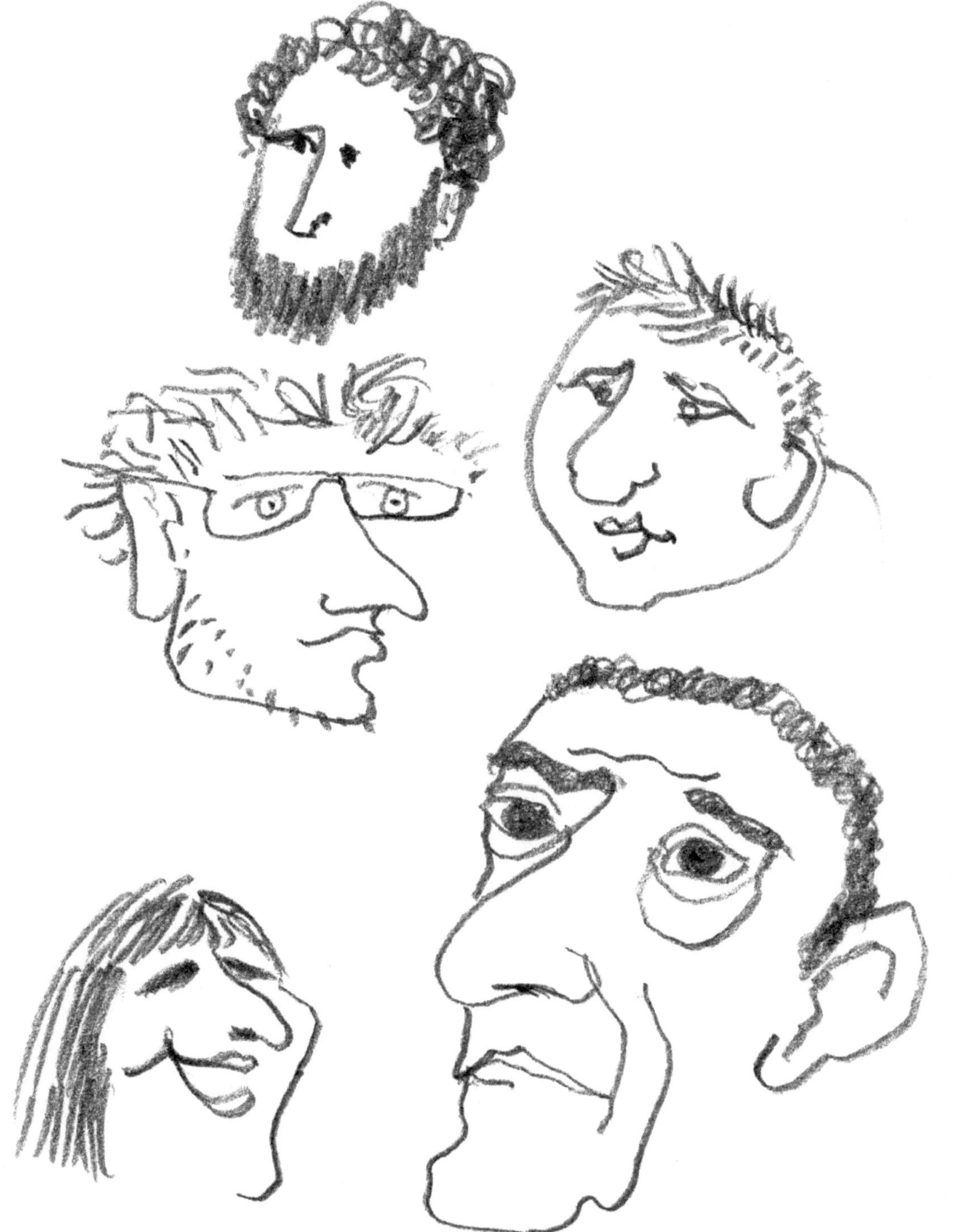

68

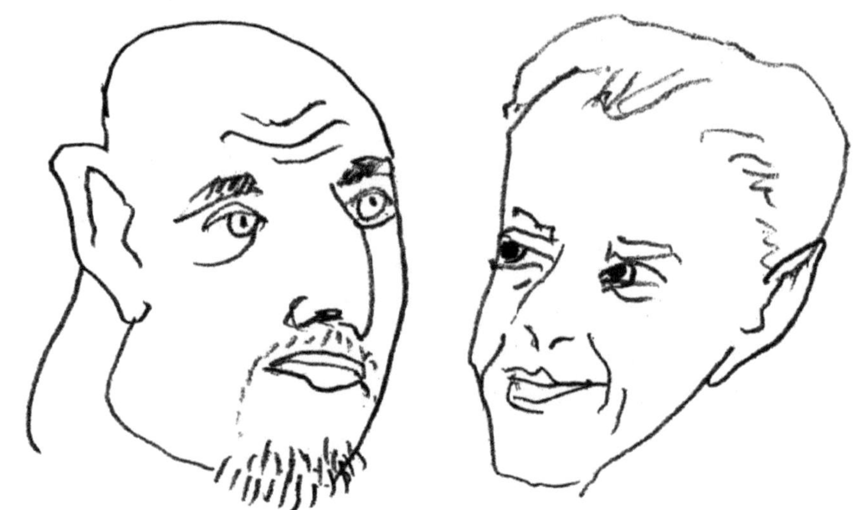

HARD talk

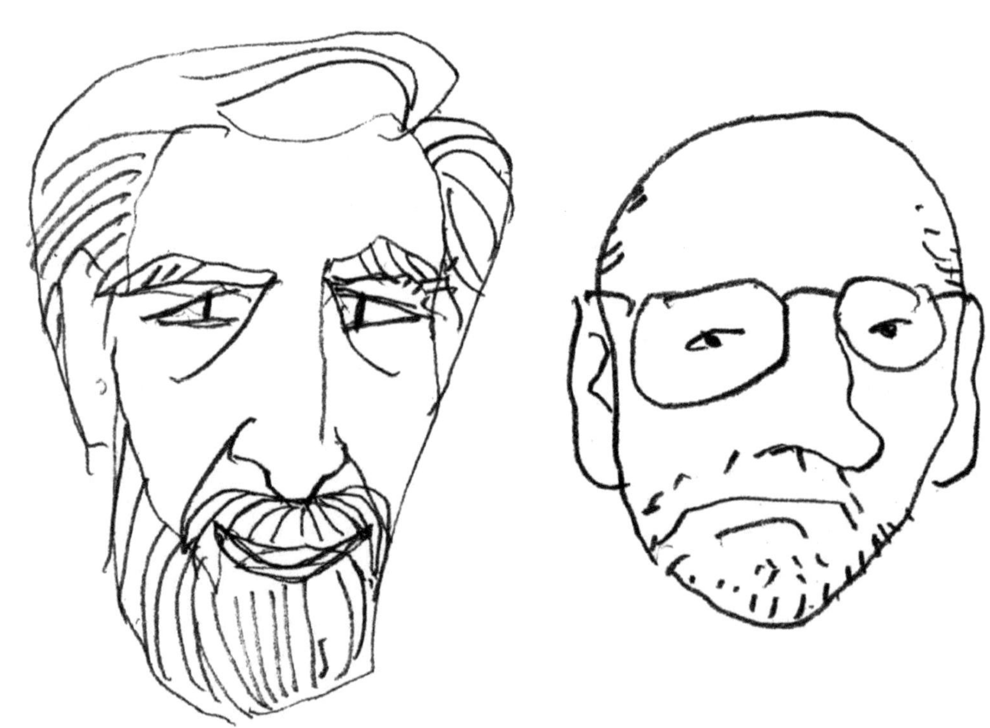

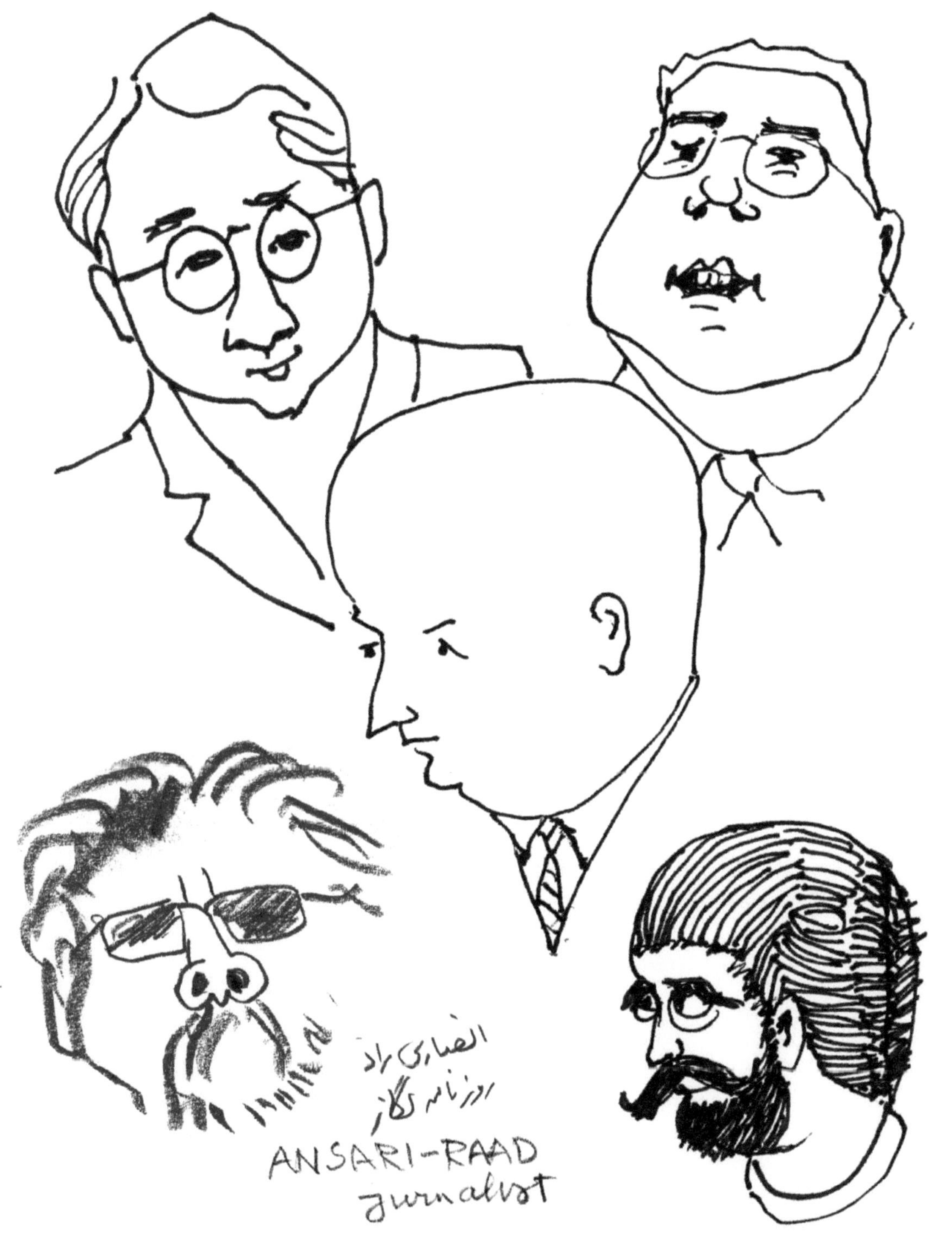

70

AMIR TAHERI
(60 MINUTES)
اميرطاهرى
BBC
۶۰ دقيقه

ALI NAZEMI
على ناظمى
BBC

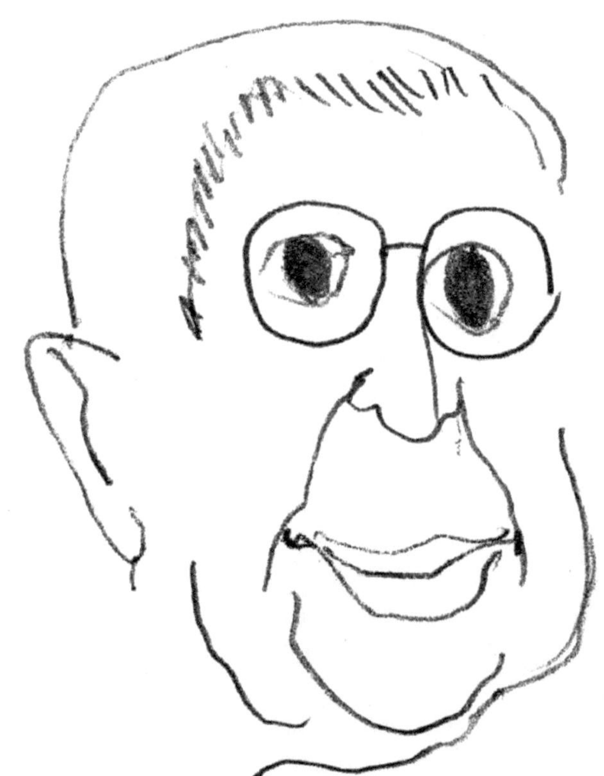

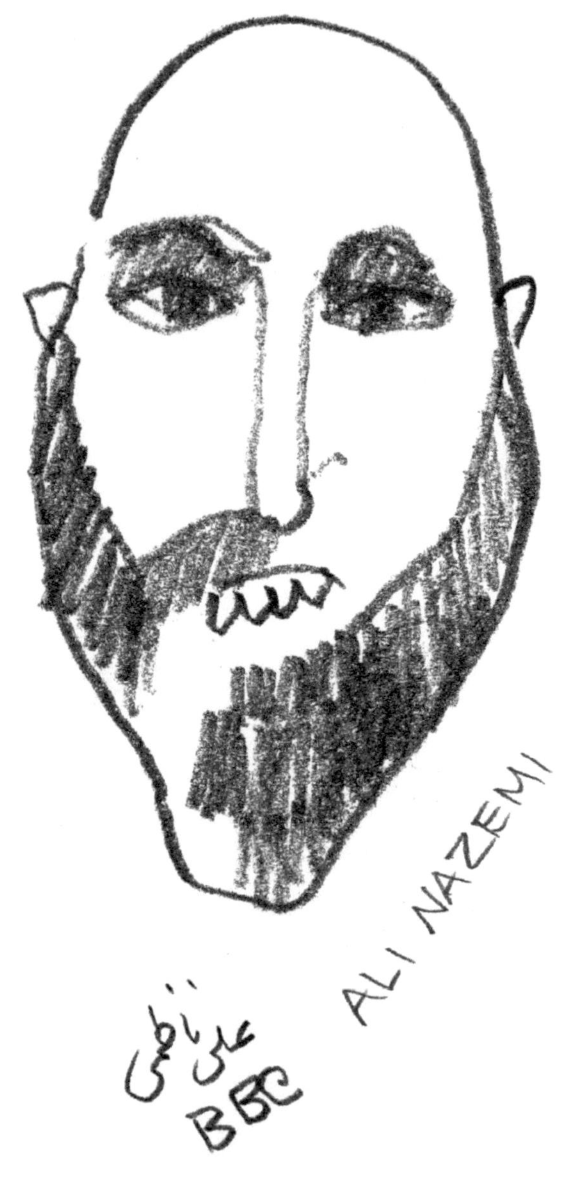

71

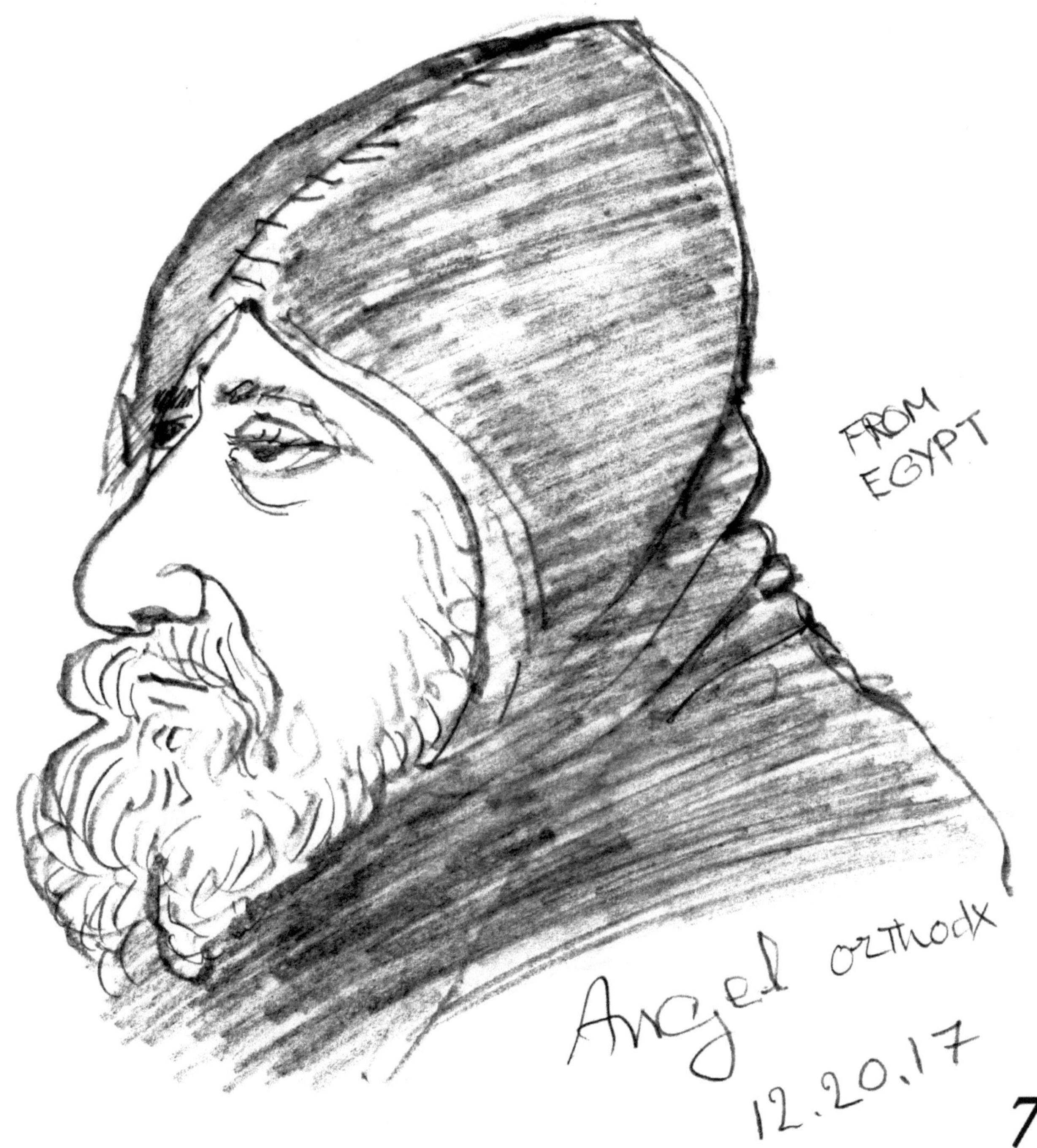
FROM
EGYPT
Angel orthodox
12.20.17
72

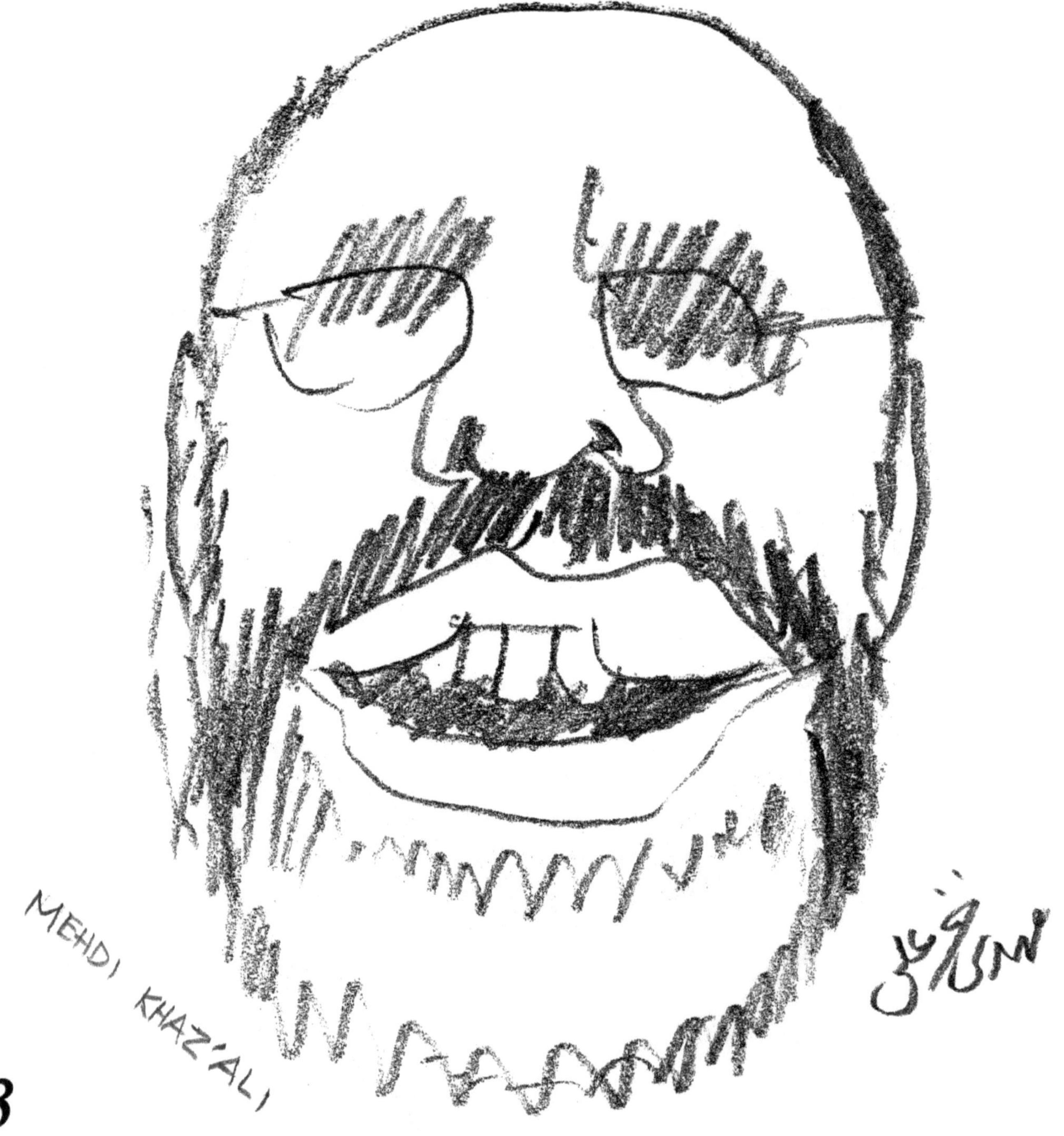

73

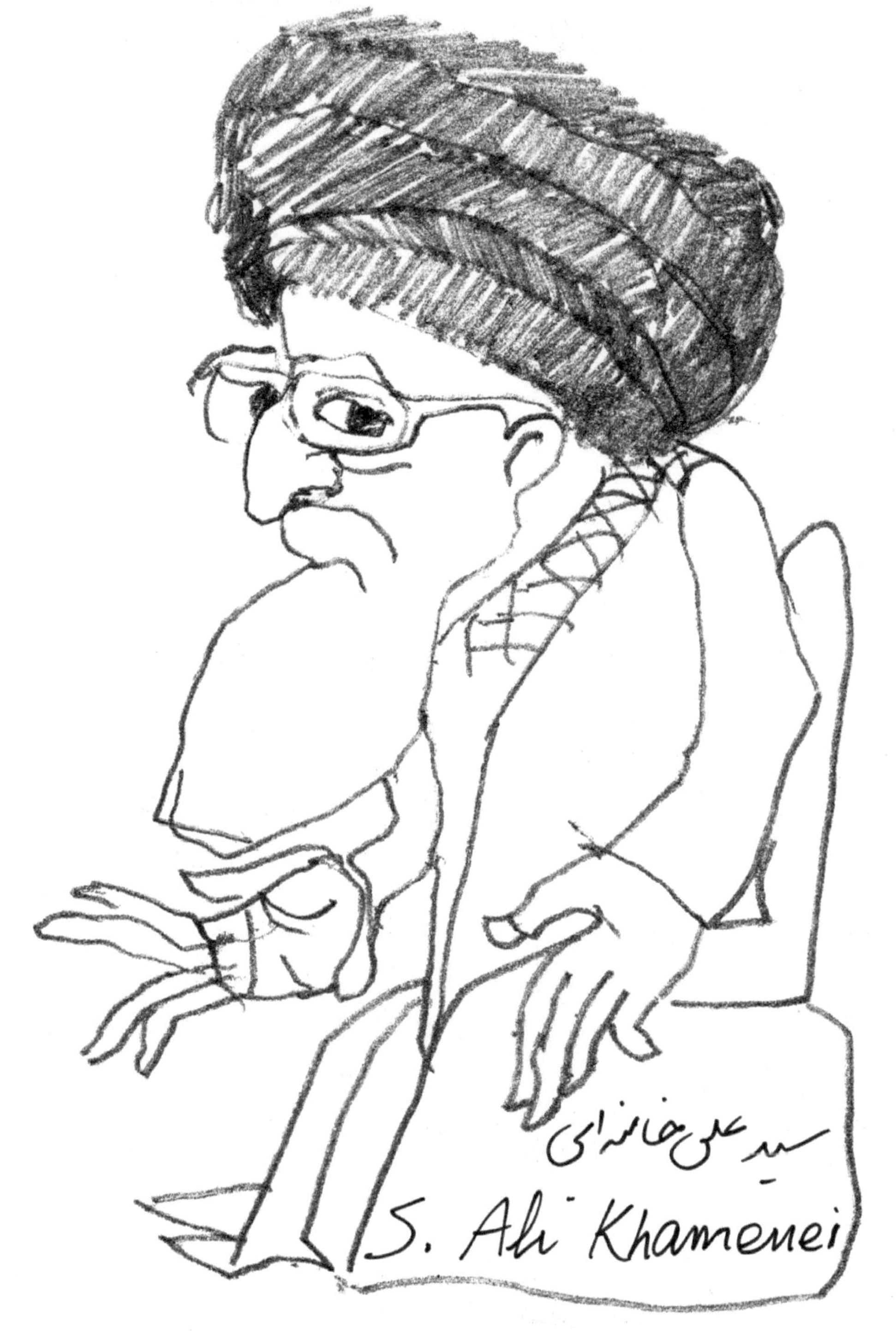

S. Ali Khamenei

74

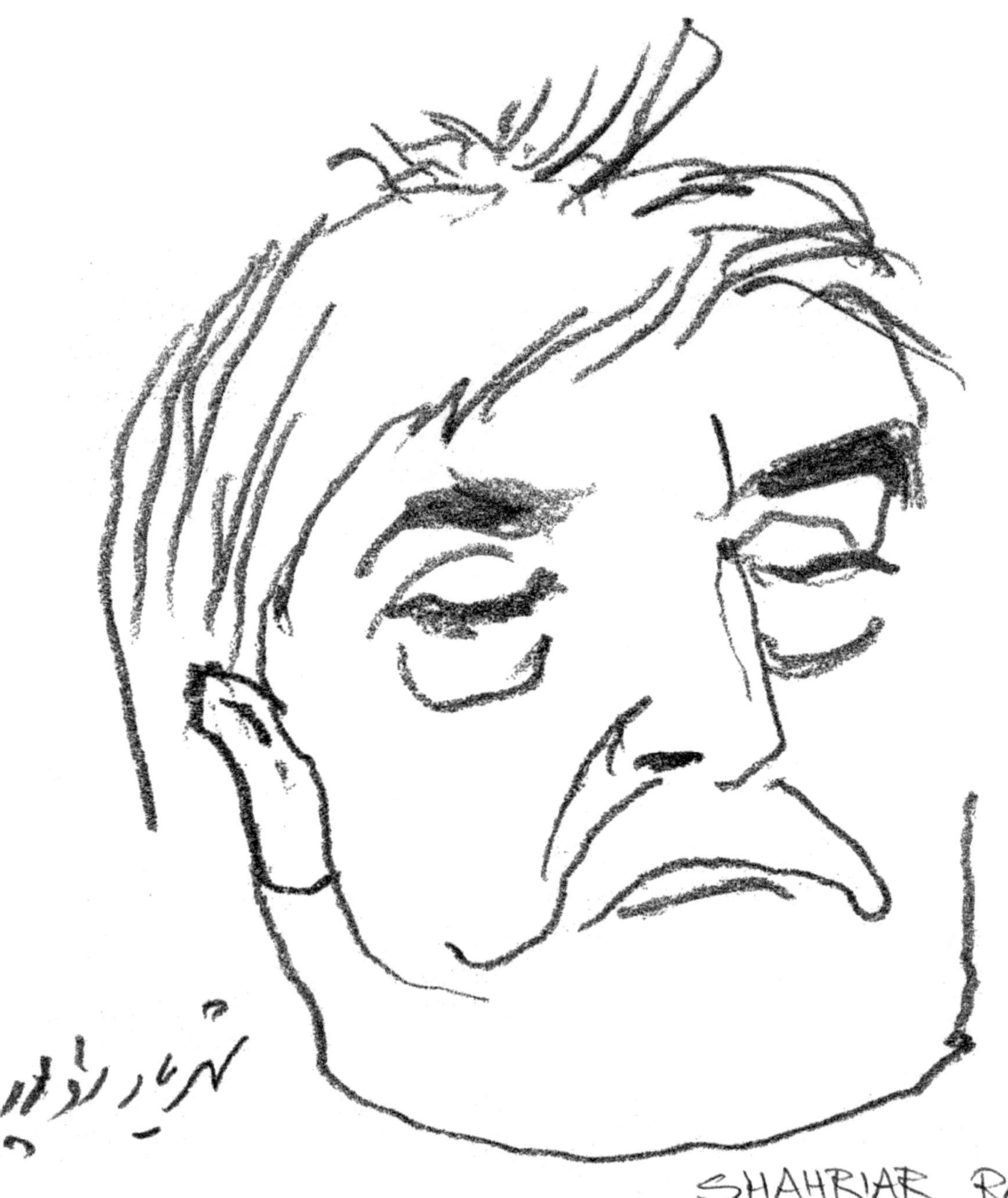

SHAHRIAR RADPOUR
POLITICAL ANALYSER

75

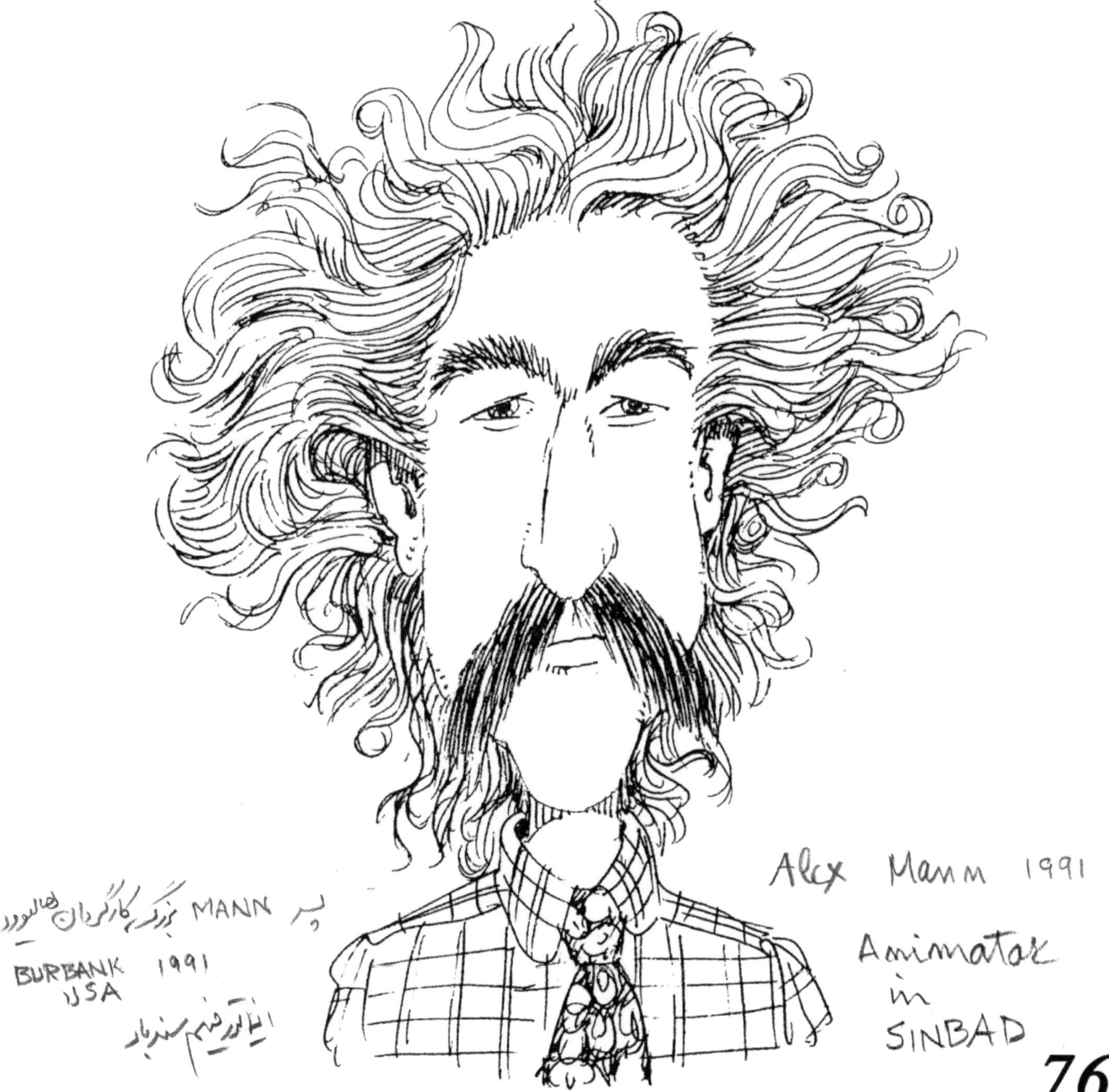
MANN
BURBANK 1991
USA

Alex Mann 1991
Animator
in
SINBAD

76

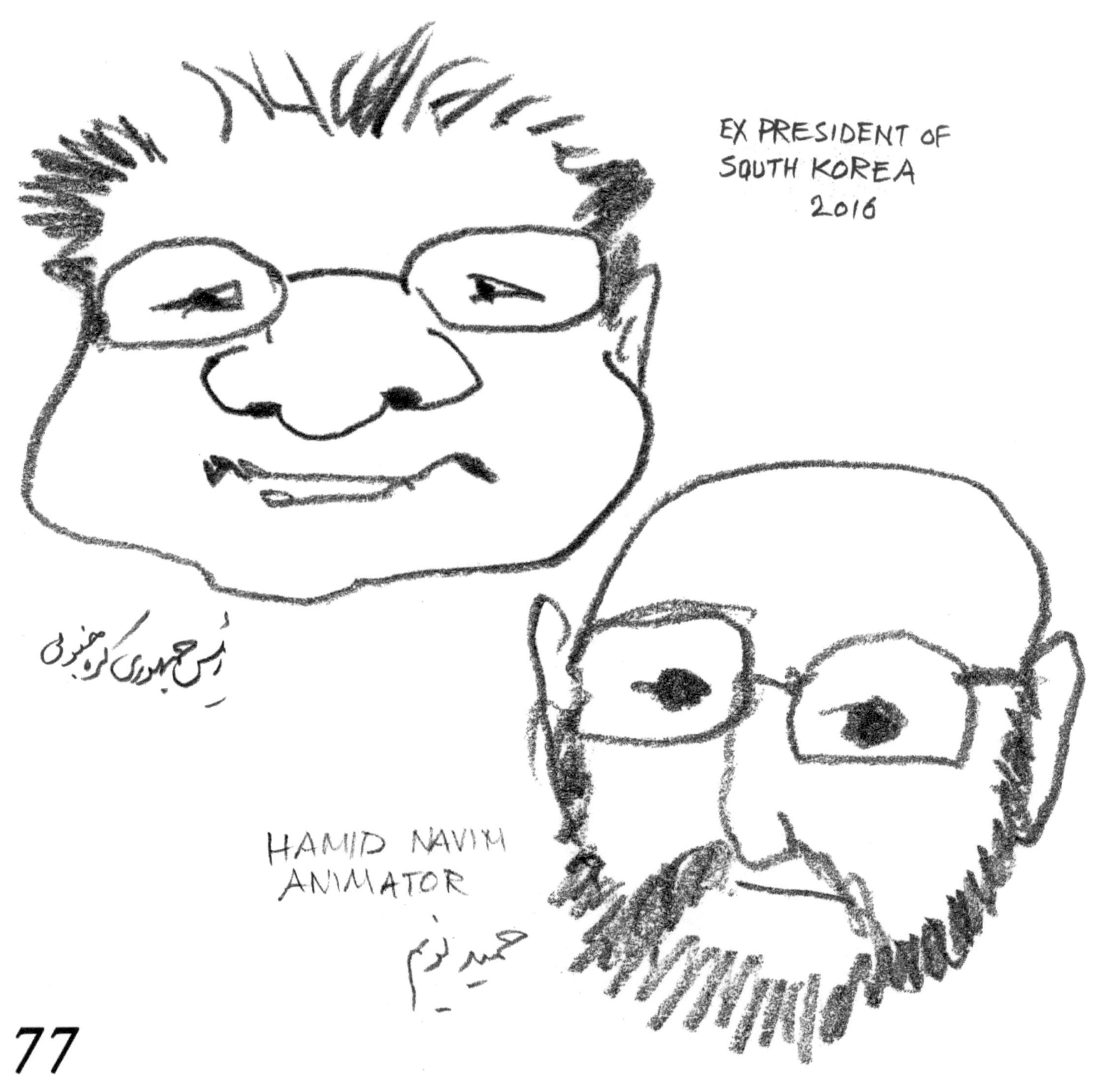

EX PRESIDENT OF
SQUTH KOREA
2016

HAMID NAVIM
ANIMATOR

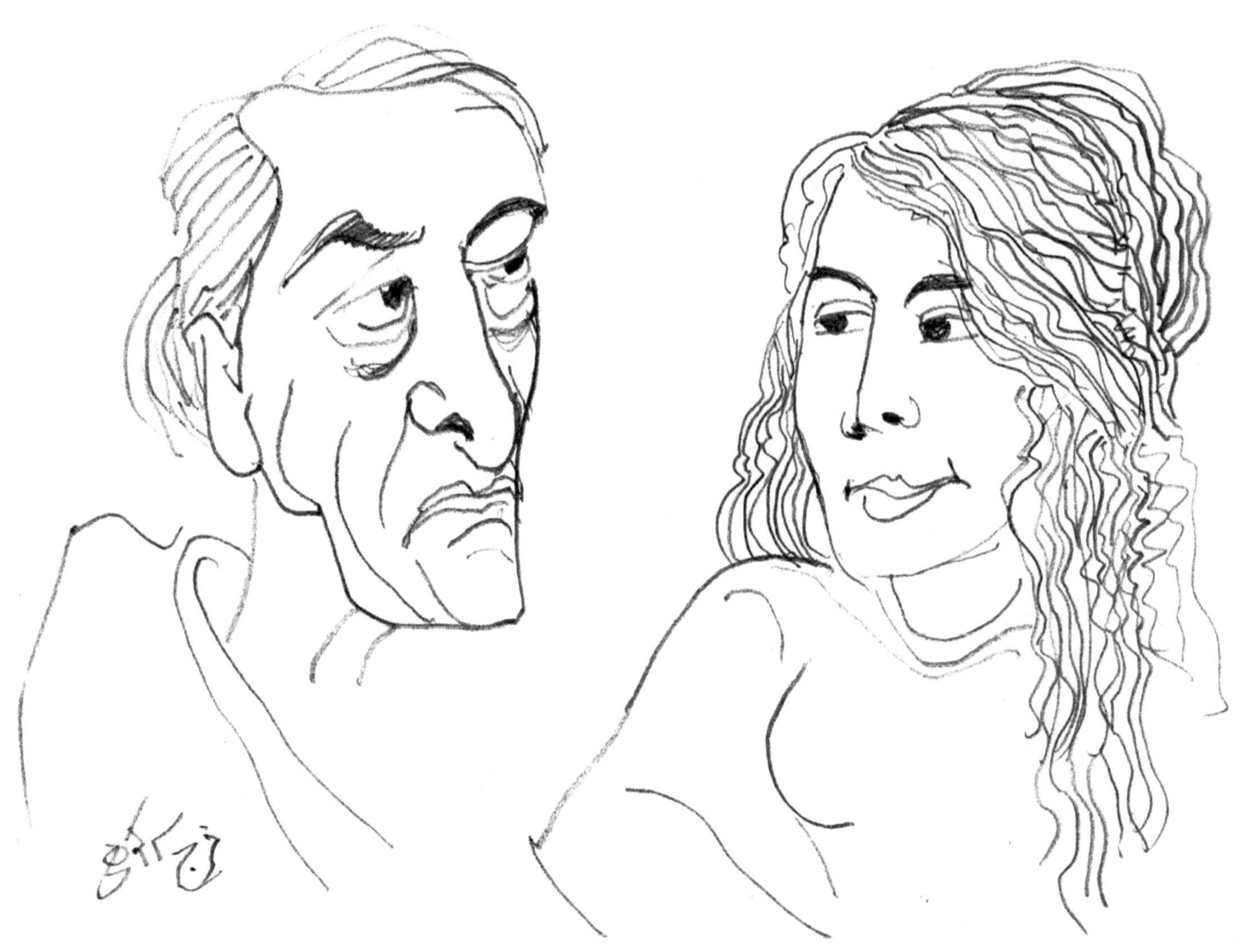

78

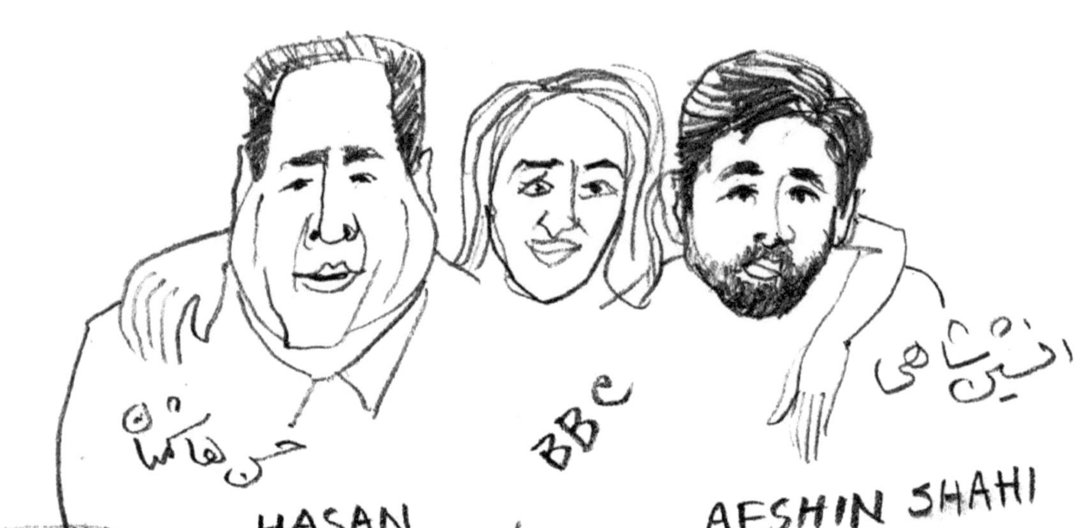

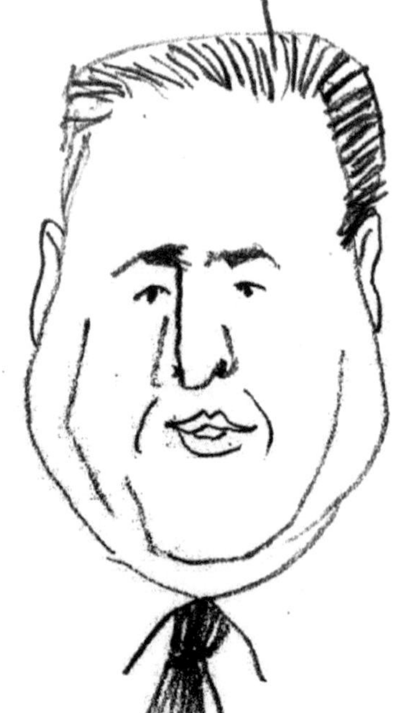

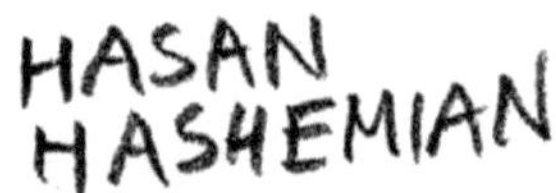

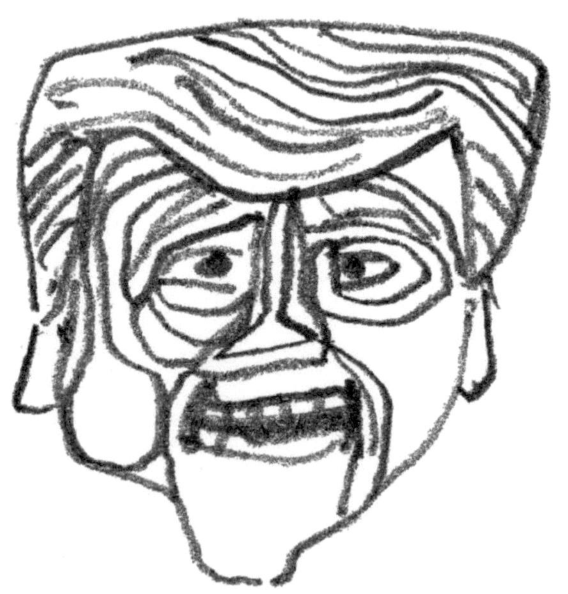

79

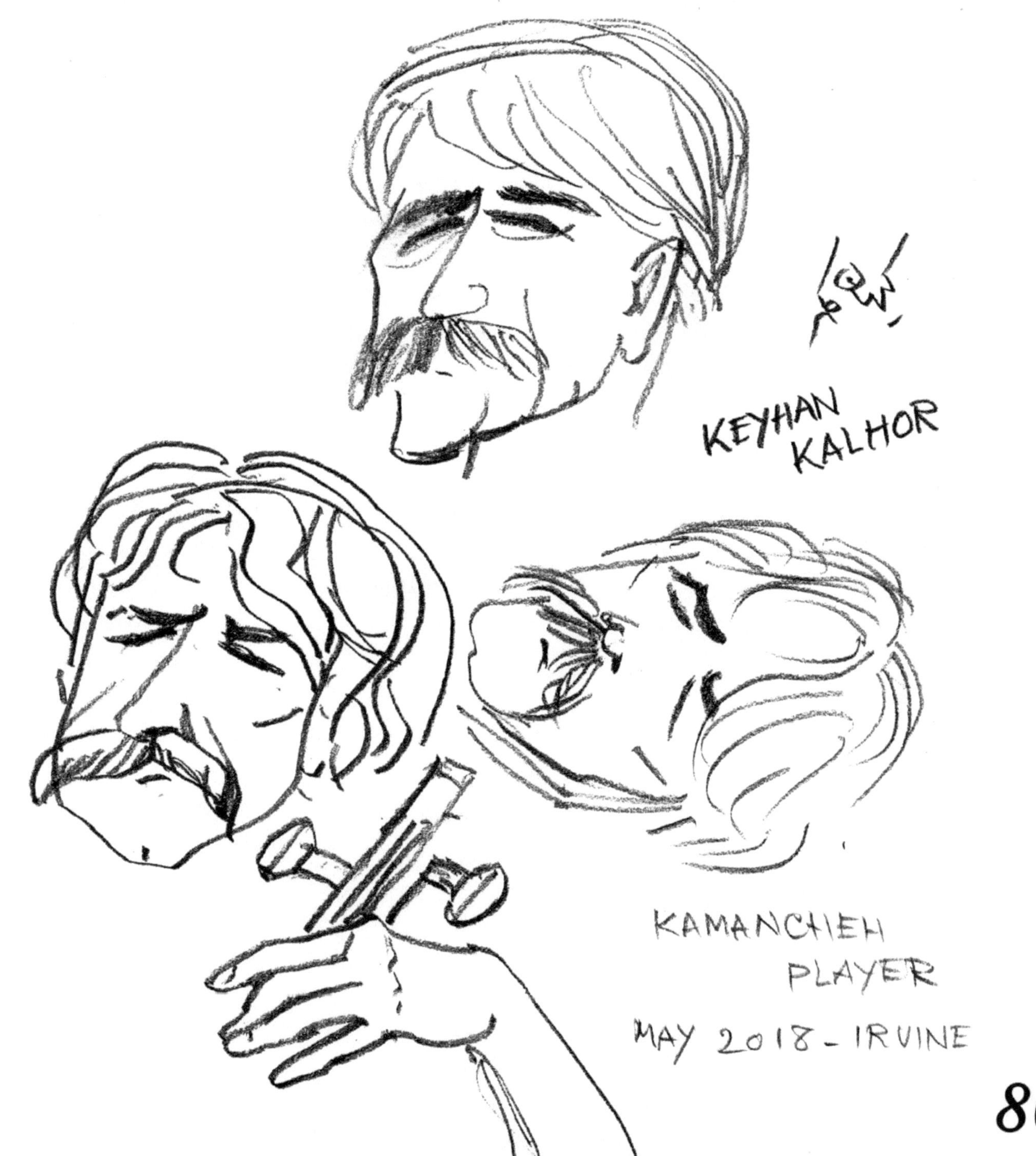

KEYHAN
KALHOR

KAMANCHEH
PLAYER

MAY 2018 - IRVINE

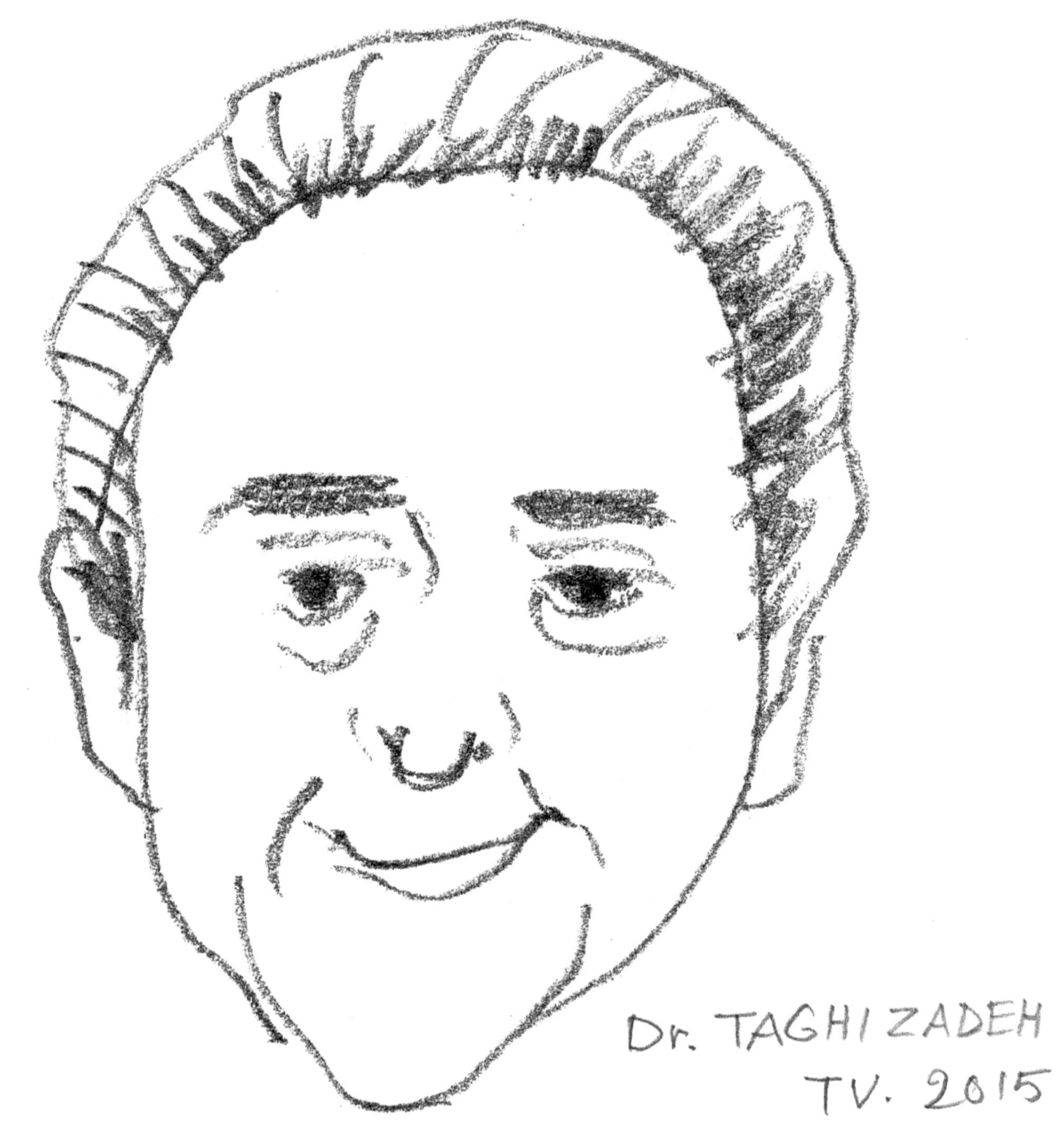

Dr. TAGHI ZADEH
TV. 2015

81

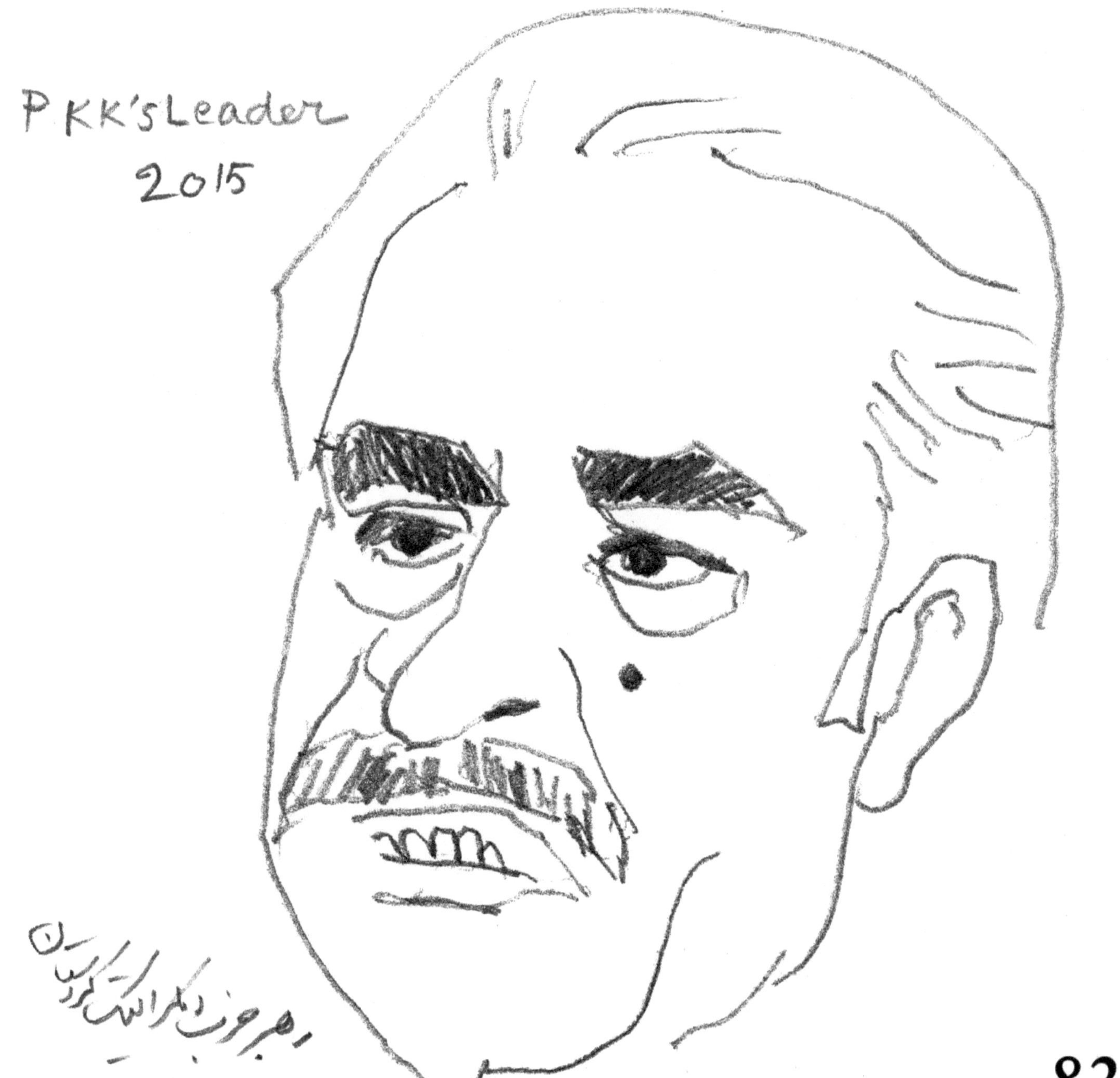

82

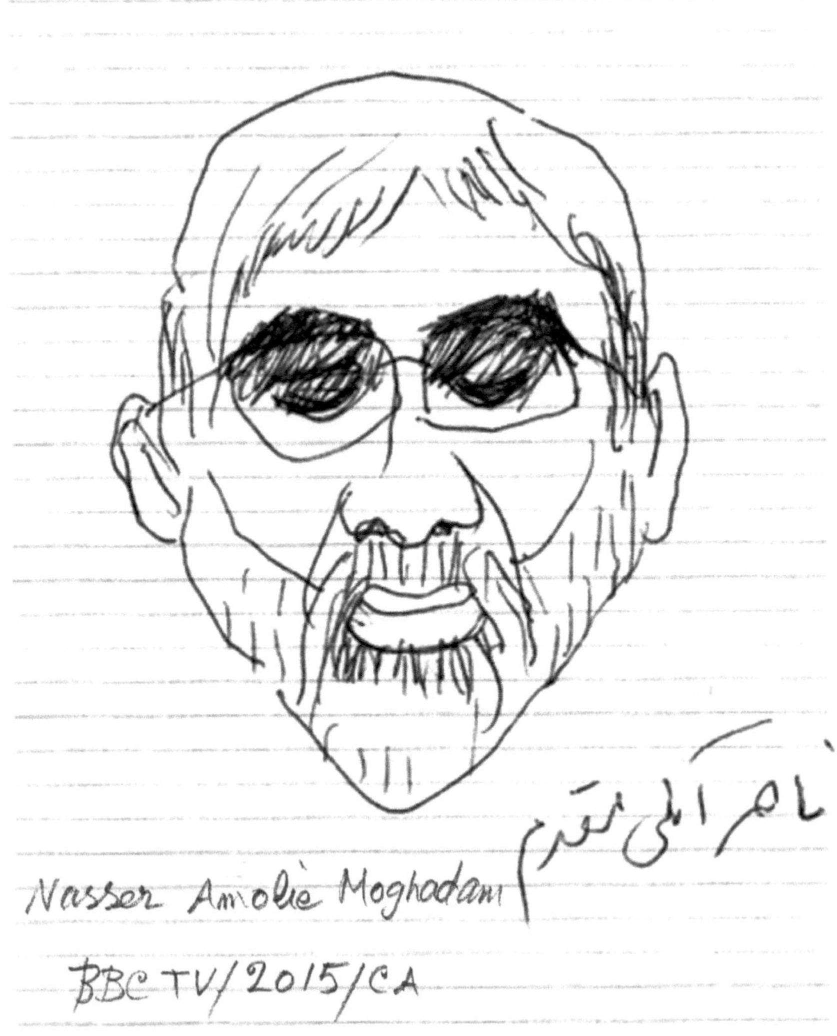

ناصر آملی مقدم

Nasser Amolie Moghadam

BBC TV / 2015 / CA

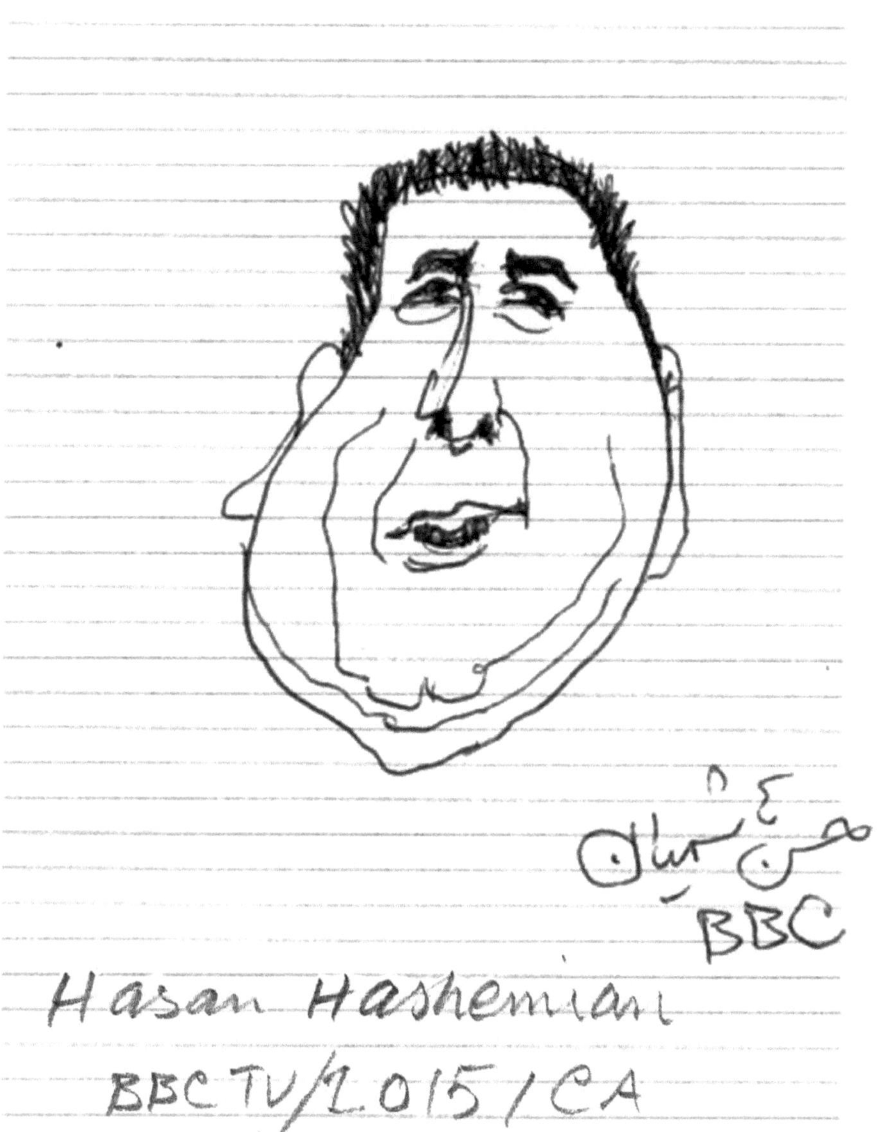

BBC
Hasan Hashemian
BBC TV / 2015 / CA

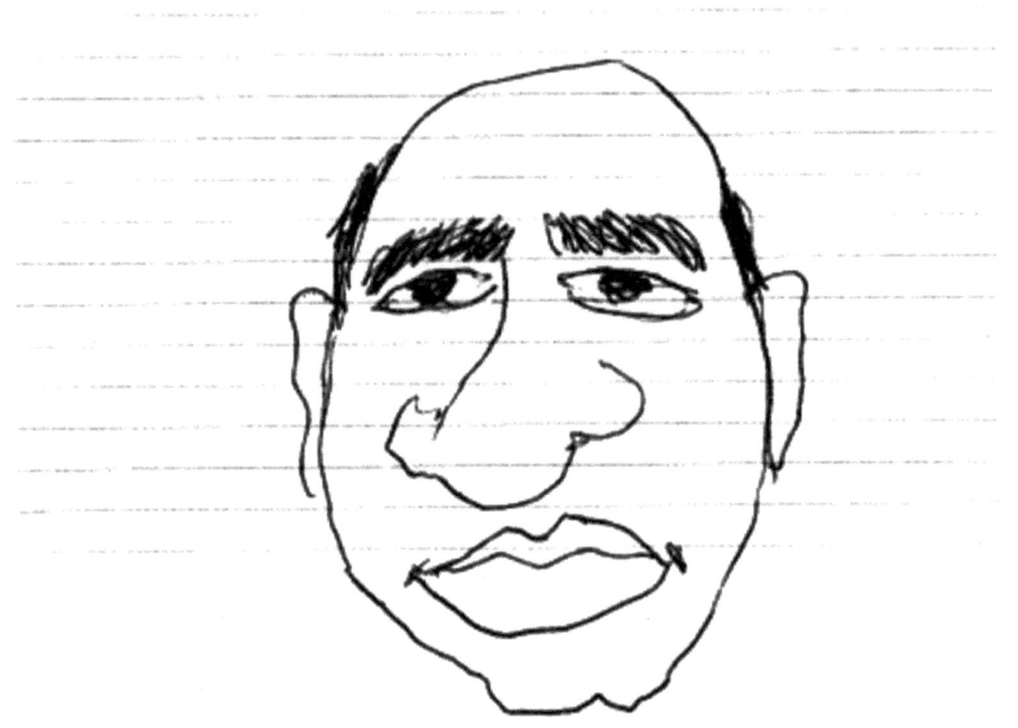

مصطفی خسروی

MOSTAFA KHOSRAVIE
2014 / CA

85

BBCTV/2015/CA

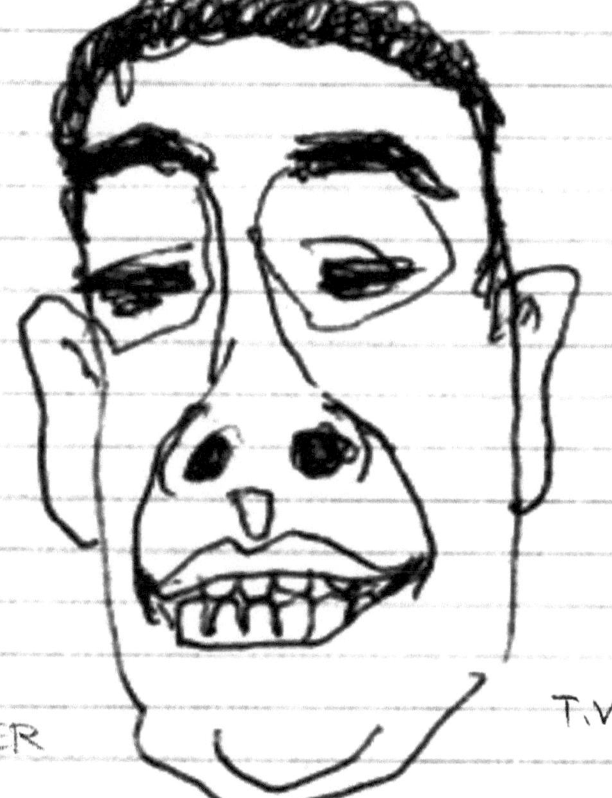

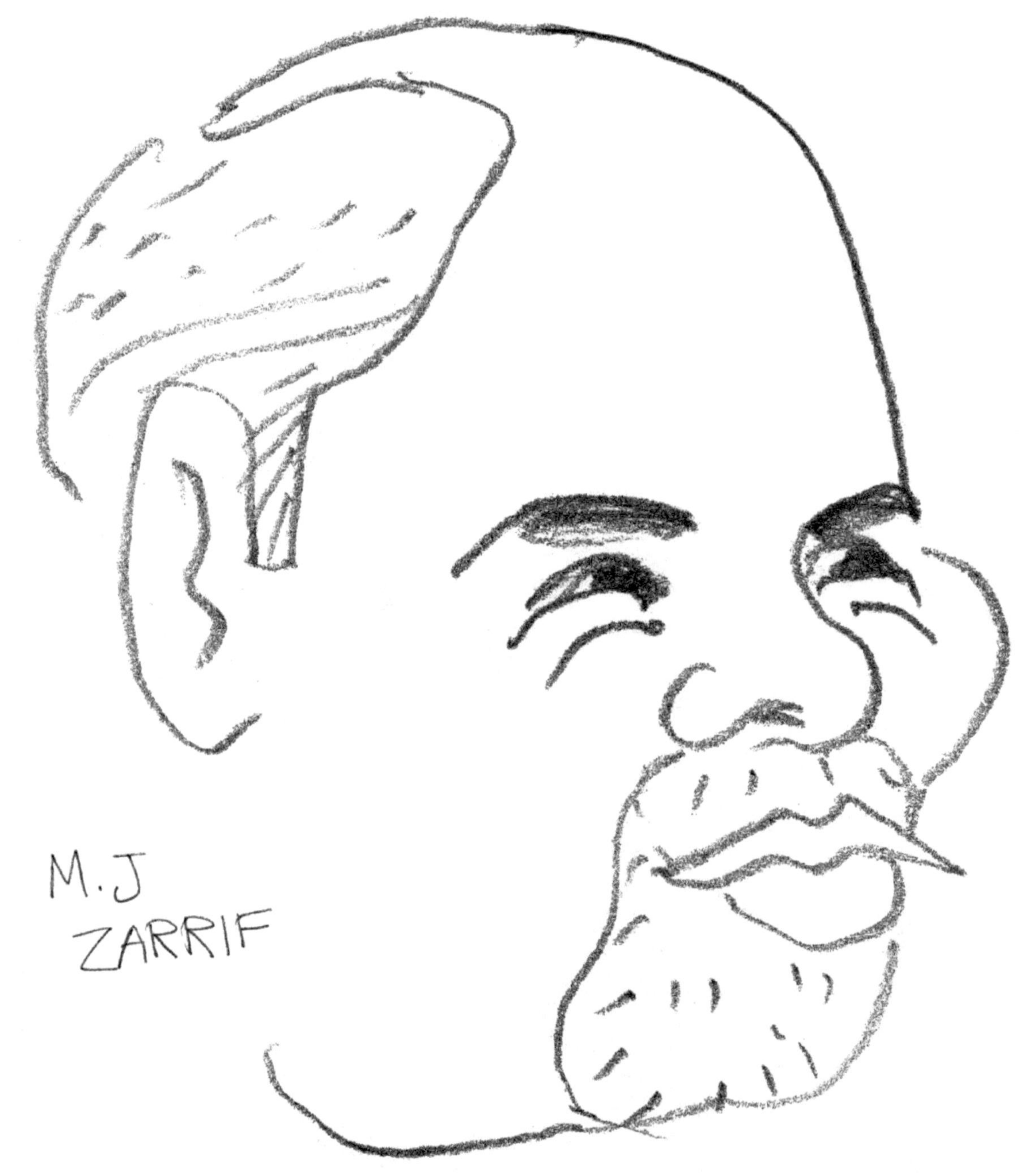

87

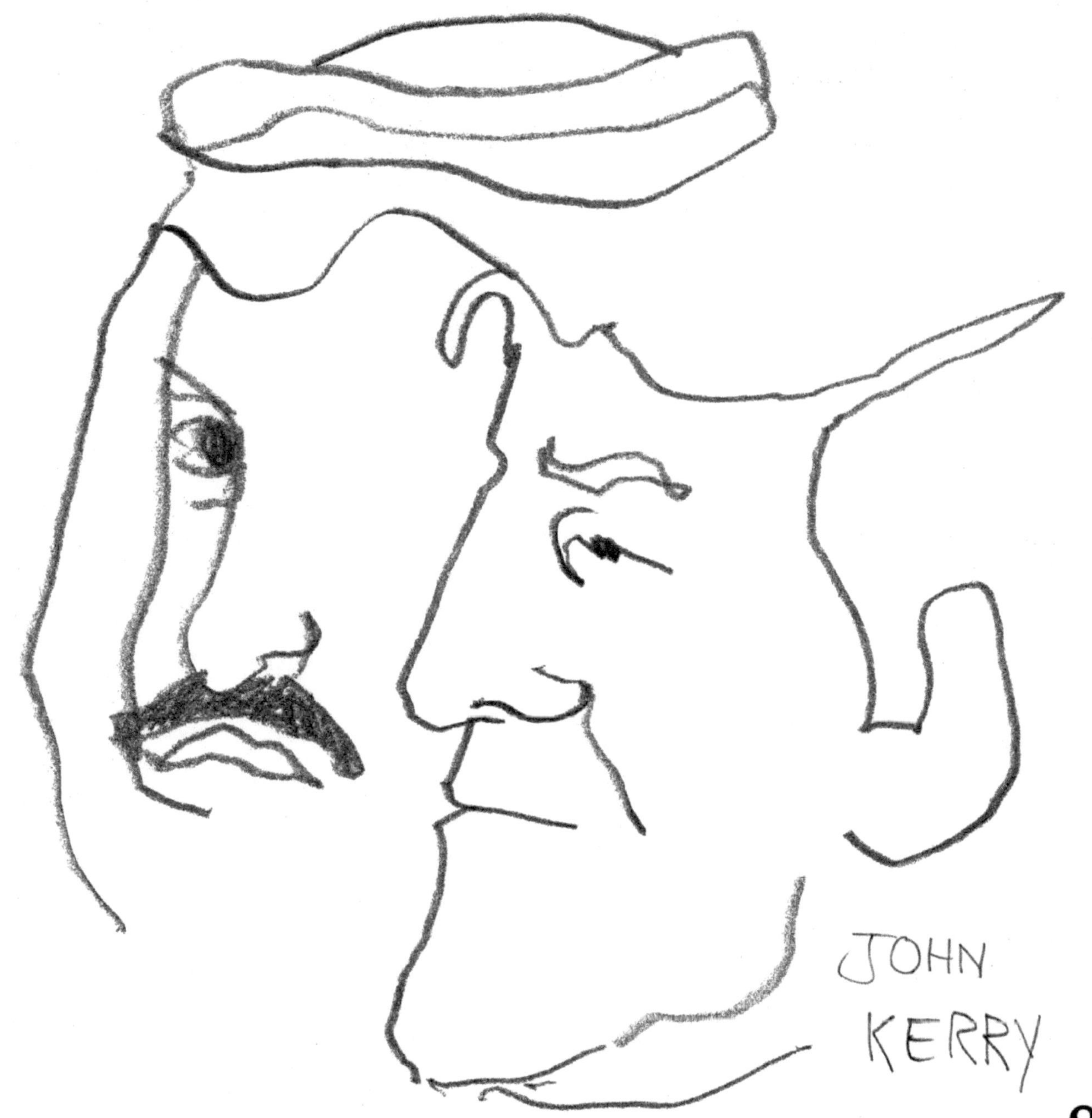

88

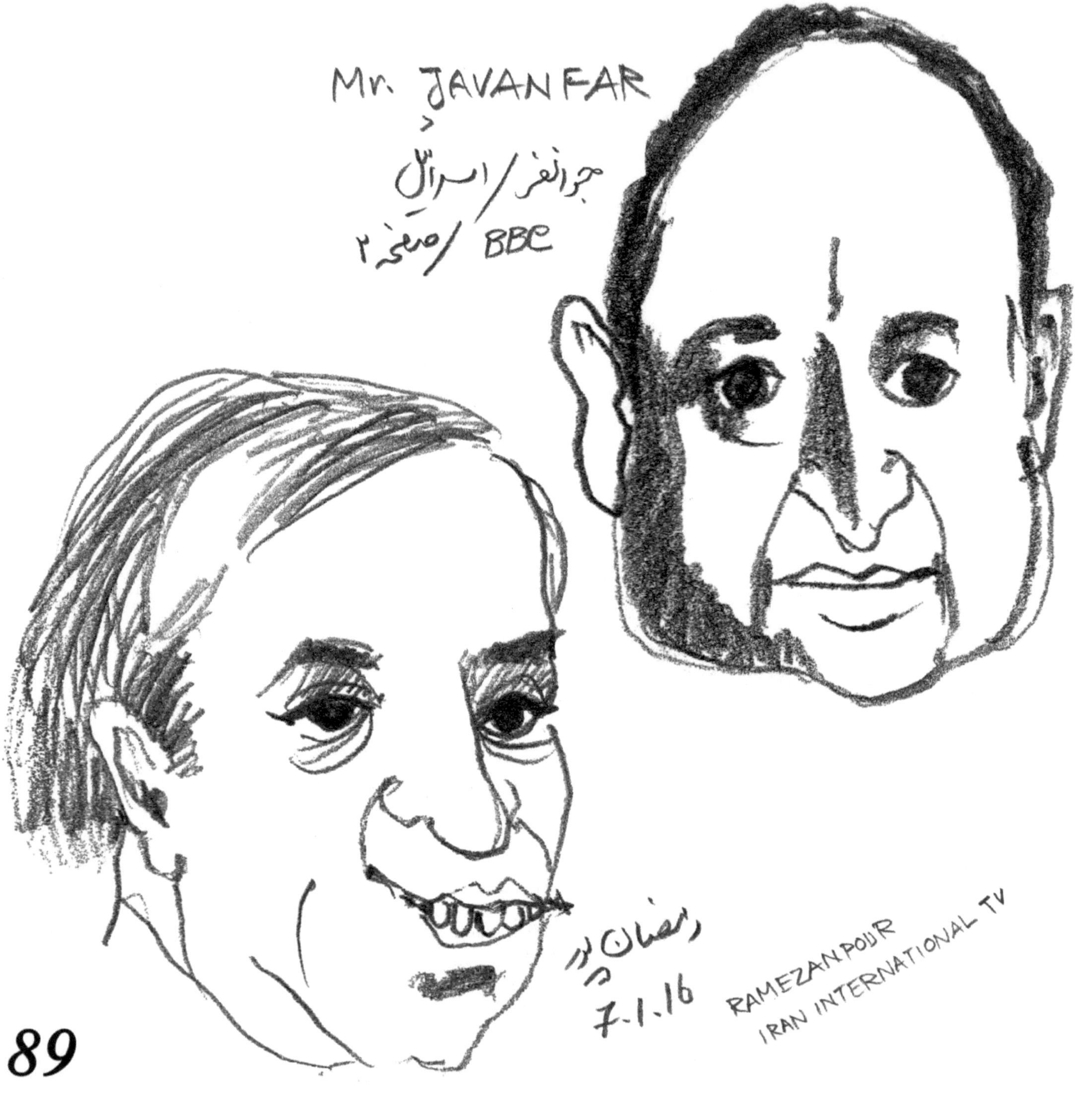

Mr. JAVANFAR
جوانفر / اسرائل
BBC
89
RAMEZANPOUR
IRAN INTERNATIONAL TV
7-1-16

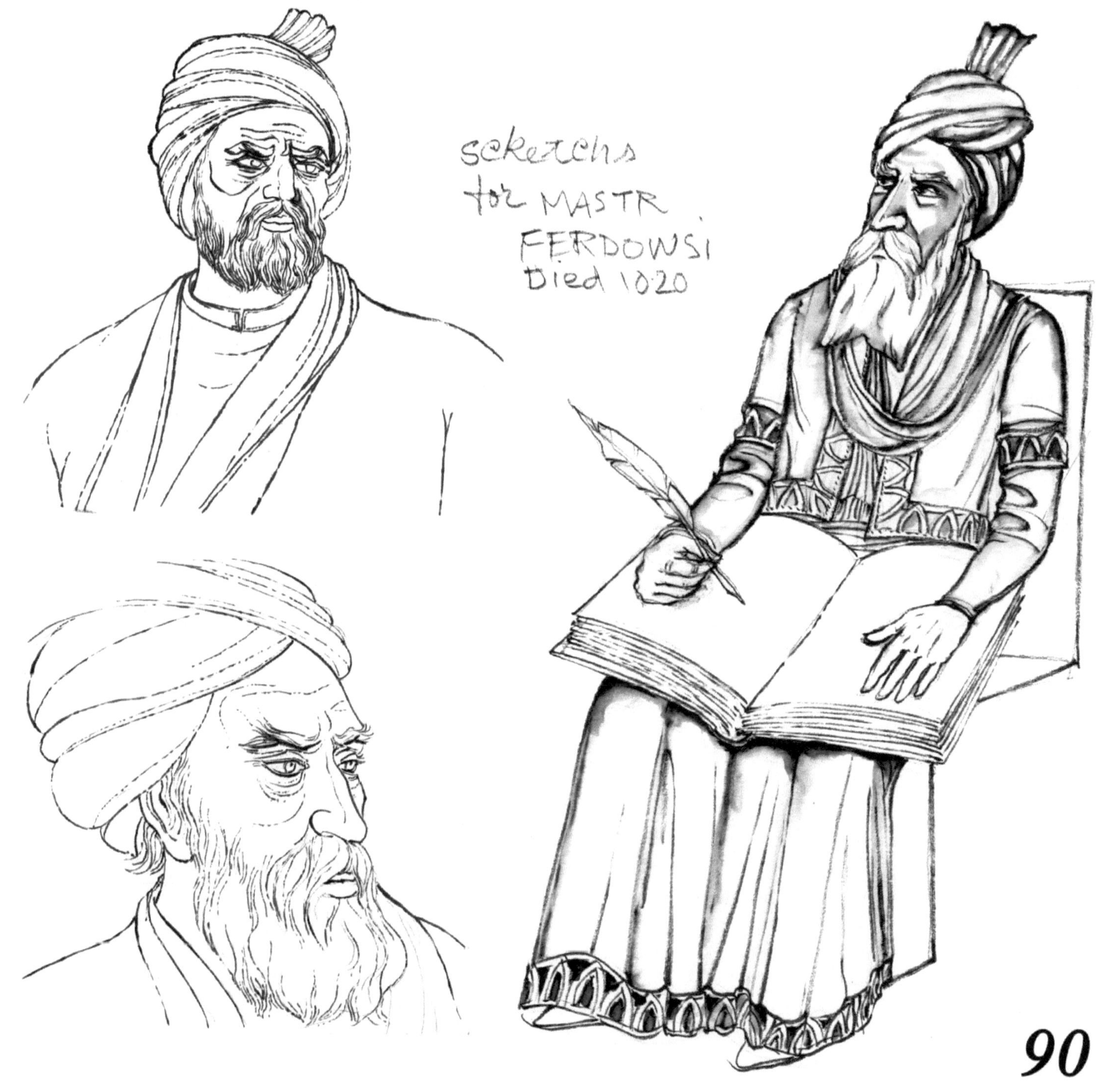
seketchs
for MASTR
FERDOWSI
Died 1020
90

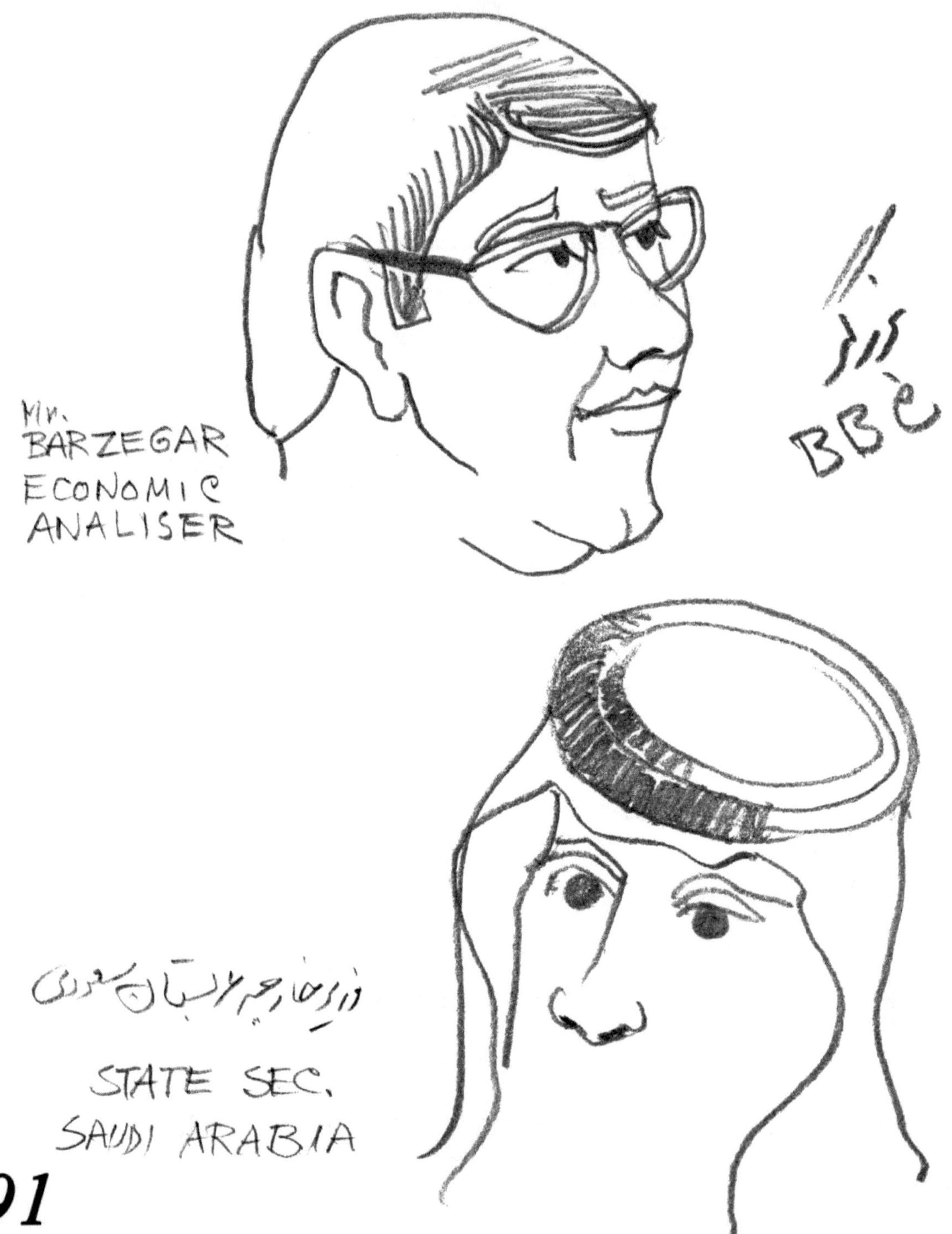

91

MOJTABA
VAHEDI
بی بی سی,
BBC

SOCiAL ANALYZER

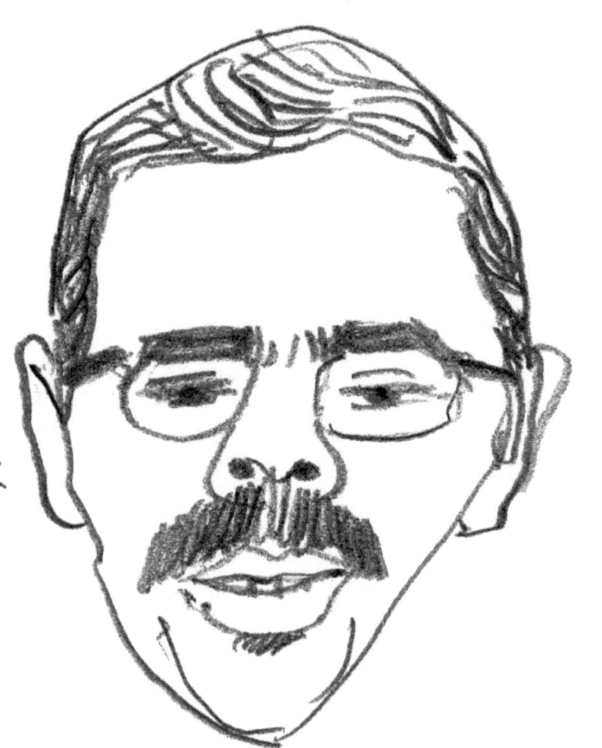

NIMA YOOSHIJ
FOUNDER OF
Persian Modern
Poetry

1895 - 1959

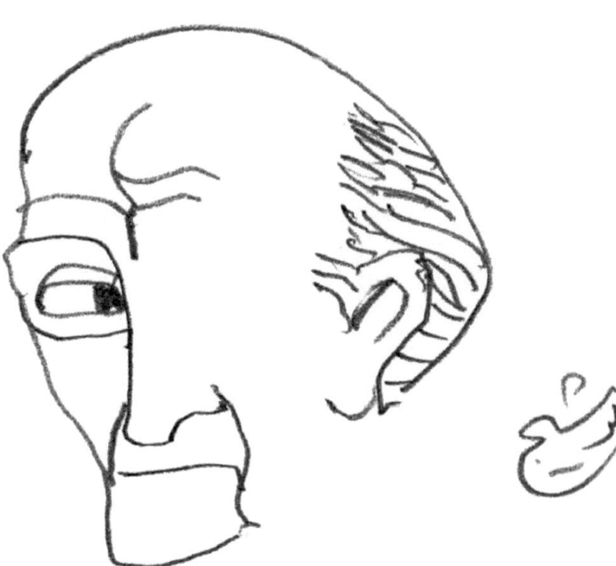

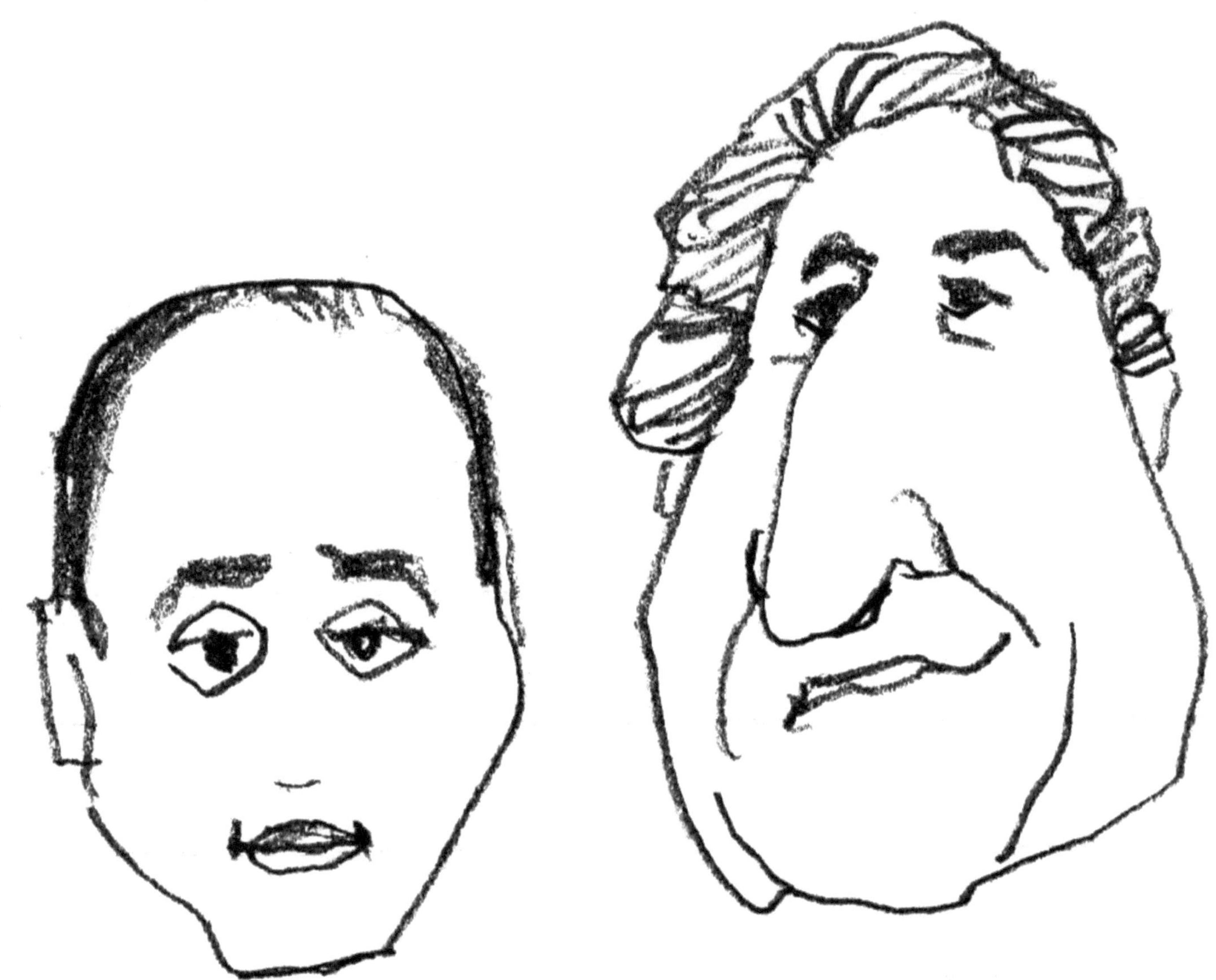

93

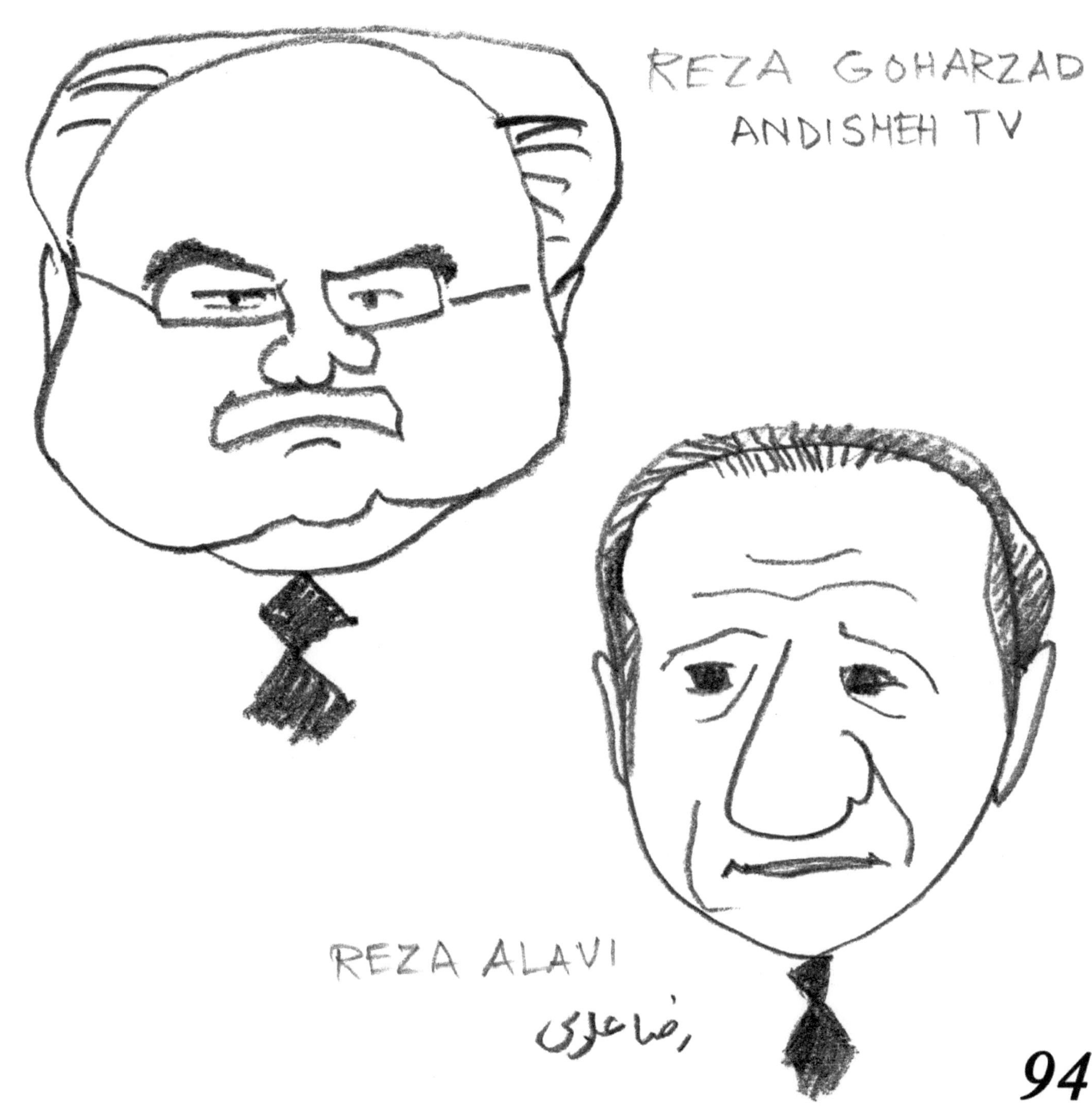

94

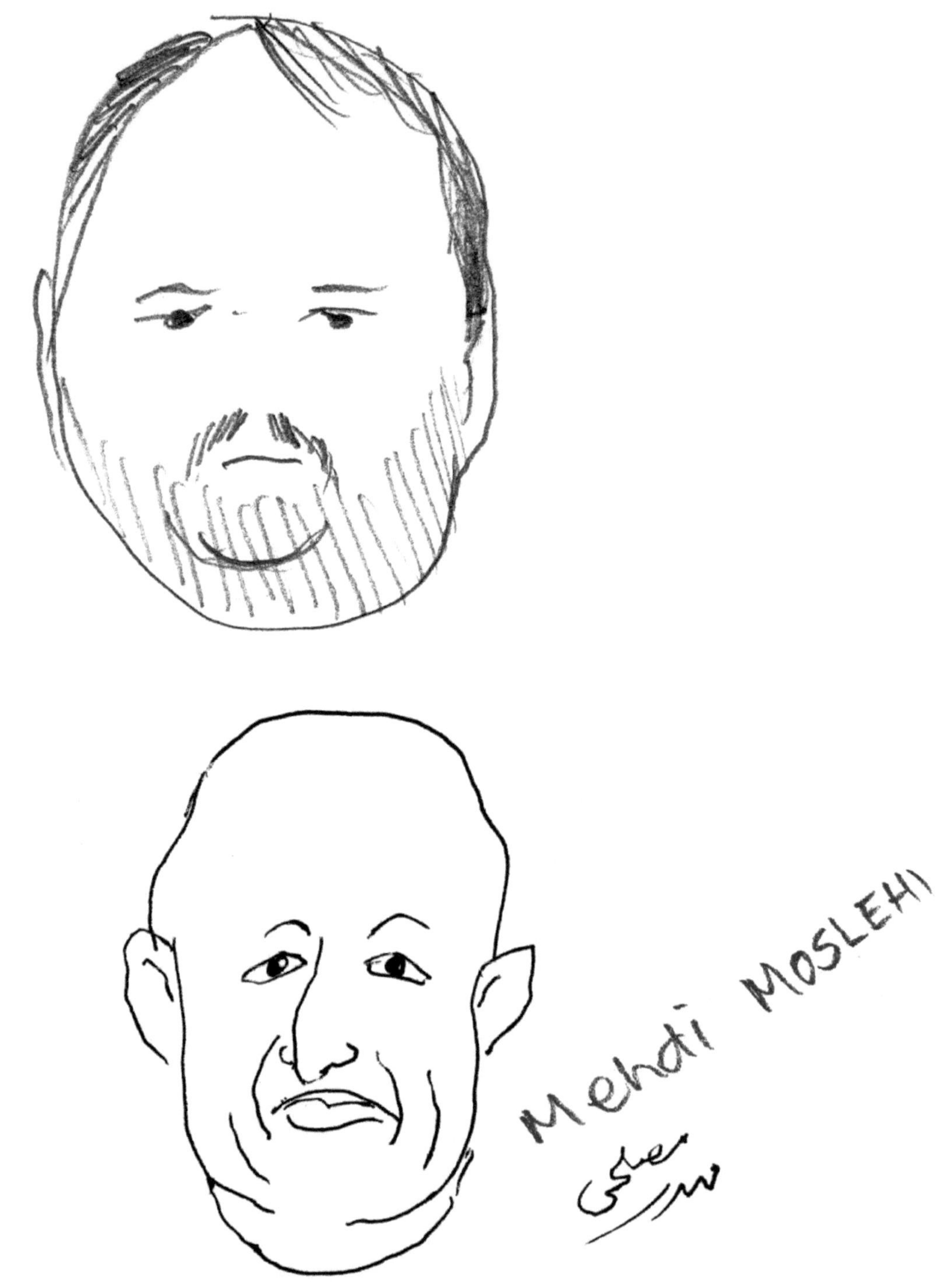

95

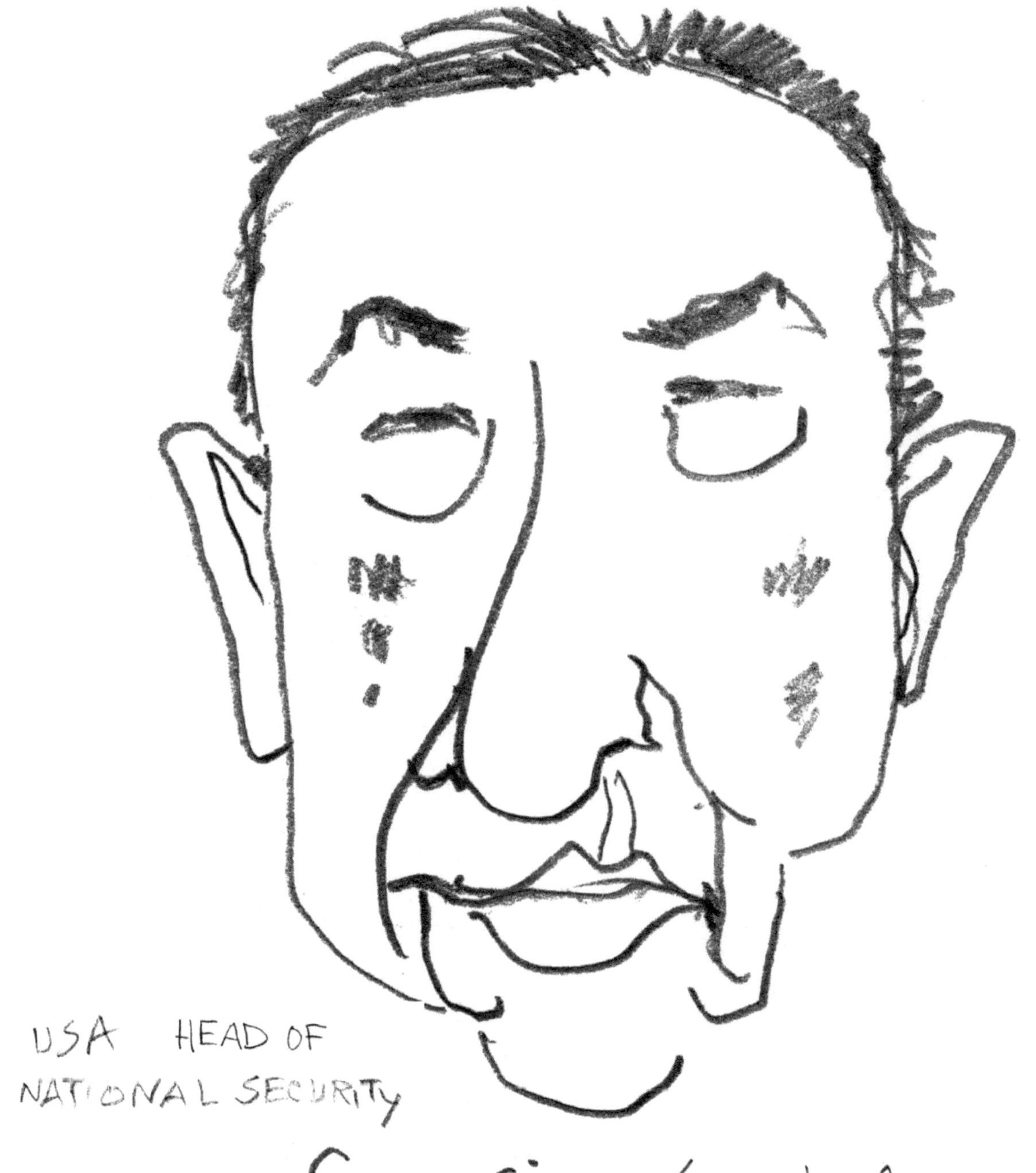

USA HEAD OF
NATIONAL SECURITY
Gary Sick
مشاور امنیت ملی امریکا

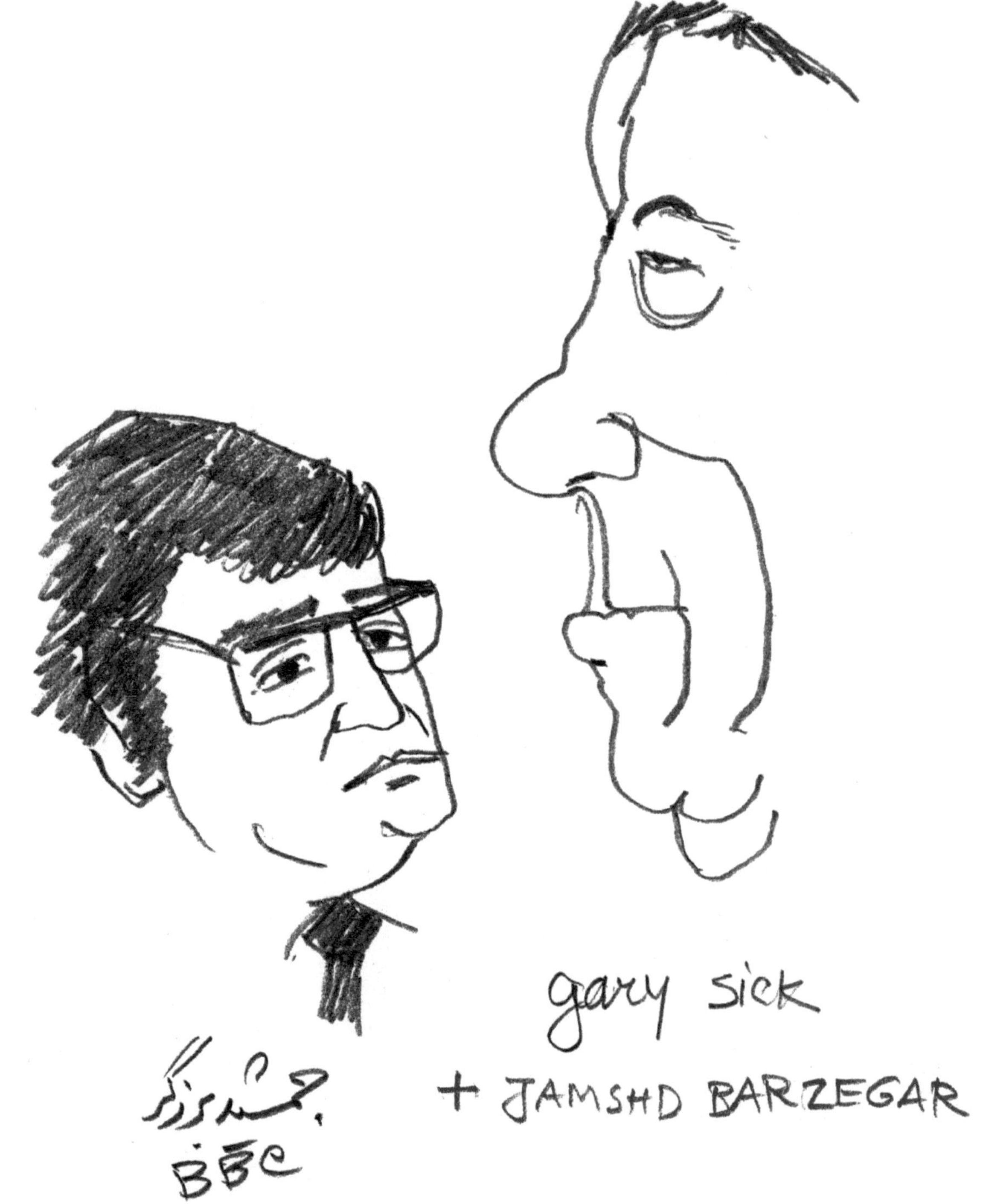

BBC
gary sick
+ JAMSHD BARZEGAR
97

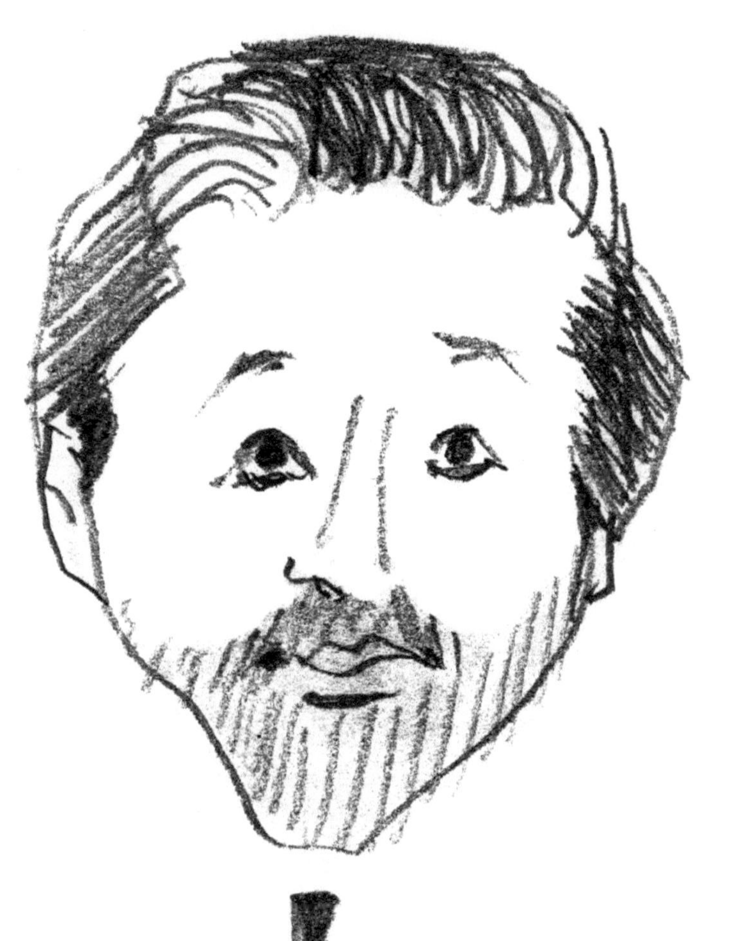

انتخاب شاهی
BBC
AFSHIN SHAHI
98

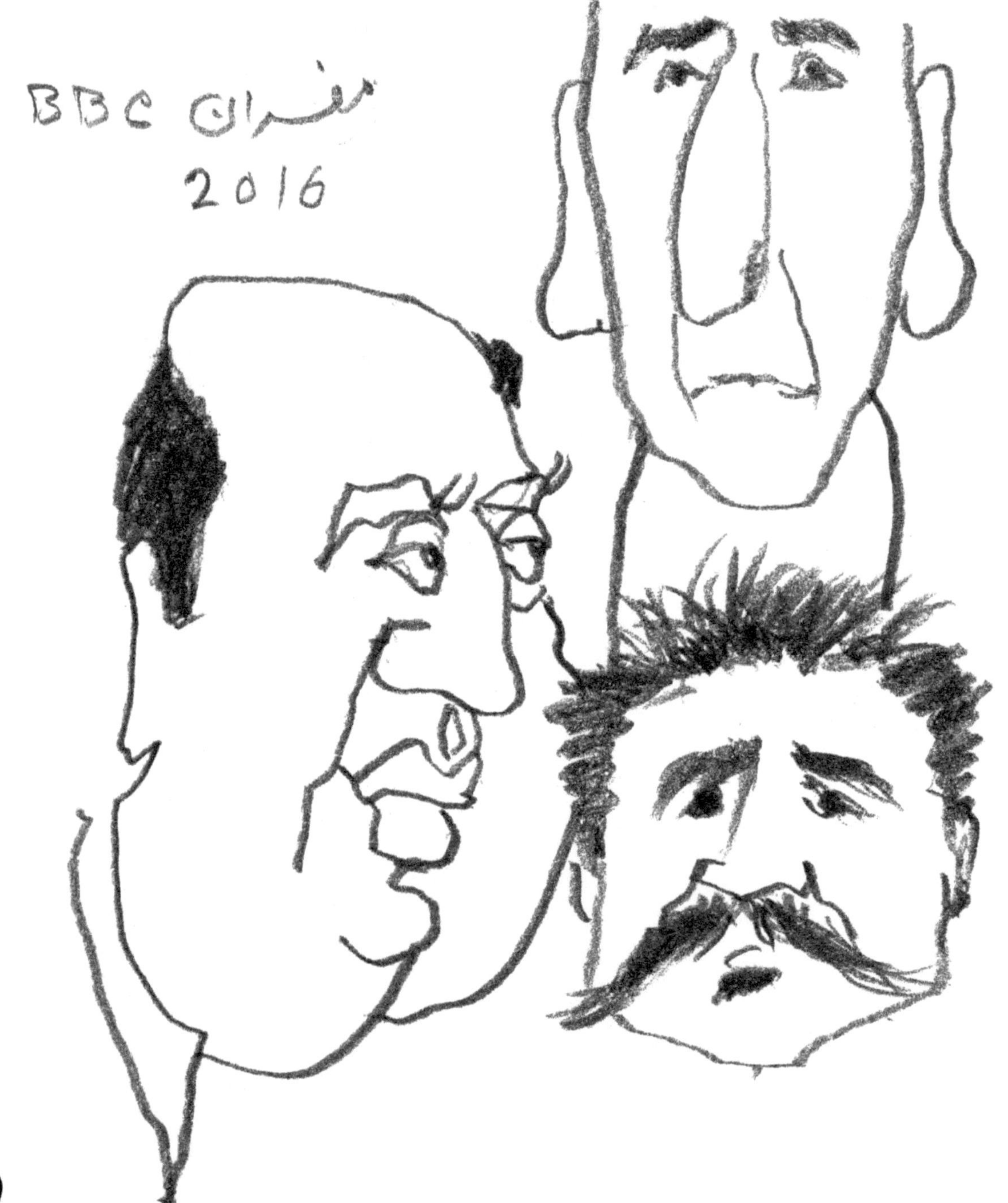

99

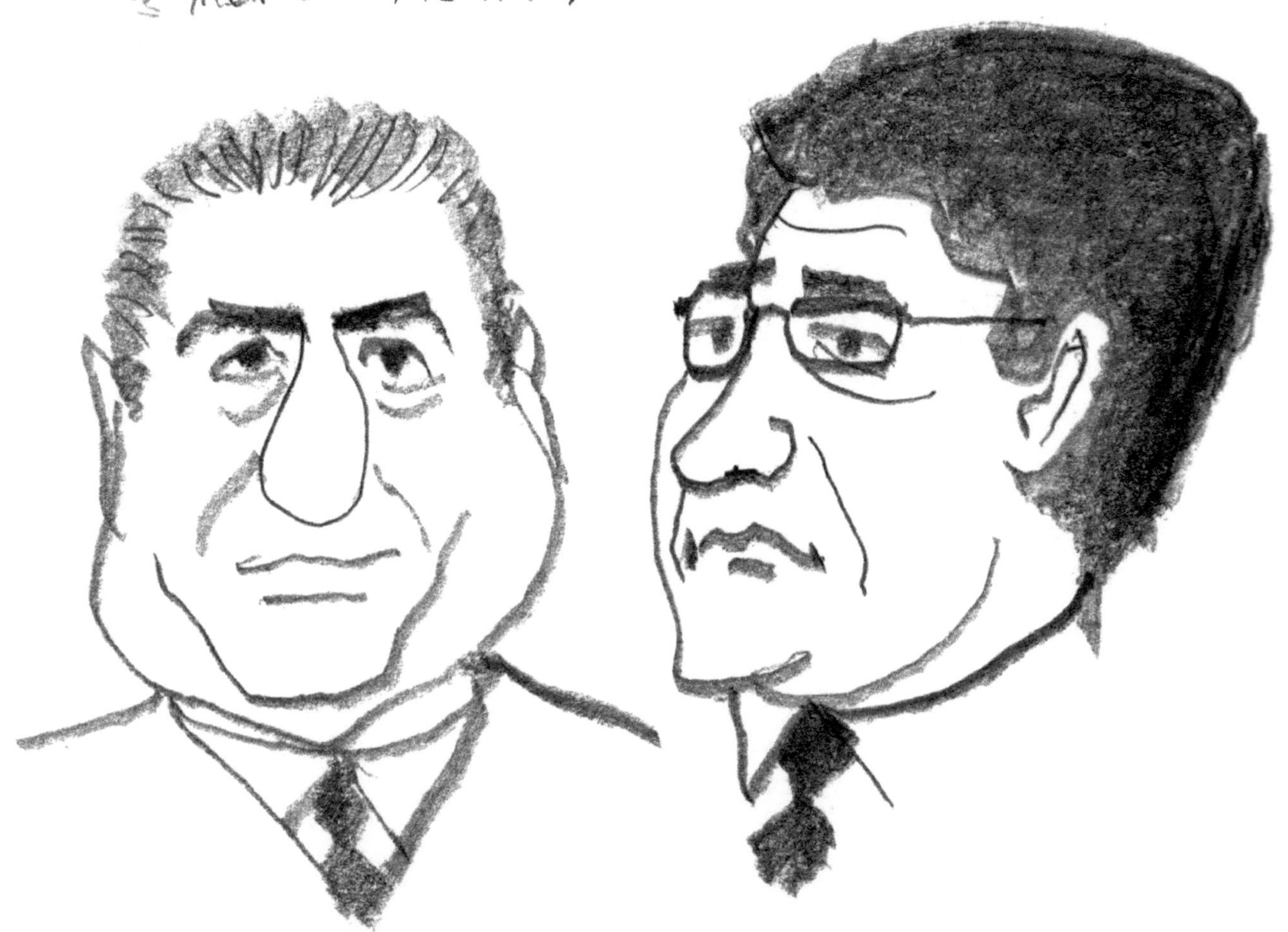

ReZa PaHLaVi
in an interview with J. BARZEGAR BBC / 2017

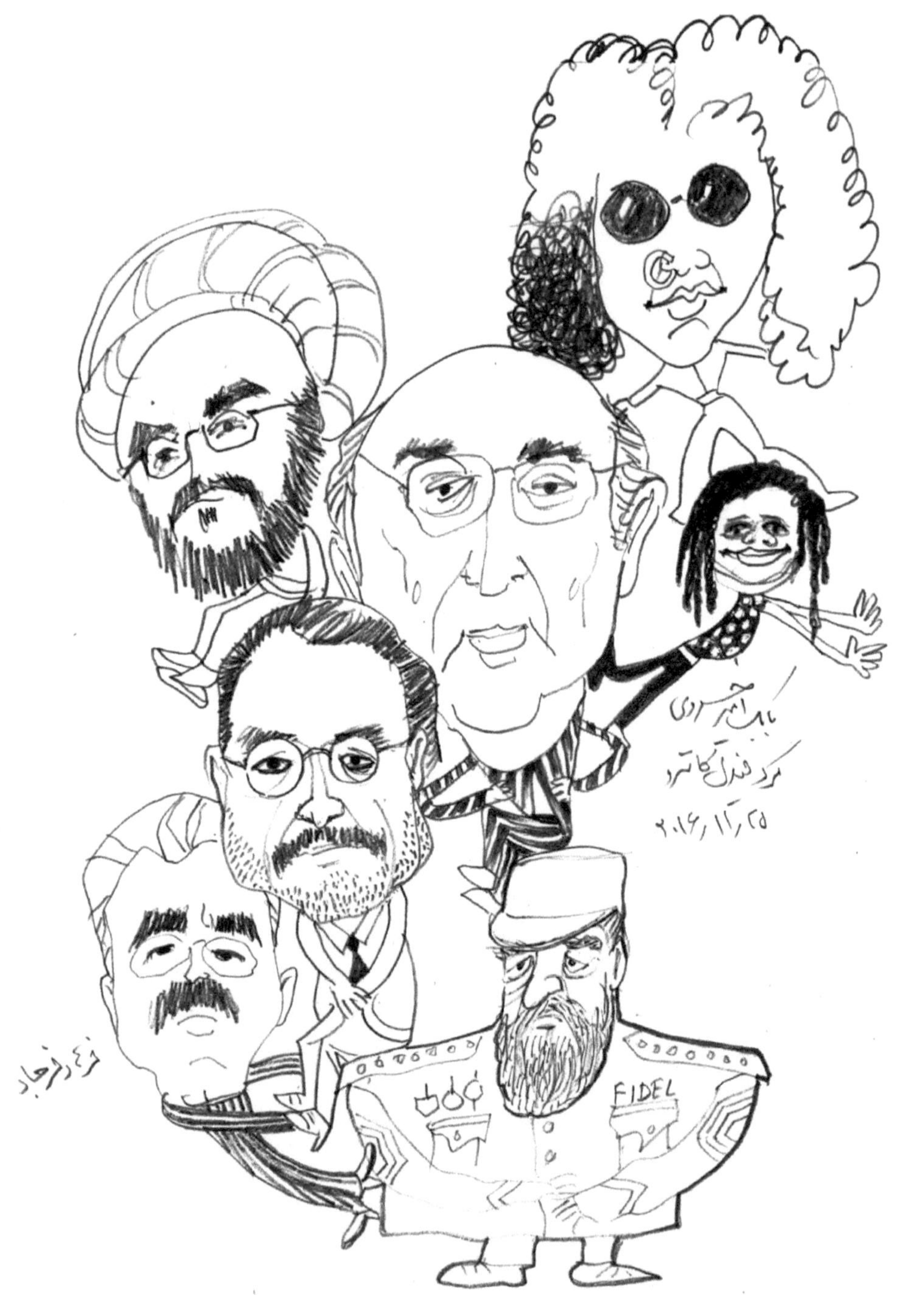

101

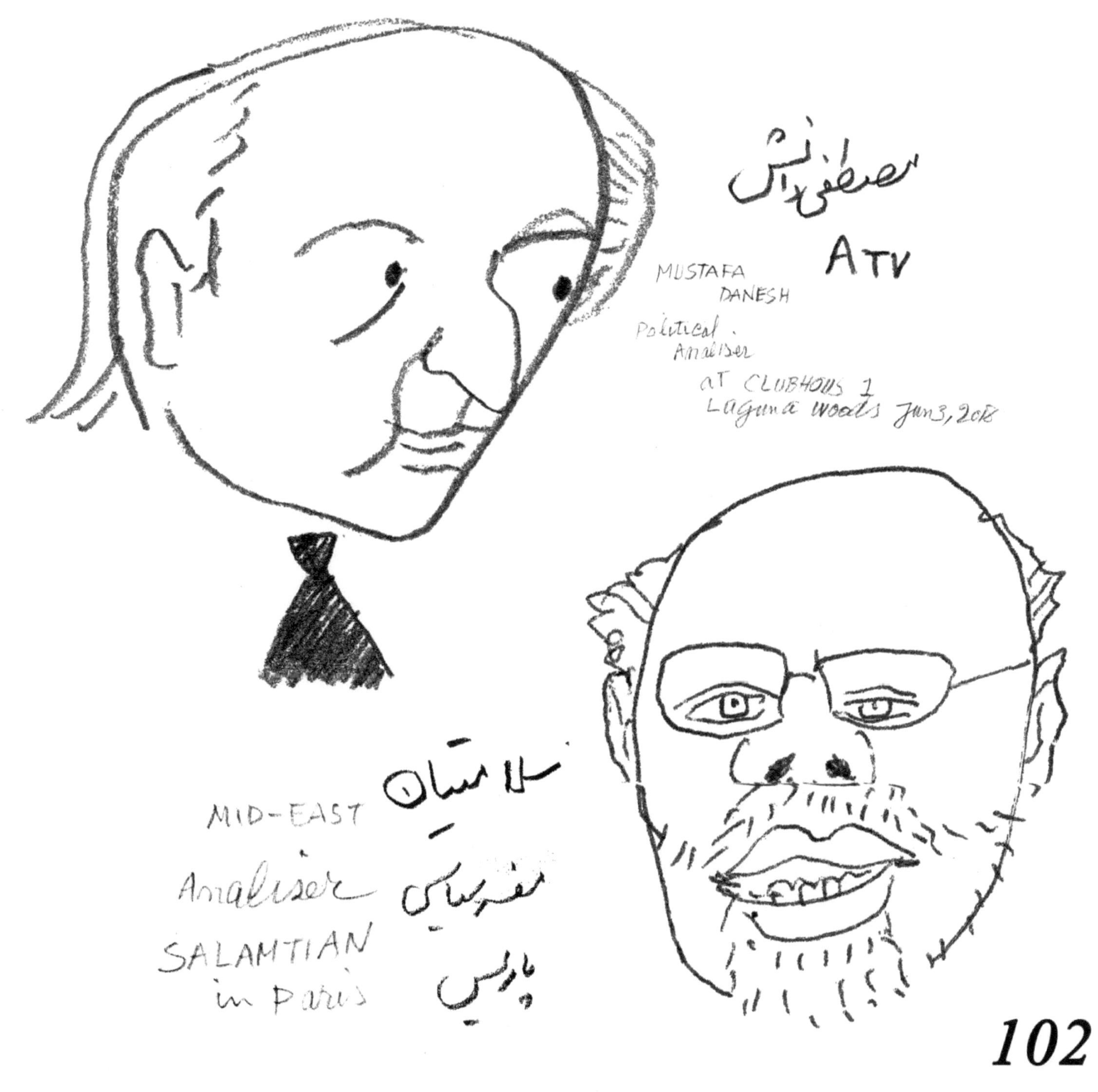
مصطفی دانش
ATV
MUSTAFA
DANESH
Political
Analiser
at CLUBHOUS 1
Laguna Woods Jan 3, 2018
MID-EAST
سلامتیان
Analiser
معنویتی
SALAMTIAN
in Paris
پاریس

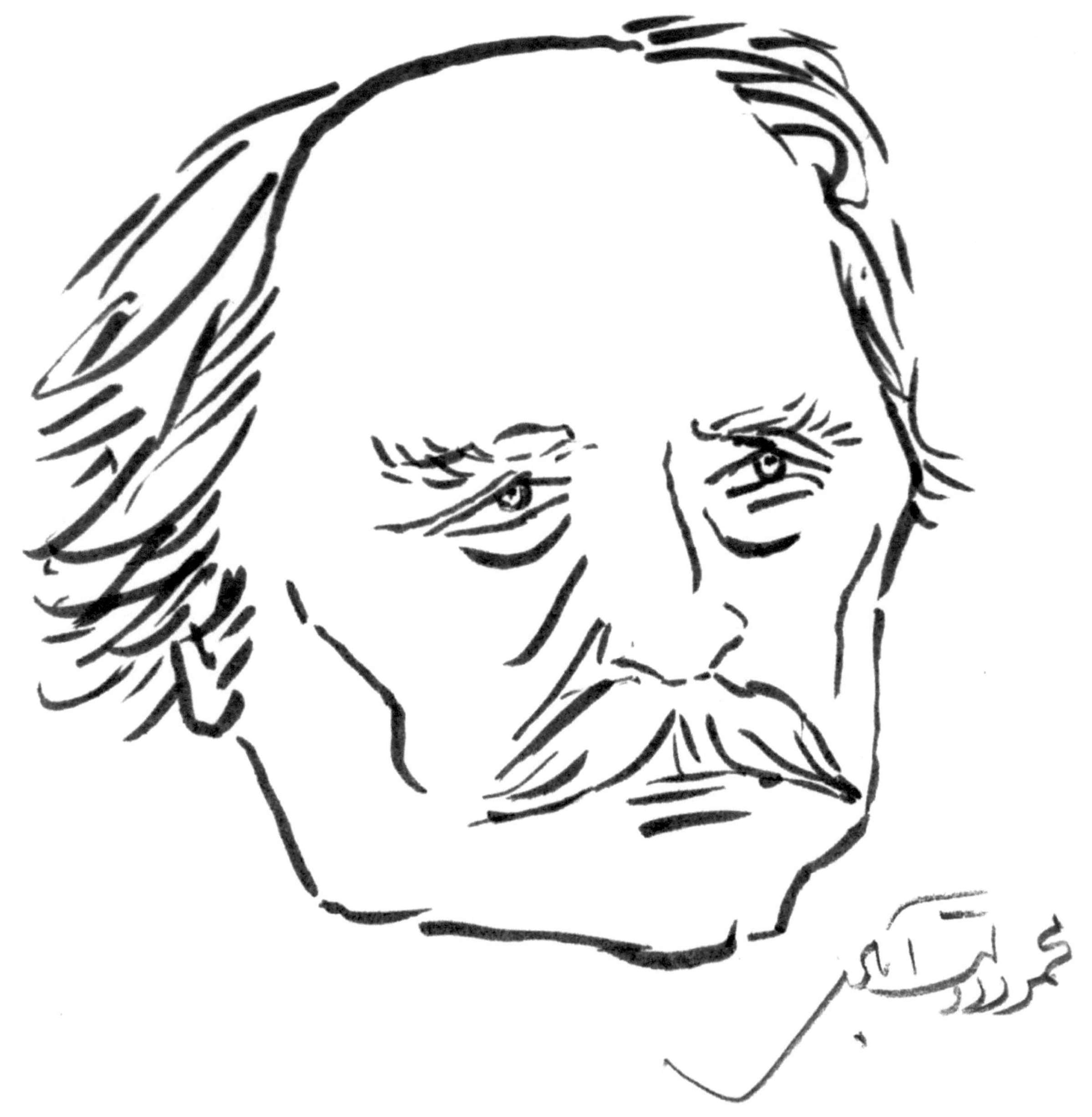

103

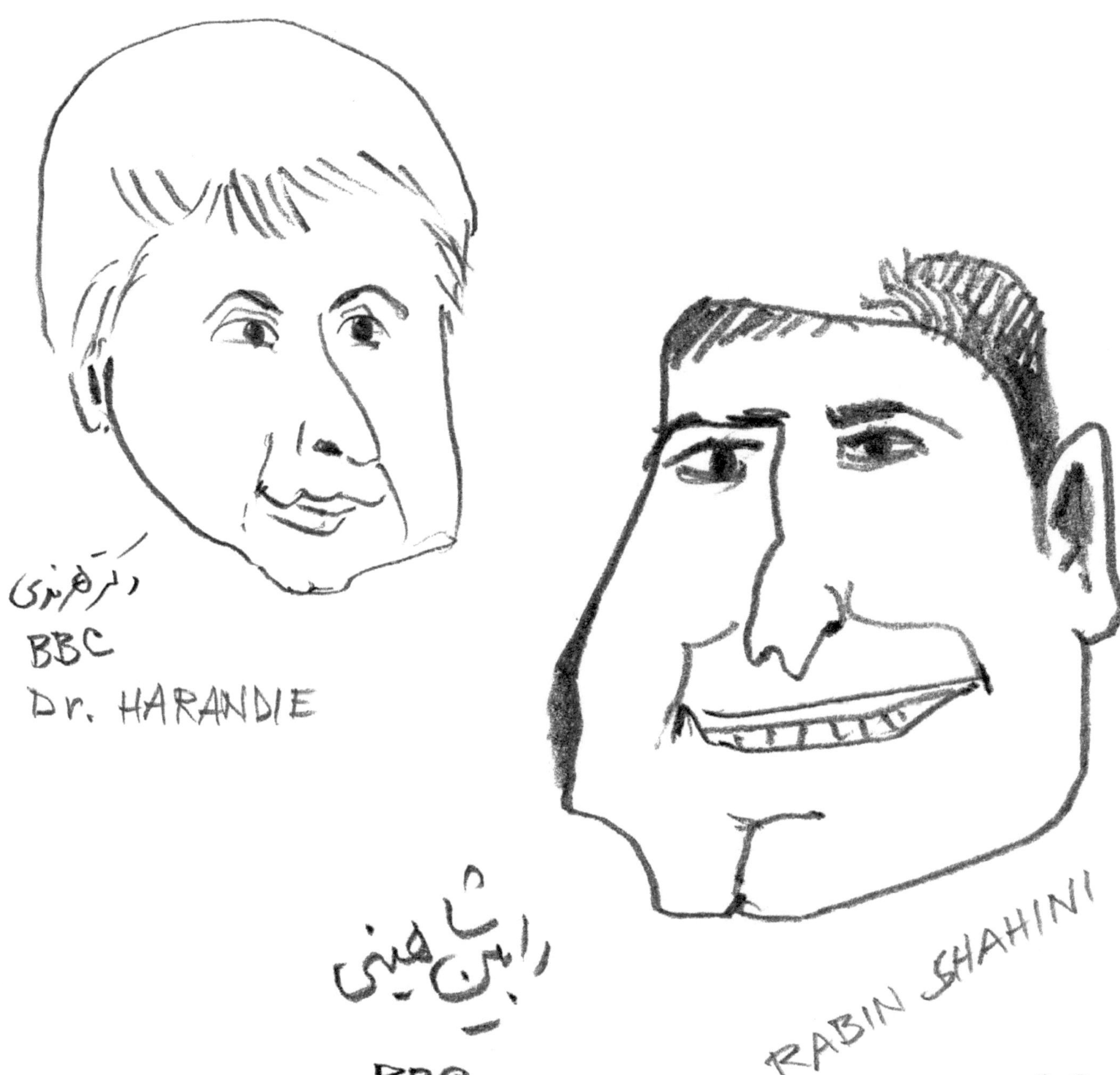

104

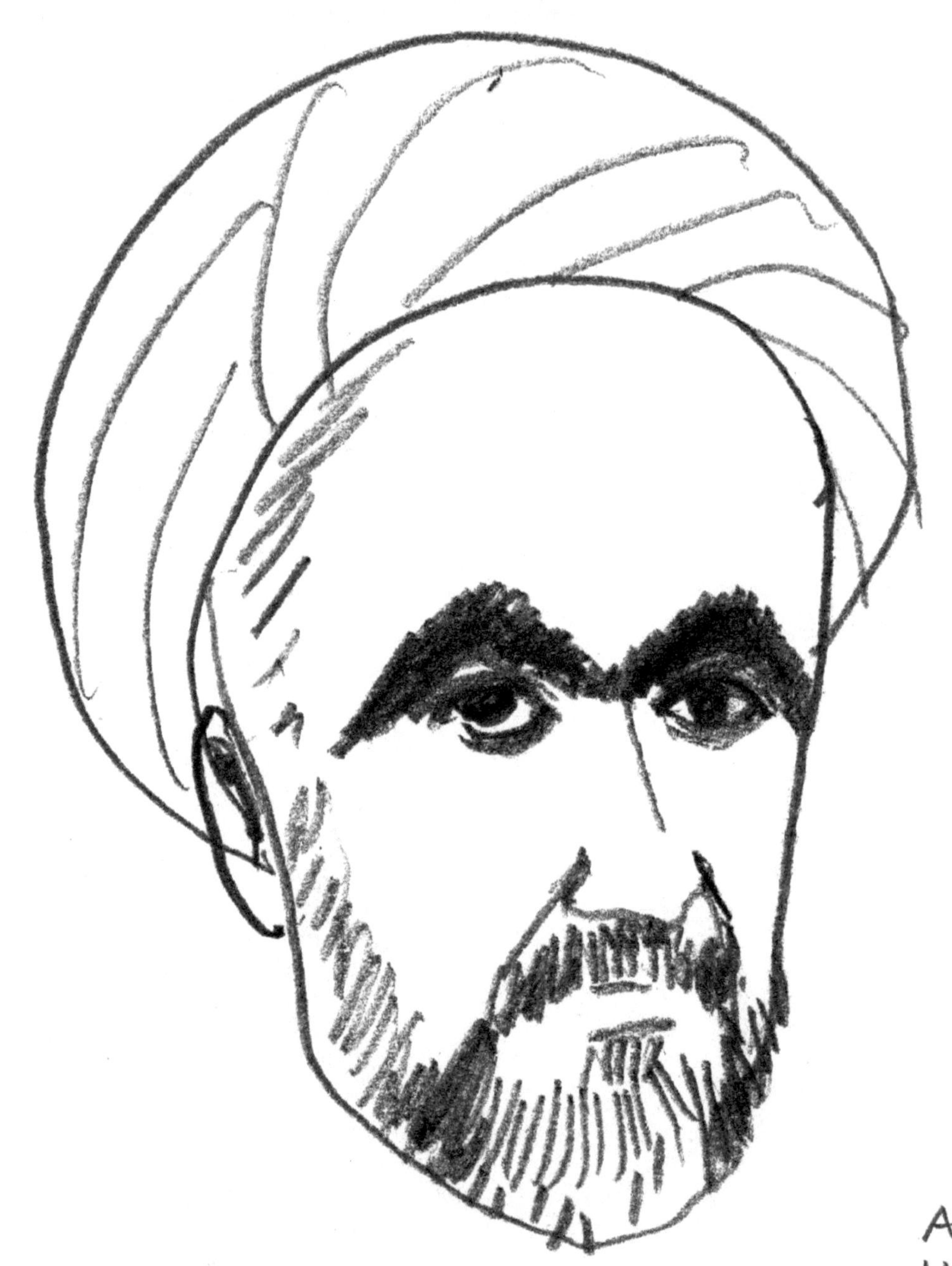

105

Founder of
international
TV channel,
RAMEZANPOUR
+ FERESHTEH
GHAZI
critic &
Analiser

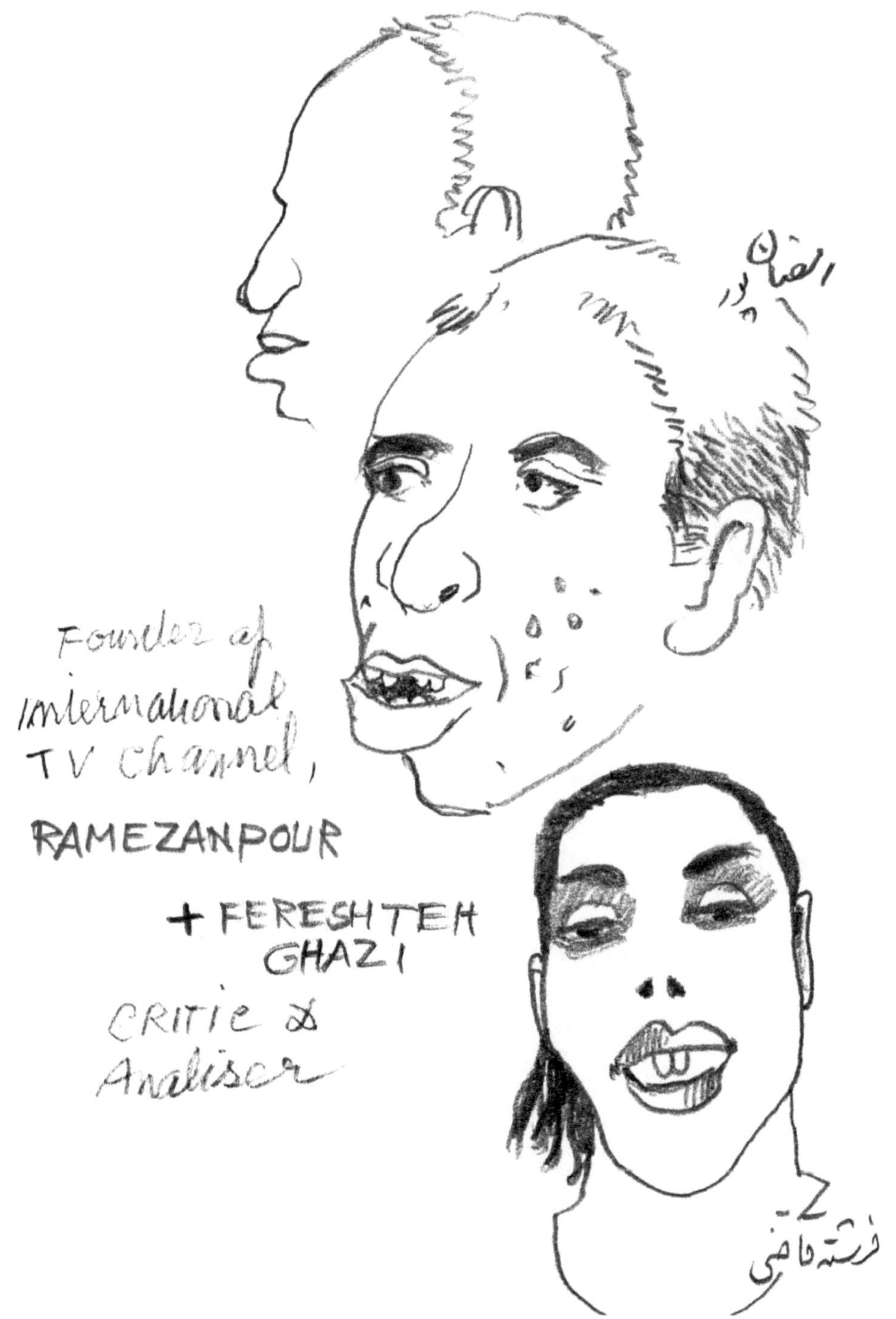

106

خانم کار دیرین
interveue
with
IRANIAN
LAWYER
Mehrangiz Kar

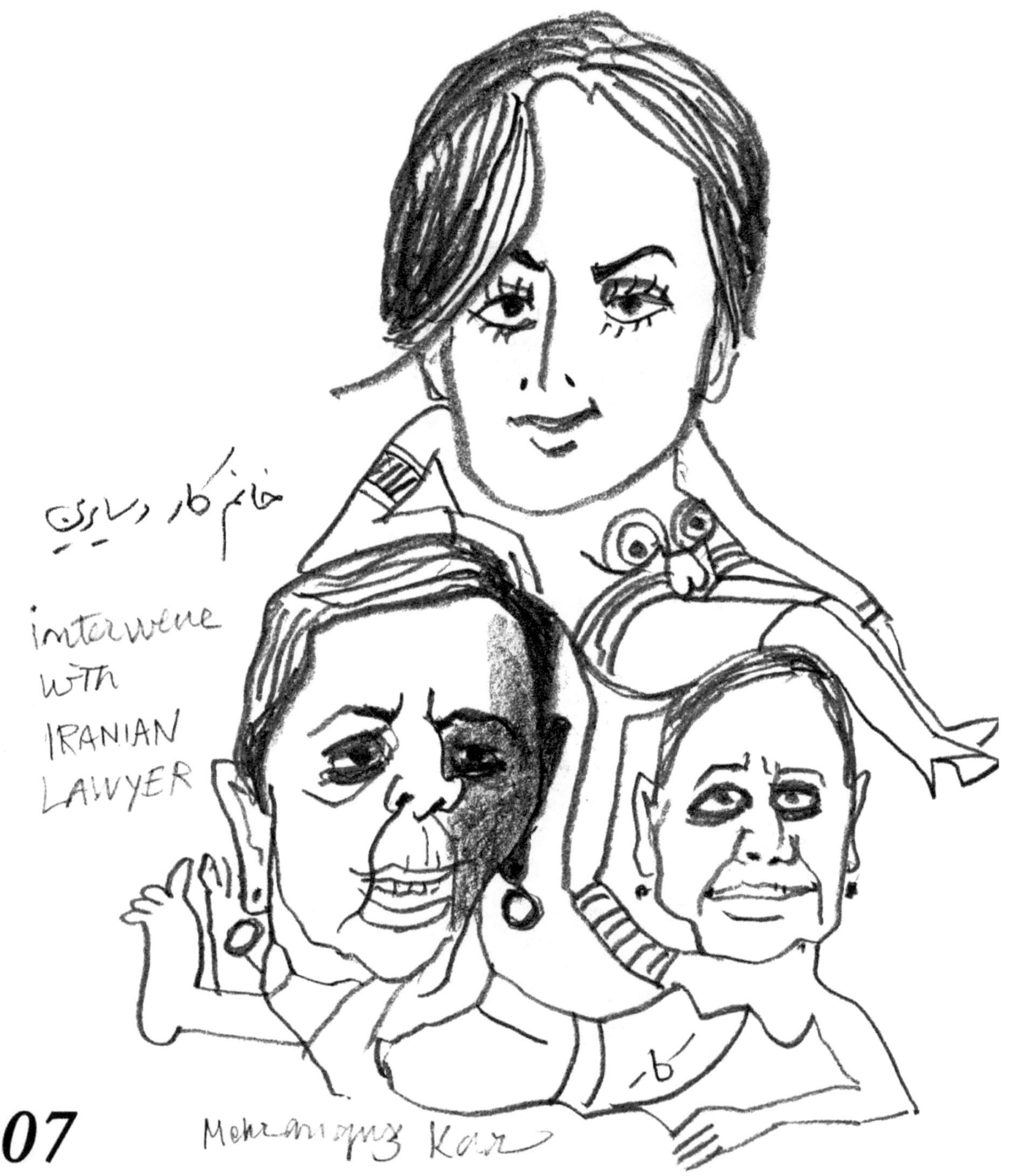

107

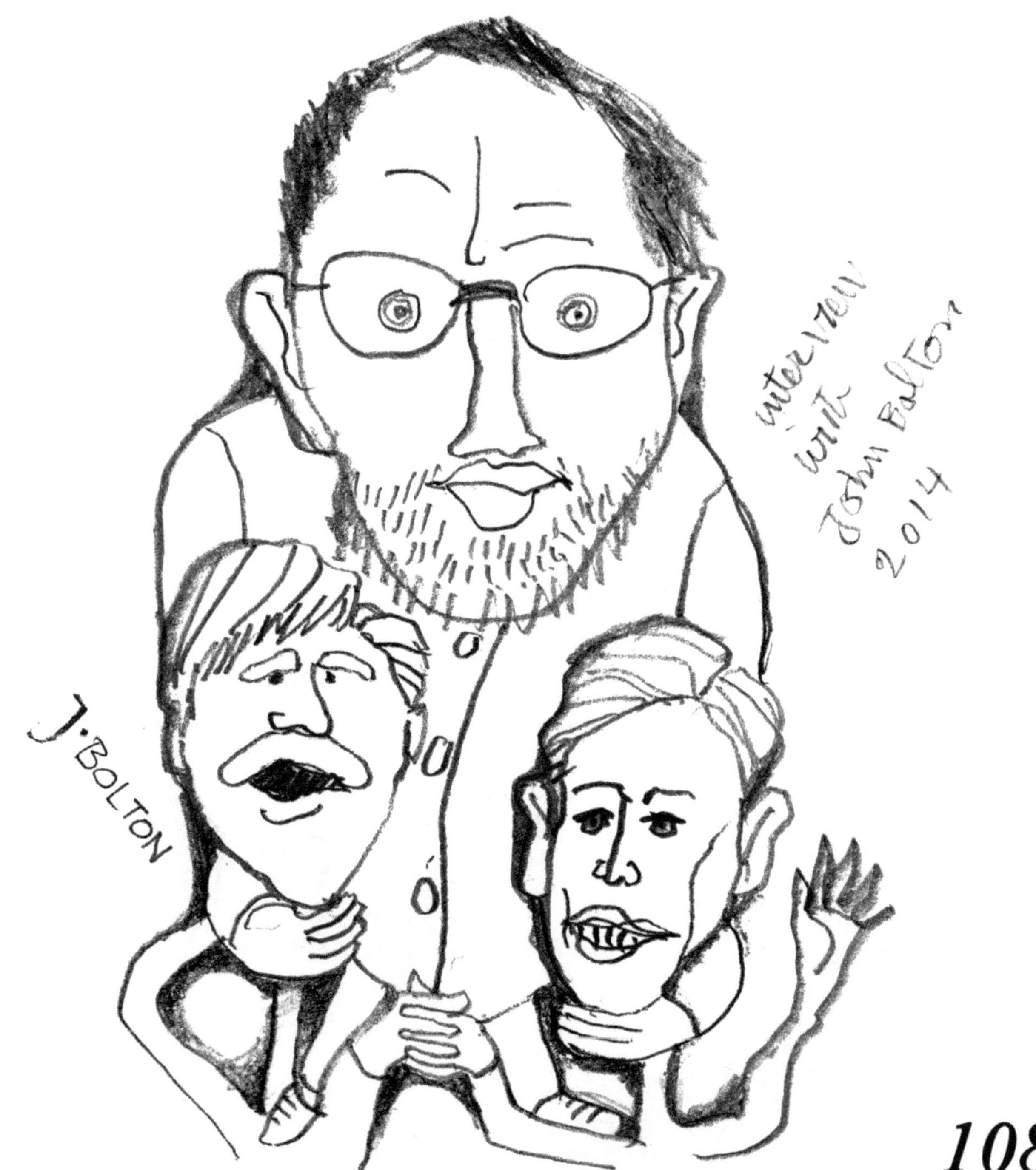
interview
with
John Bolton
2014
J. BOLTON

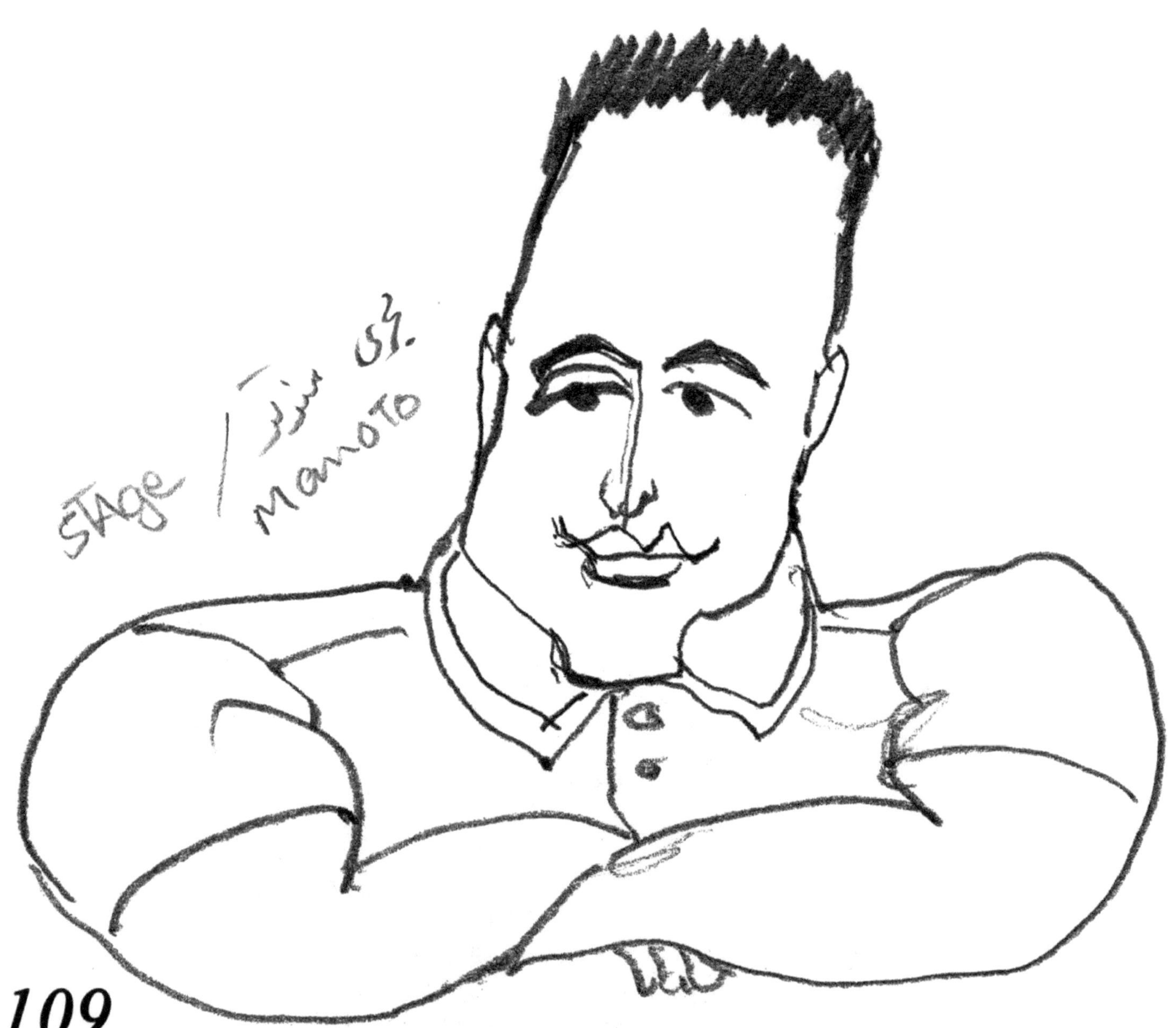

109

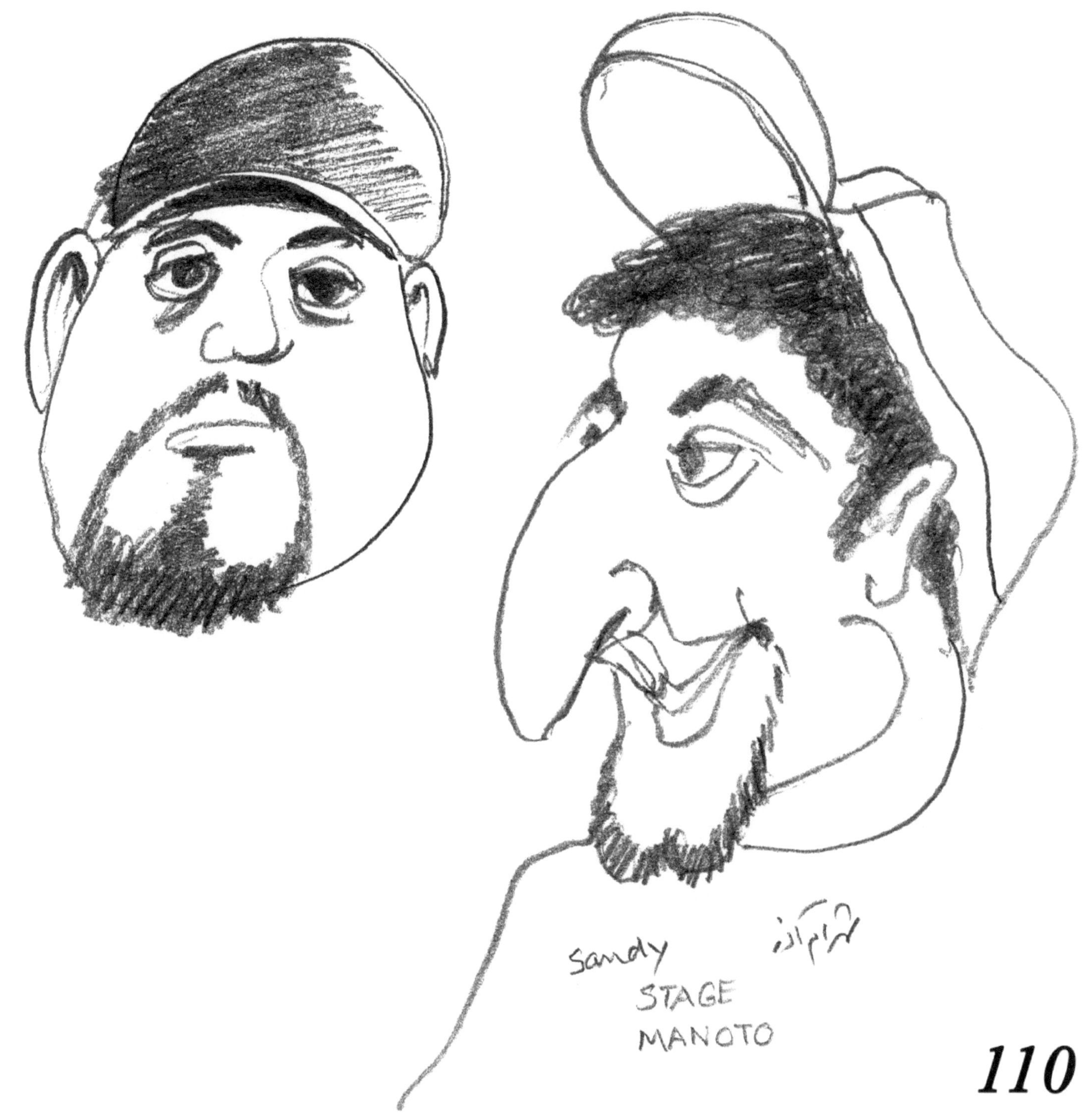

110

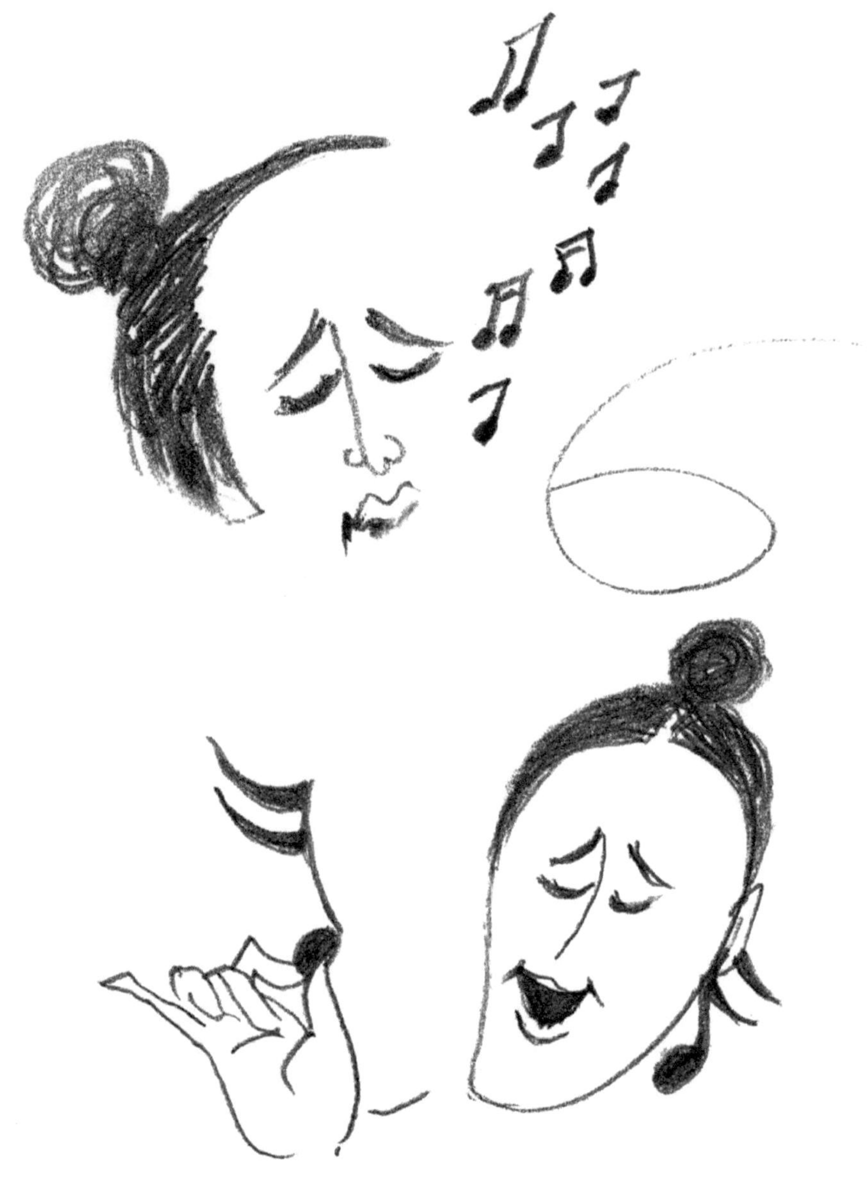

Parisan
singer

111

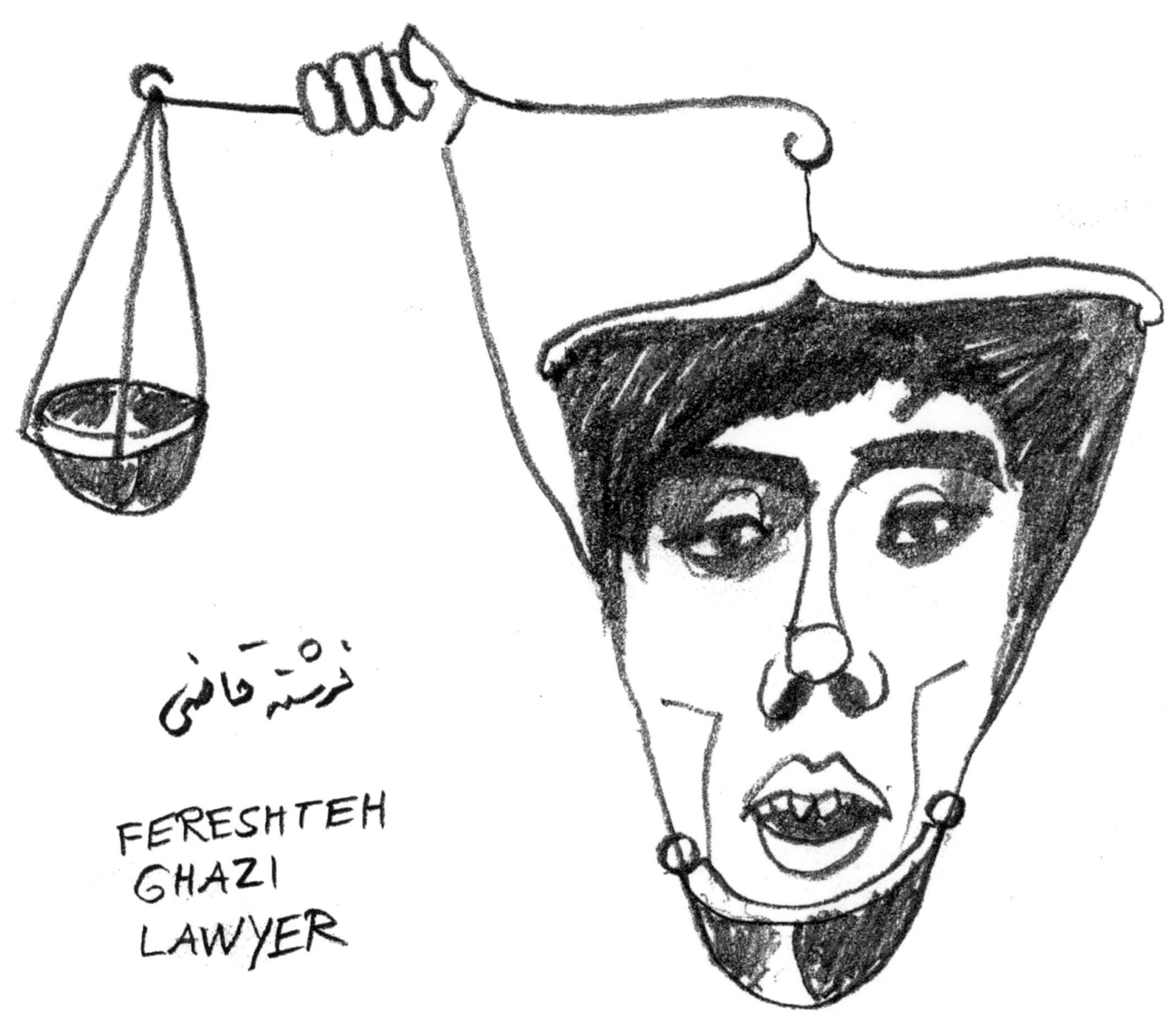

112

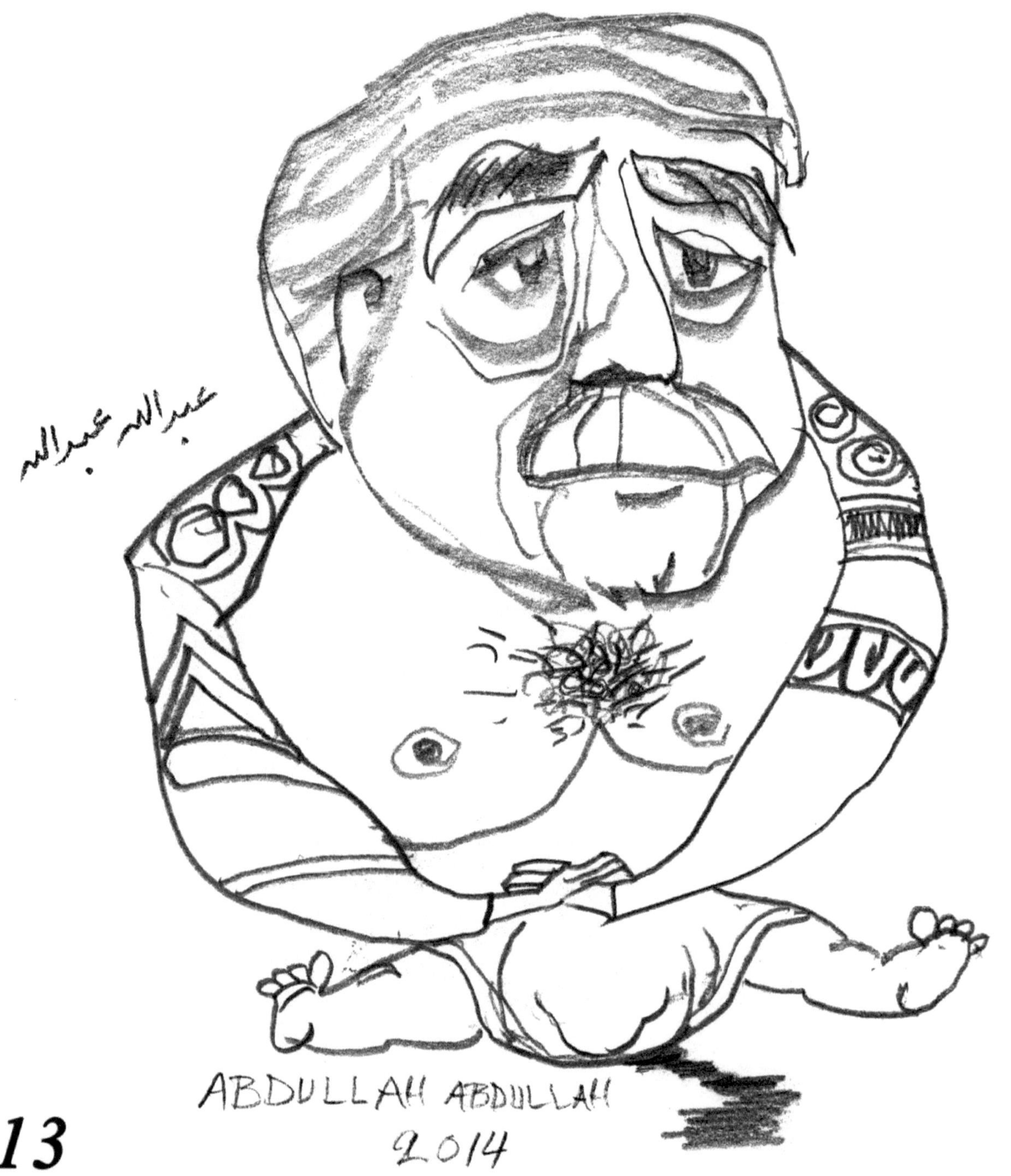

عبدالله عبدالله
ABDULLAH ABDULLAH
2014

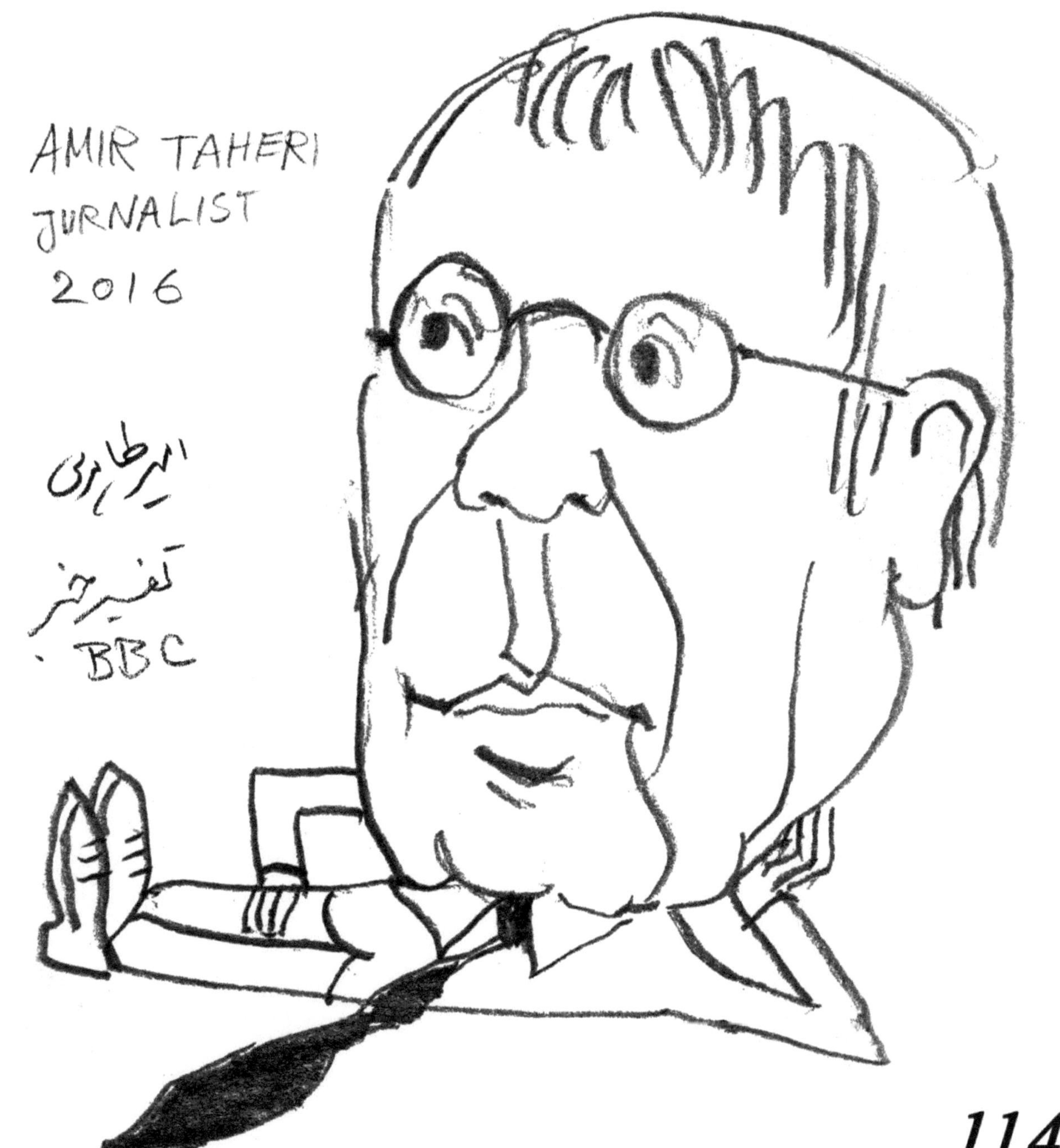

AMIR TAHERI
JURNALIST
2016
امیر طاهری
تفسیر خبر
BBC

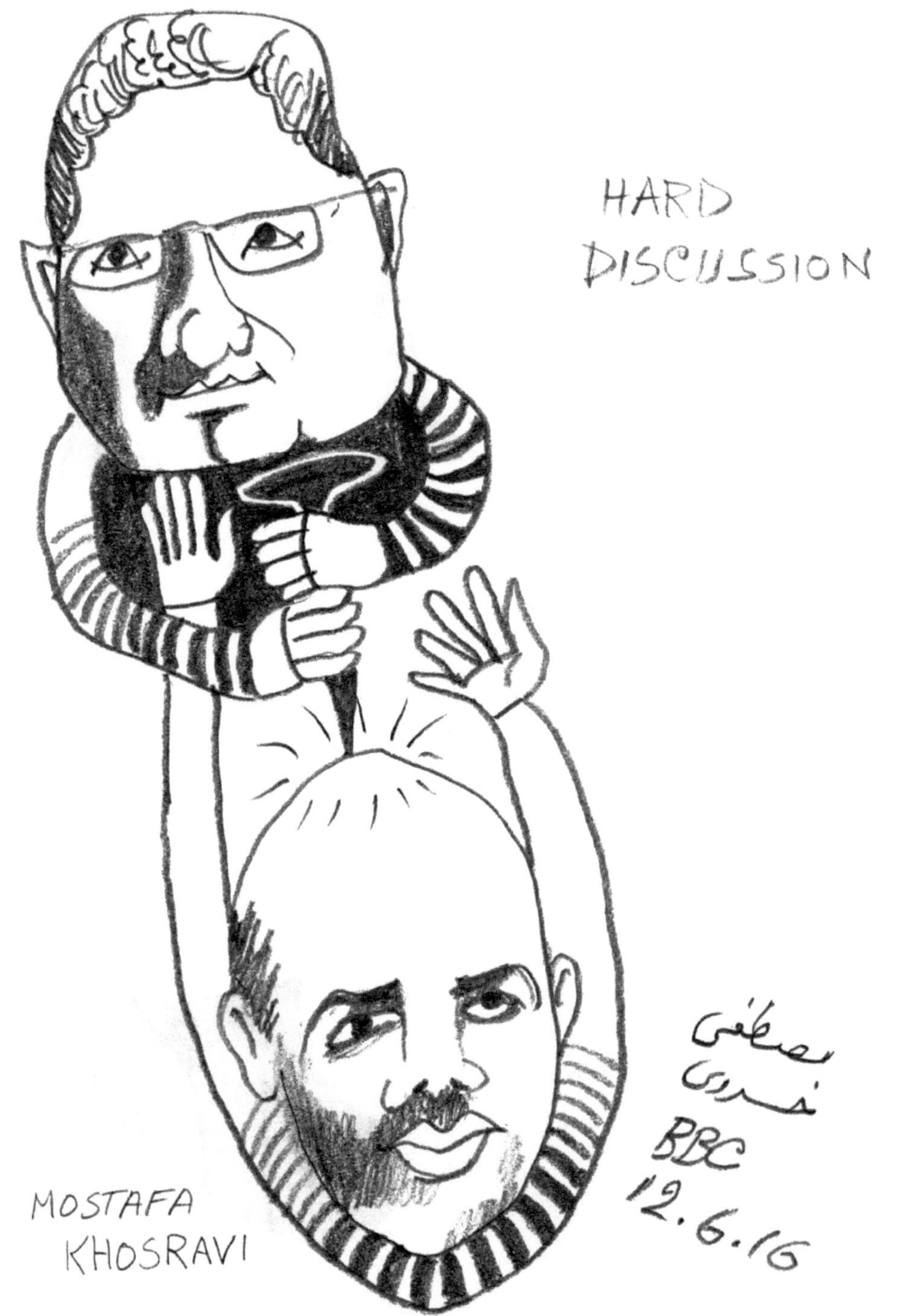

115

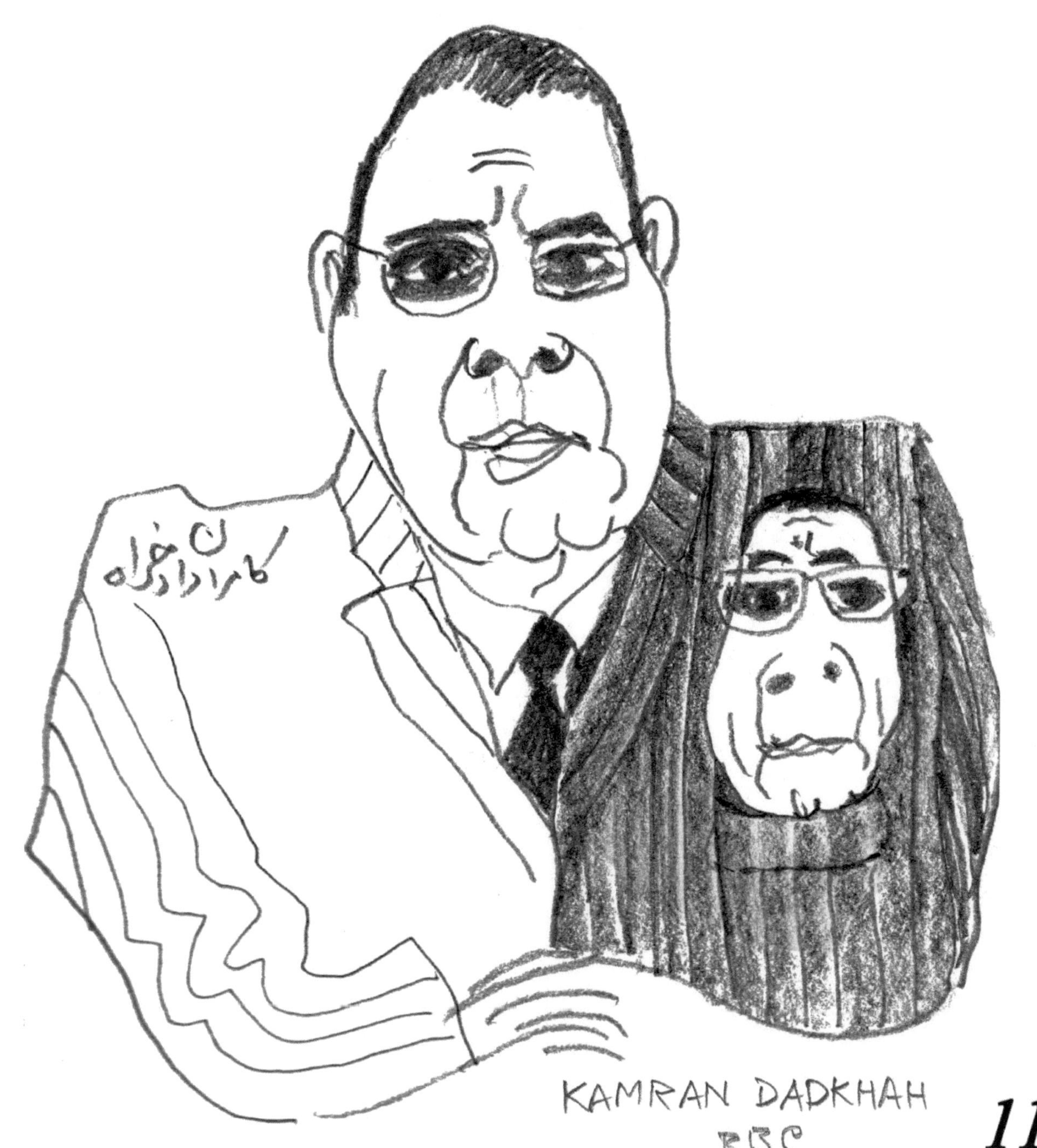

KAMRAN DADKHAH
BBC

116

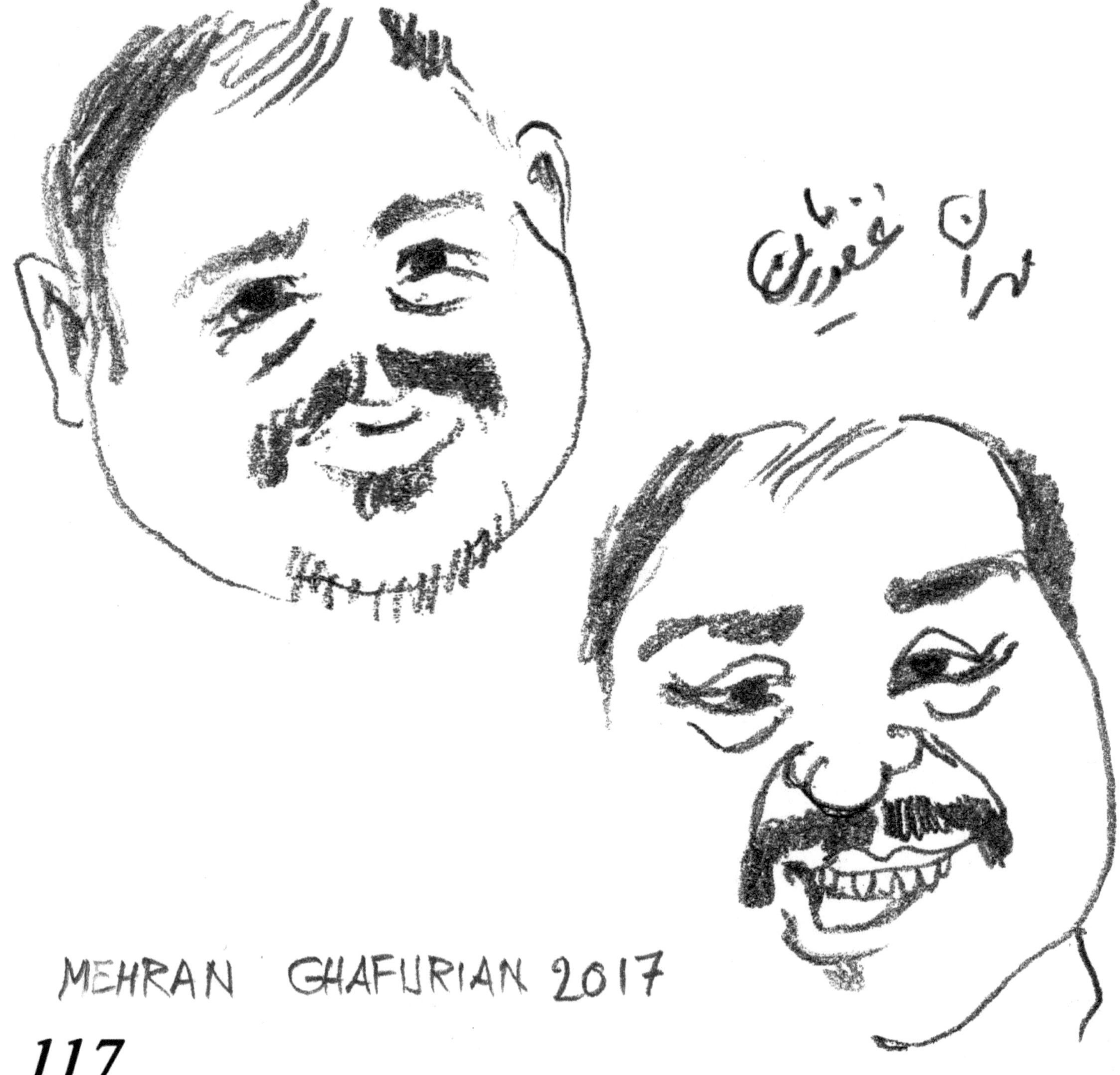

MEHRAN GHAFURIAN 2017

117

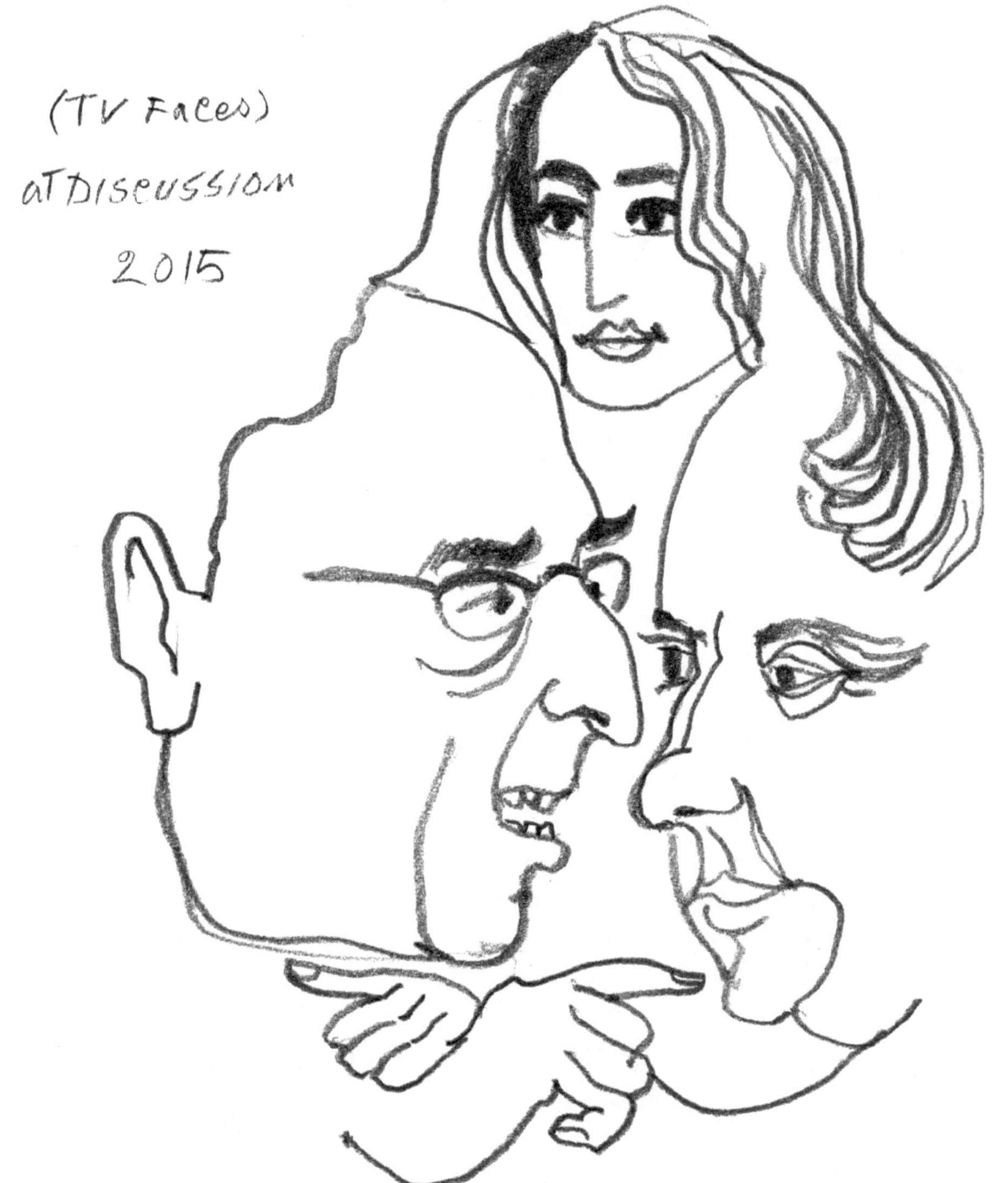

118

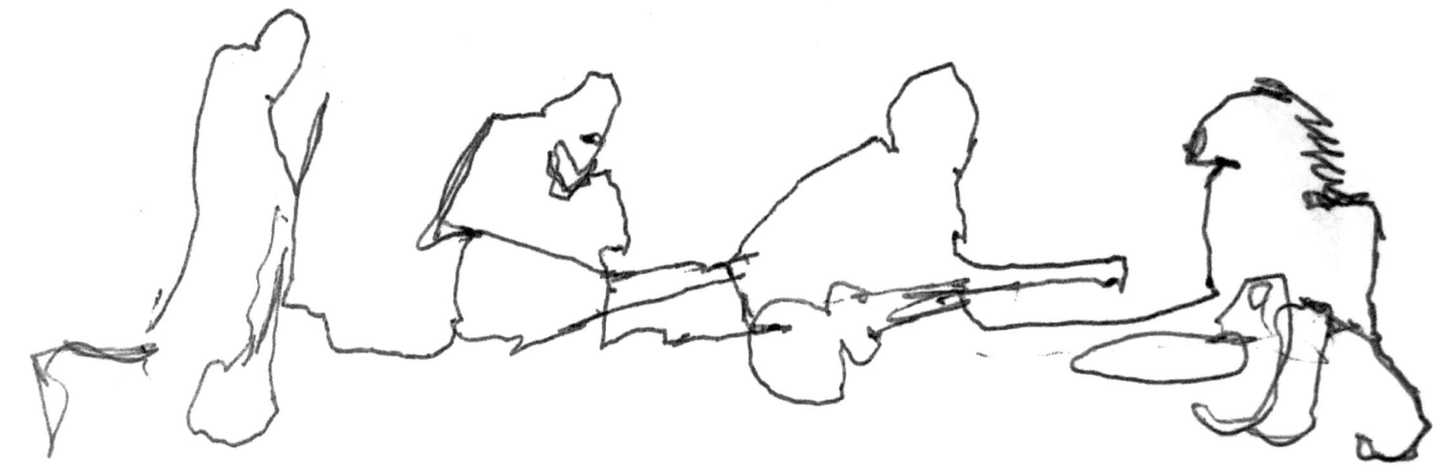

persian concert
L.A. 2017

119

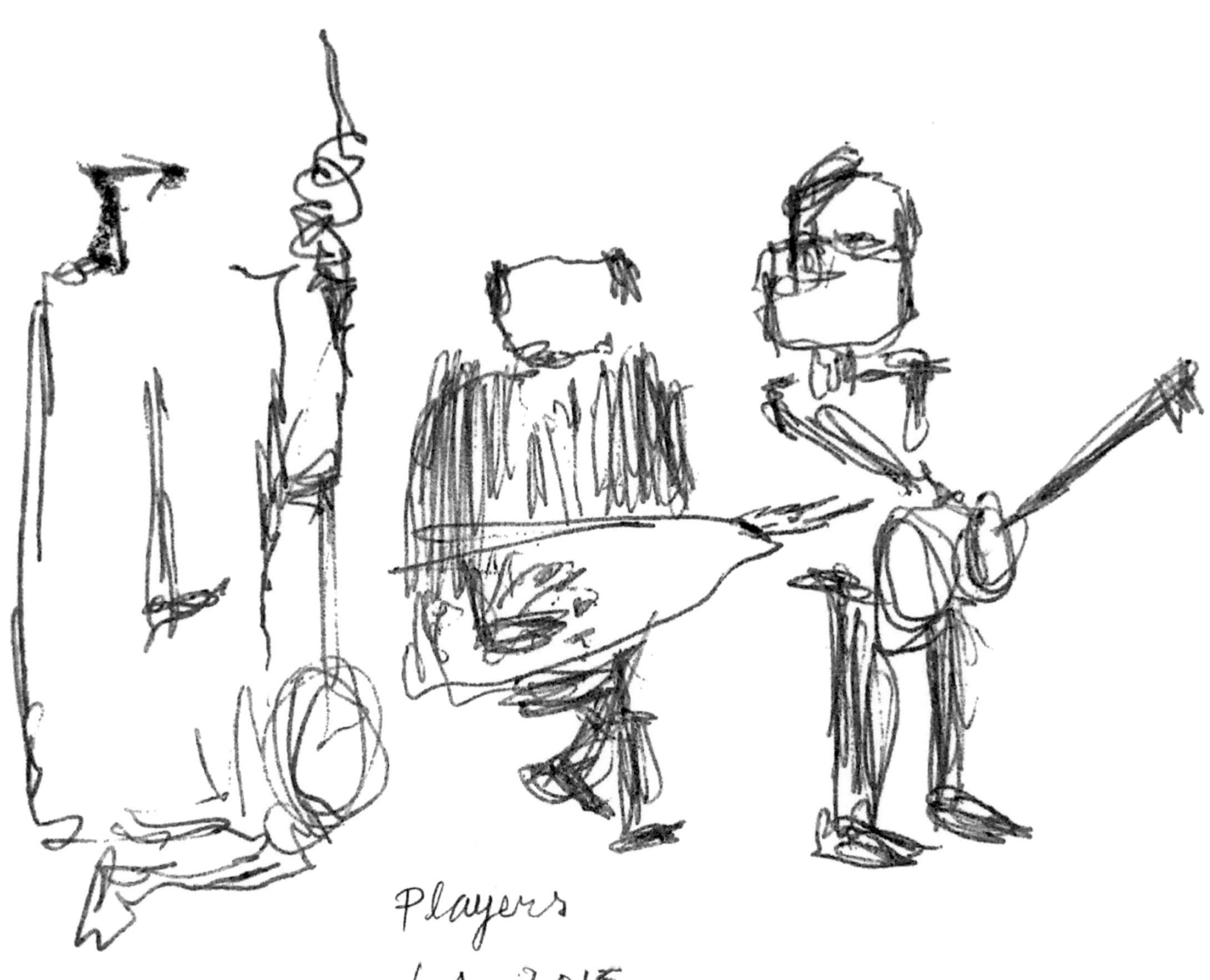

Players

LA 2018

(according to the music tempo)

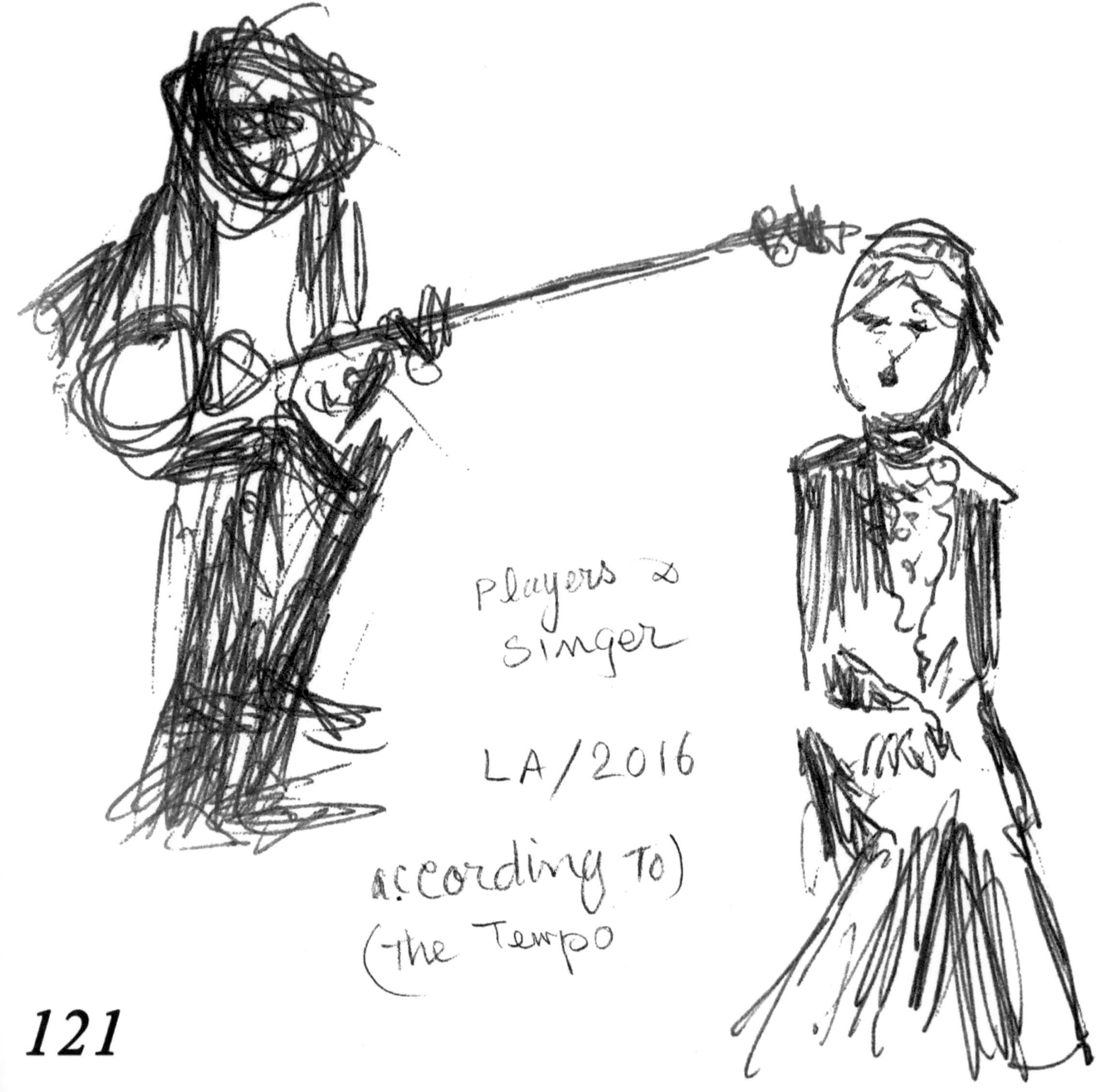
players &
singer

LA/2016

according to)
(the Tempo

121

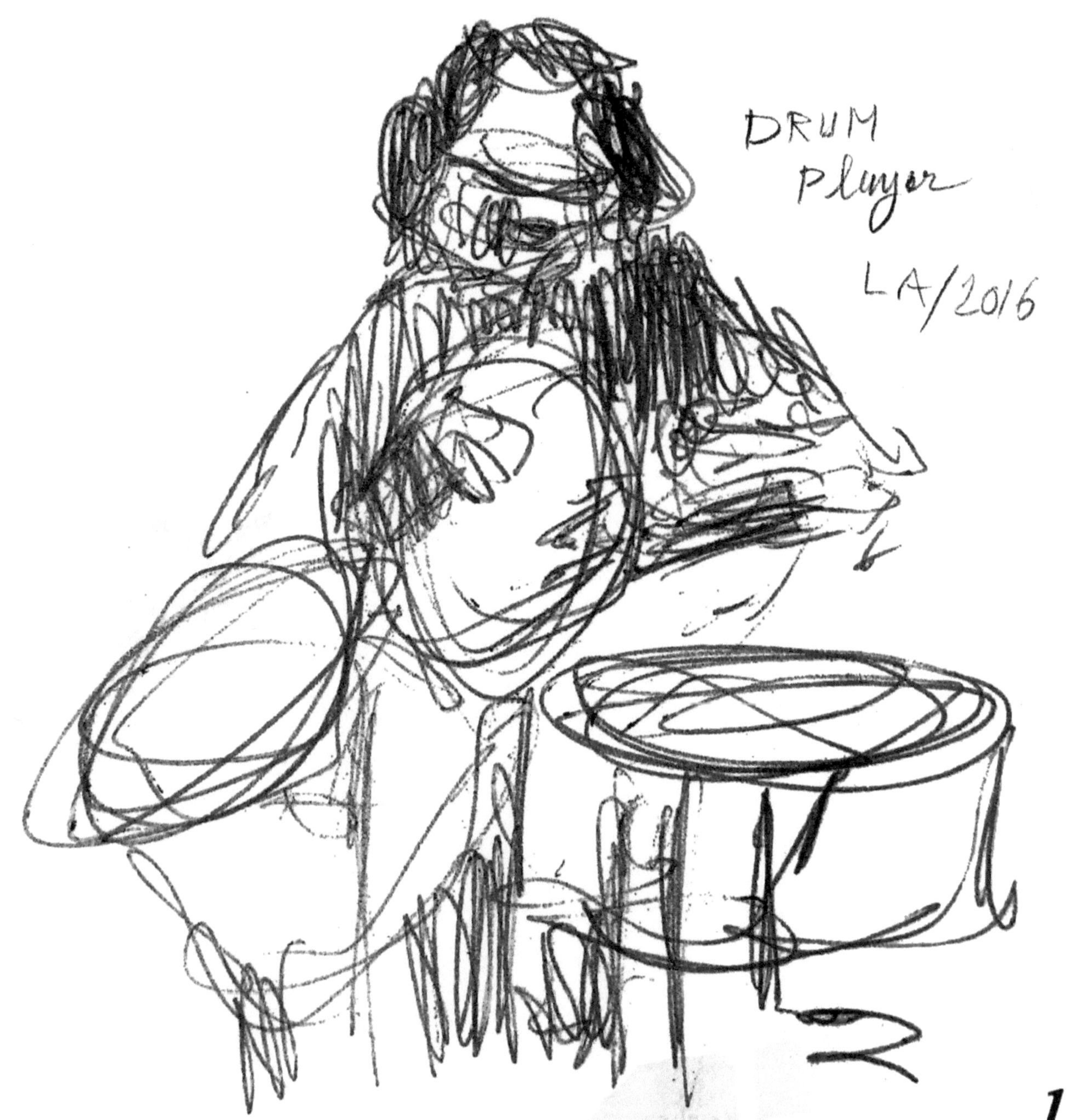

122

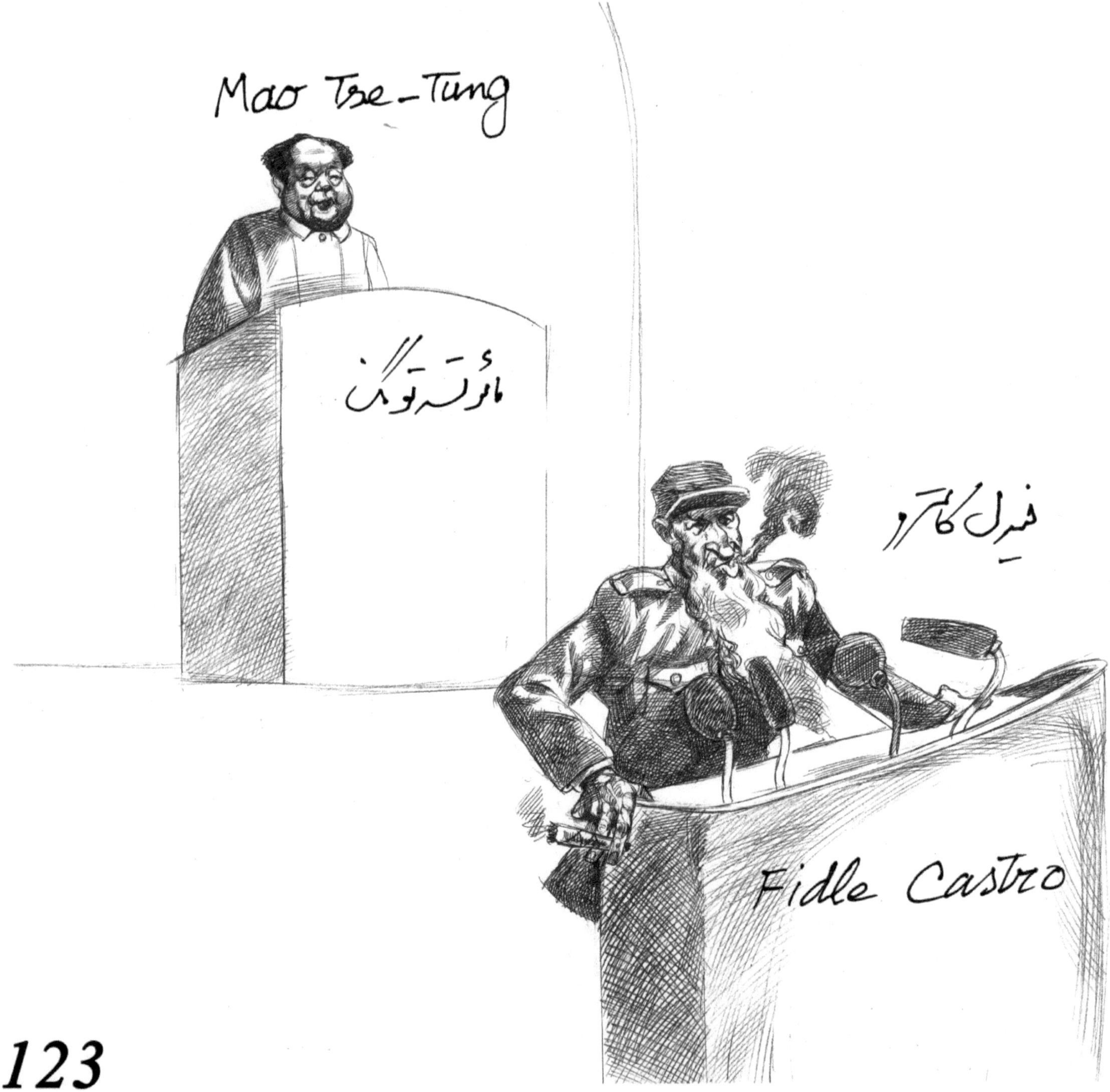

123

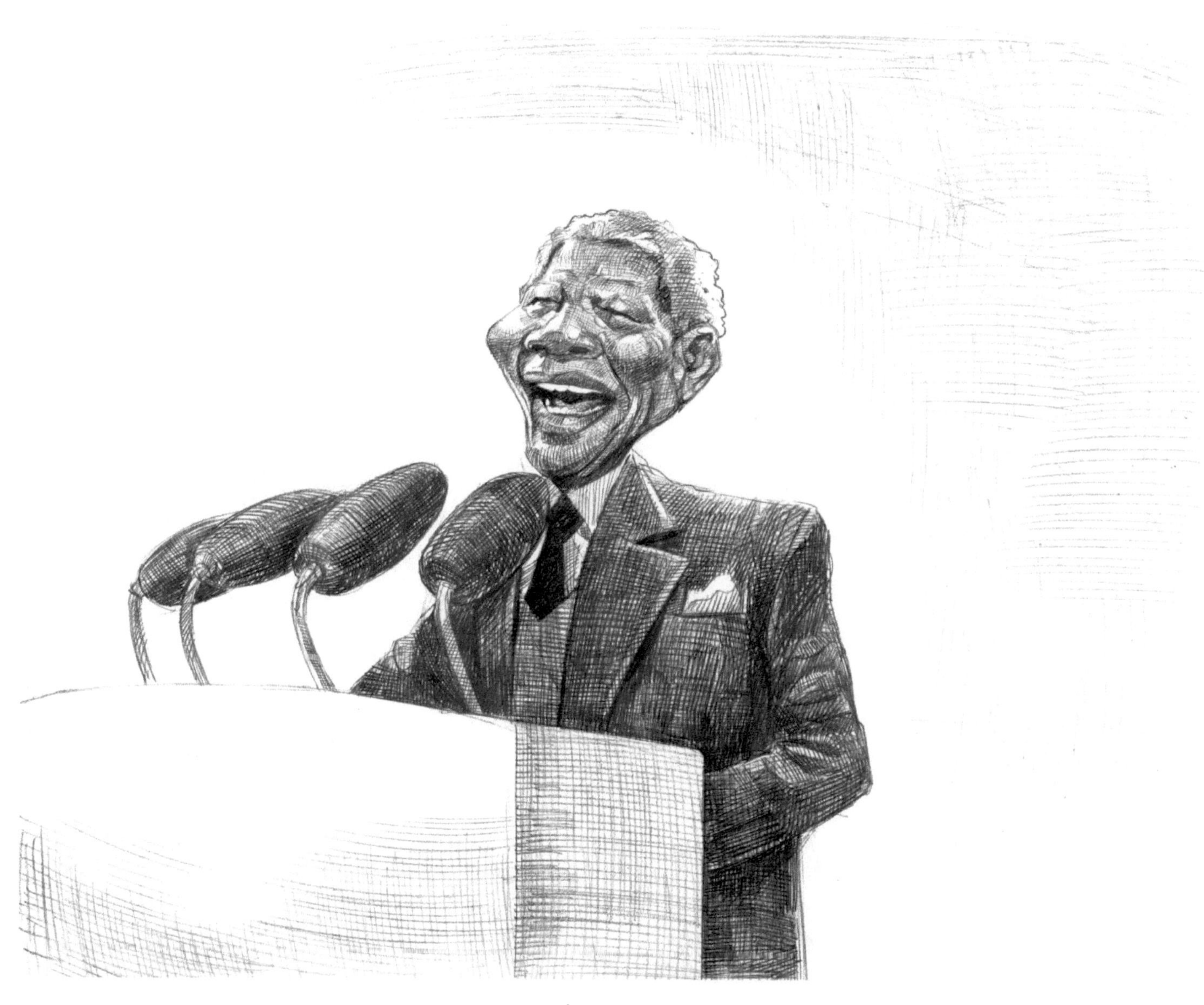

Nelson Mandela

124

I Blink and
you are a
peacock...
Poet,
Sheyda
Mohamadi
شیدا محمدی
VOA

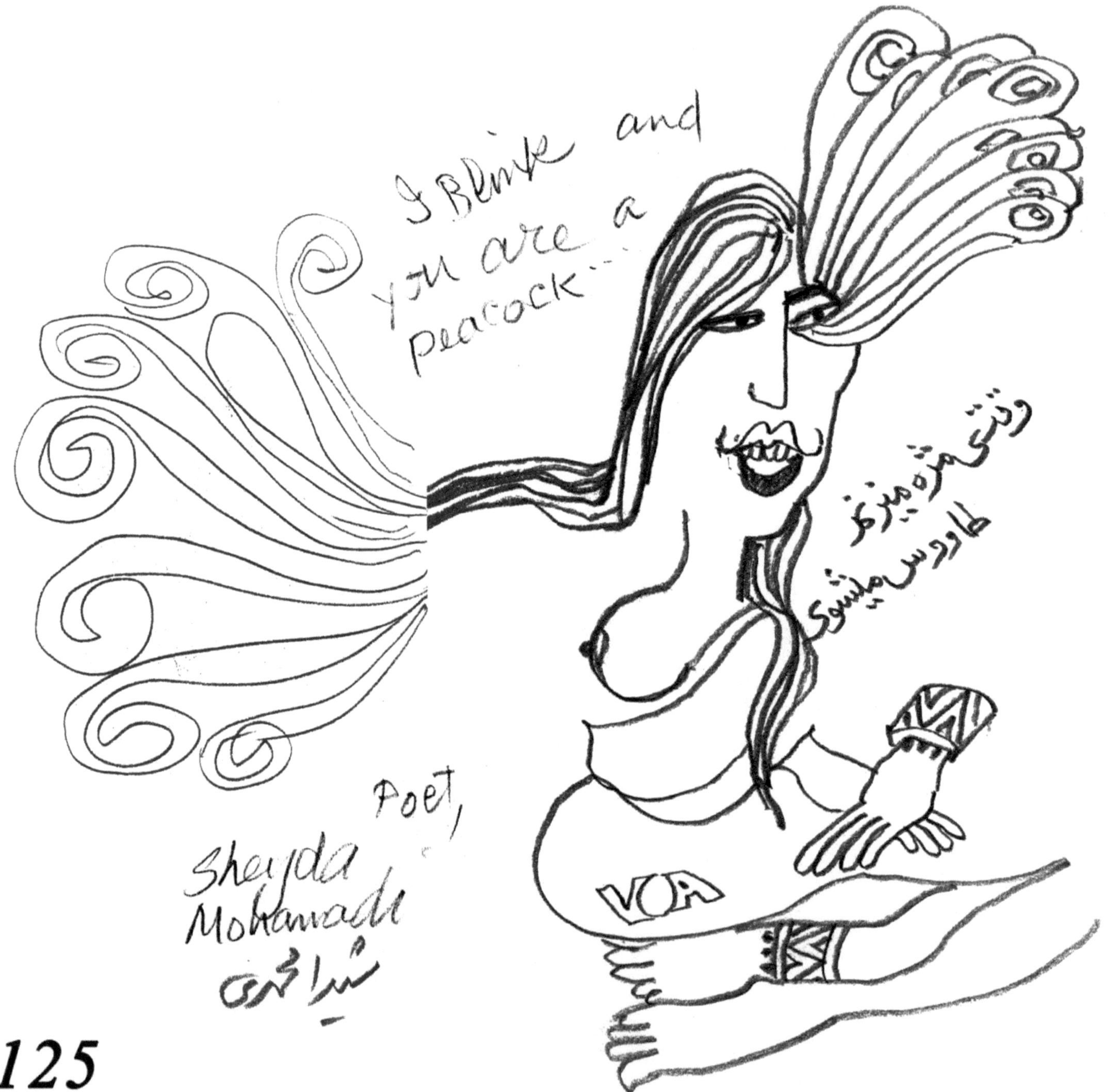

125

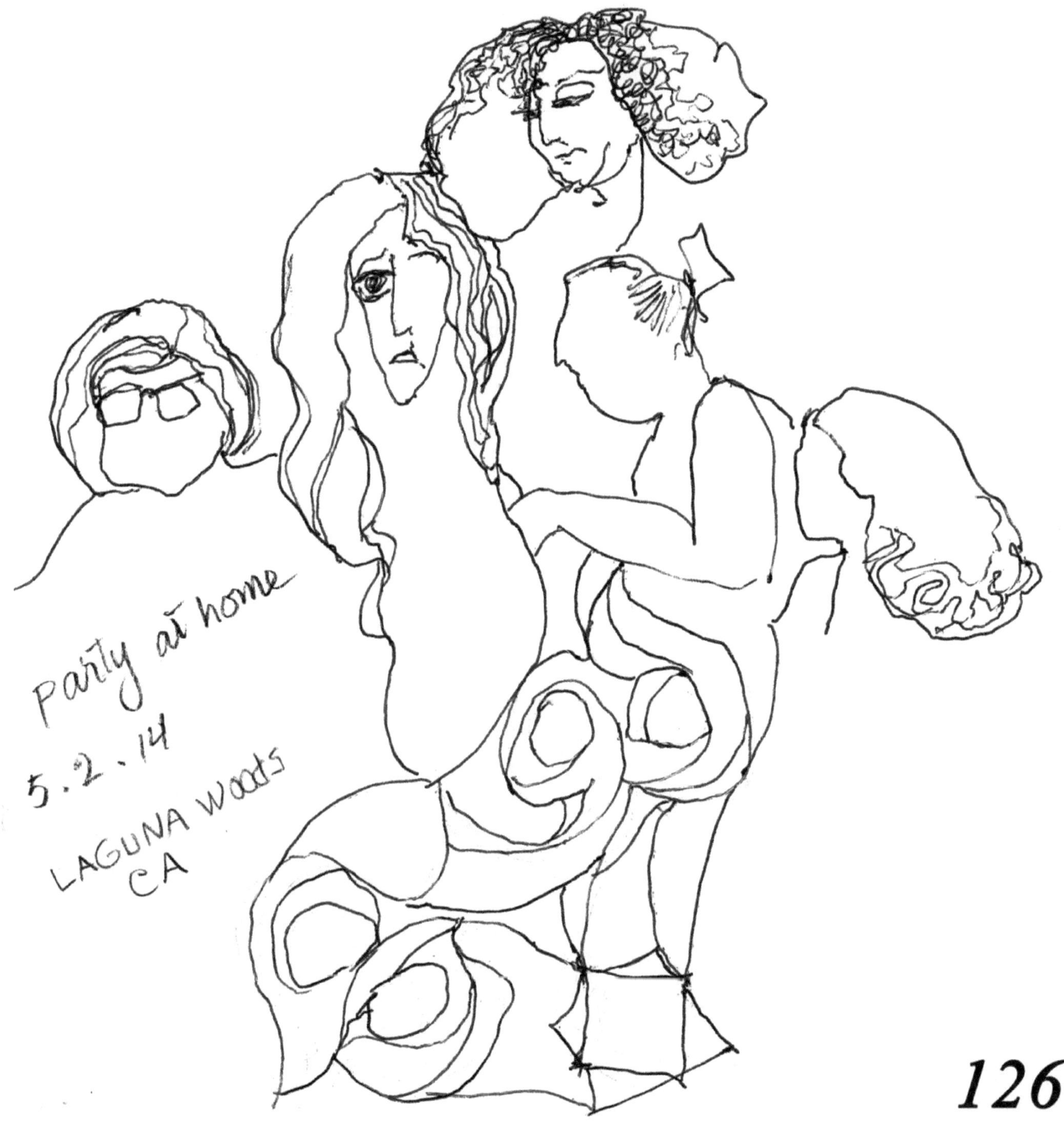

Party at home
5.2.14
LAGUNA WOODS
CA
126

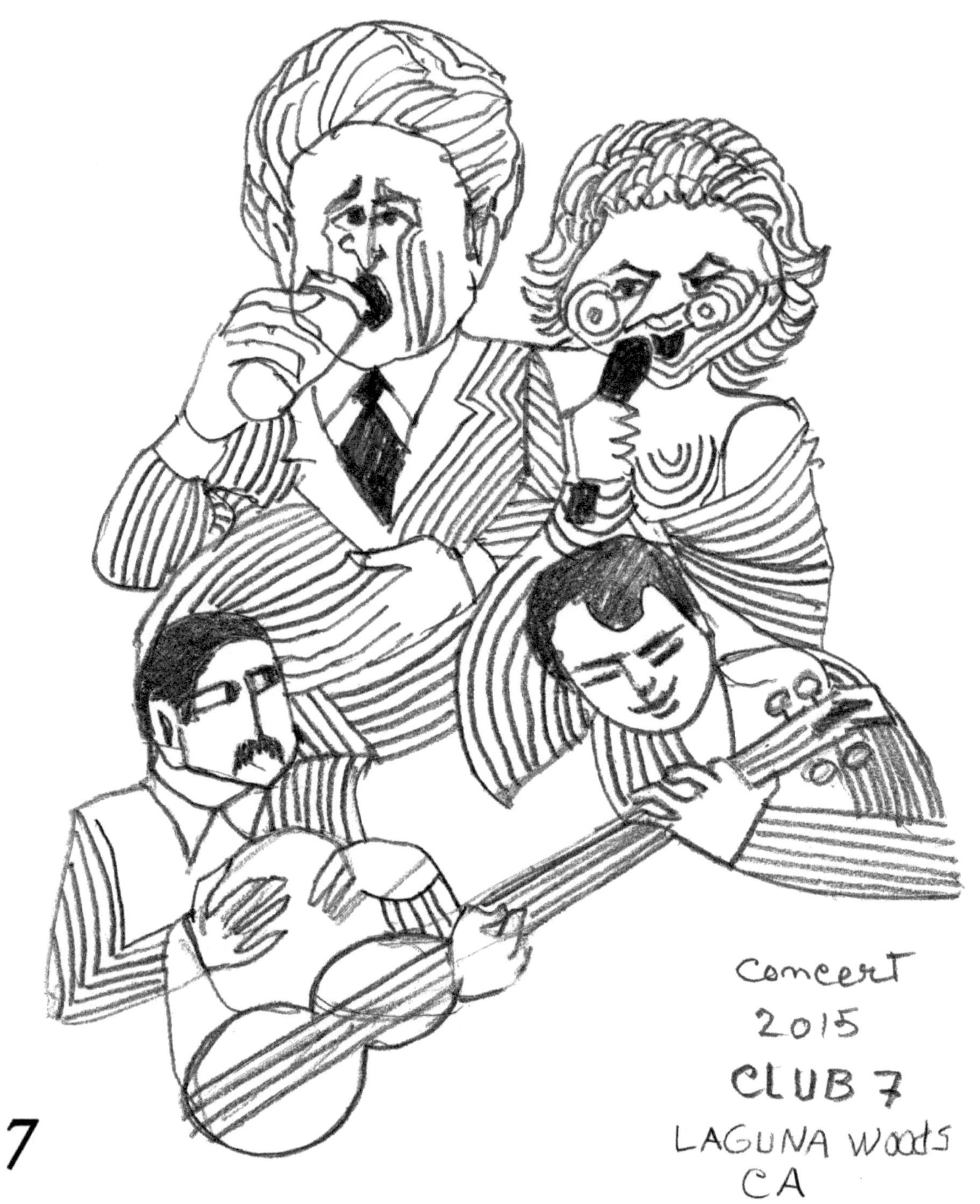

127

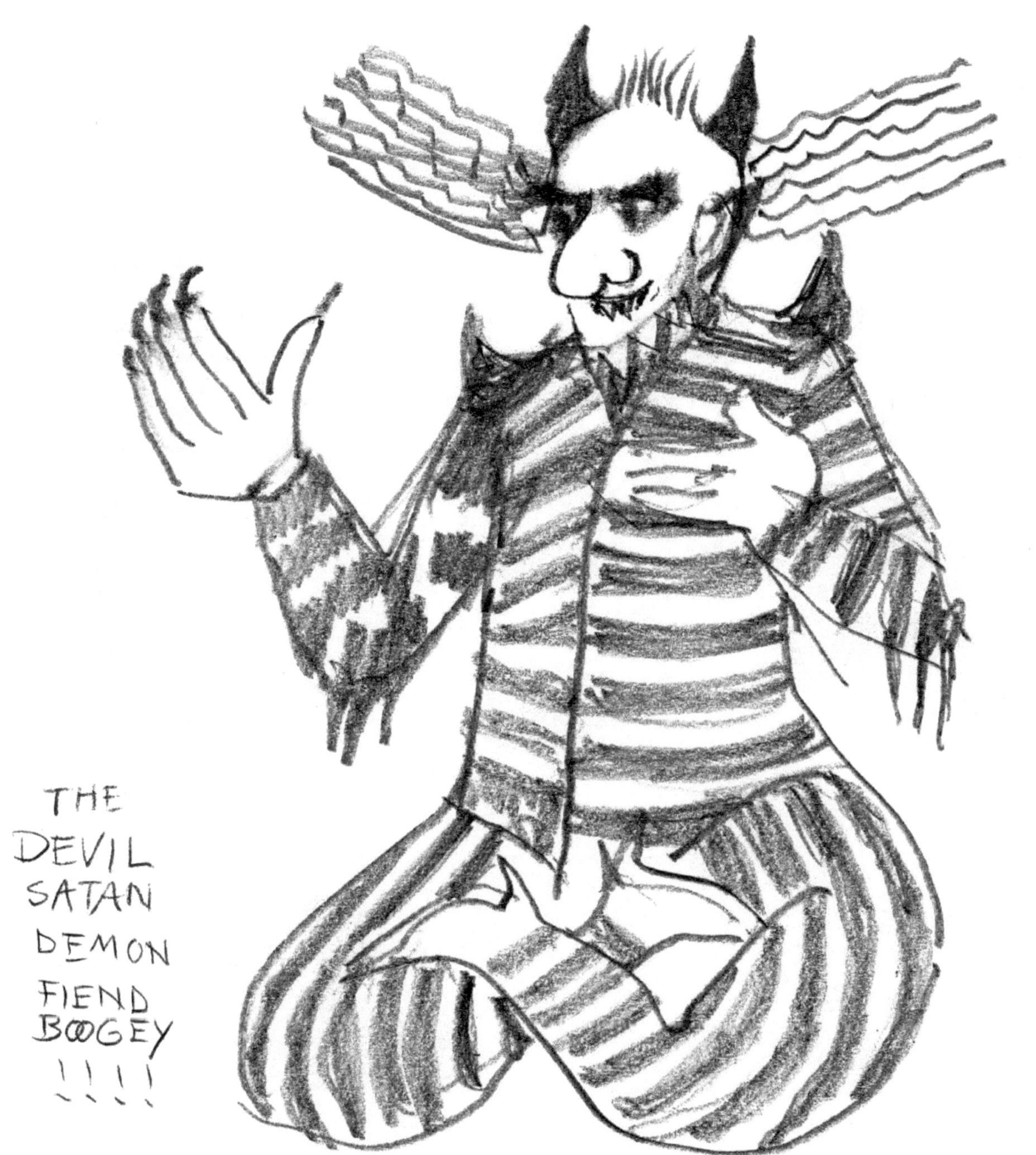

128

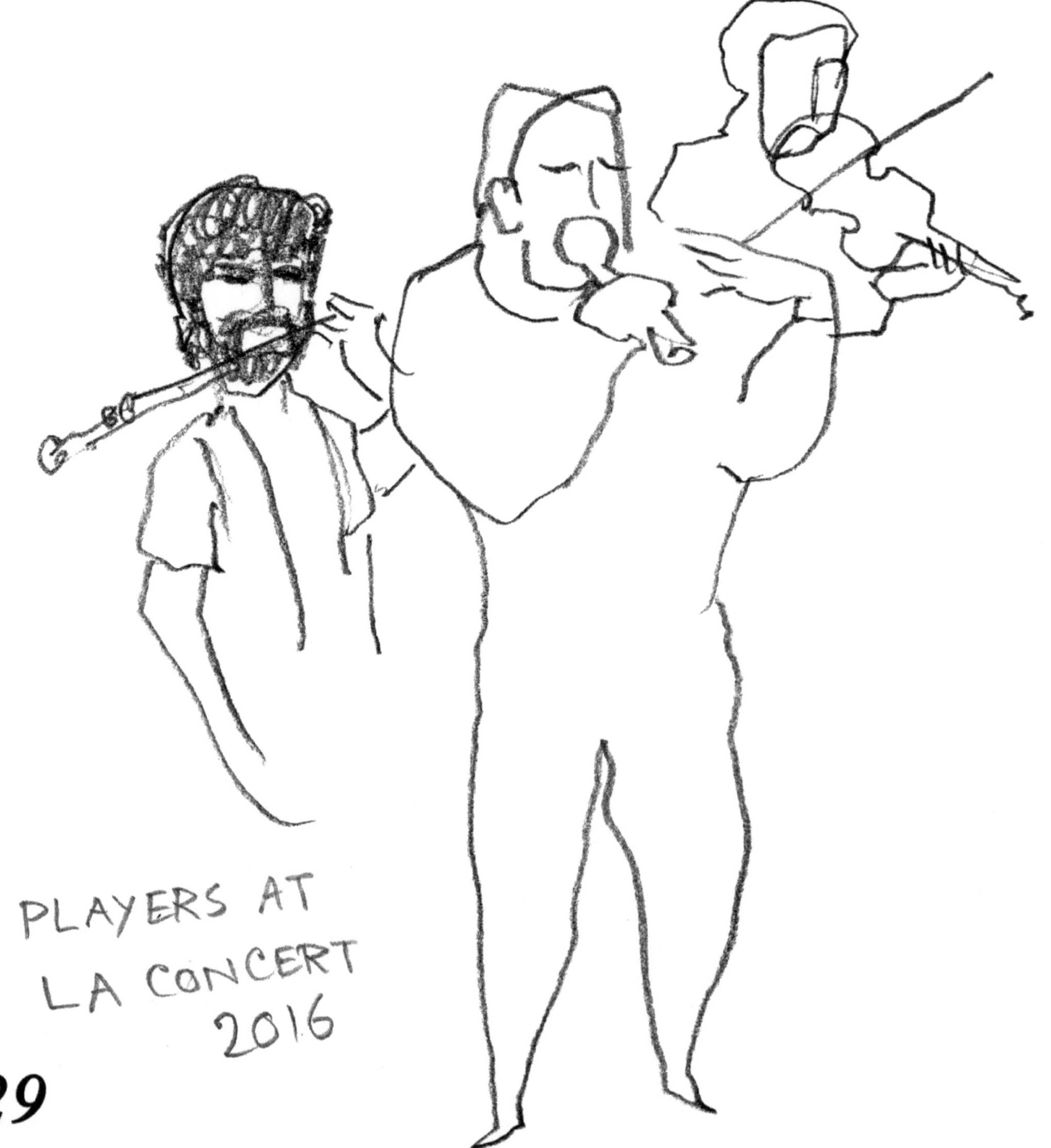

129

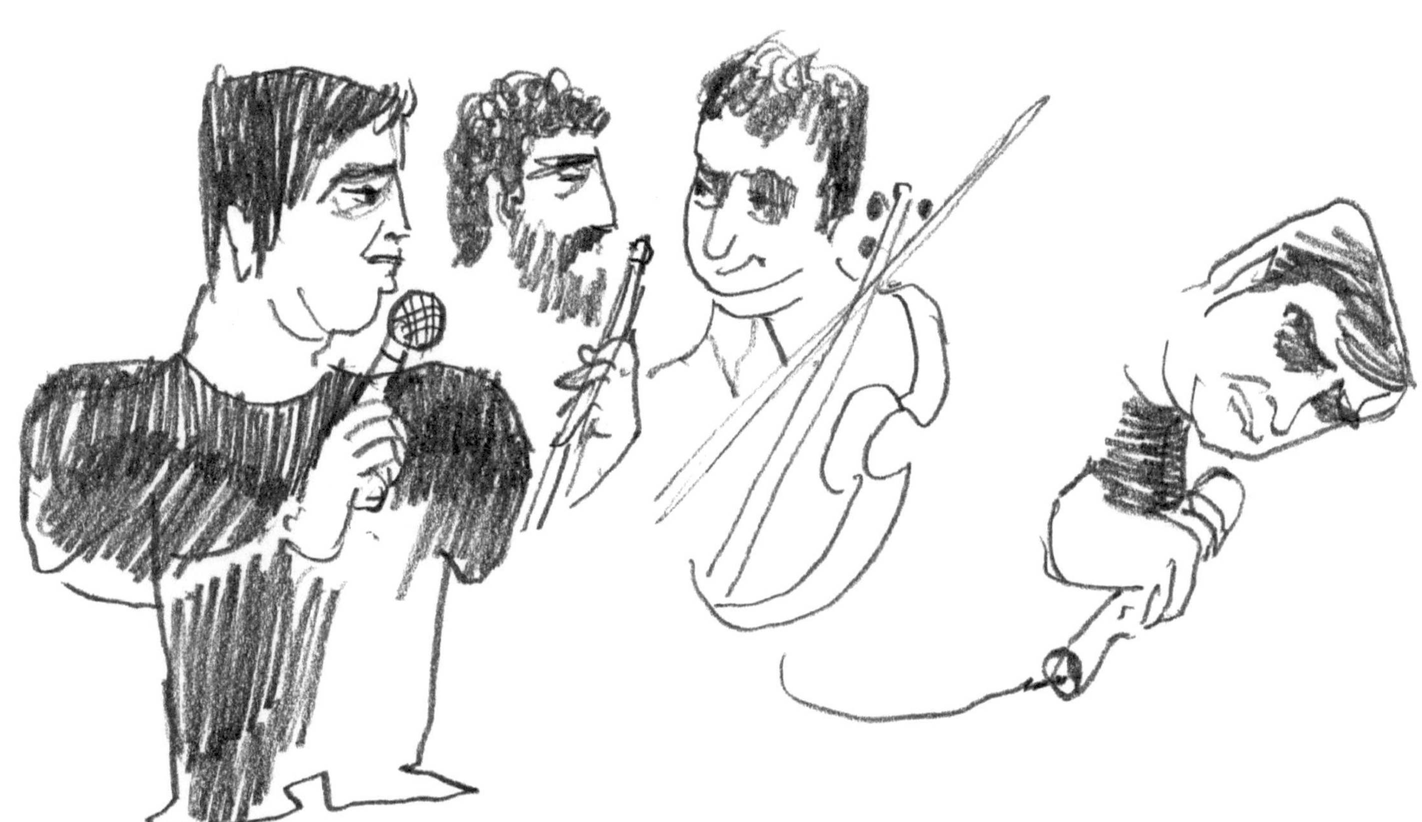
آواره
AVAZHEH CONCERT
LA 2016
کنسرت در

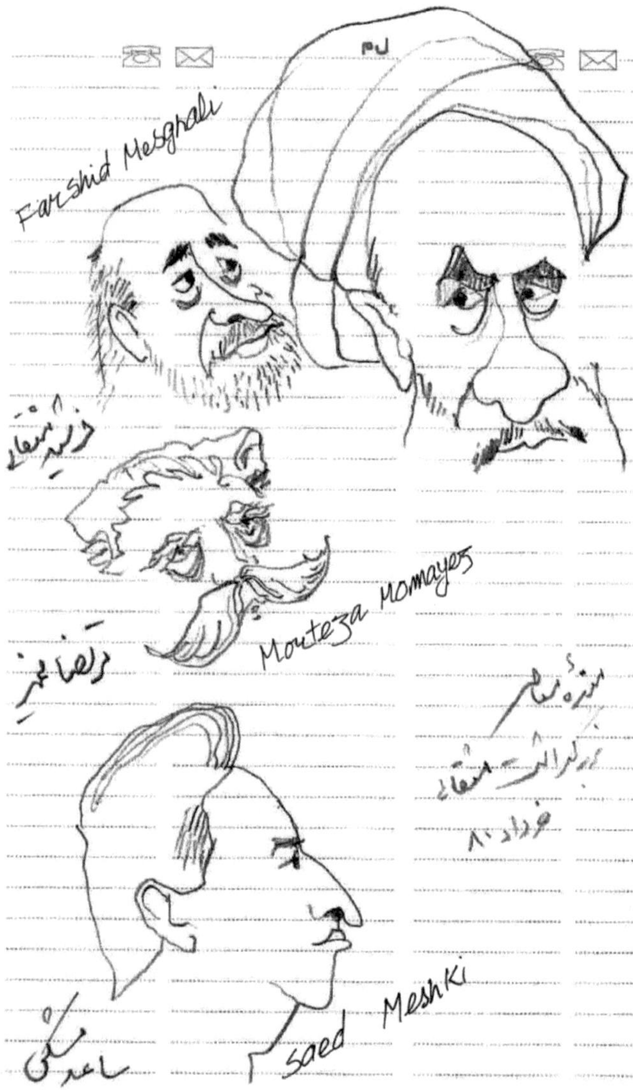

Farshid Mesghali

خزیه مثقال

Morteza Momayes

رضا فمر

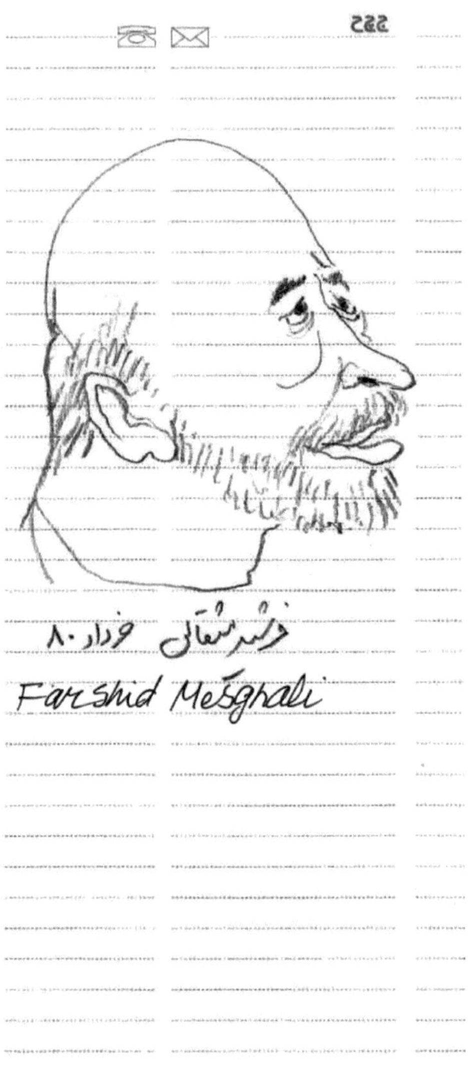

خورشید مثقالی خرداد ۸۰
Farshid Mesghali

saed MeshKi

131

132

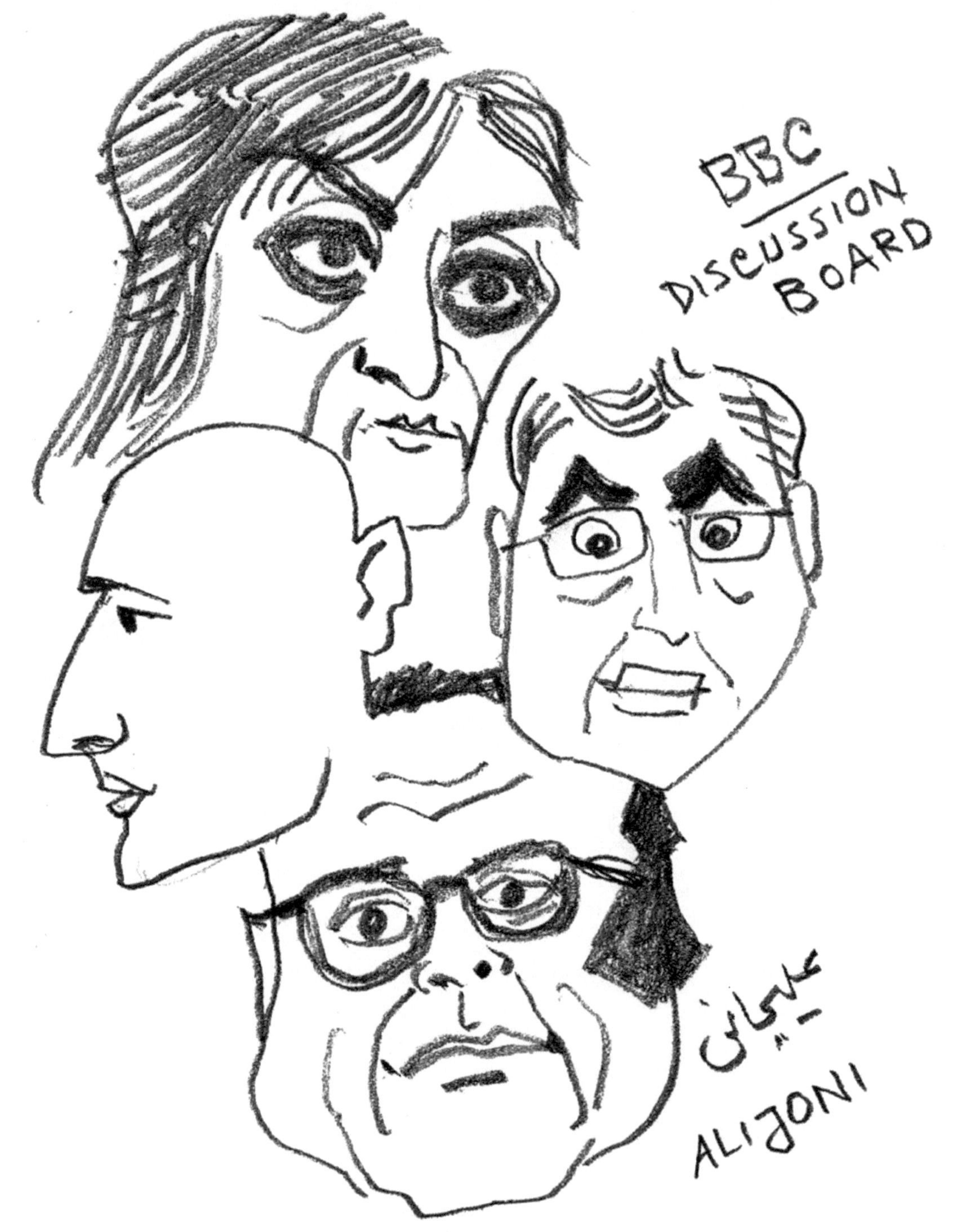

BBC
DISCUSSION
BOARD
عیلیانی
ALIJONI
133

POLITIC
Analiser

FARZANEH
ROUSTAEE

HASSAN
ROHANI

فرزانه روستایی

BBC

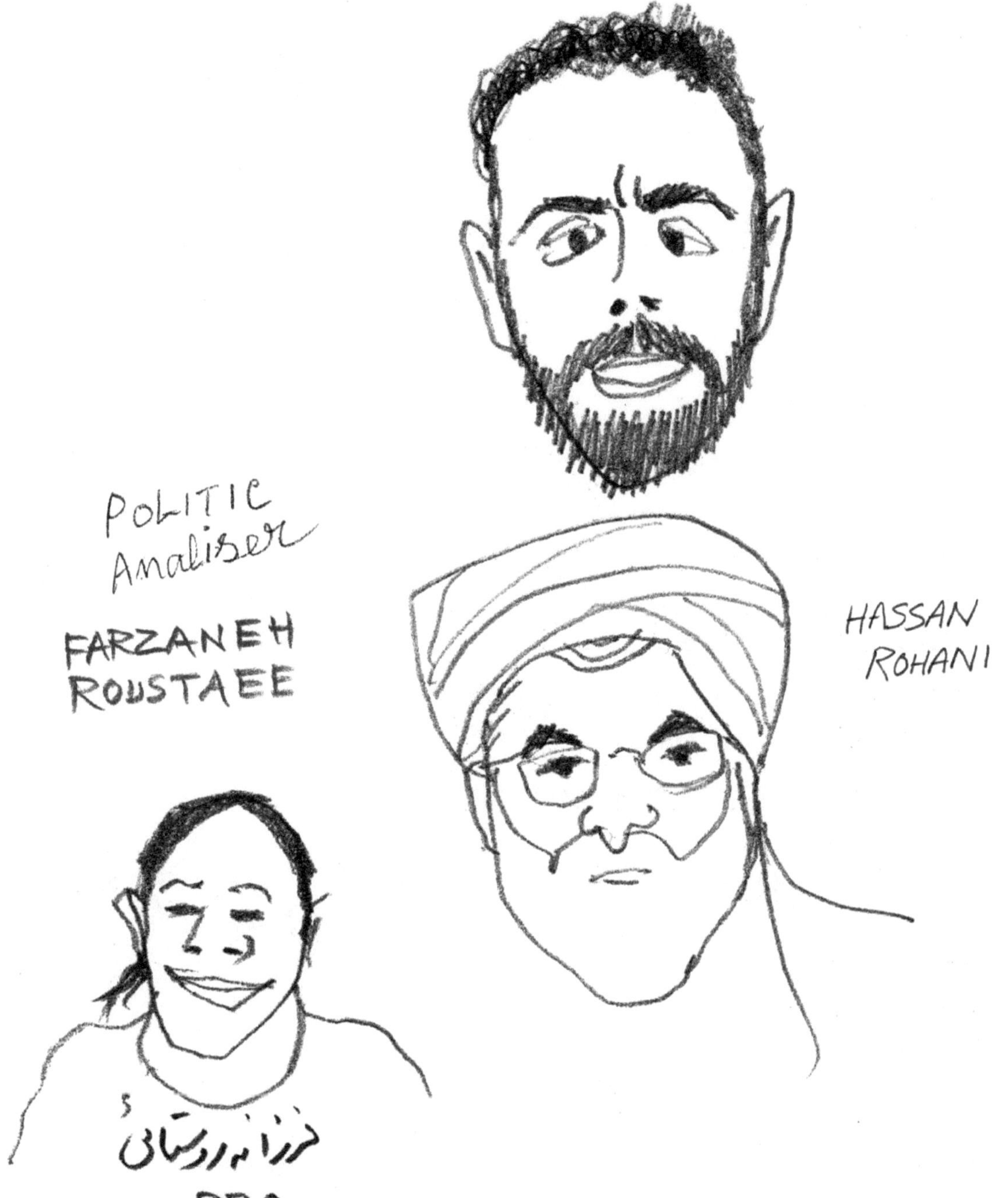

134

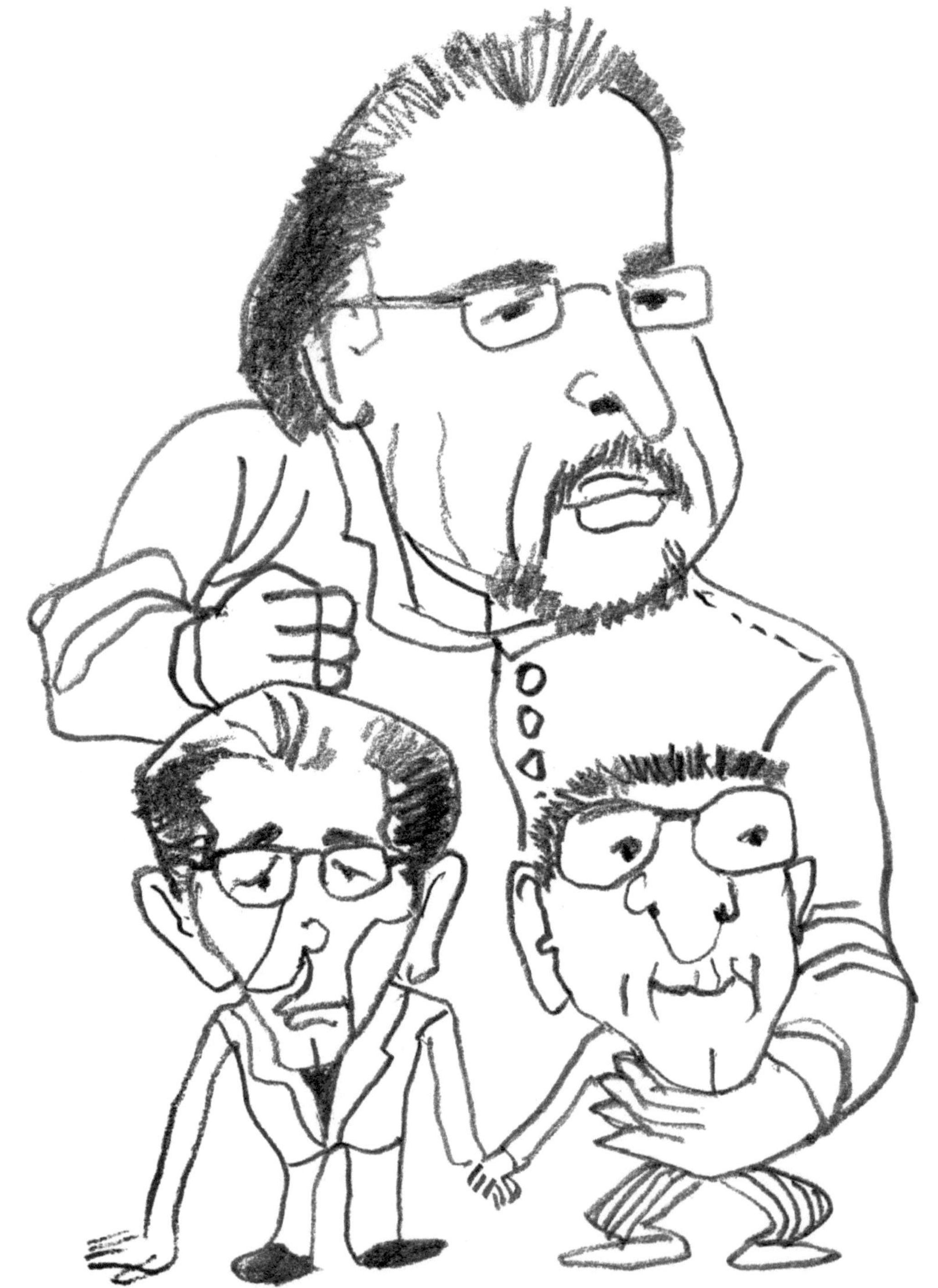

135

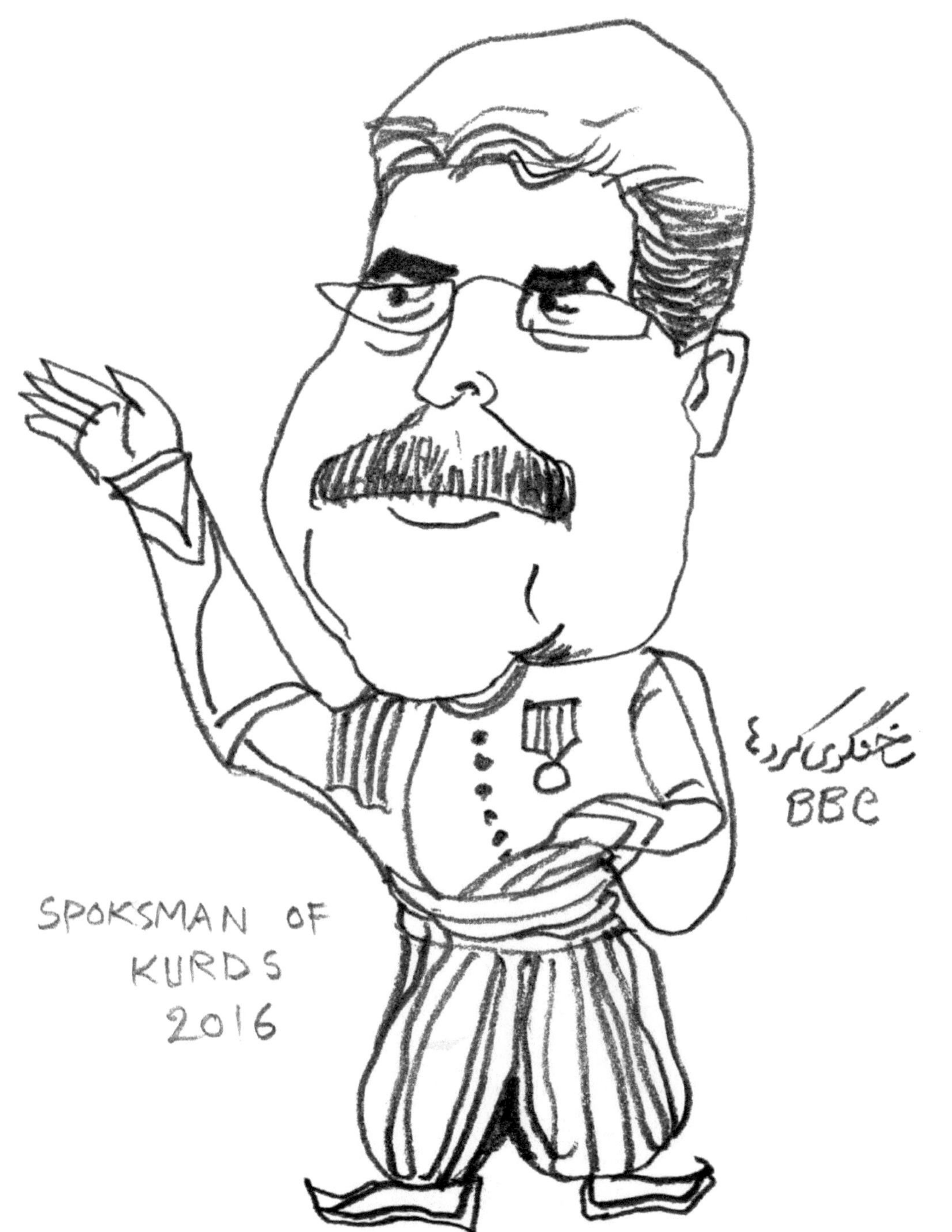

136

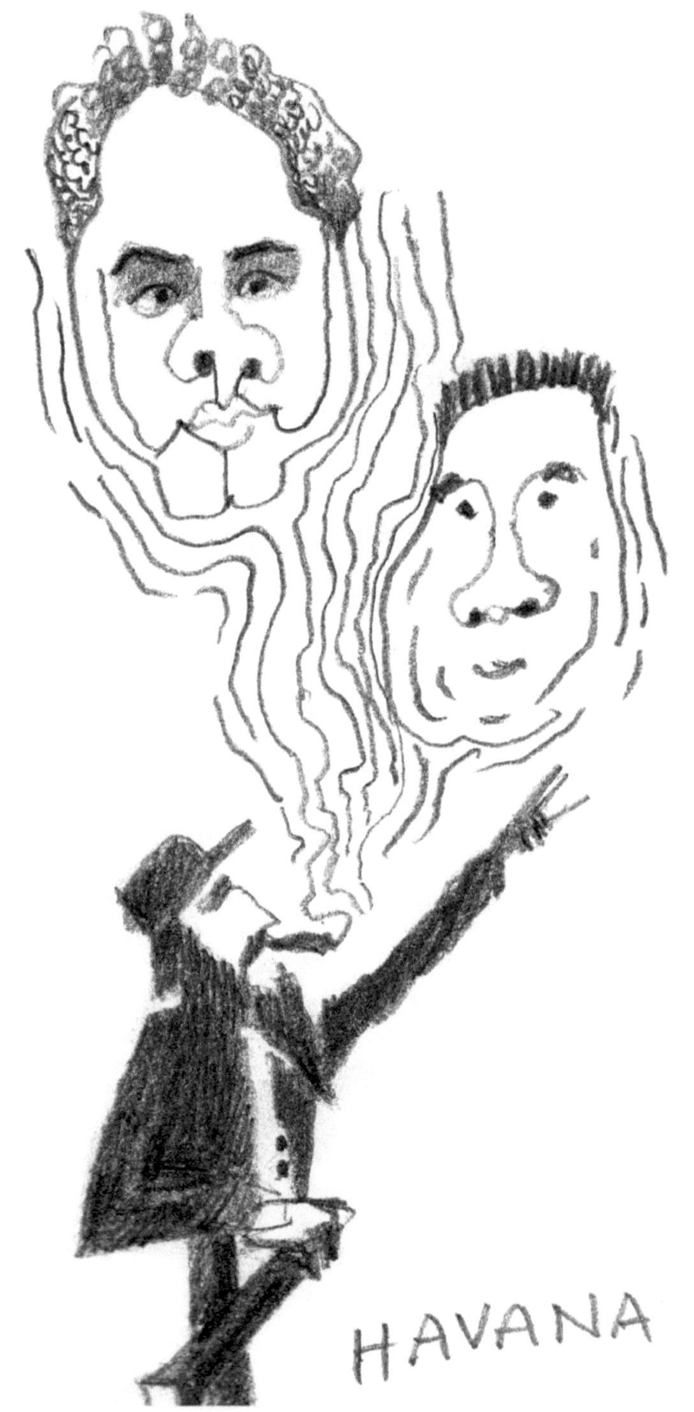

137

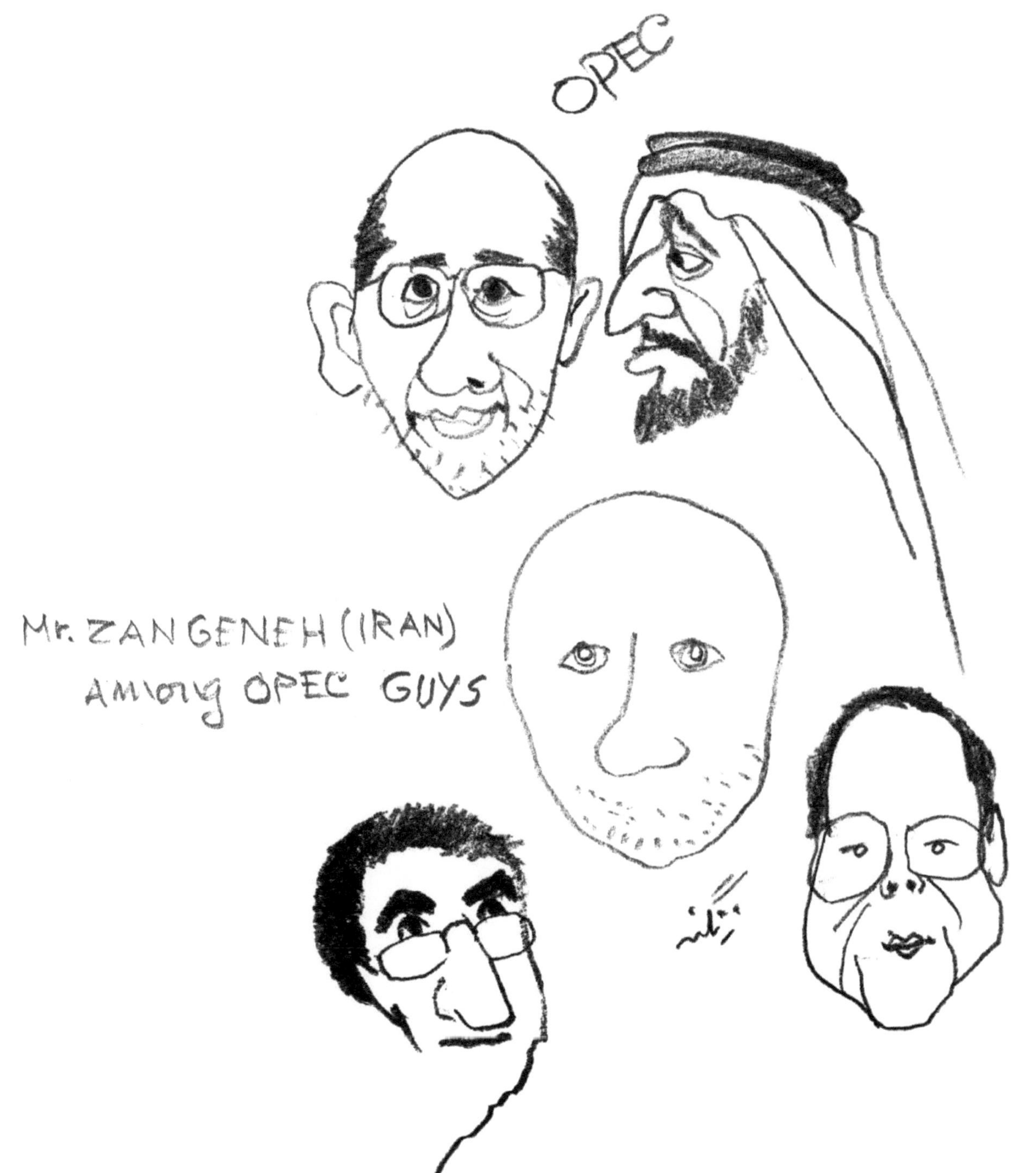

138

WORKSHOP   16.10.16
Noureddin Zarrinkelk
at UCI Persian Studies

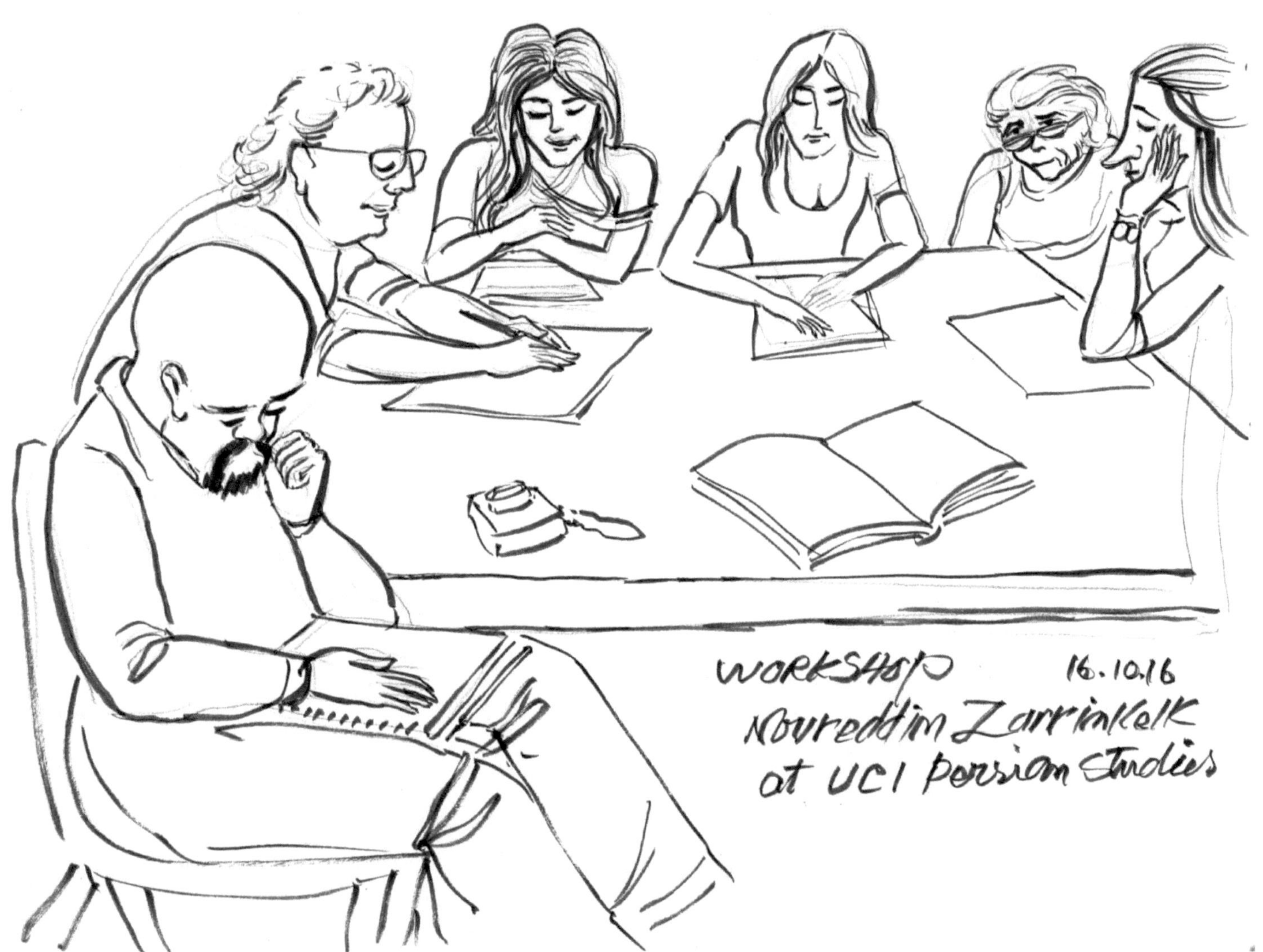

139

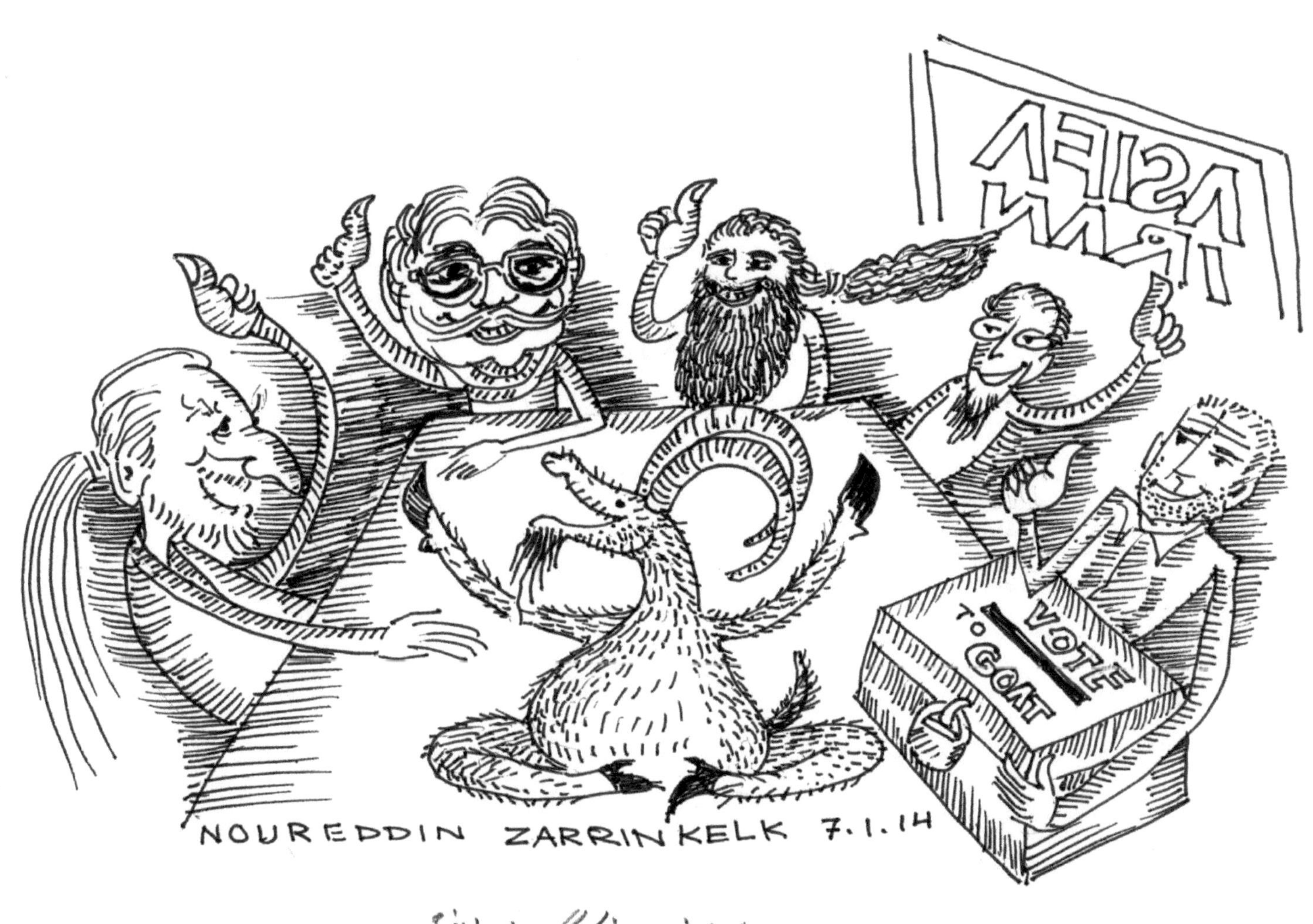

140

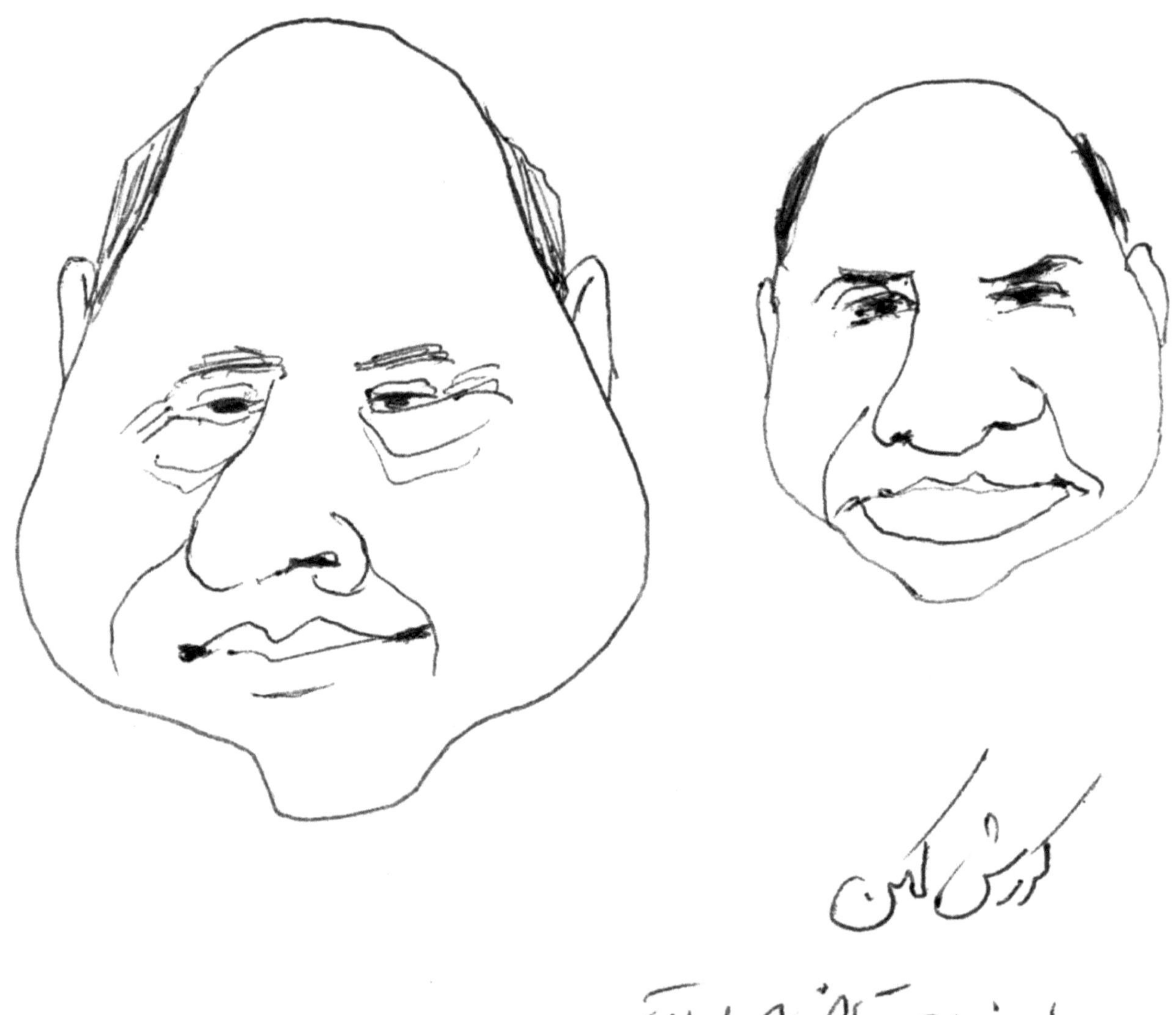

141

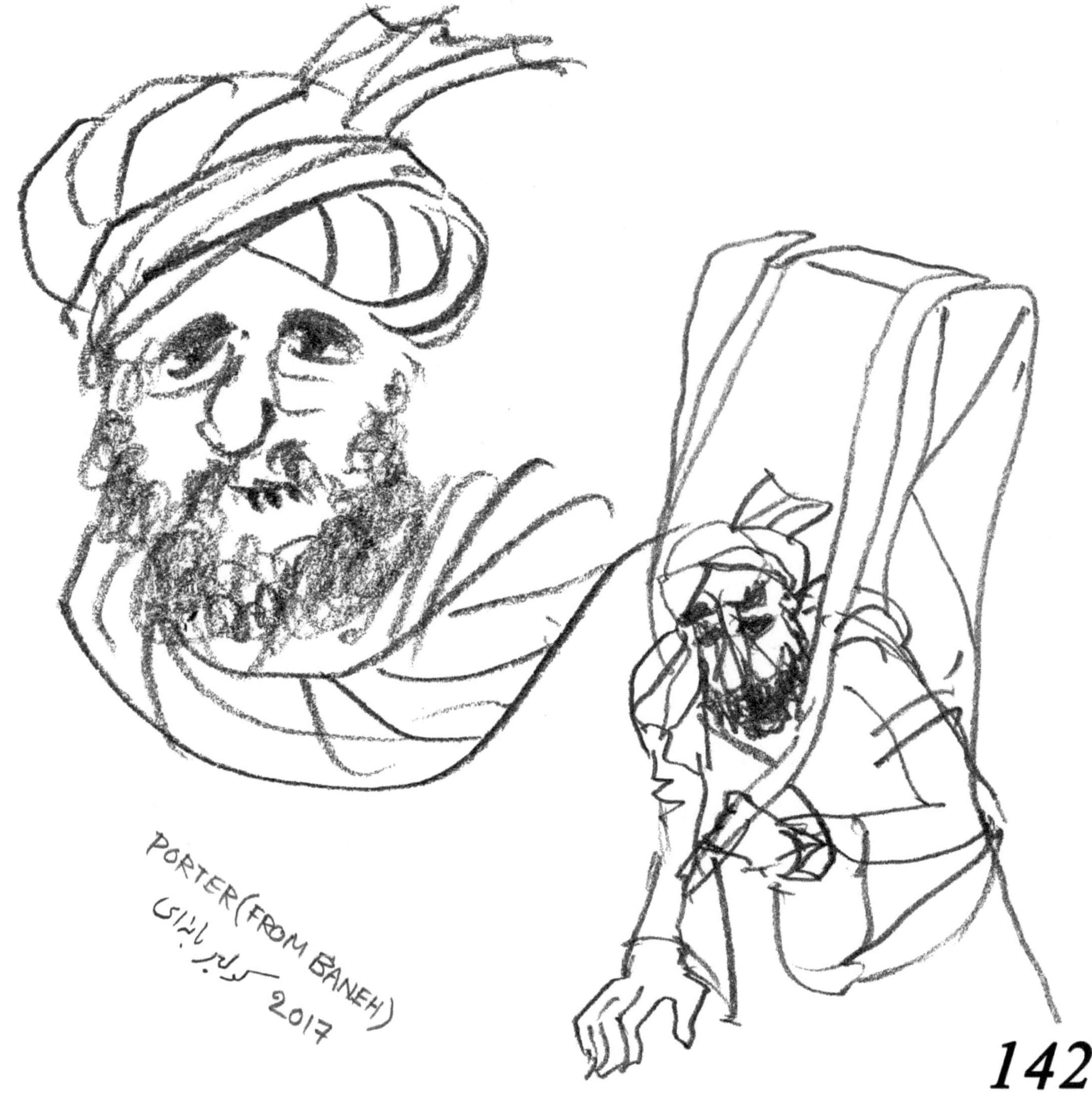

PORTER (FROM BANEH)

2017

142

143

مرکز بین المللی گفتگوی تمدنها
یادداشت
۸۱/۷/۲۴
members of The Board
Dialog of Cultures
Tehran
1990

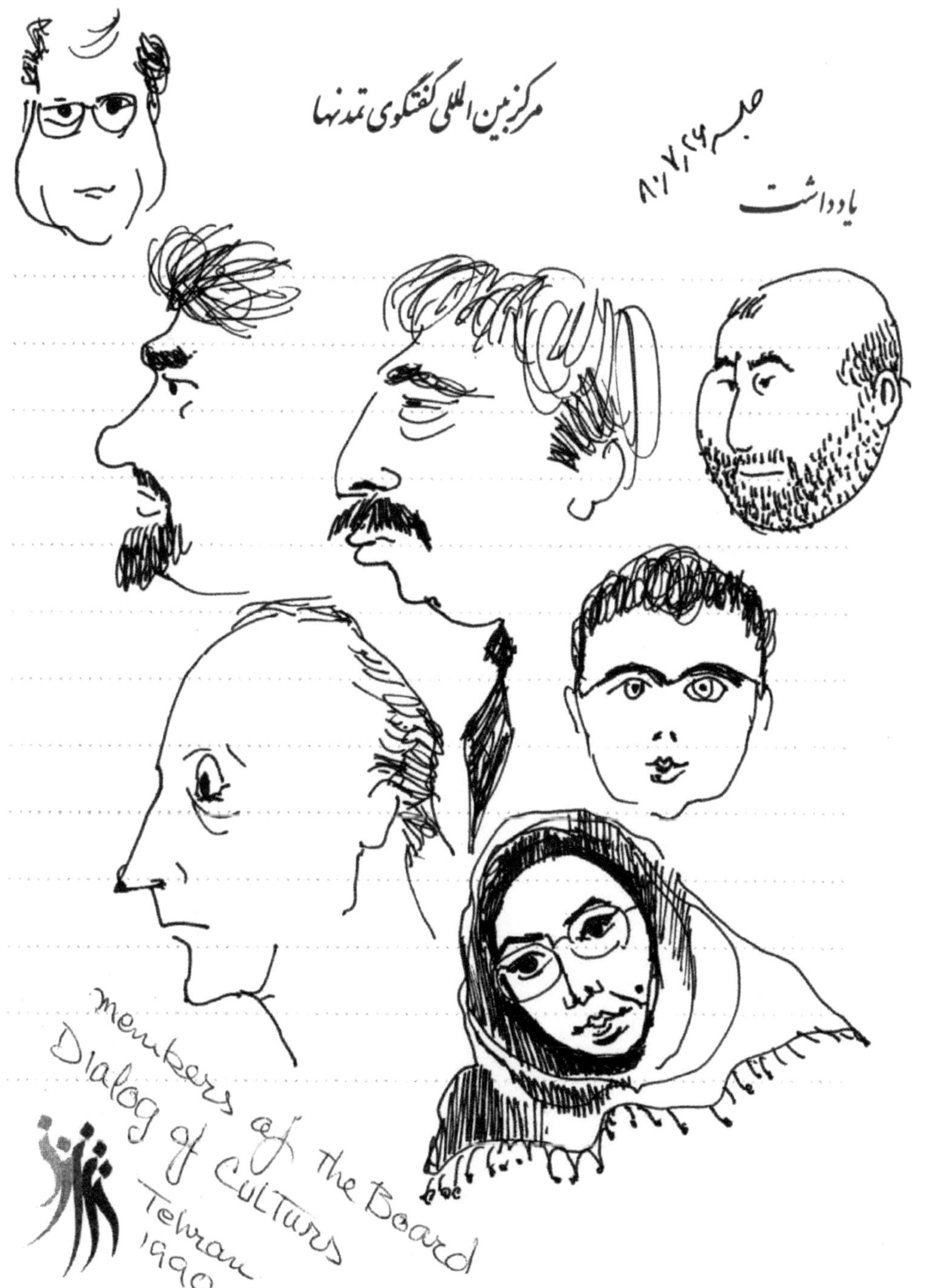

144

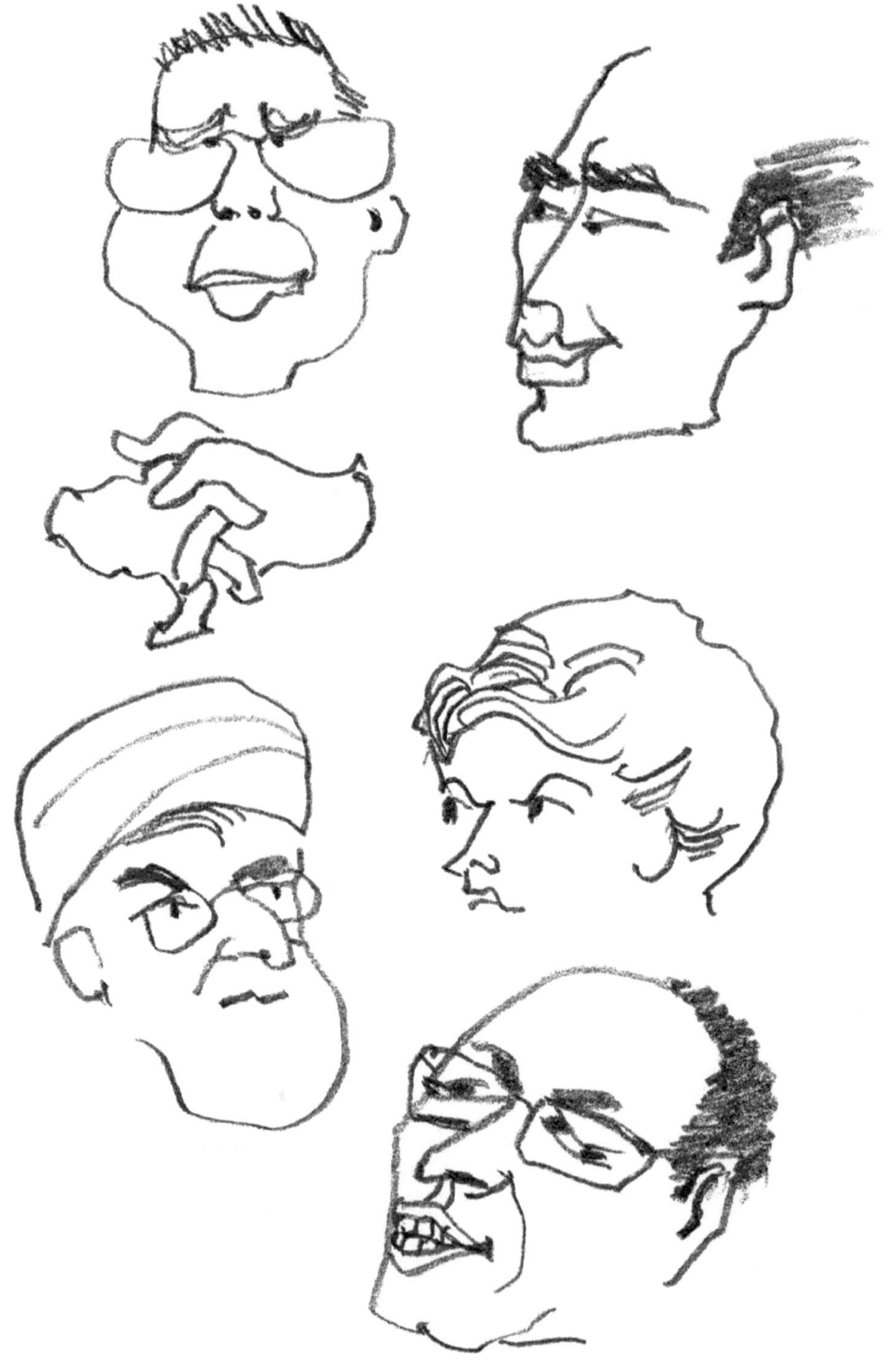

145

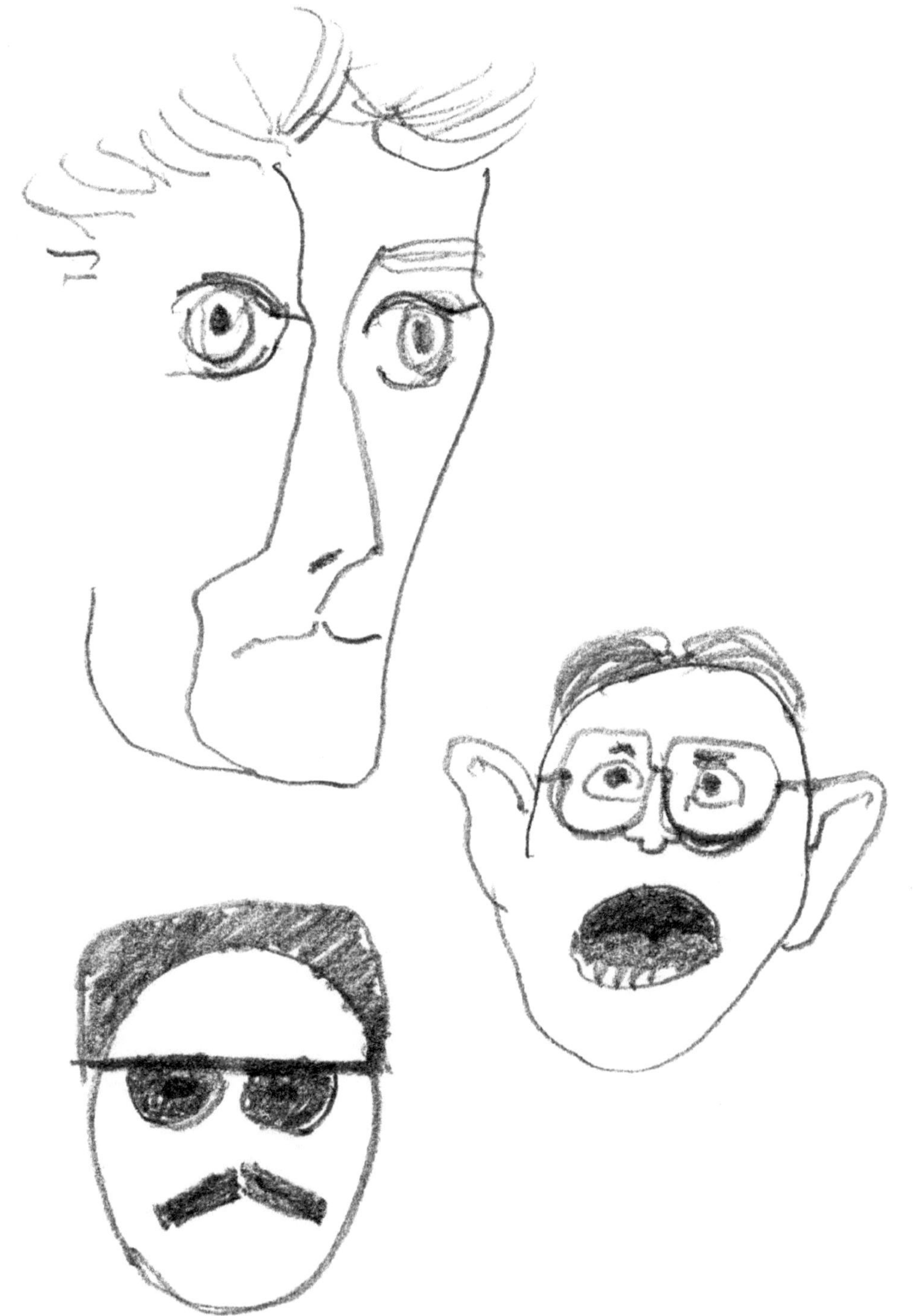

146

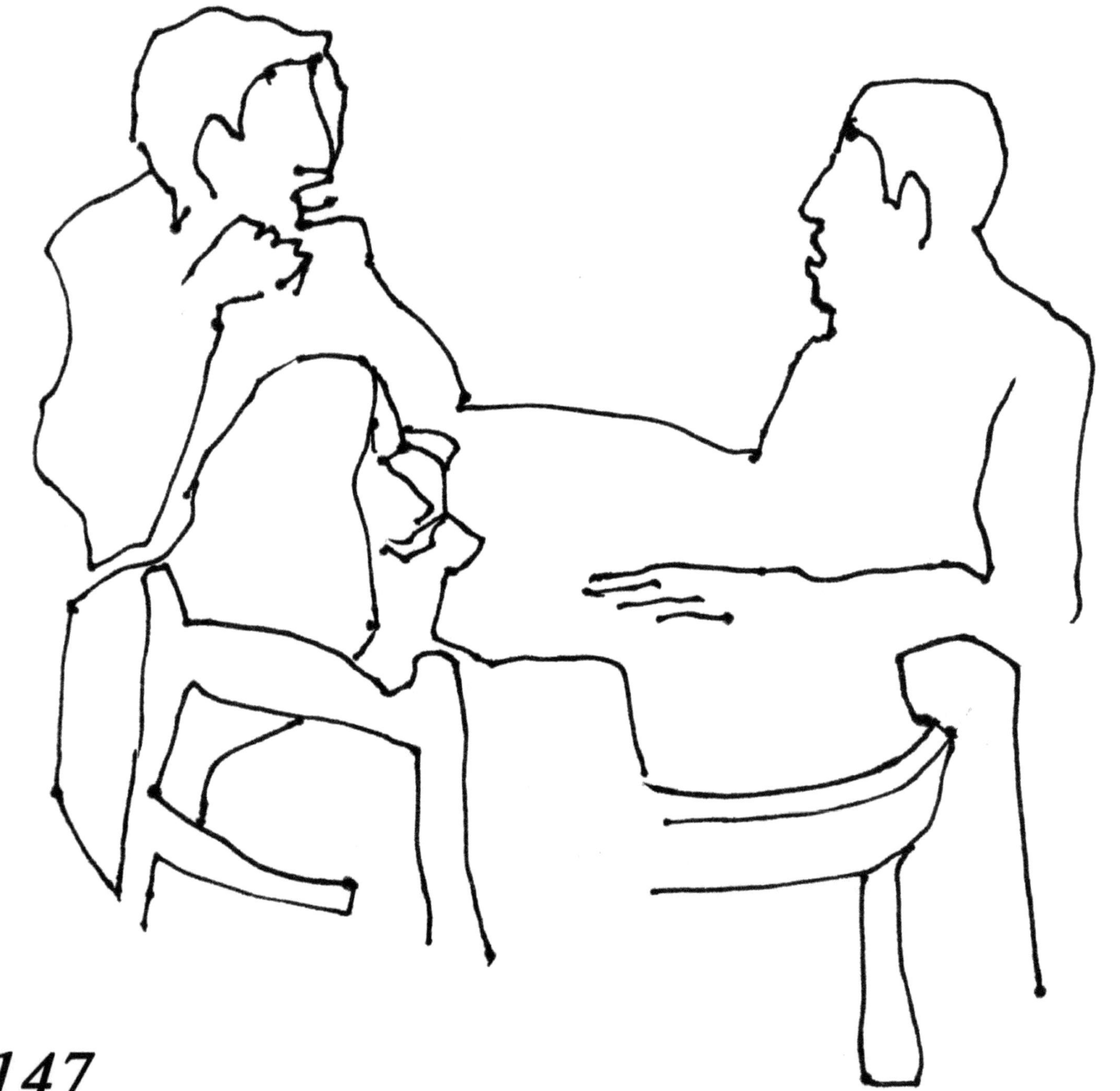

147

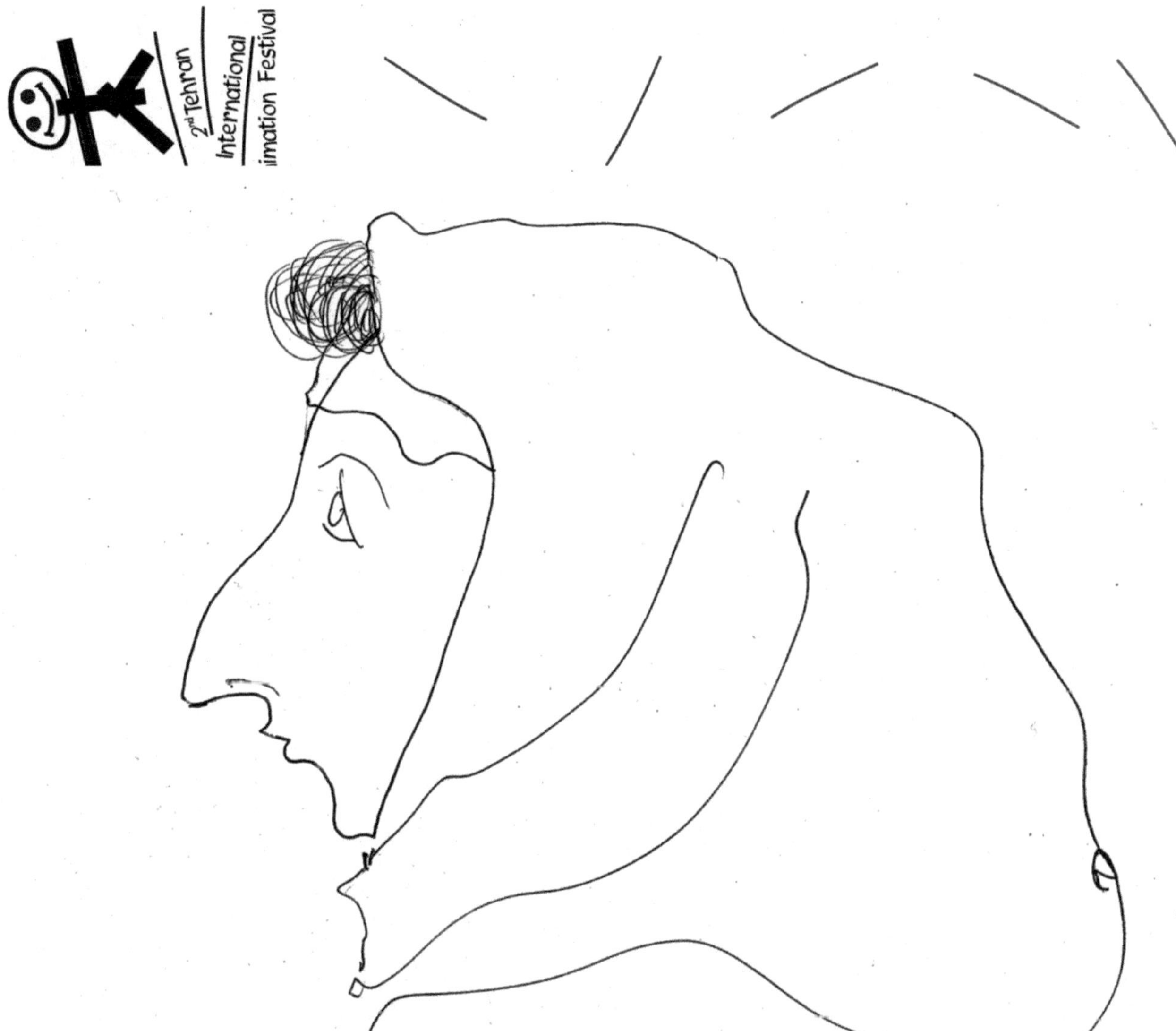

148

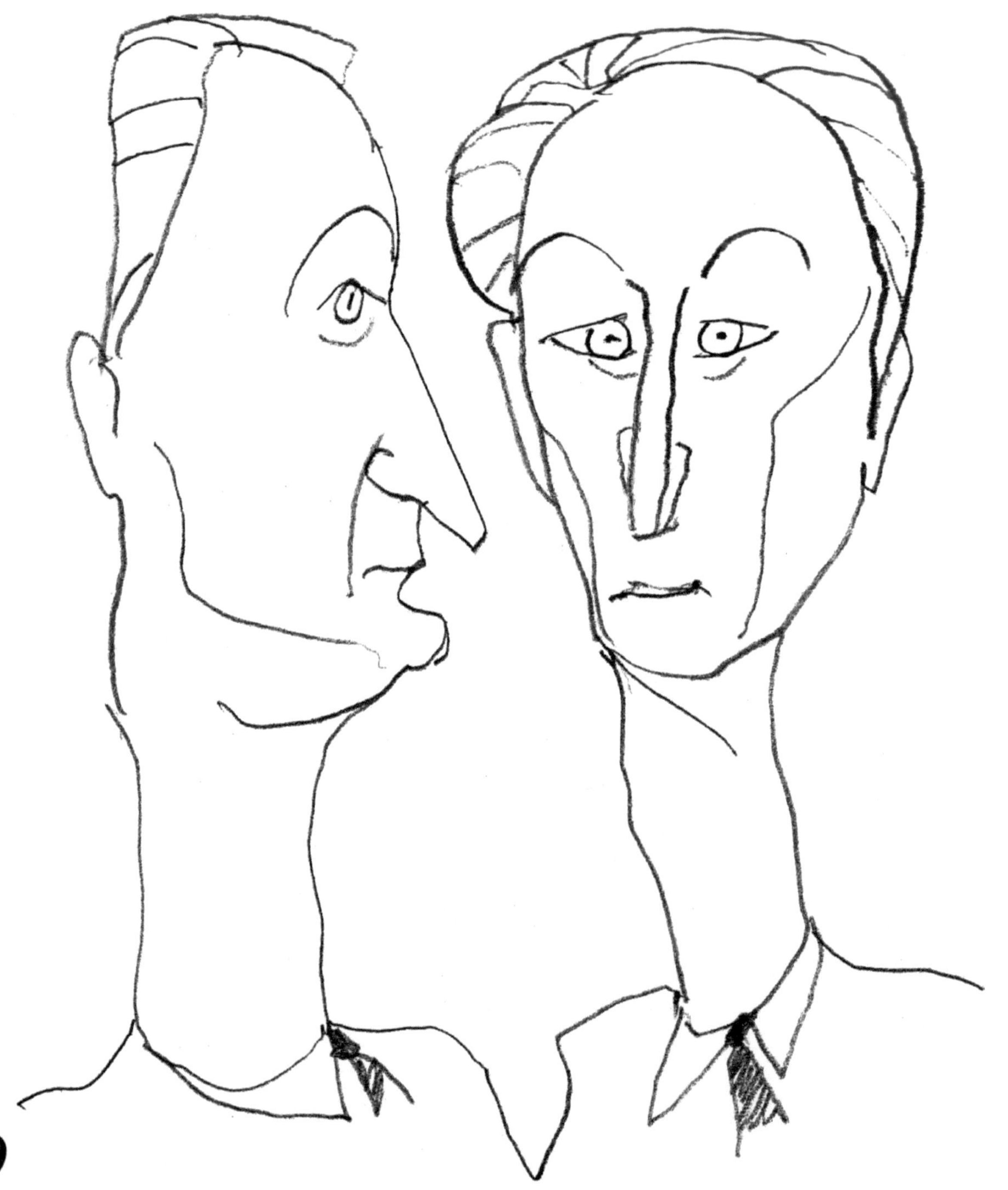

149

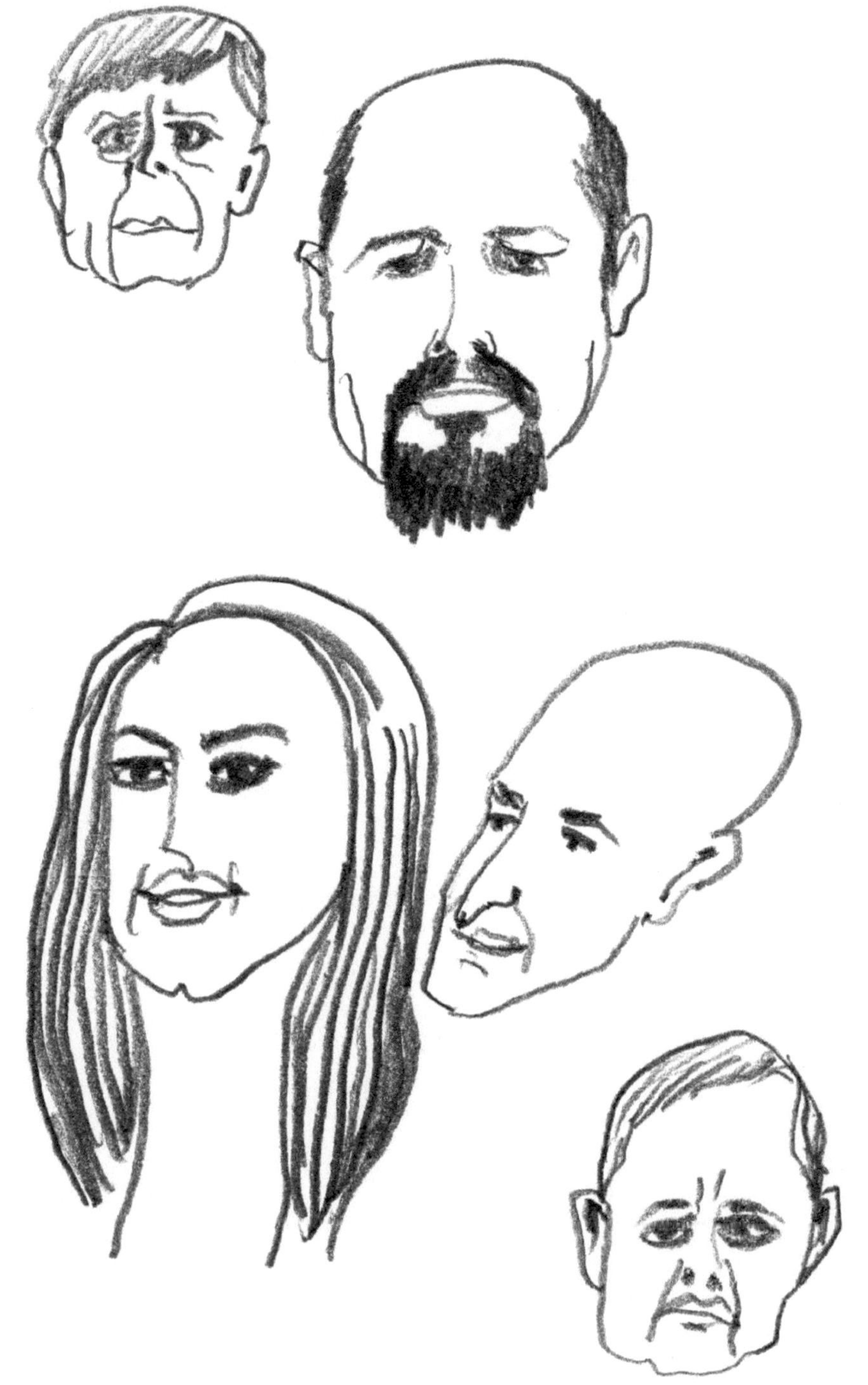

BBC TV
2016
150

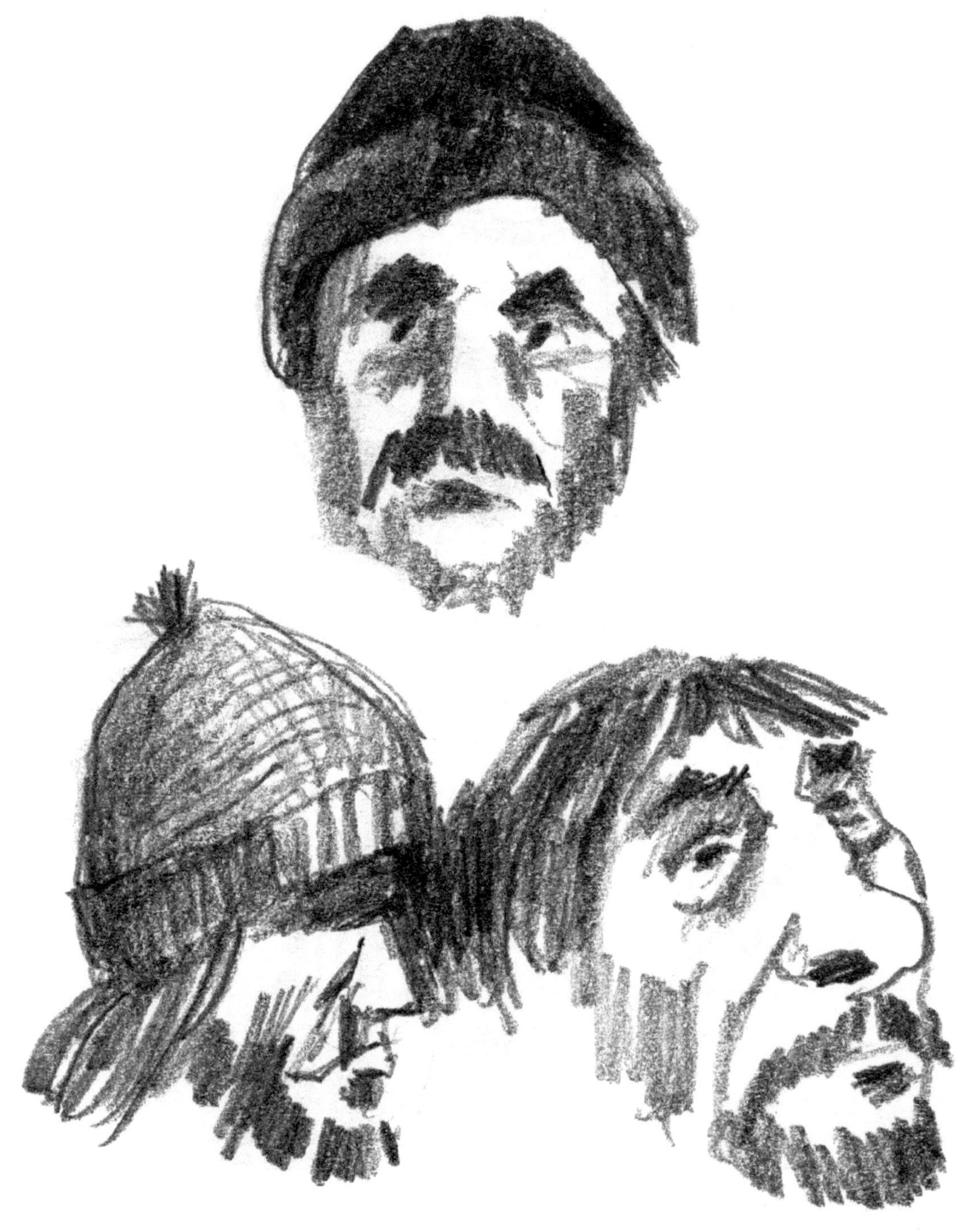

151

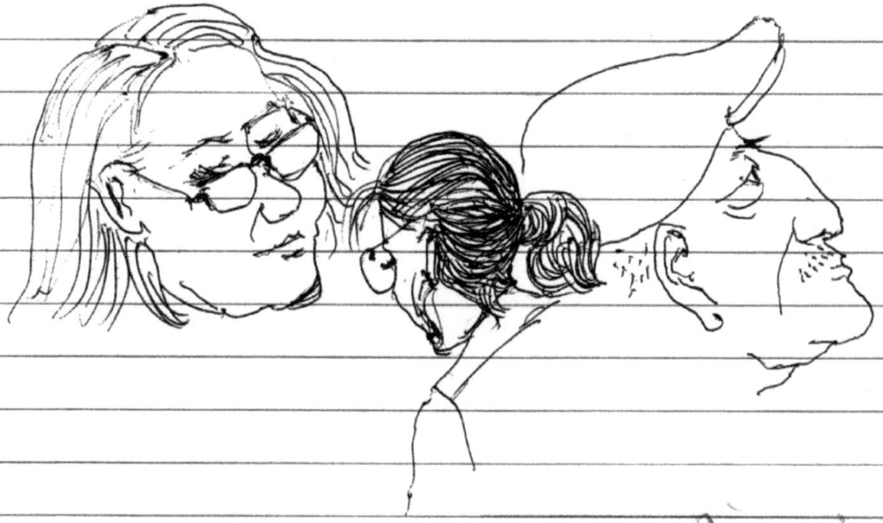

golbang
2014

دل دردستان کسی

an Iranian
cultural
group
in South C.A.

2014

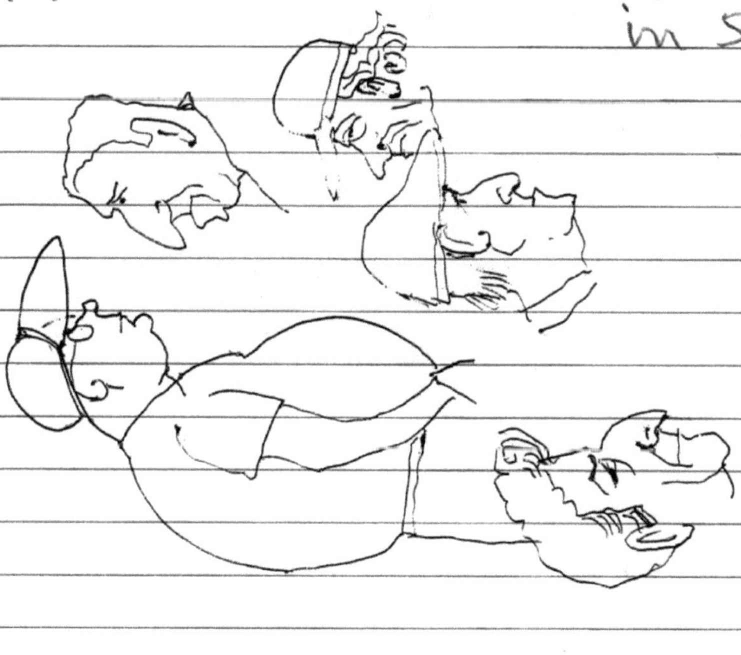

152

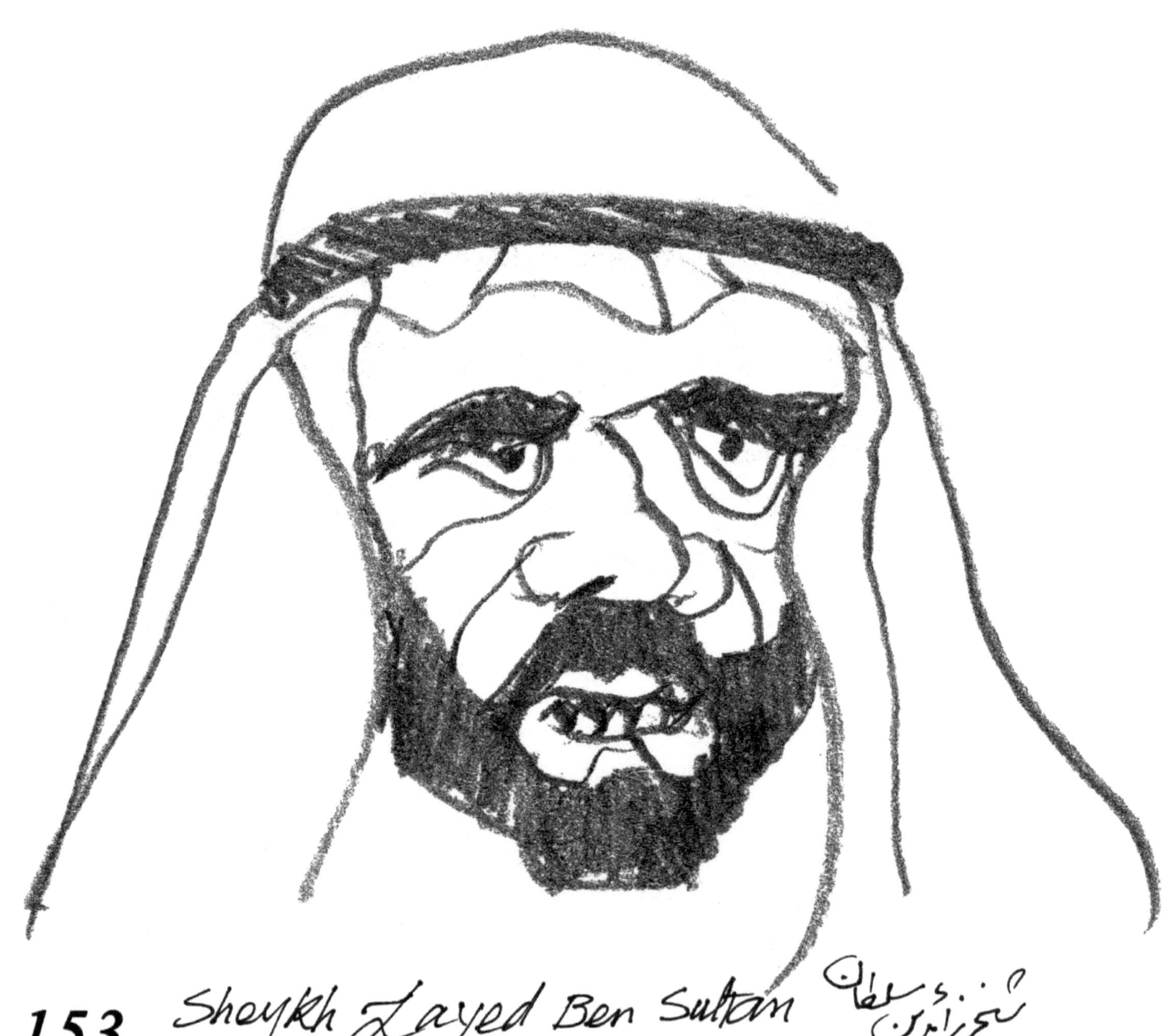

153 Sheykh Zayed Ben Sultan شيخ زايد بن سلطان

عبدالحسن داوودی کارگردان سینما

مصطفی رحماندوست

Mostafa Rahmandoost

A.H. Davoodie

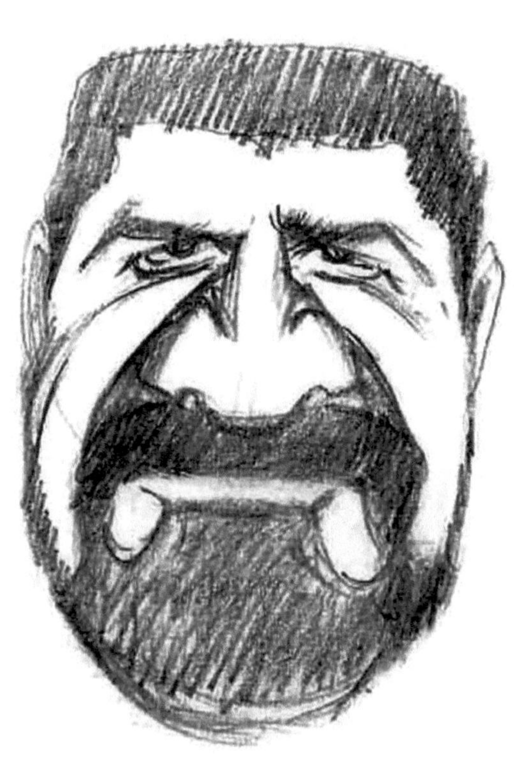

154

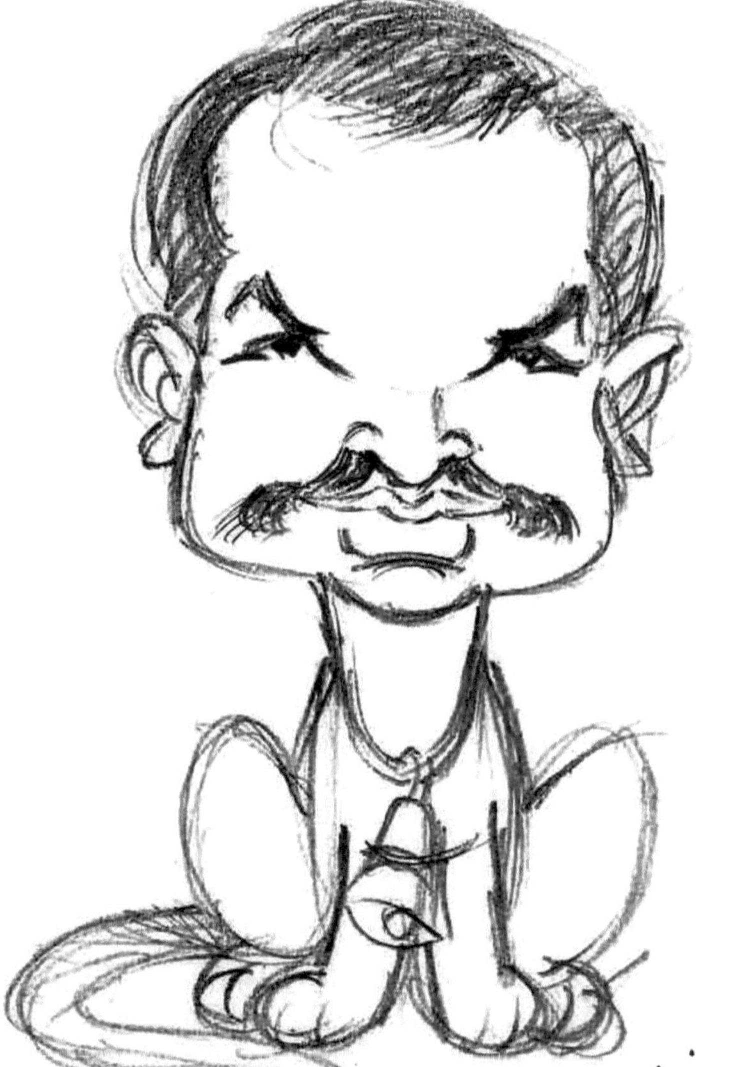

طنز و طنازان امروز ایران
عمران صلاحی
۵۱ داستان طنز از ۴۰ نویسنده

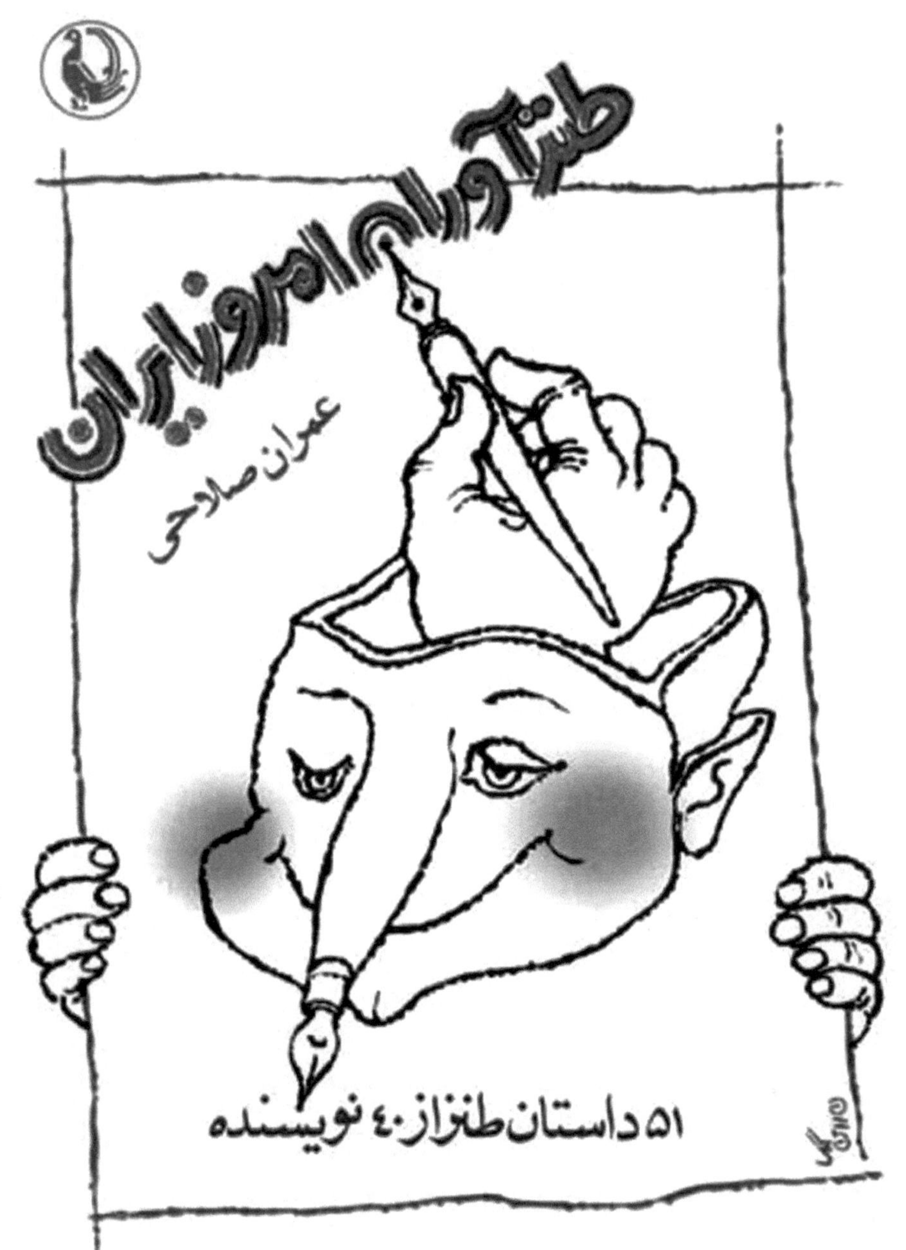

155

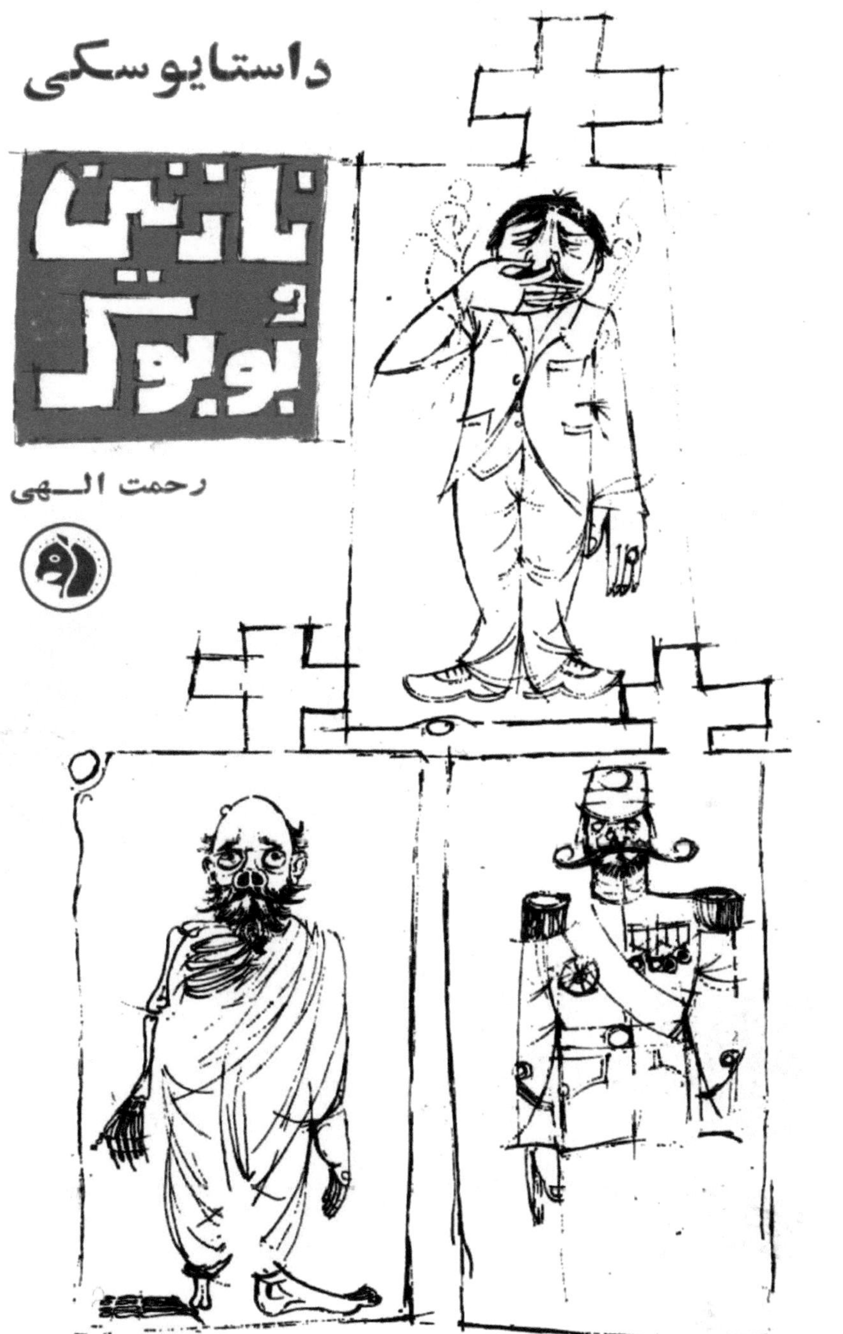

داستايوسكى
نازنين و بوبوك
رحمت الـهى

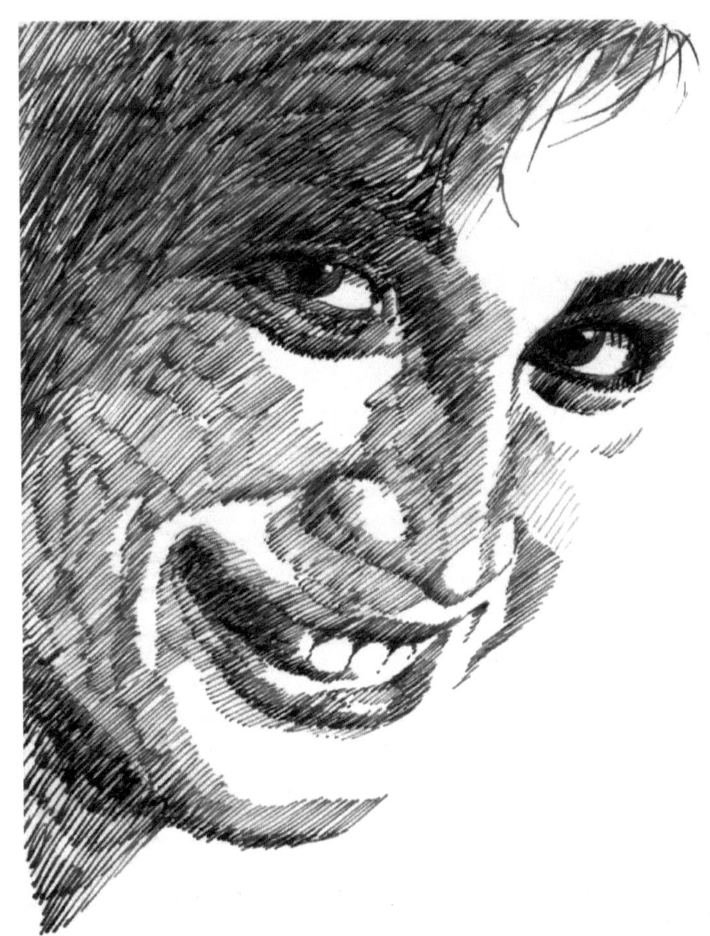

Forough Farrokhzad

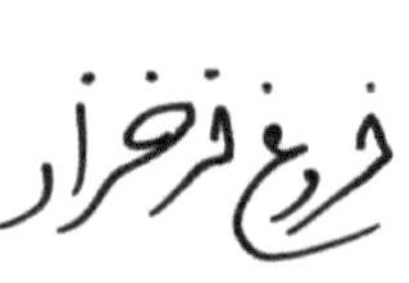

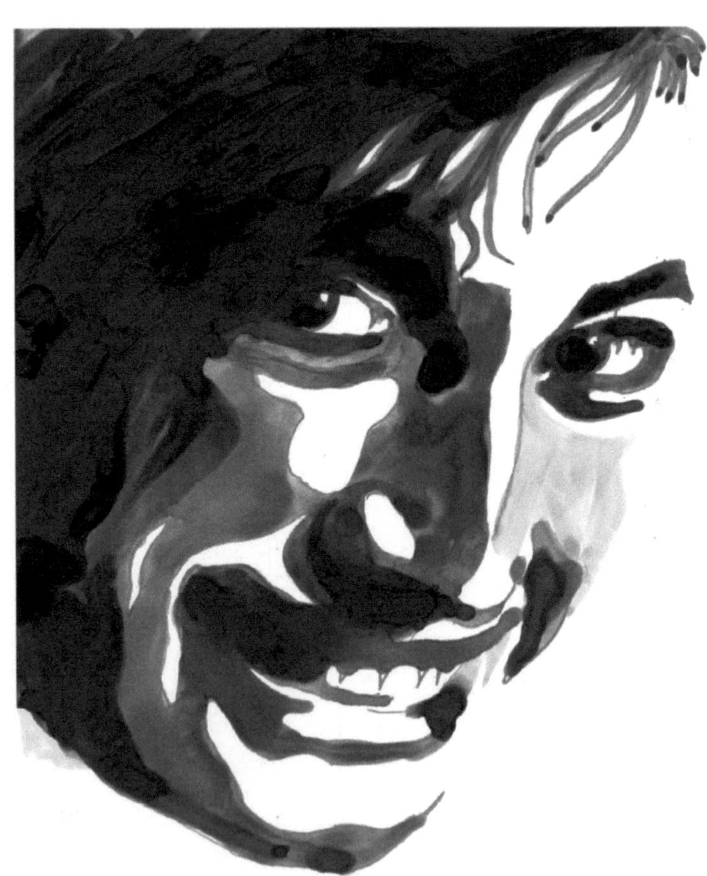

157

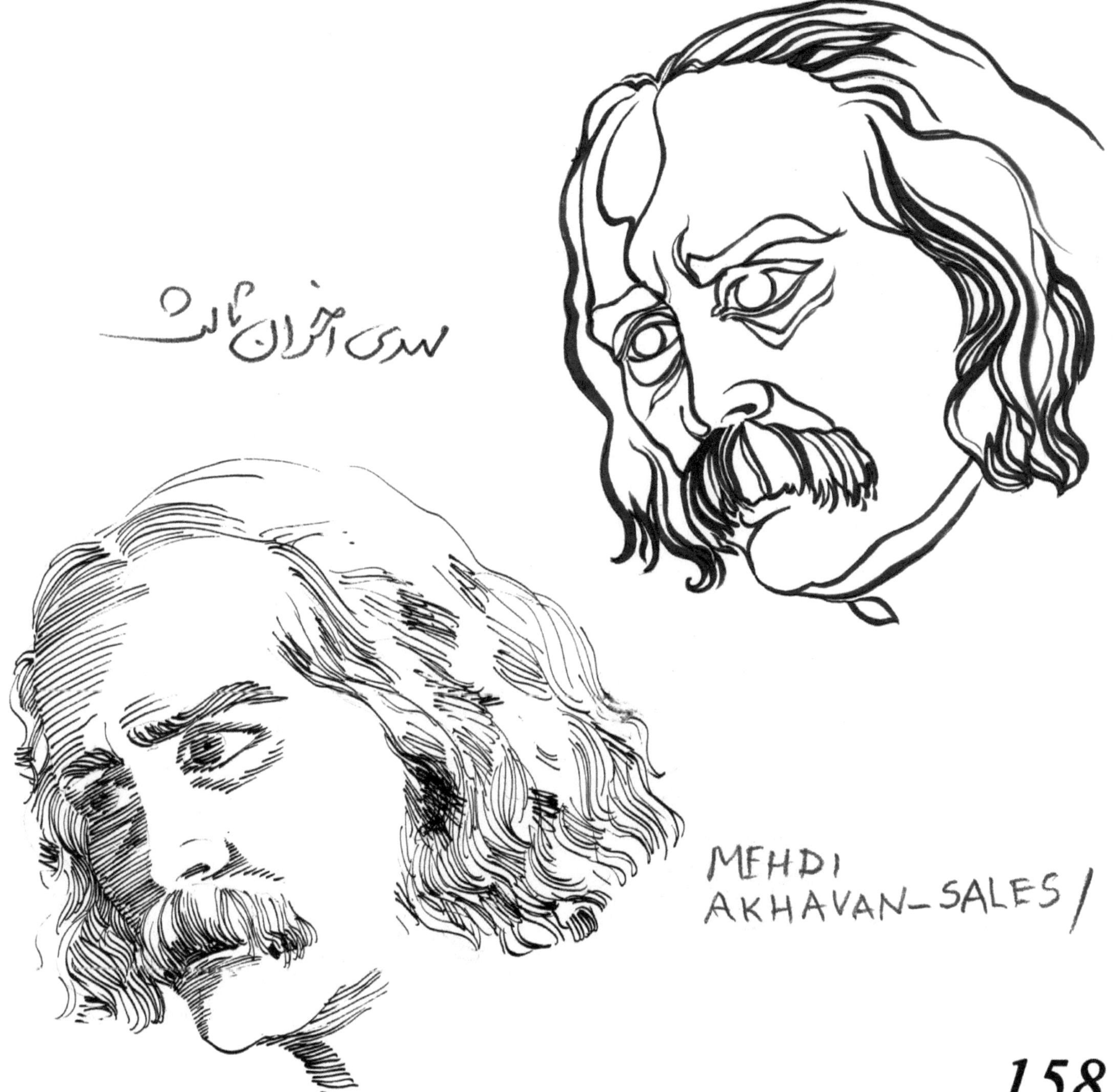
مهدی اخوان ثالث
MEHDI
AKHAVAN-SALES /
158

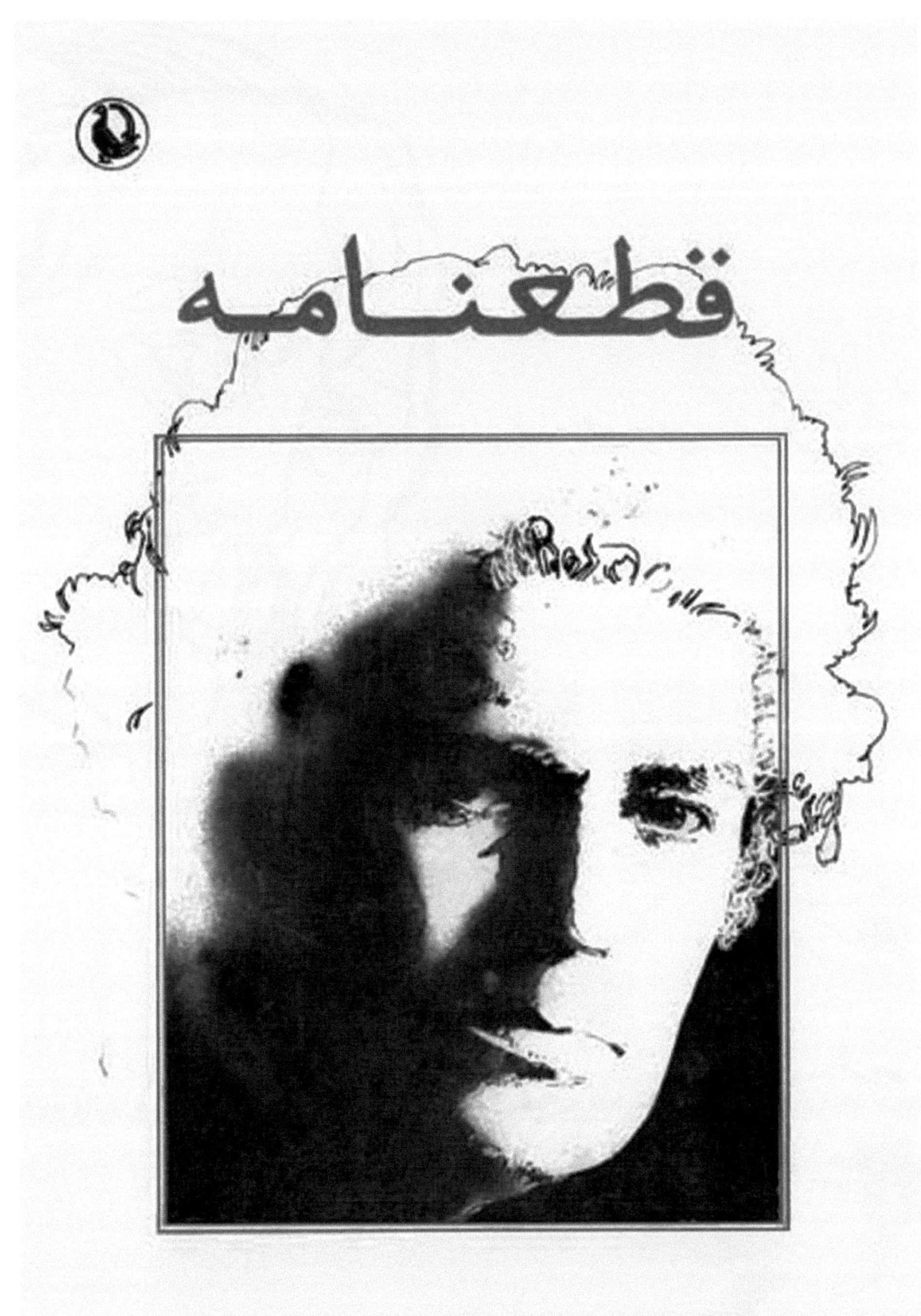
قطعنامه

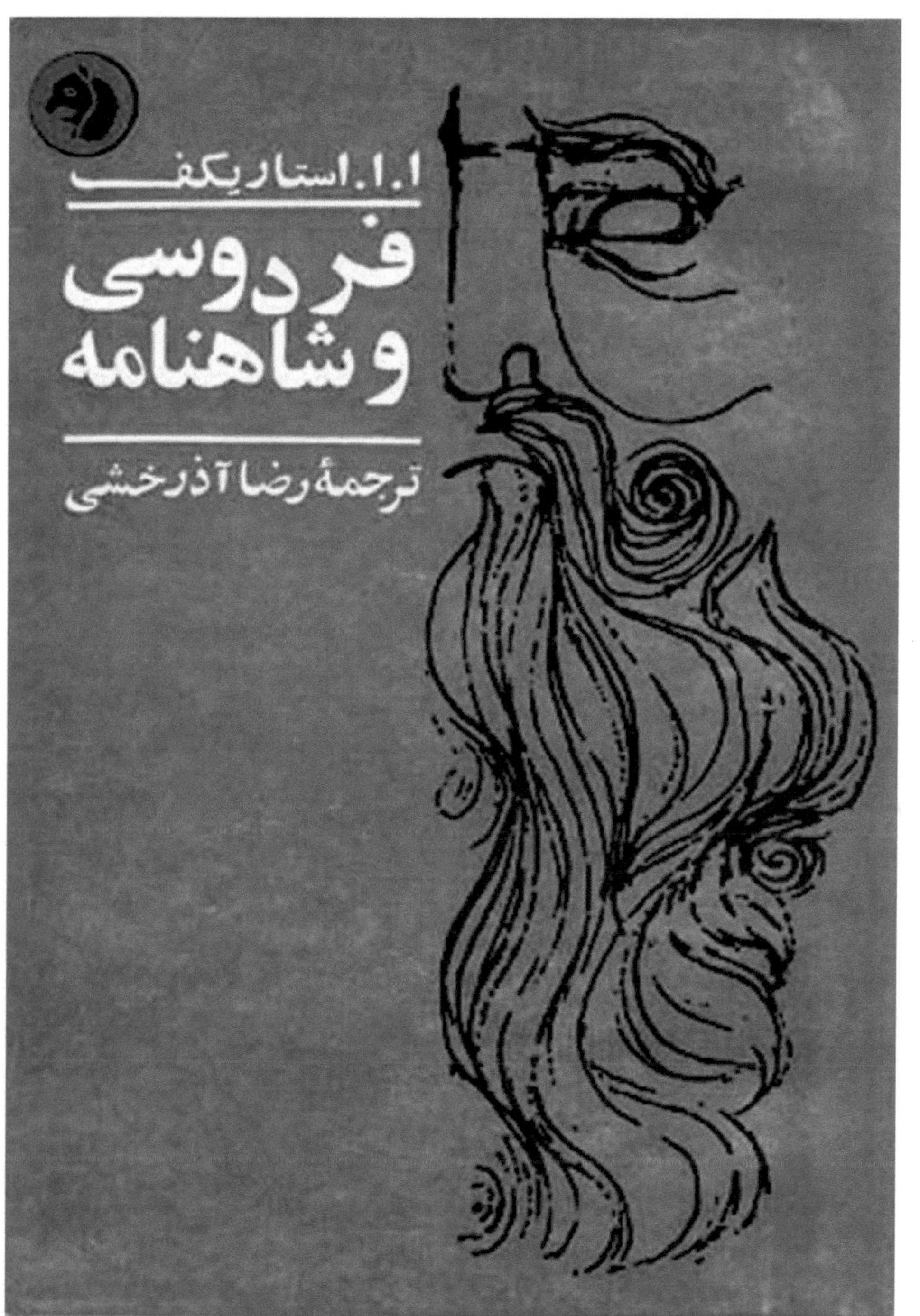

ا. ا. استاریکف

فردوسی و شاهنامه

ترجمهٔ رضا آذرخشی

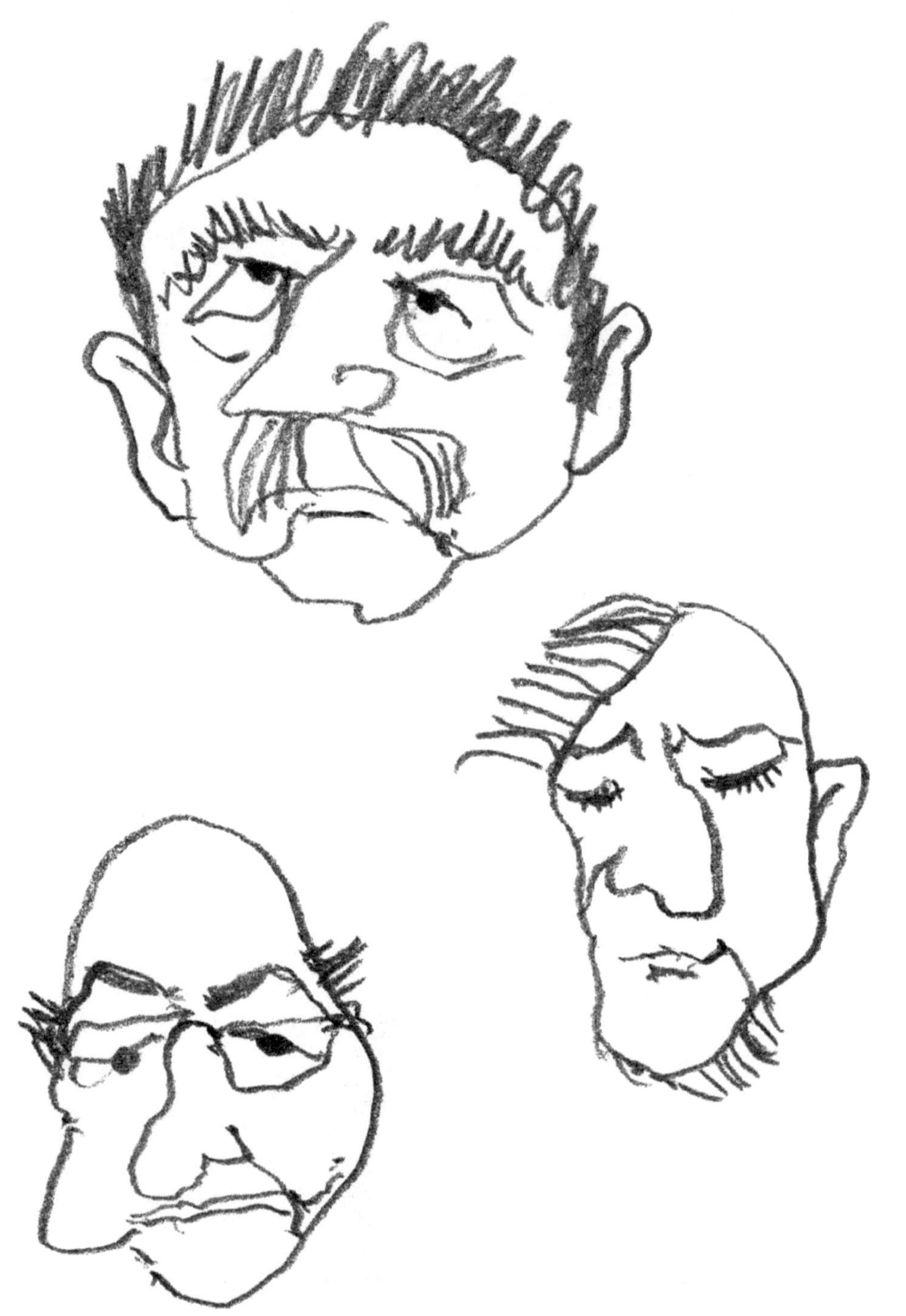

161

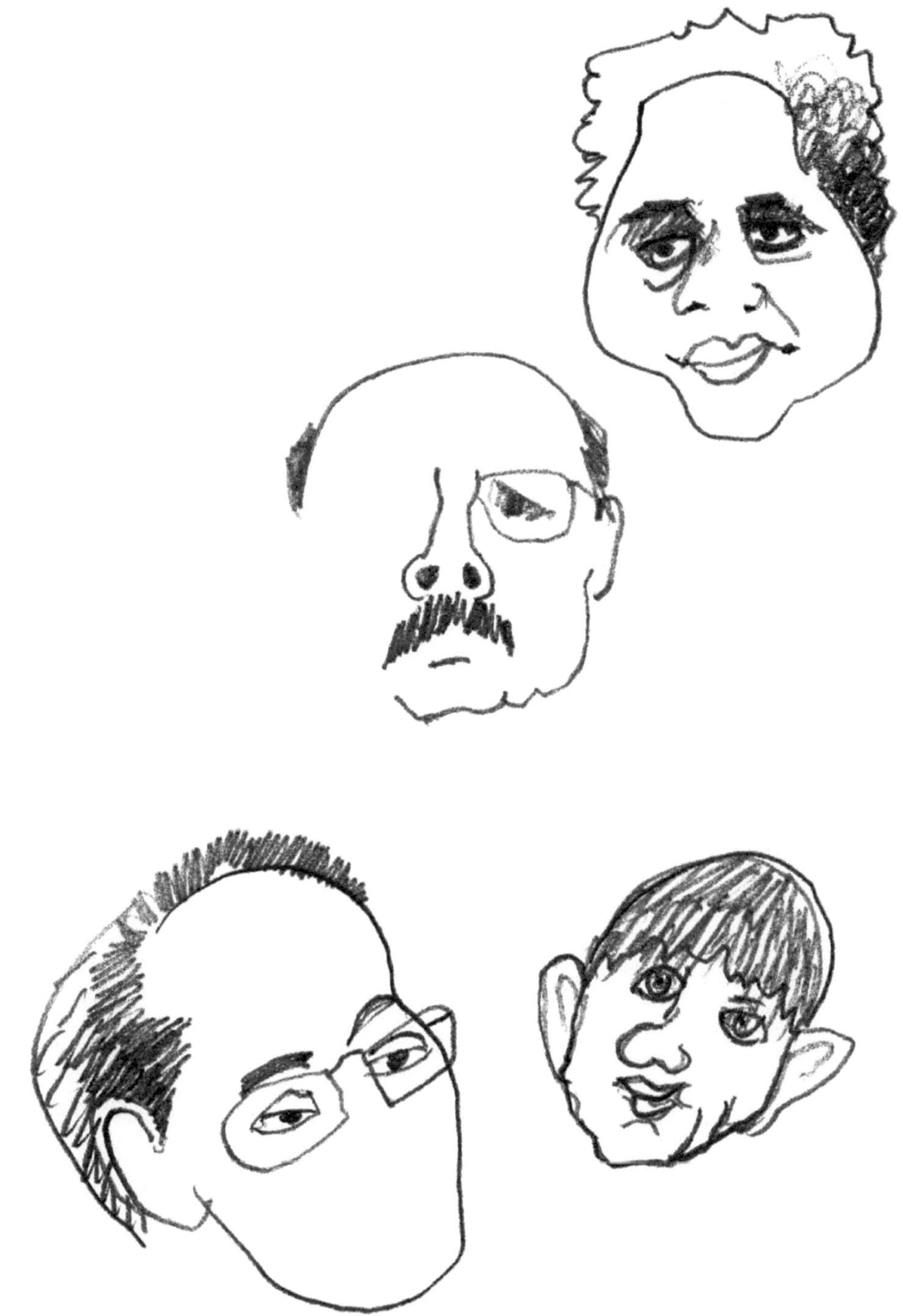

162

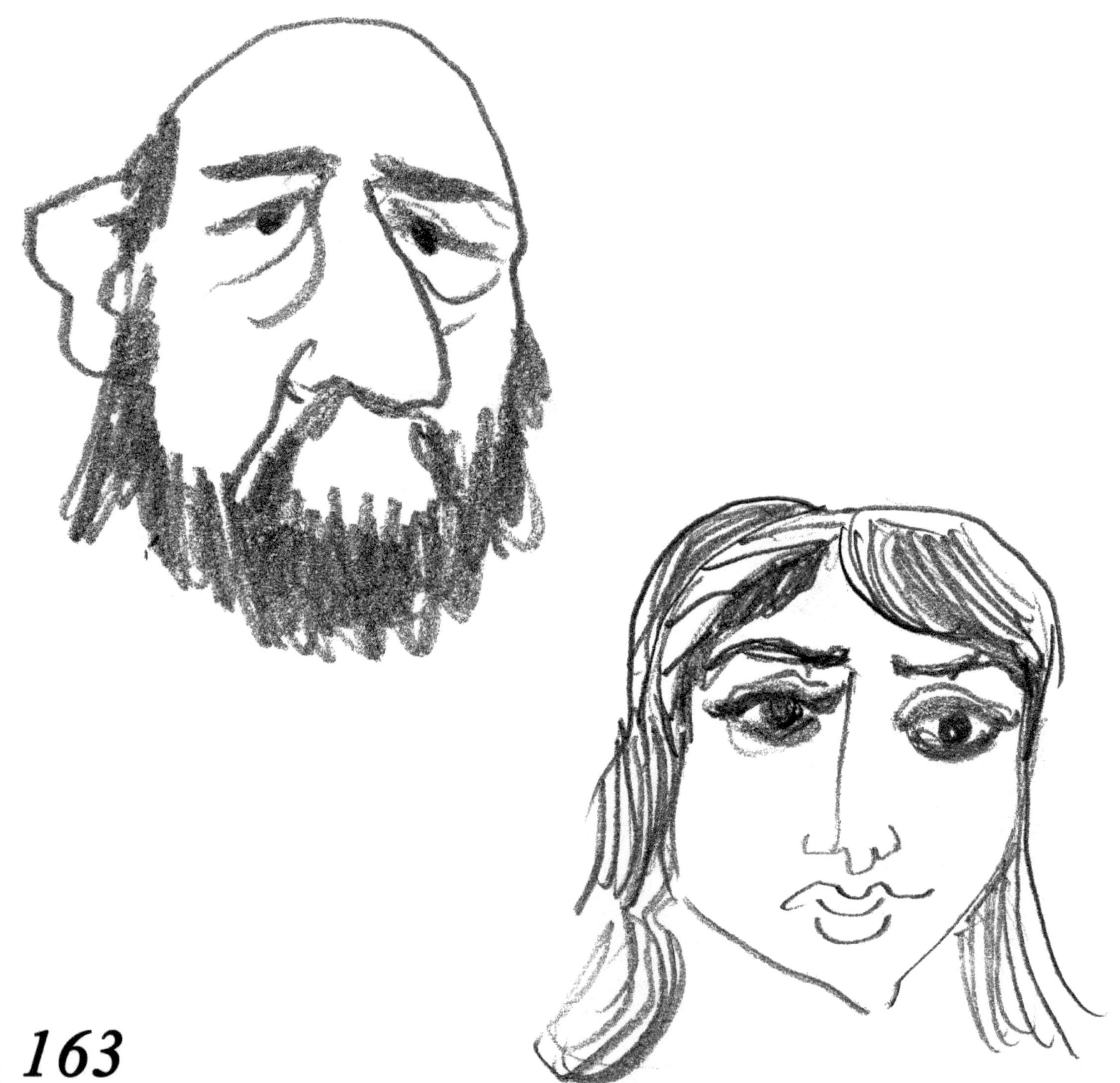

163

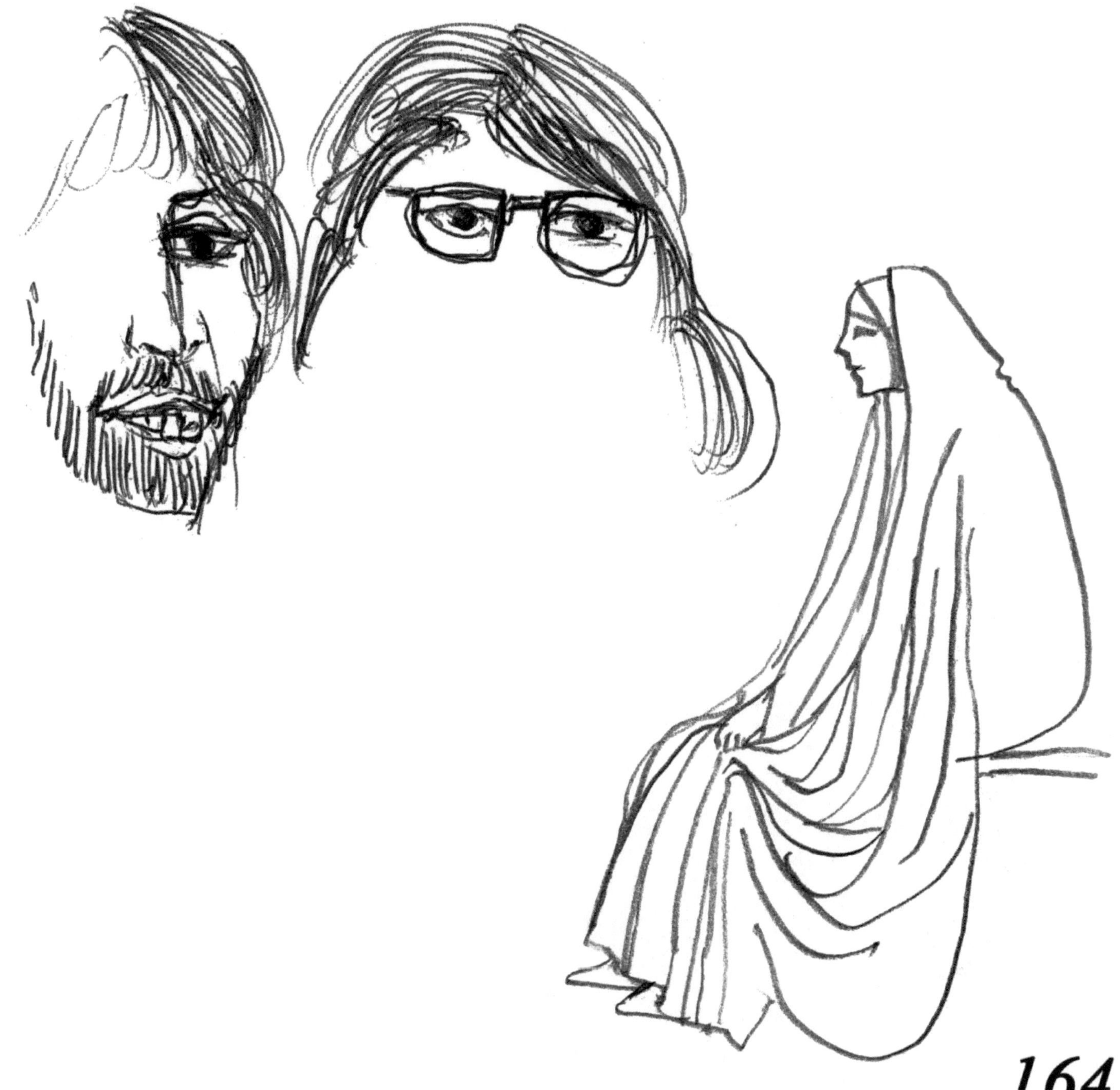

164

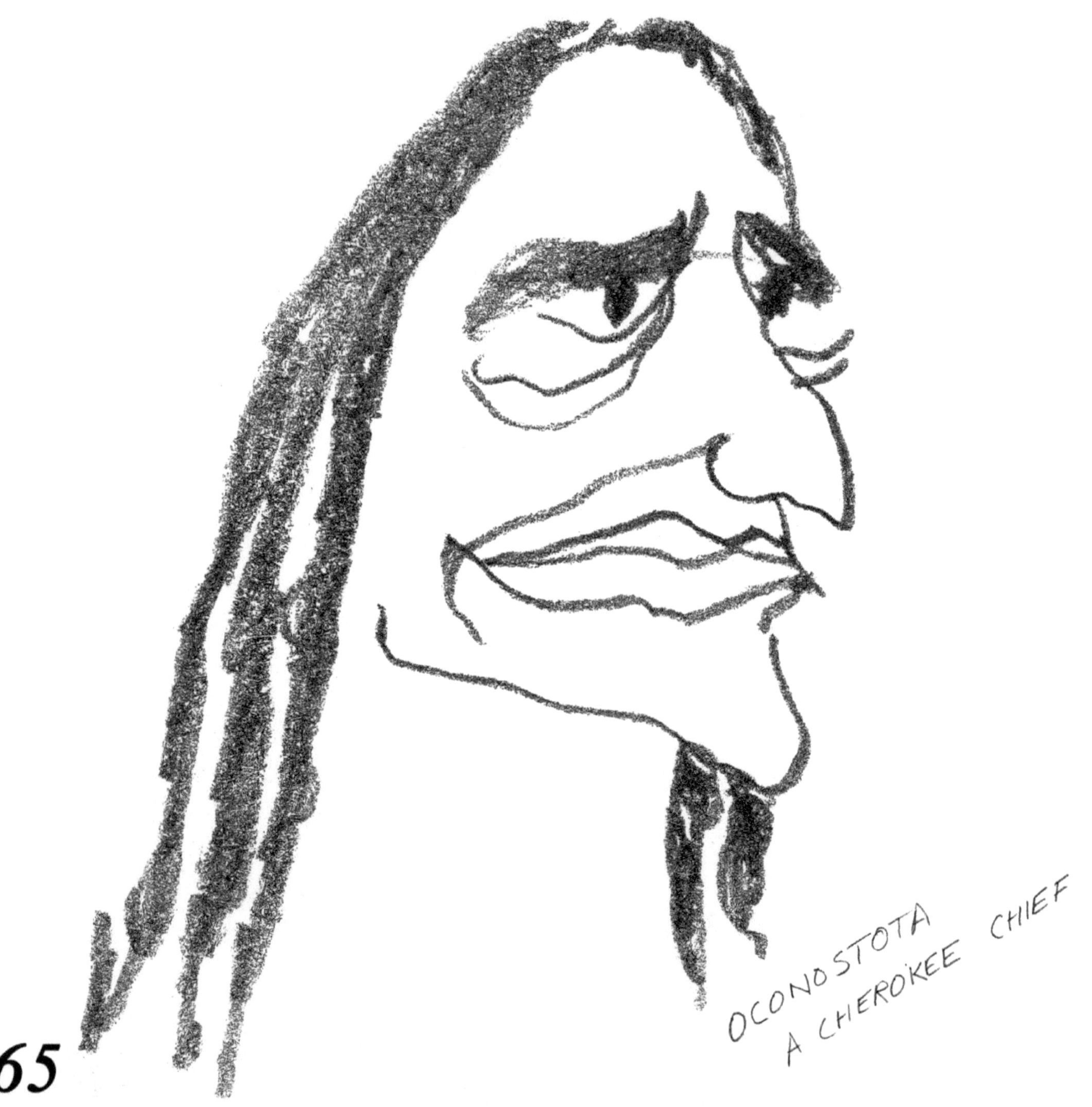

165

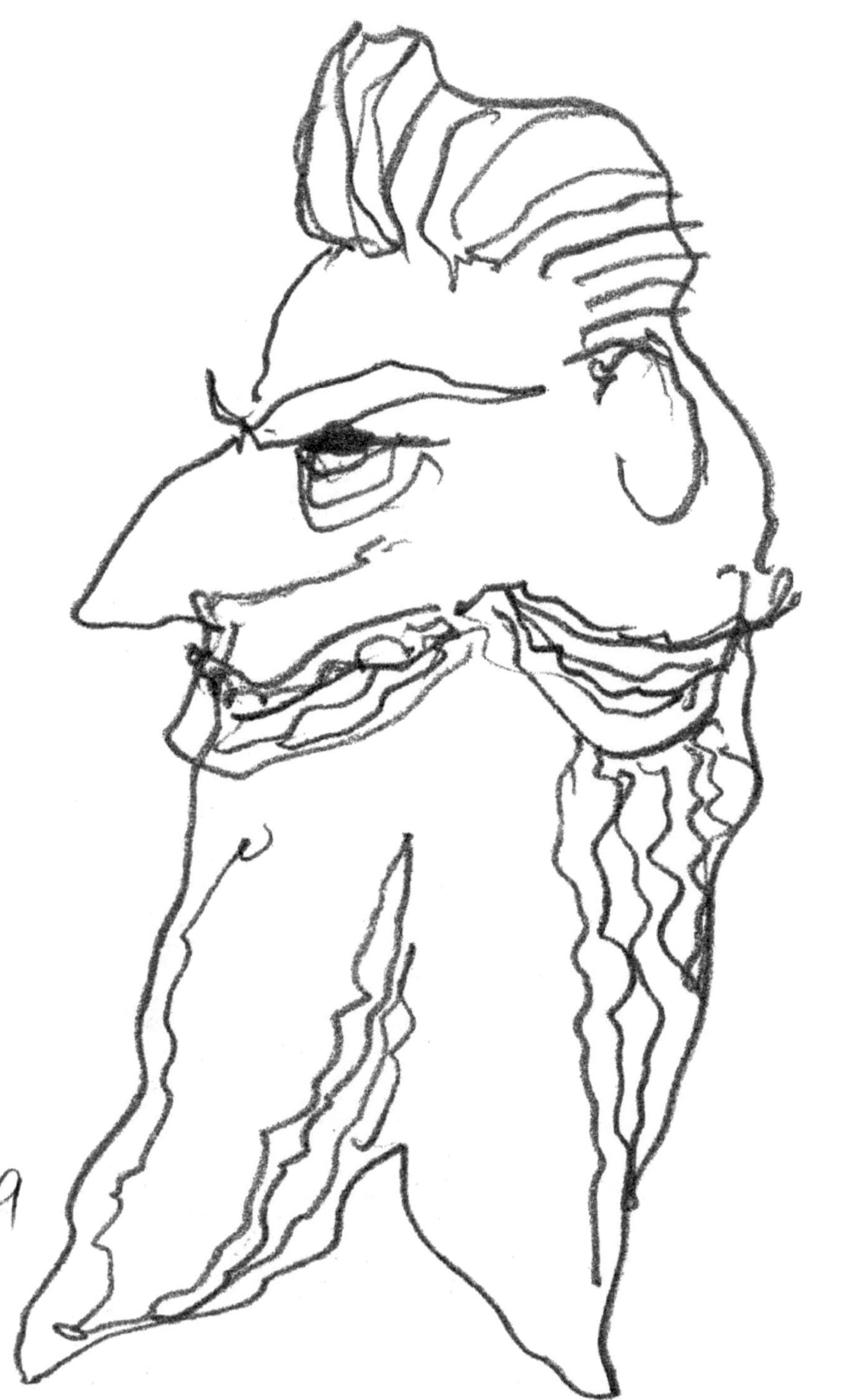

166

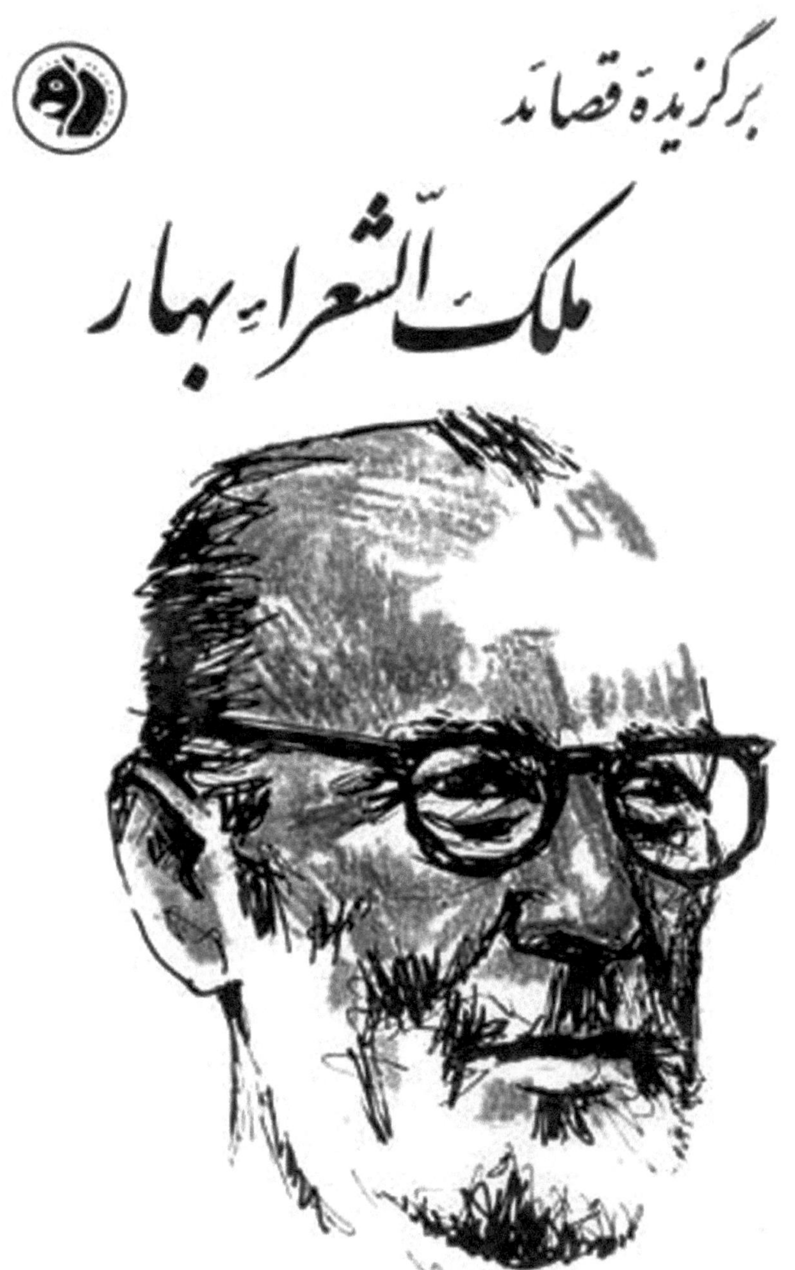

Malek - o - Sho-ara, Bahar

167

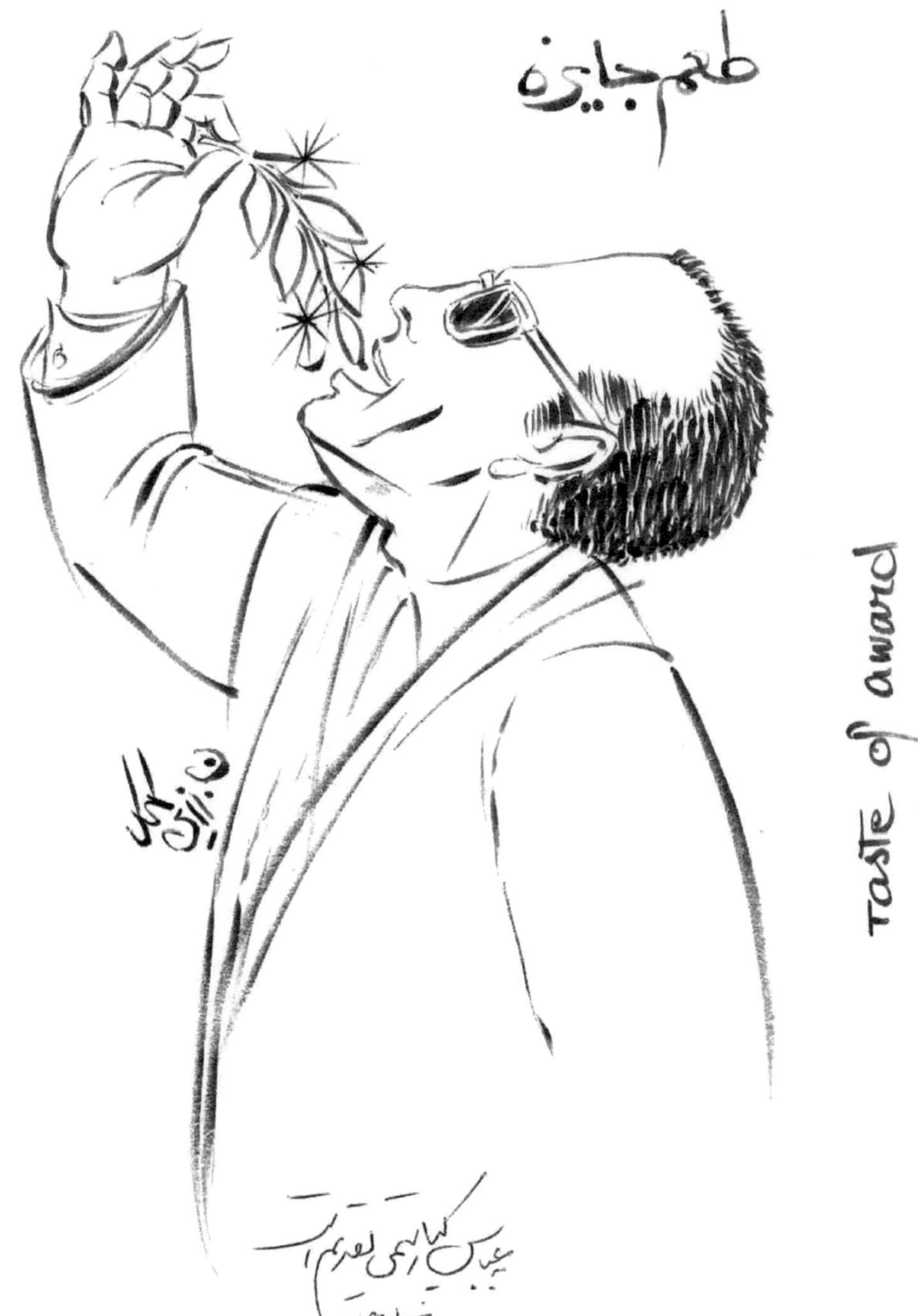

طعم جایزه

taste of award
Abbass KIARoSTAMI   Cannes

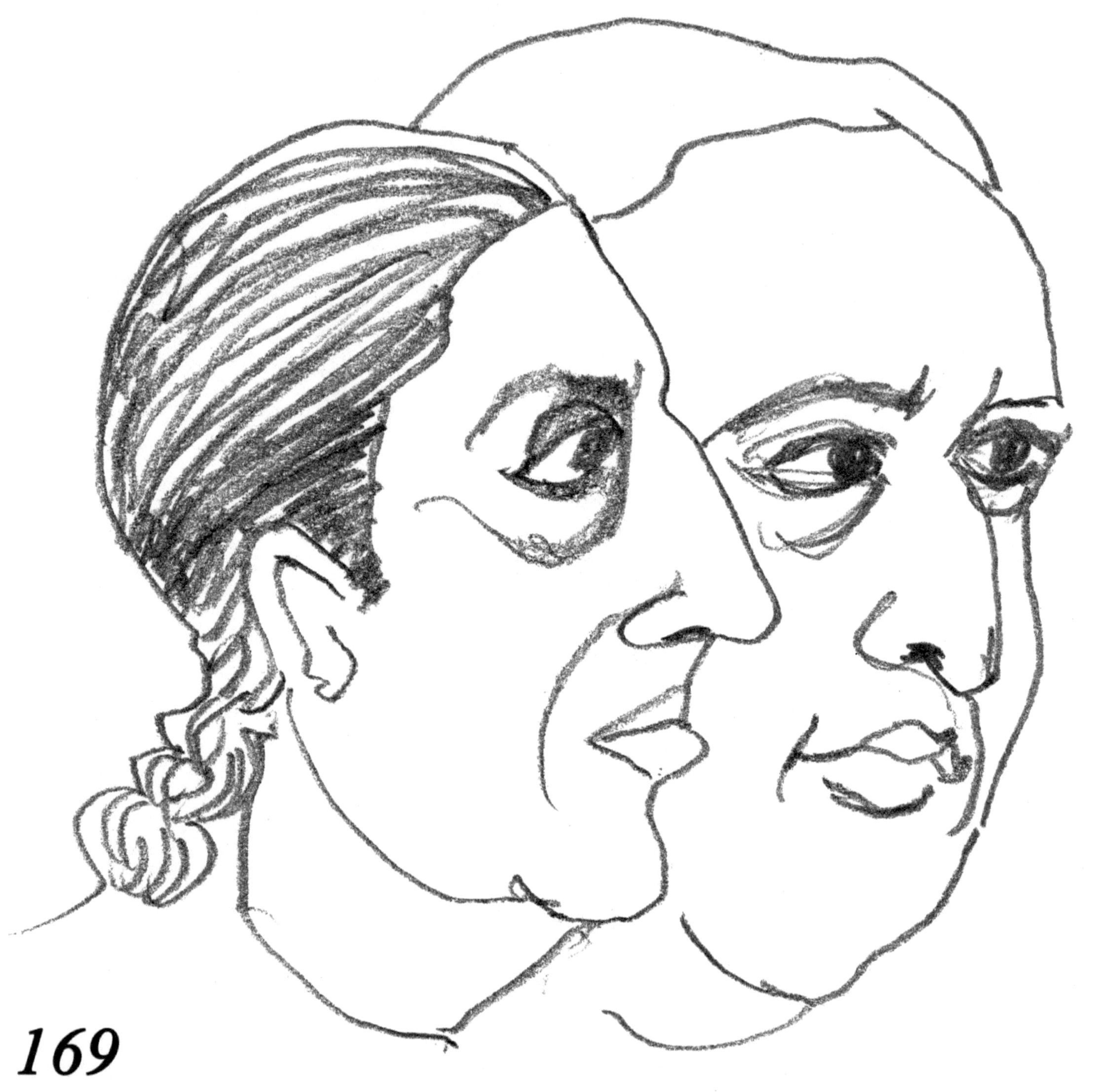

169

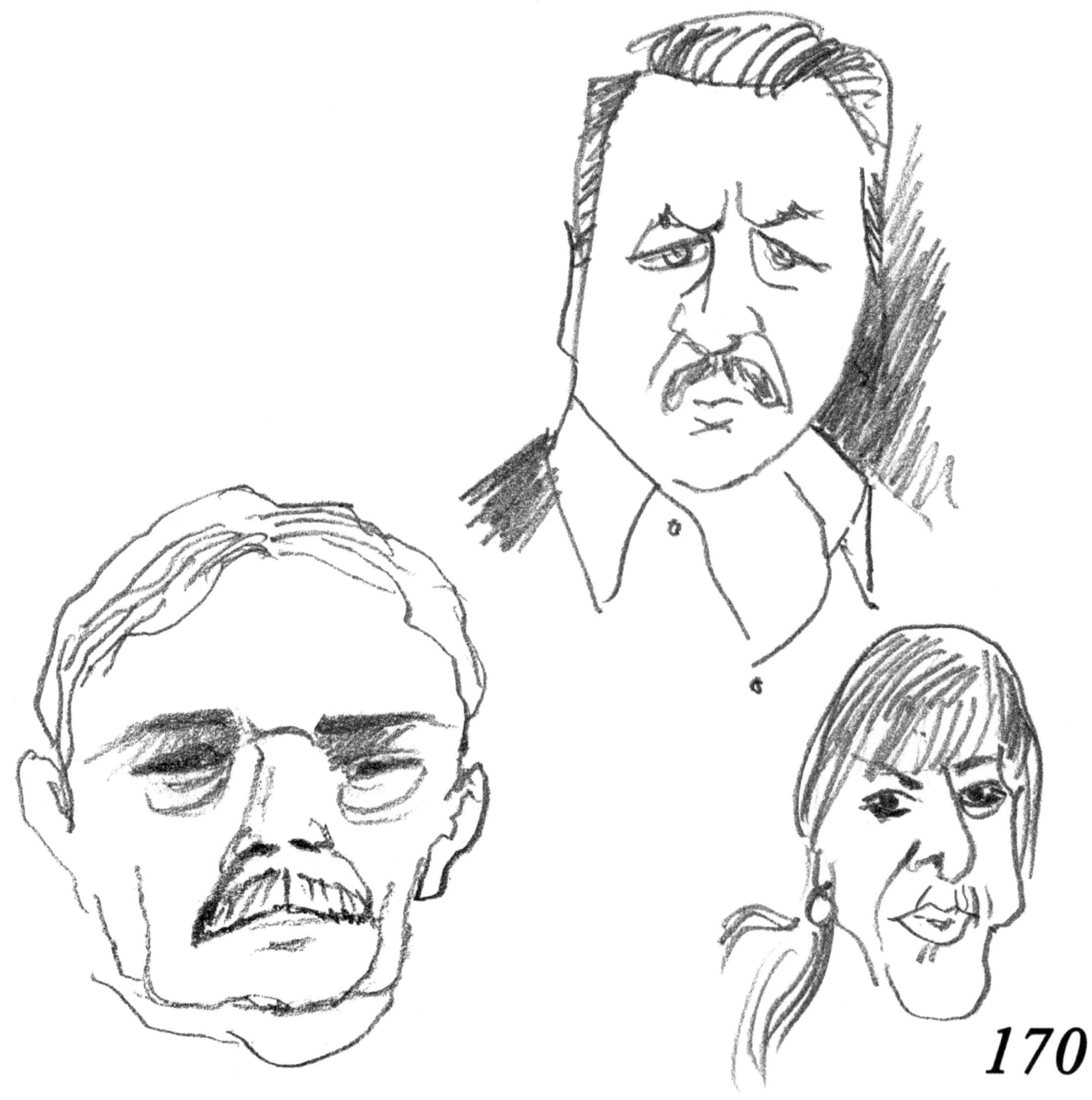

170

فِدور داستایوسکی

خاطرات خانهٔ مُردگان

ترجمهٔ
محمد جعفر محجوب

171

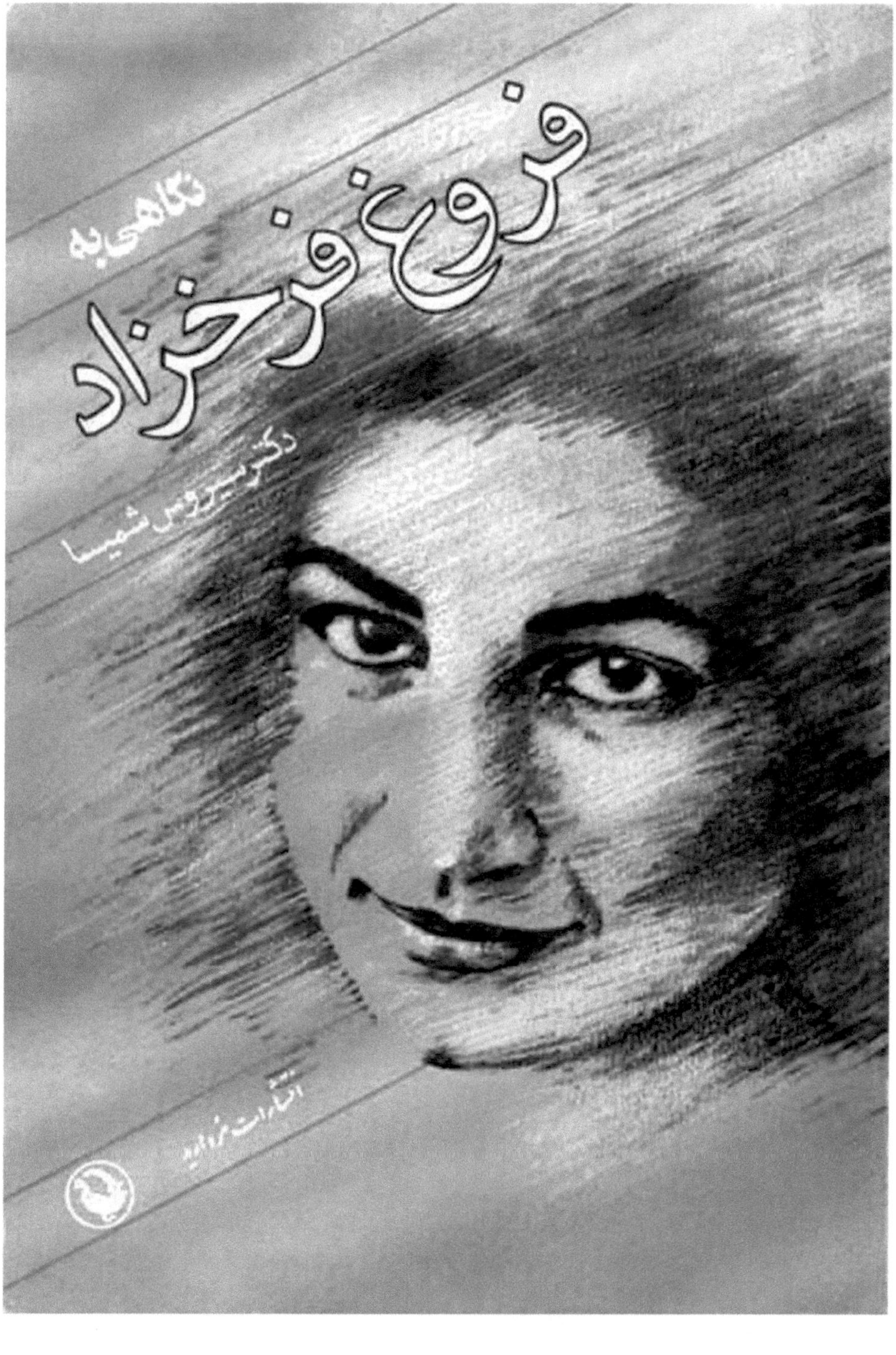

Forough Farrokhzad

فروغ فرخزاد

172

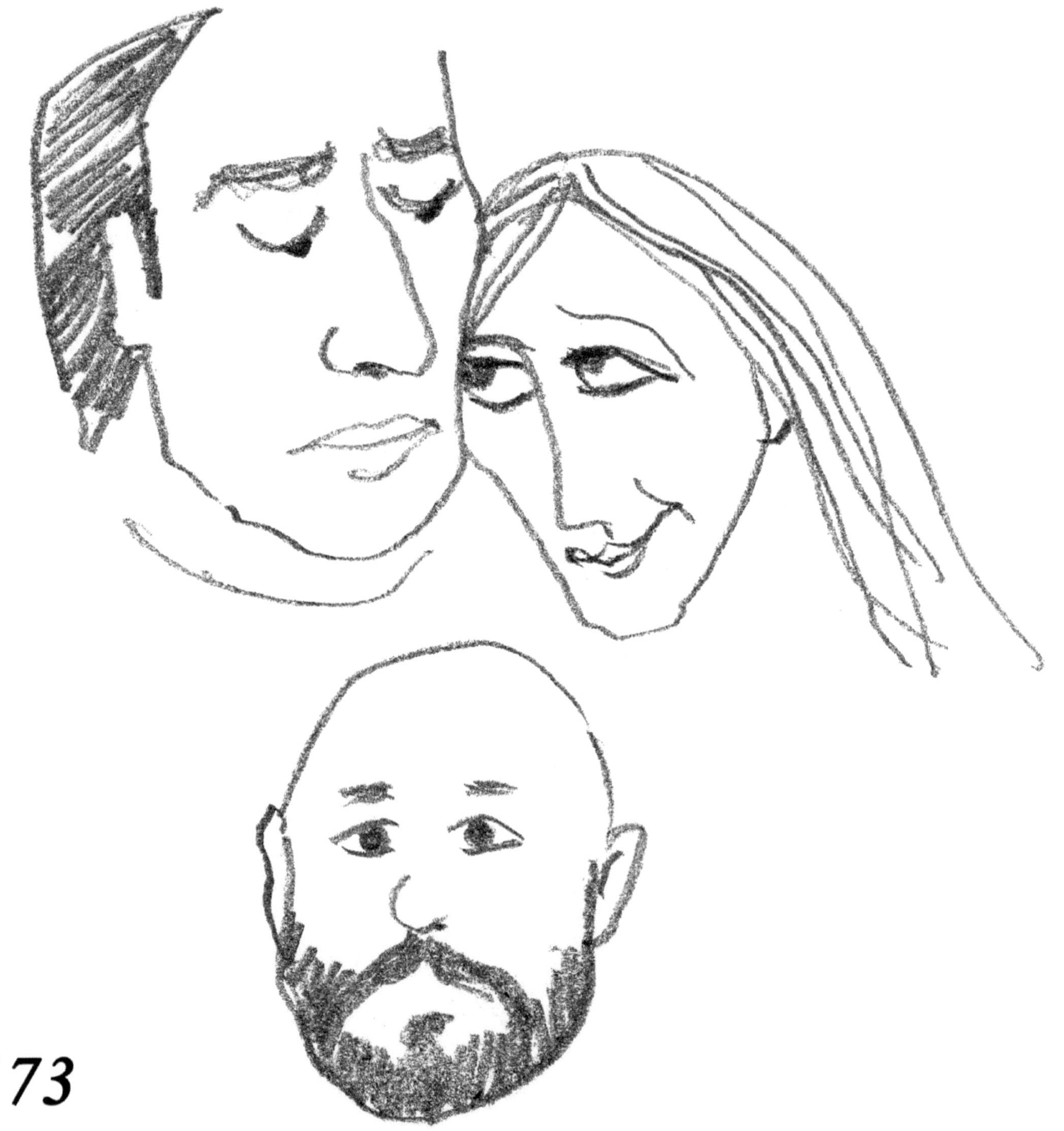

173

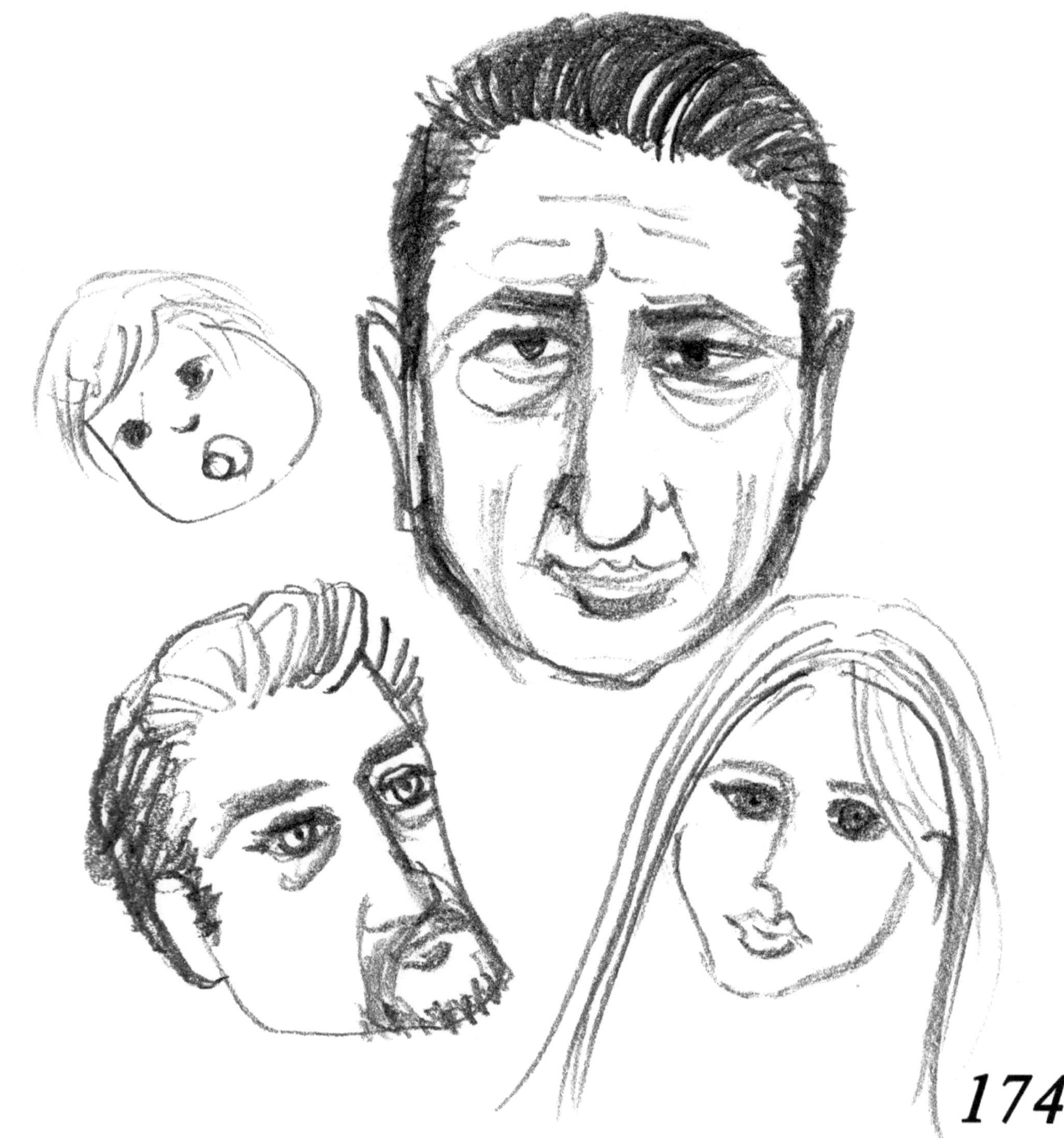

174

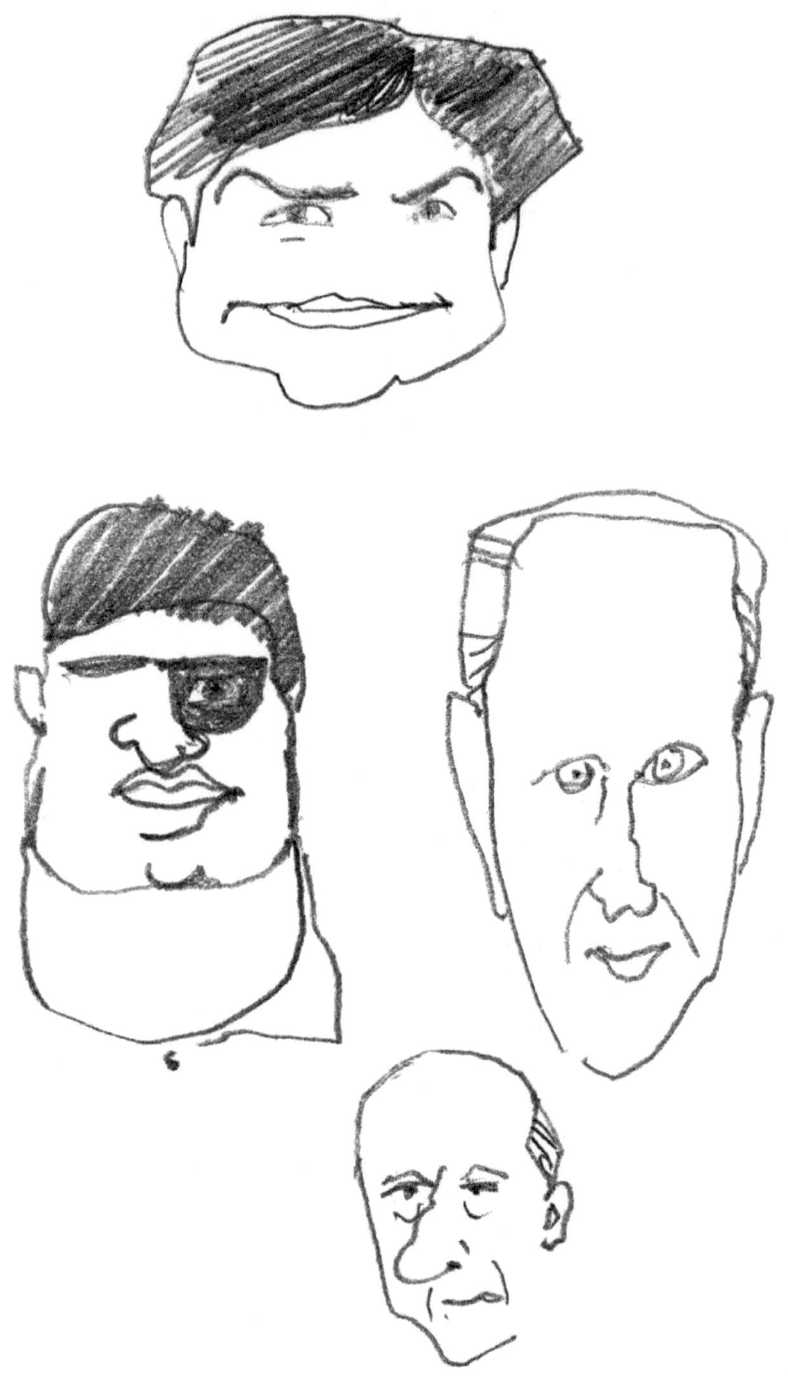

175

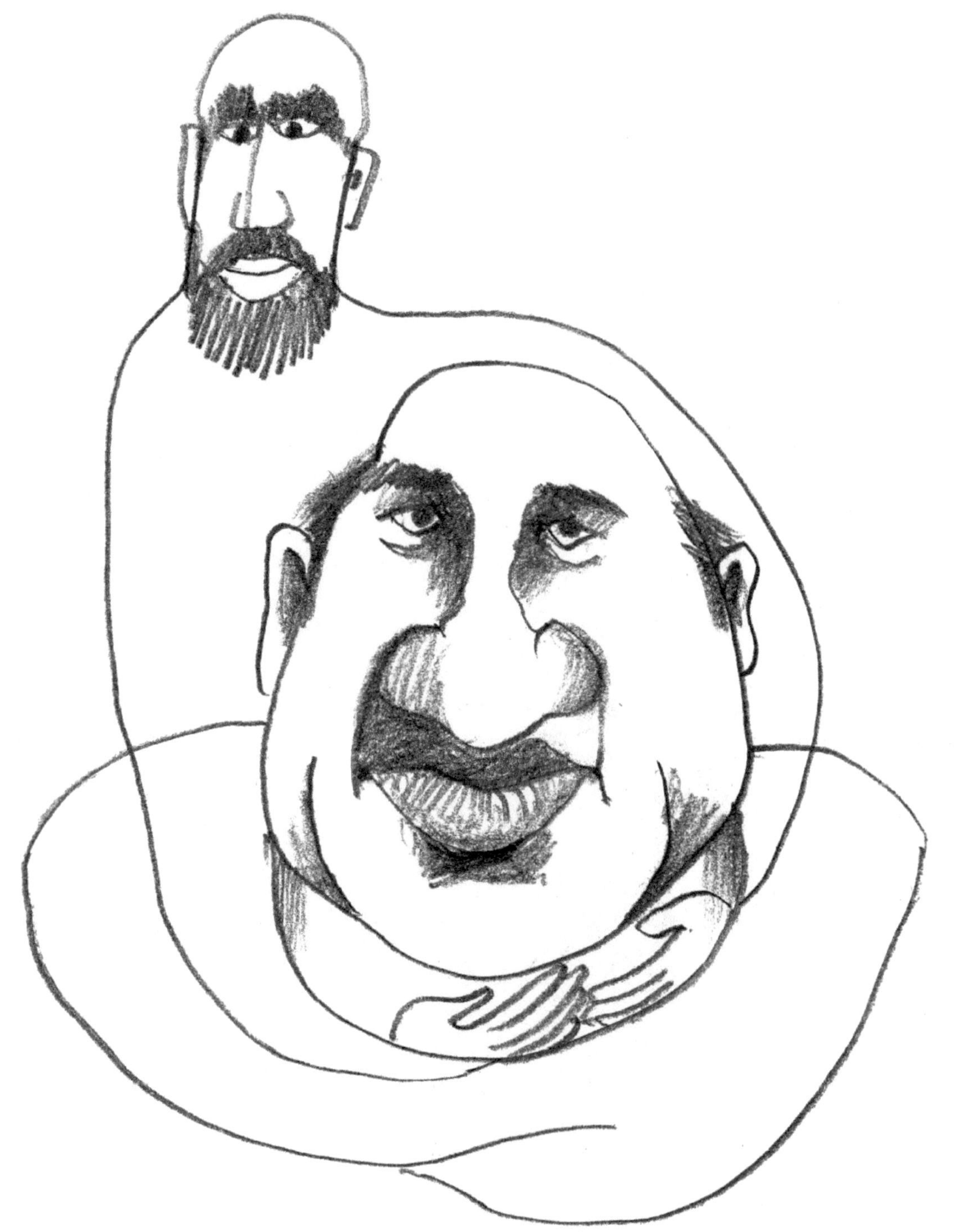

176

عمر سیف‌الدین

افروز بیگ قهرمان

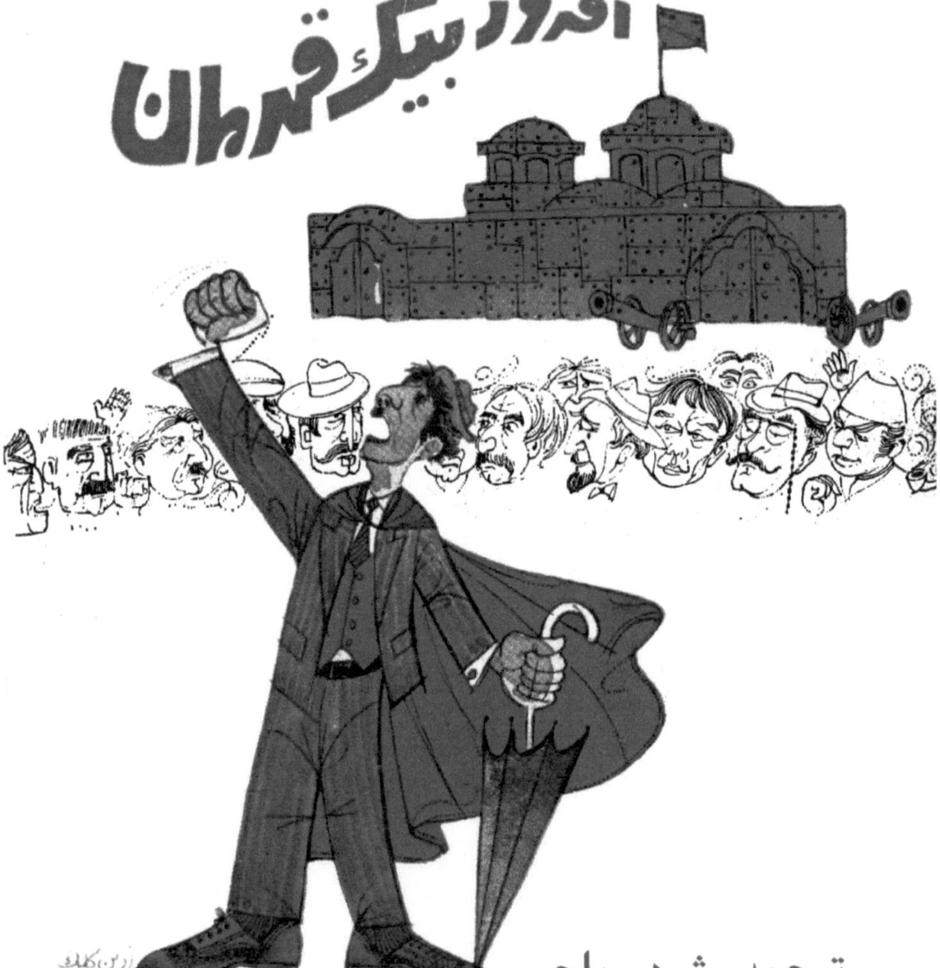

ترجمه رشید ریاحی

177

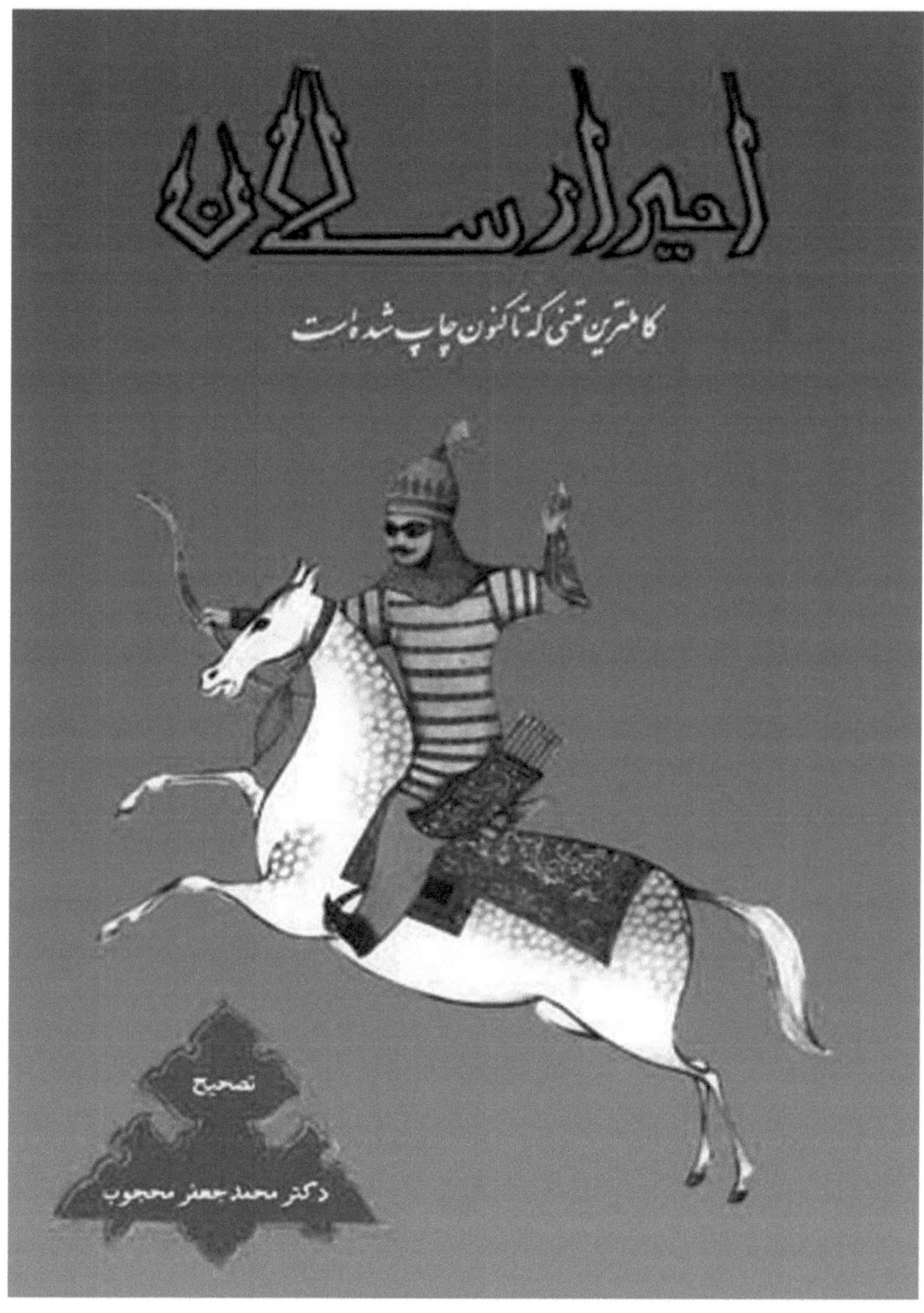

Amir Arsalan

178

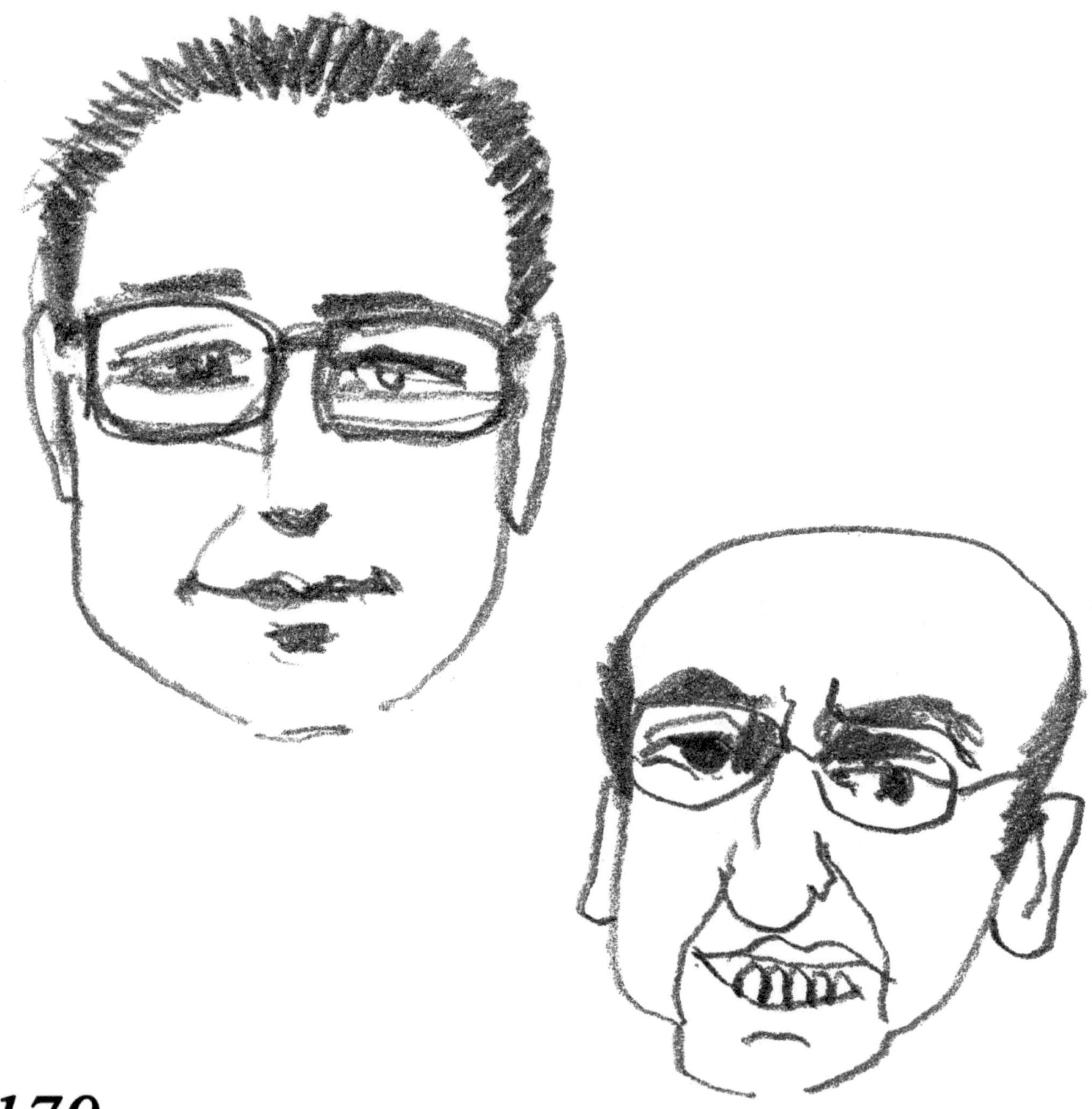

179

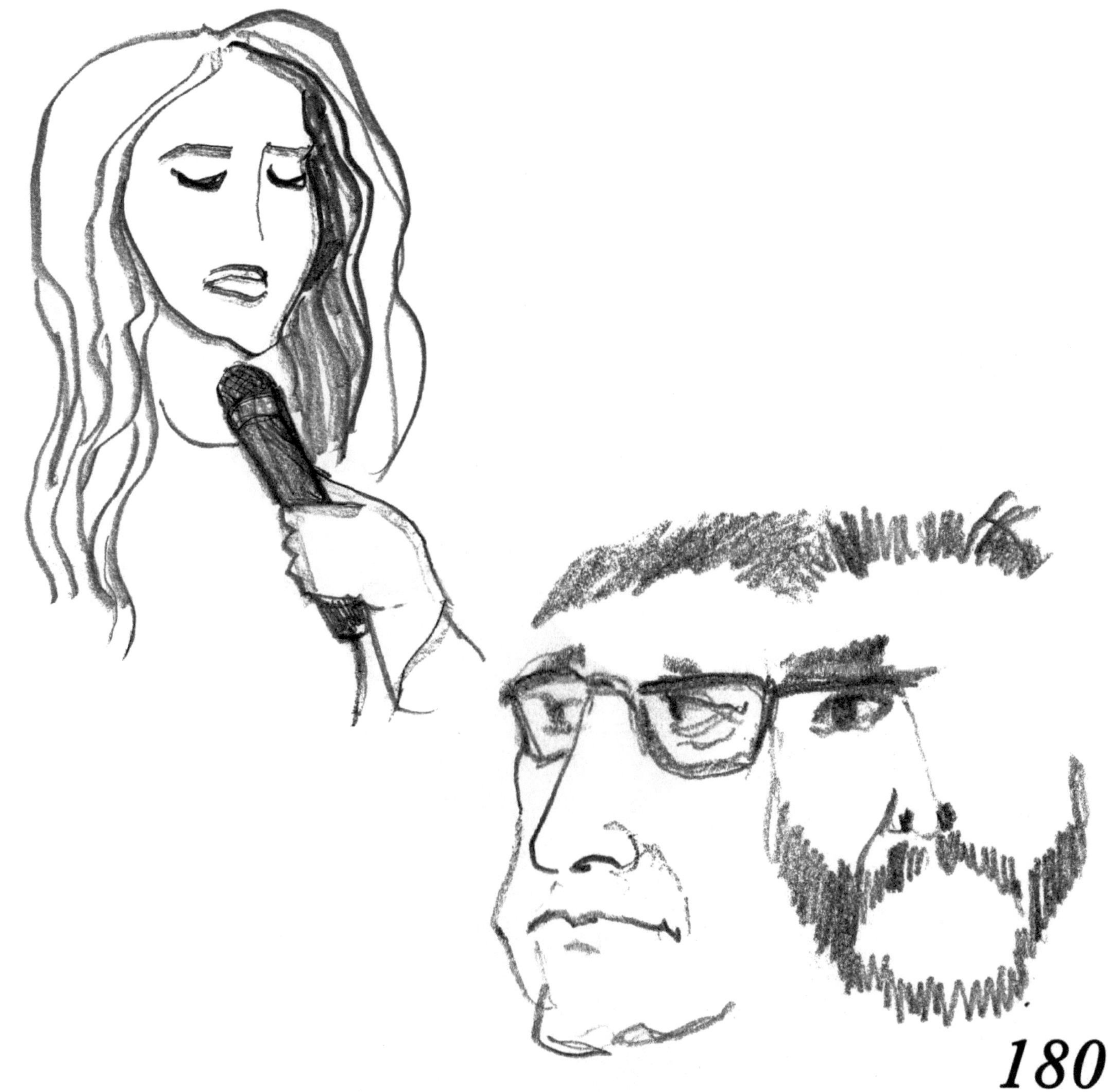

180

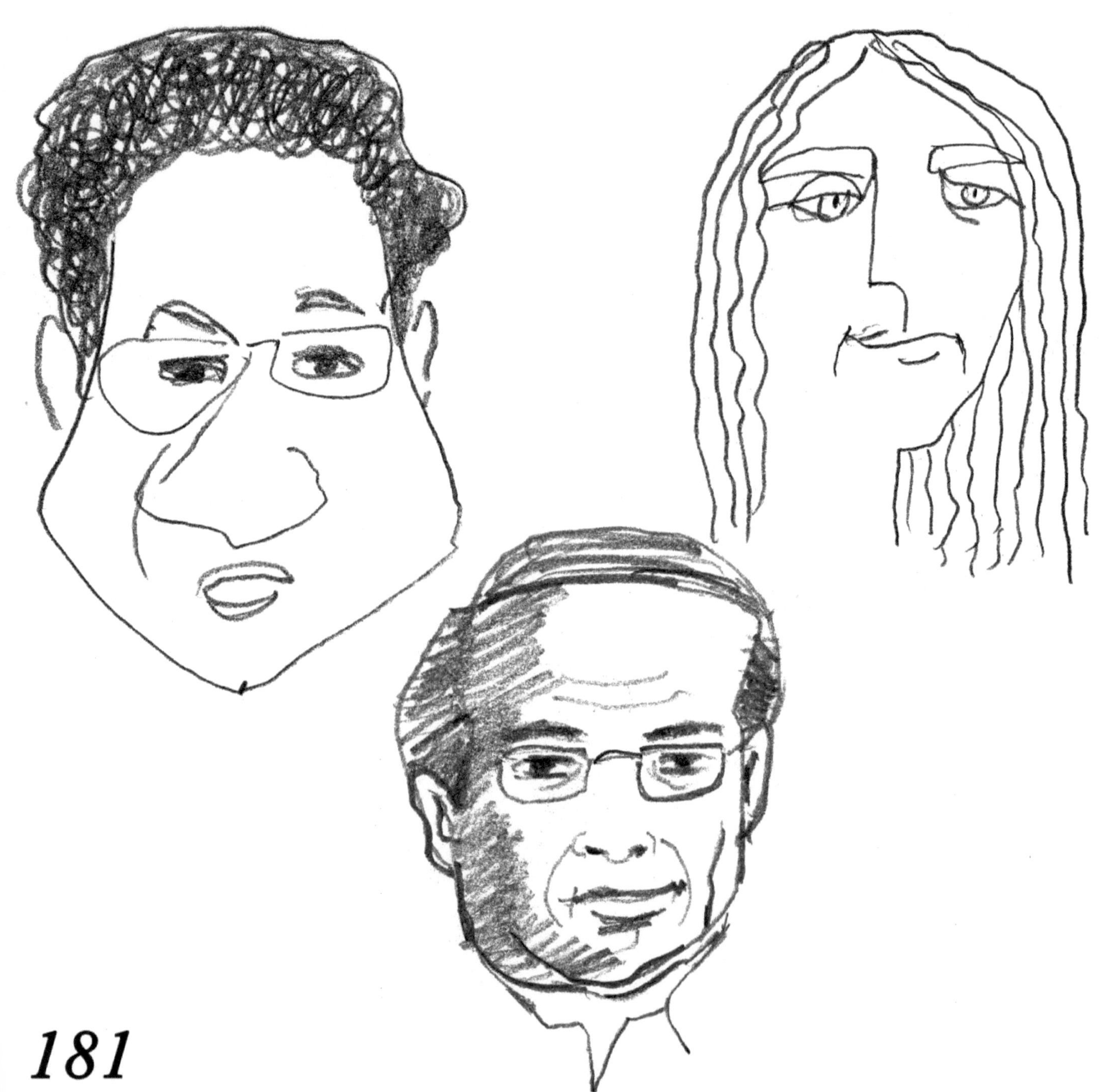

181

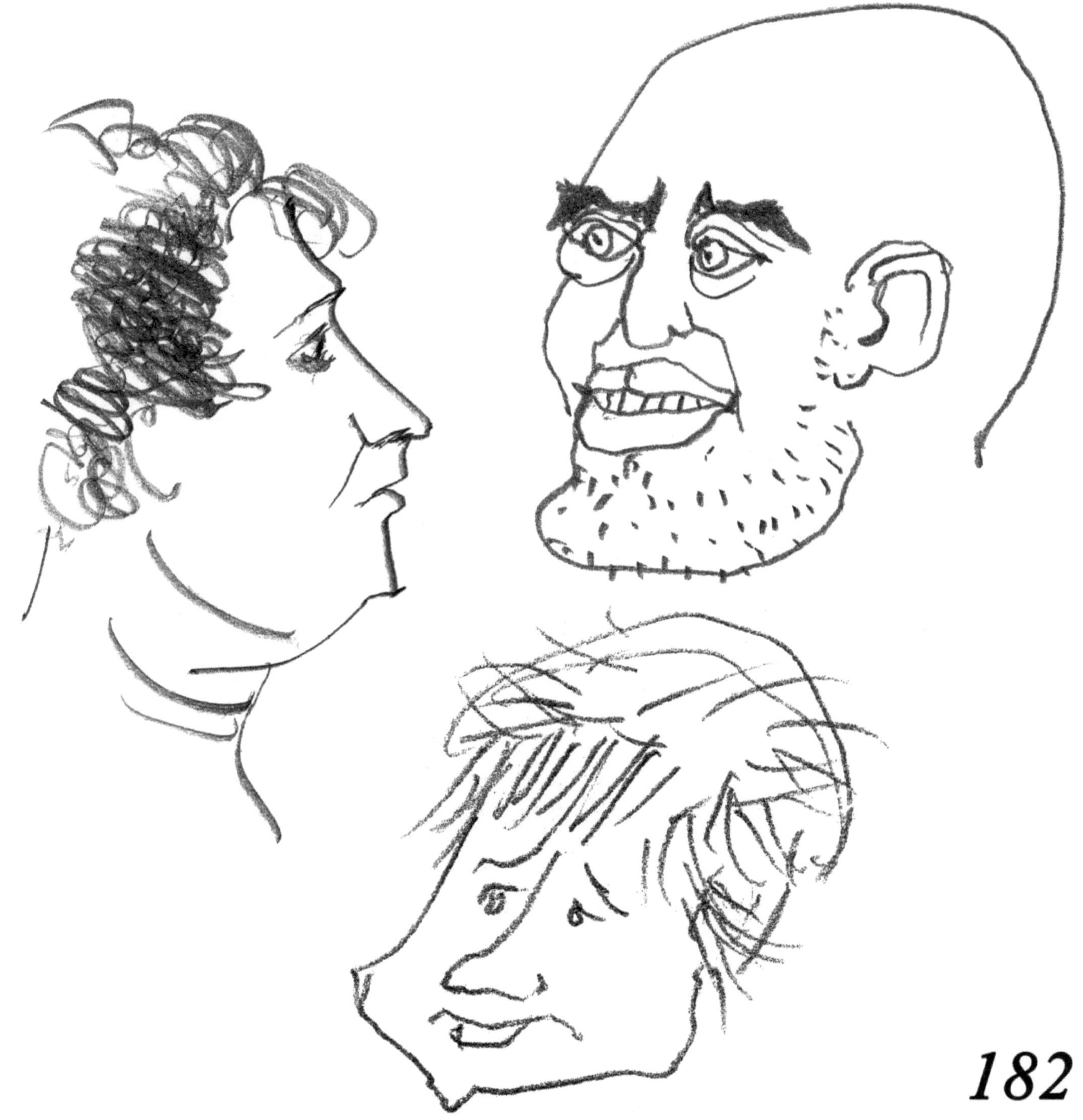

182

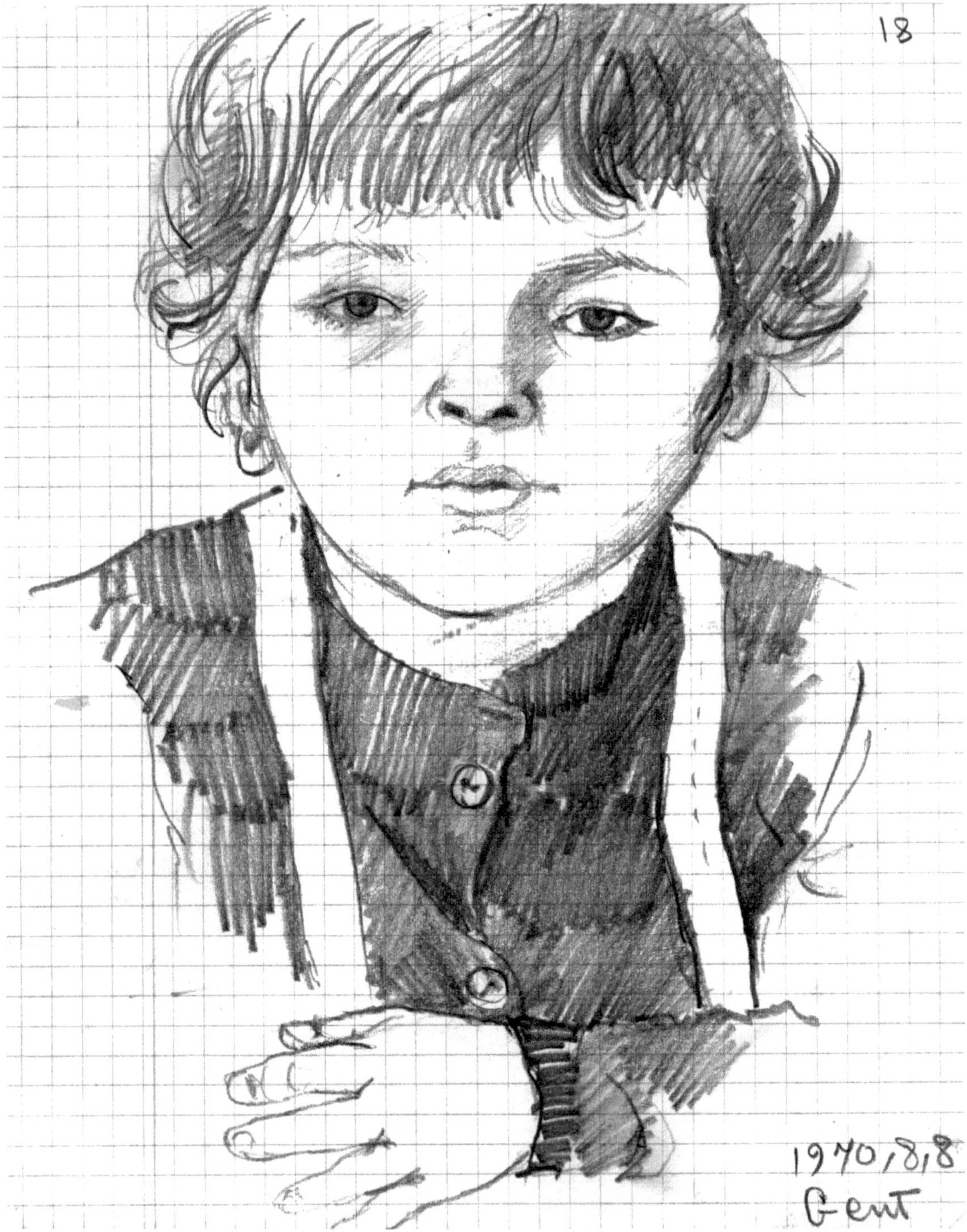

Farhang, my son

183

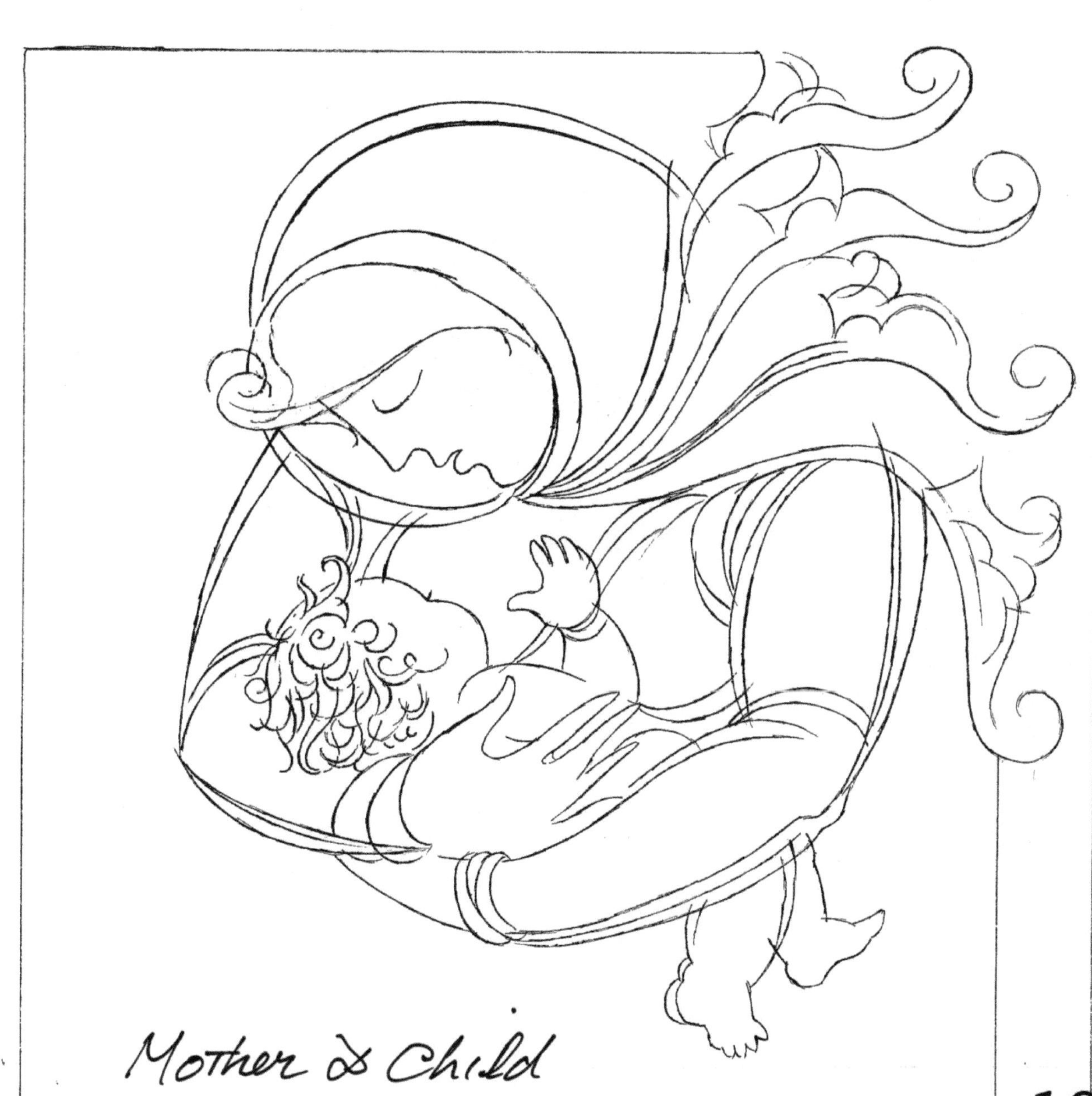

Mother & Child

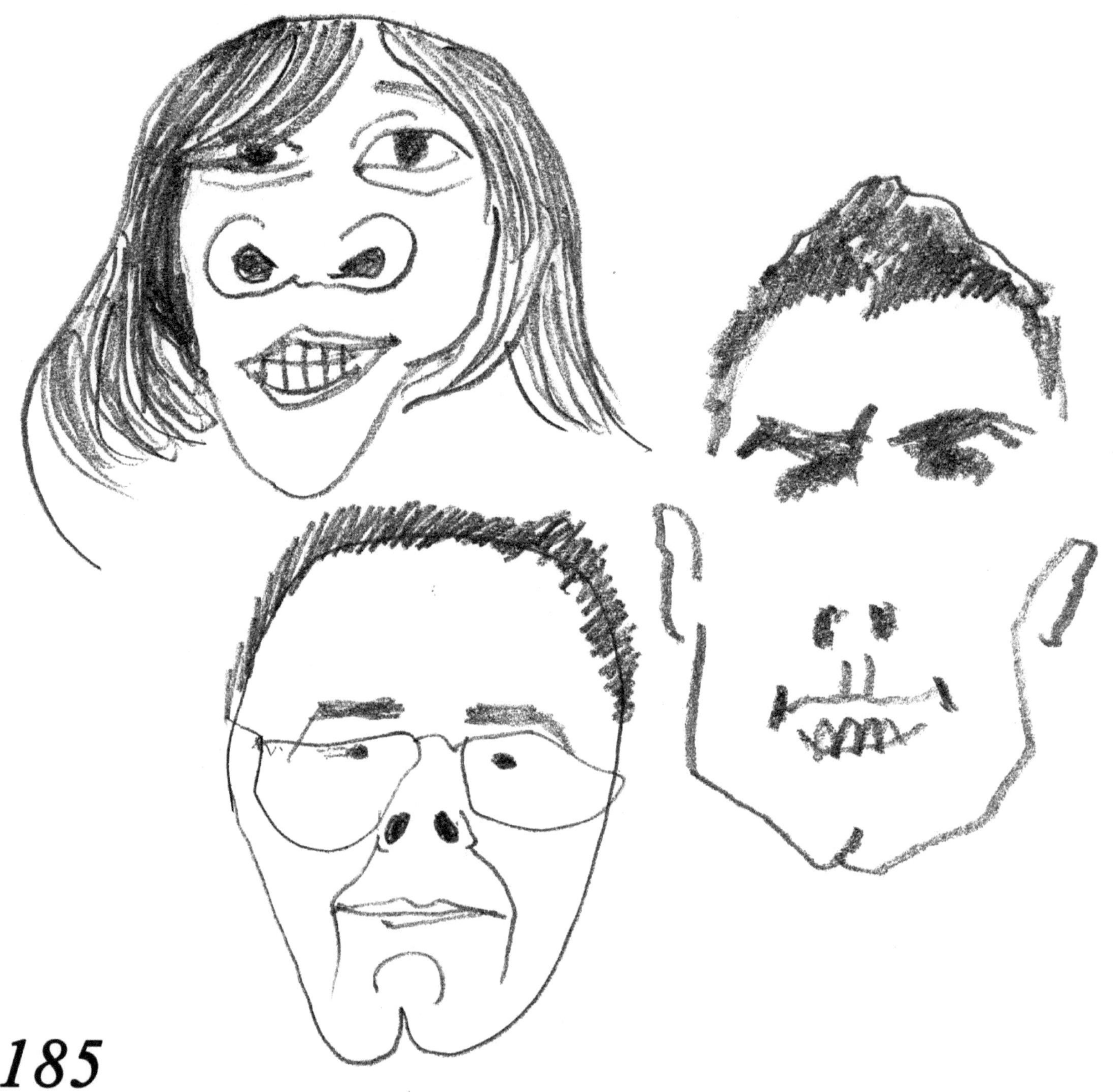

185

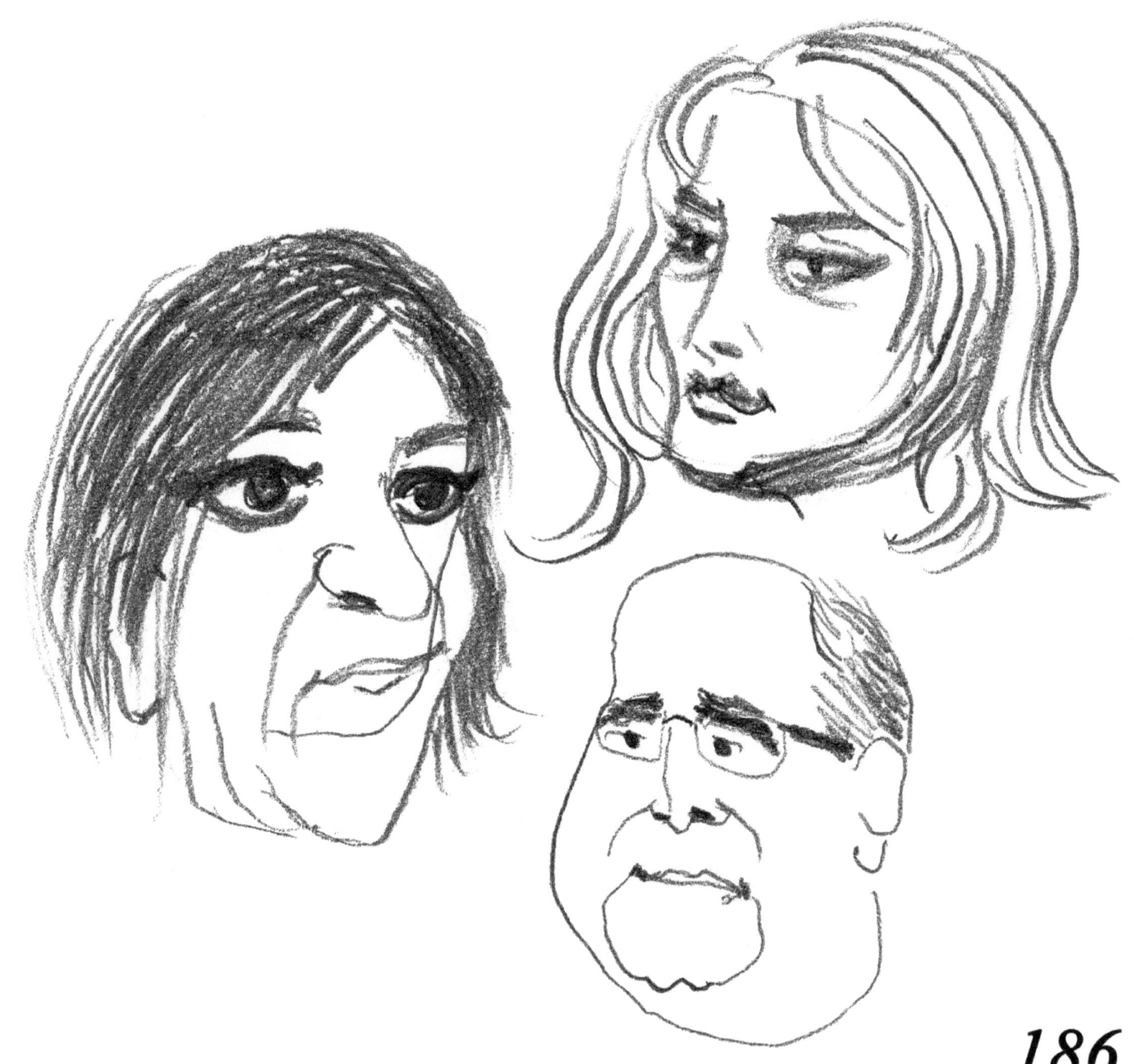

186

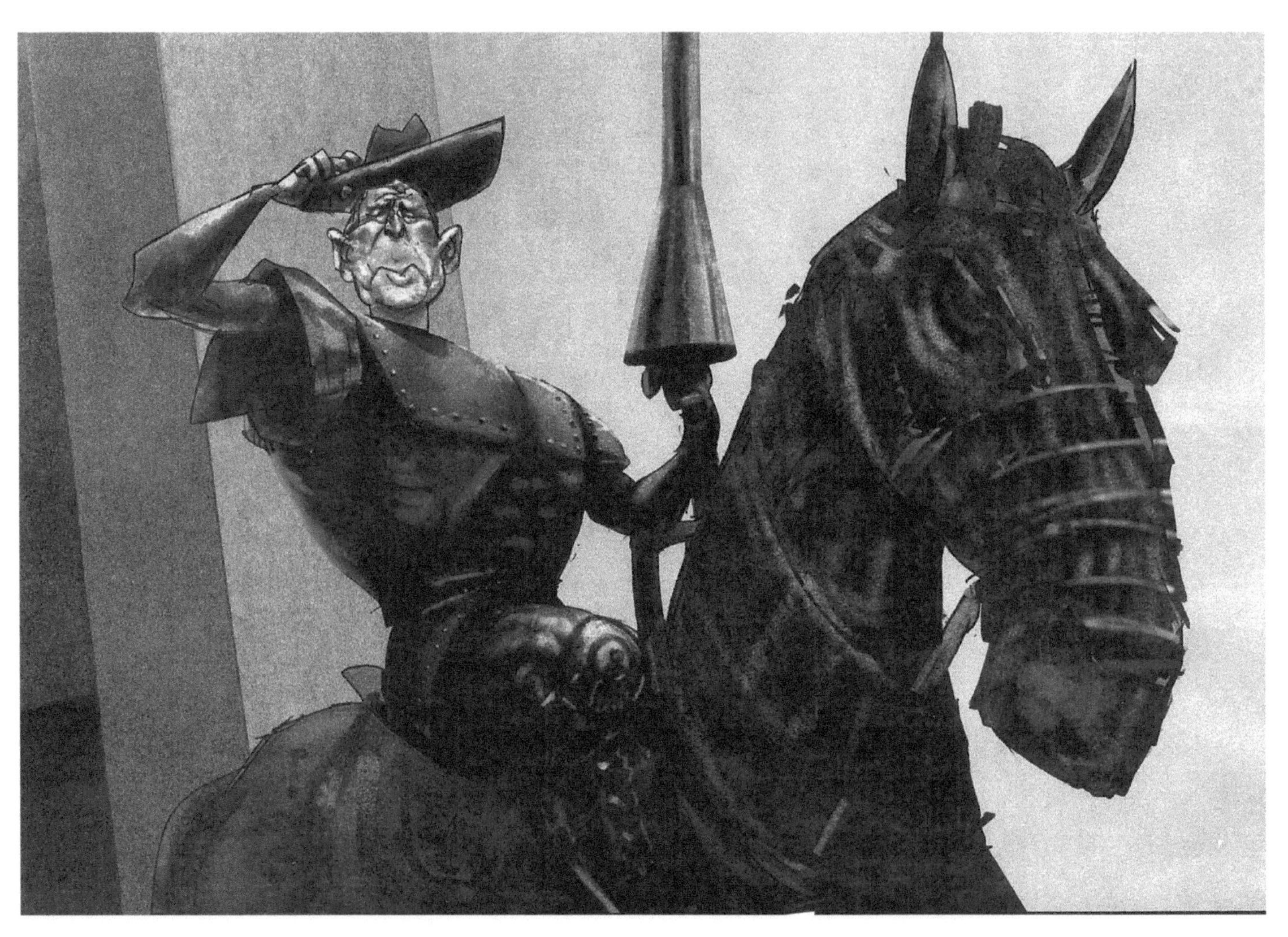

George W. Bush

جرج بوش پسر

187

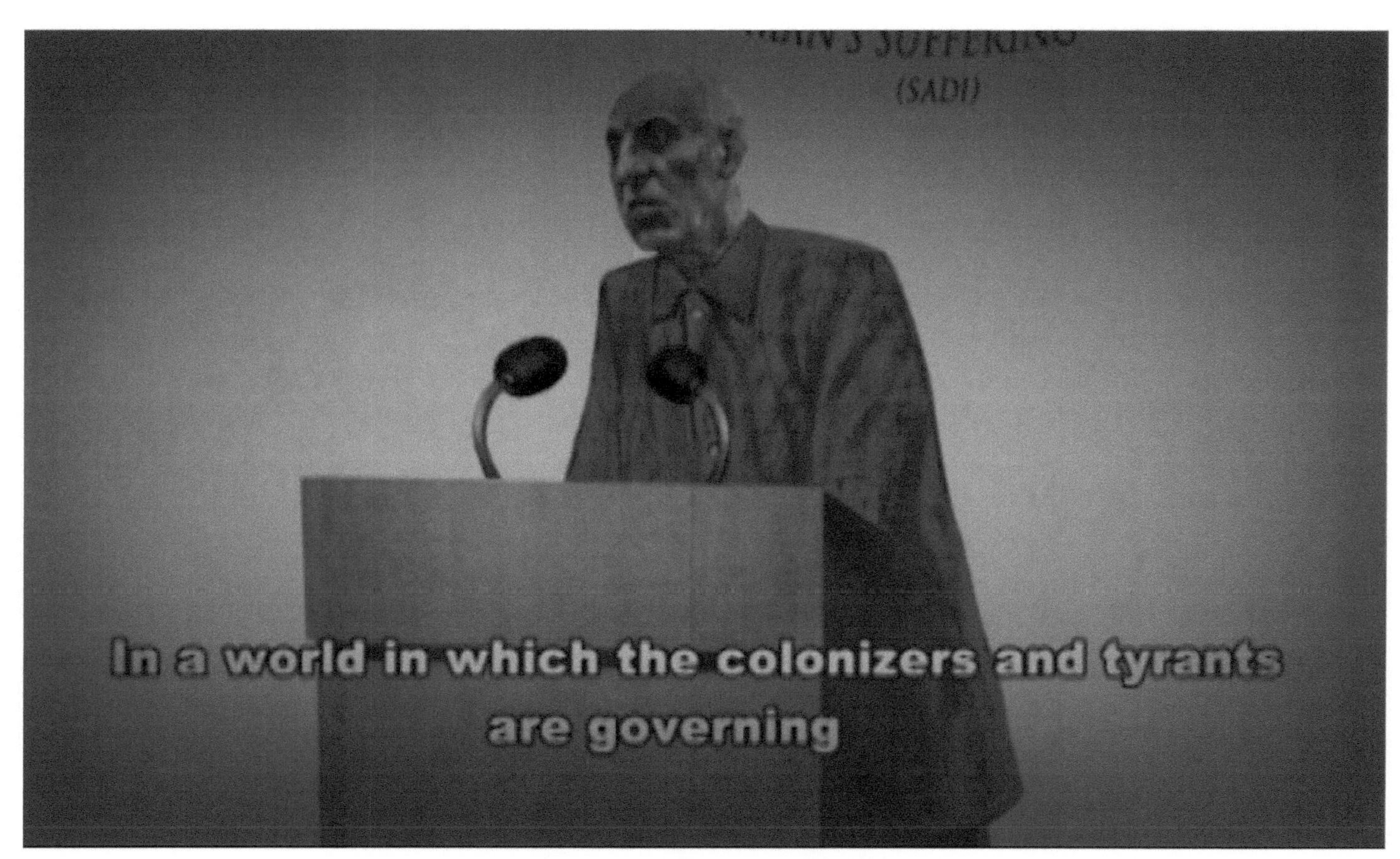

Dr. Mohammad Mosadegh

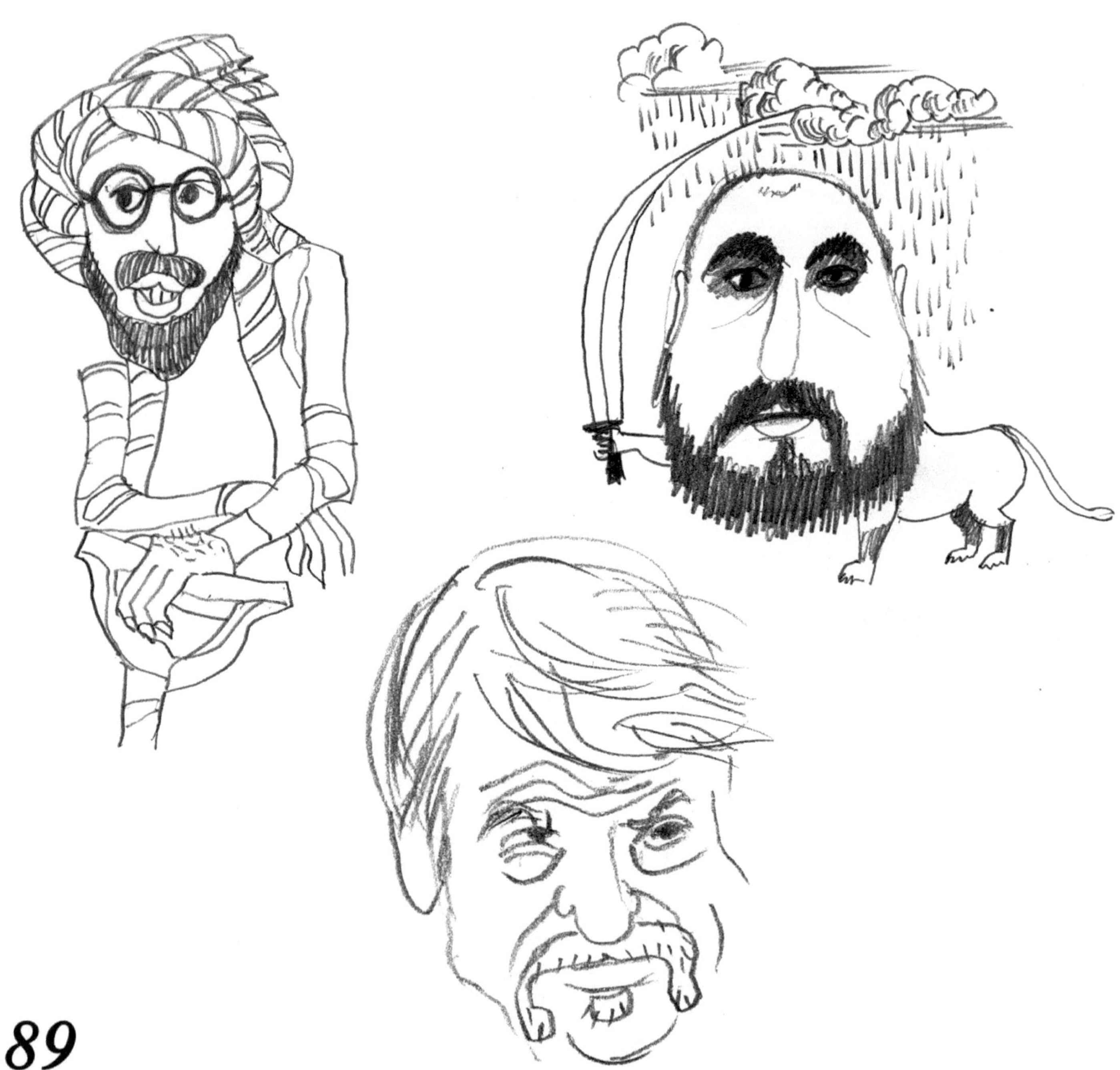

189

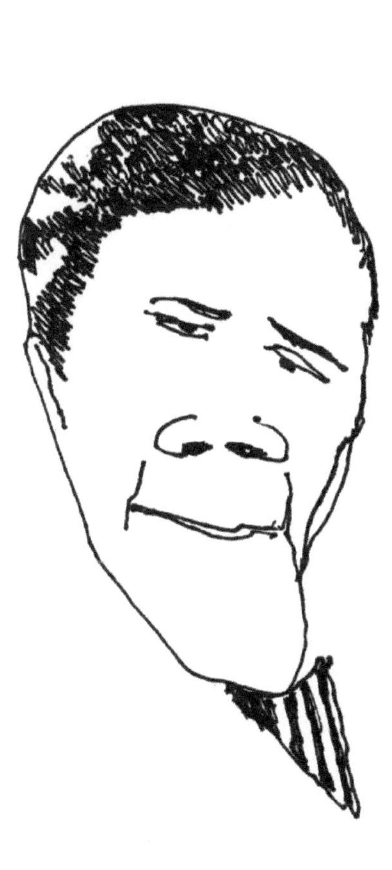

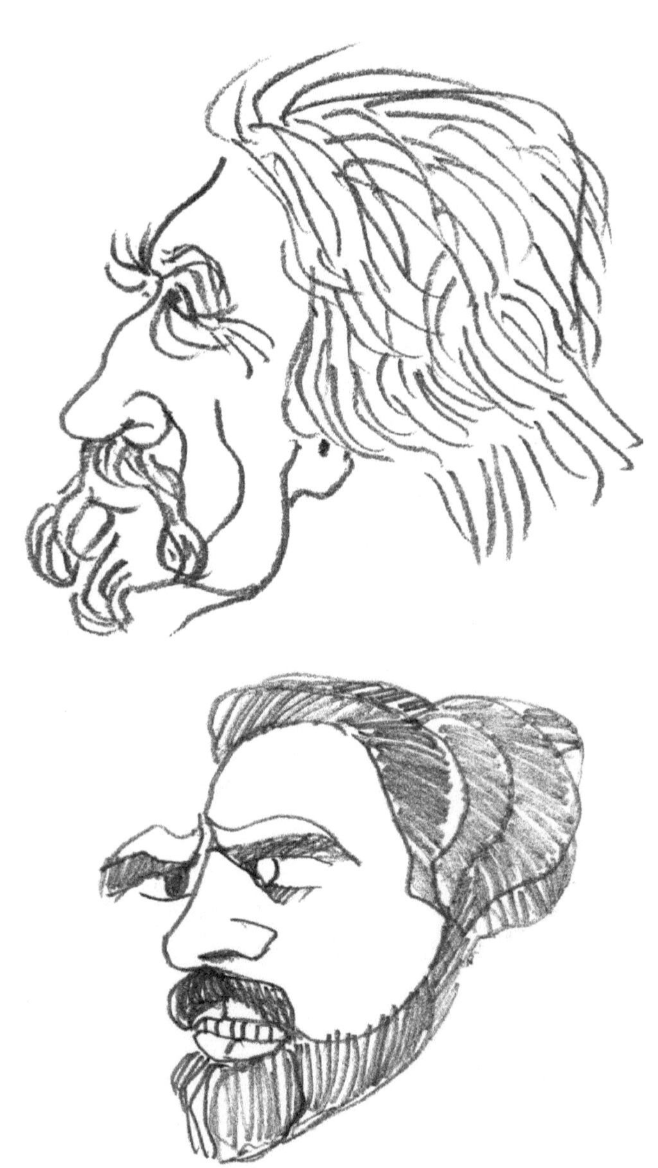

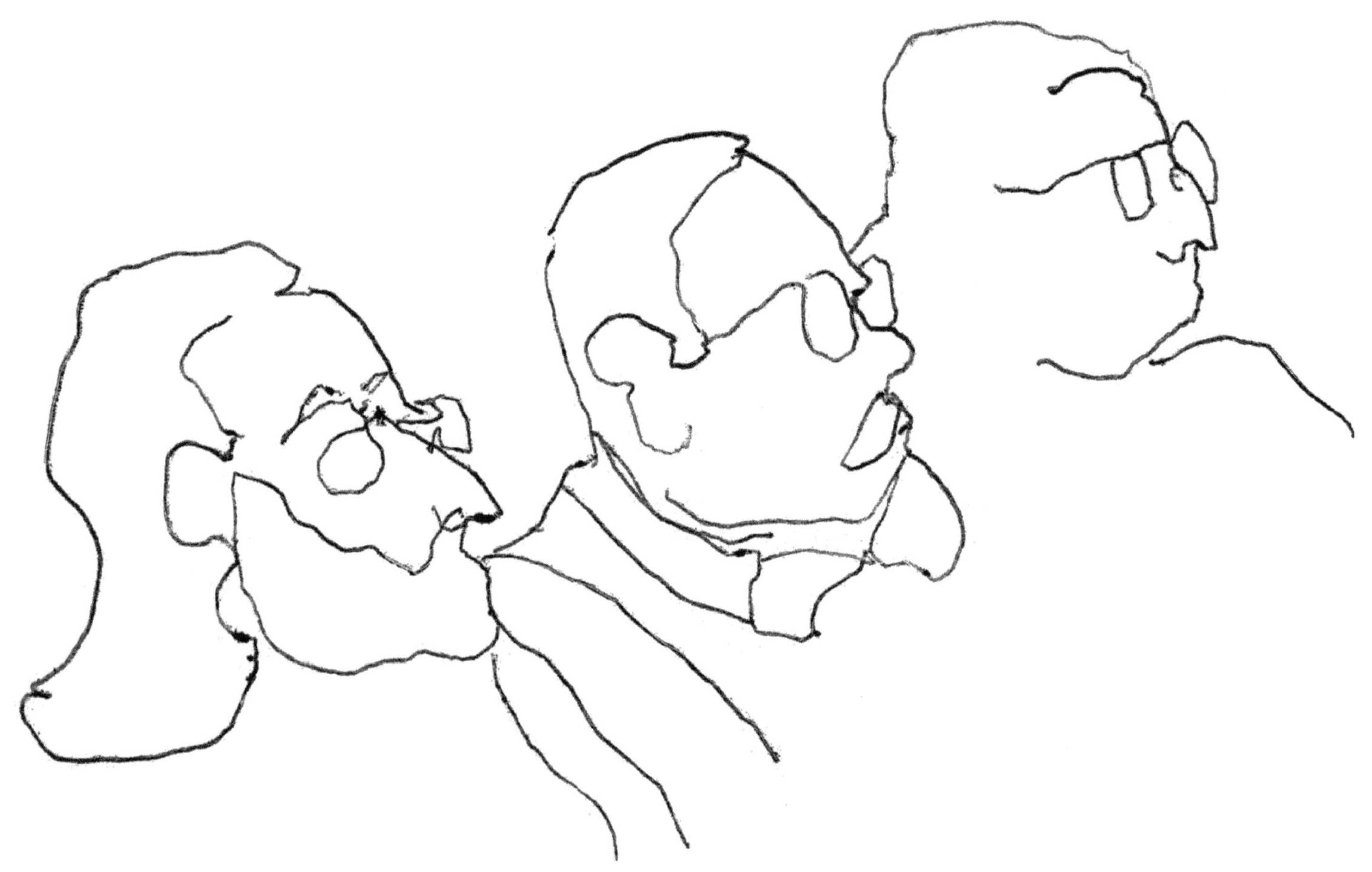

191

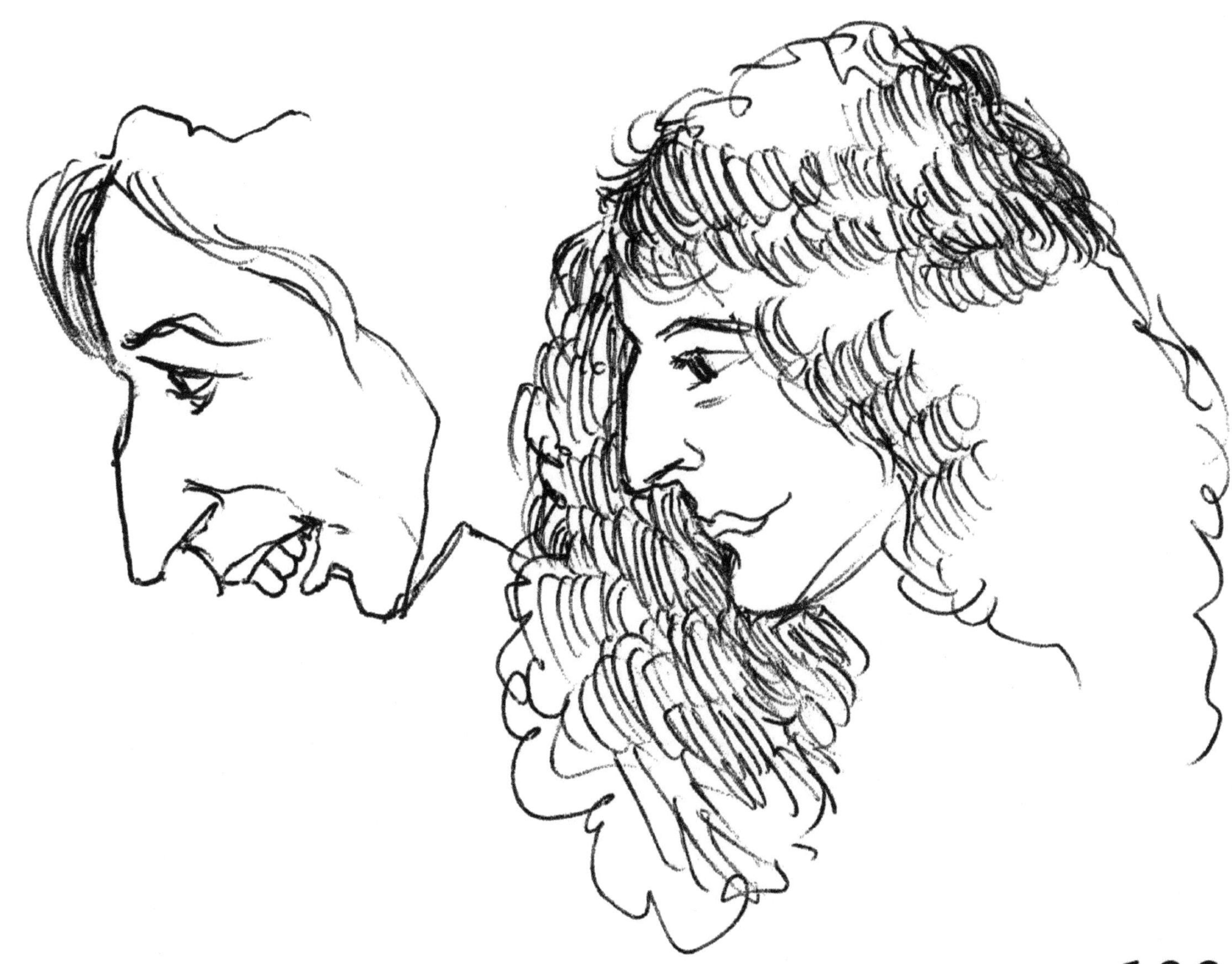

192

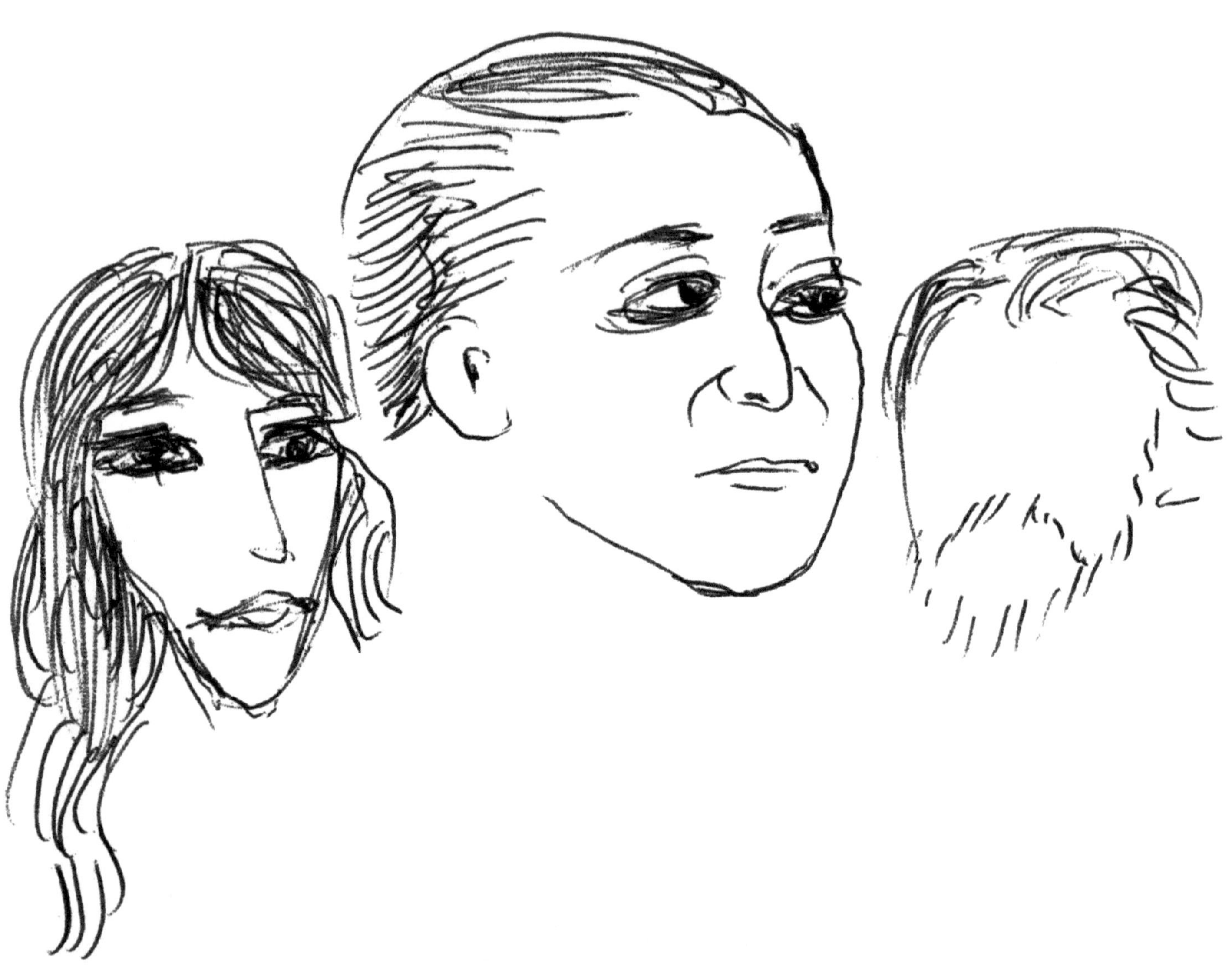

193

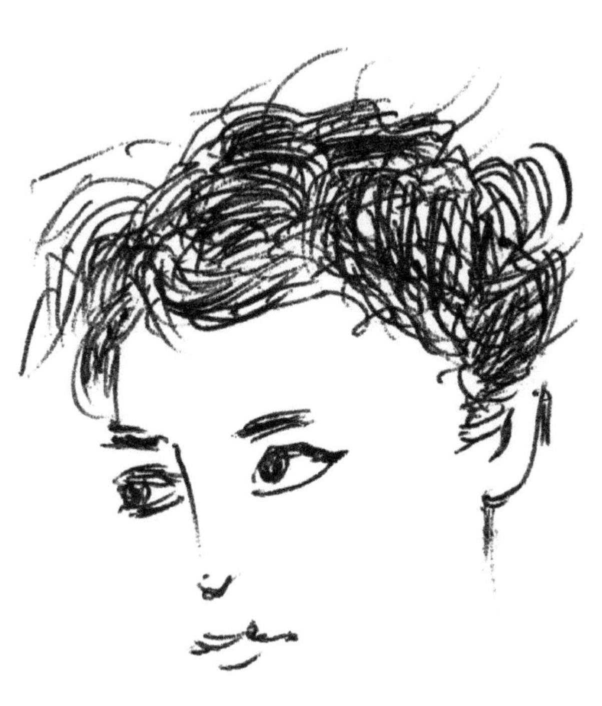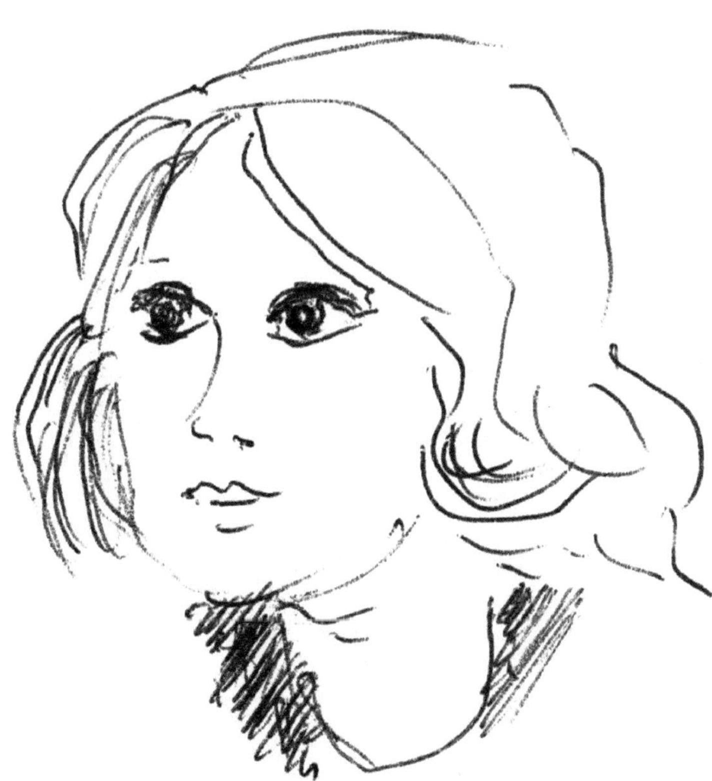

194

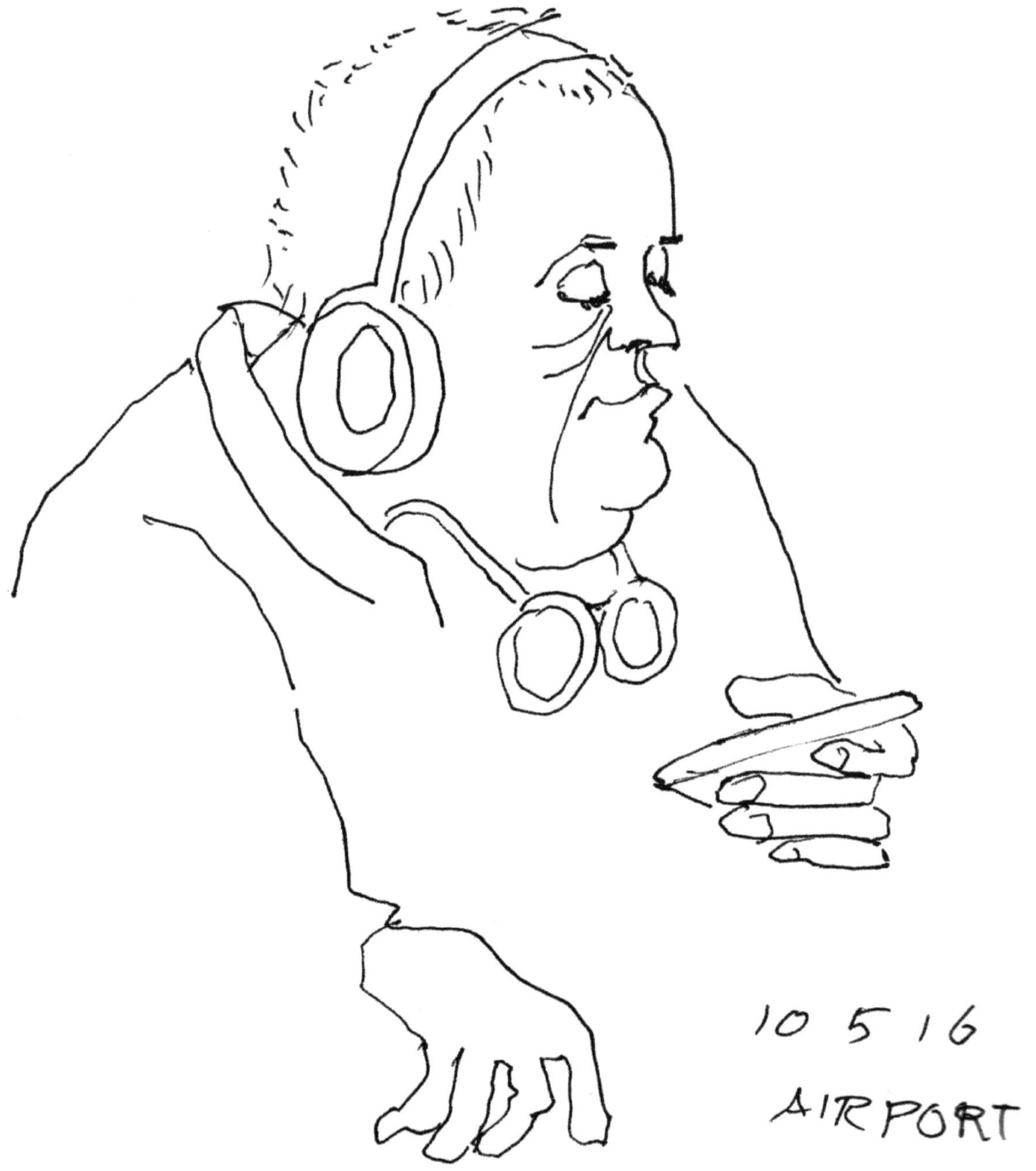

195

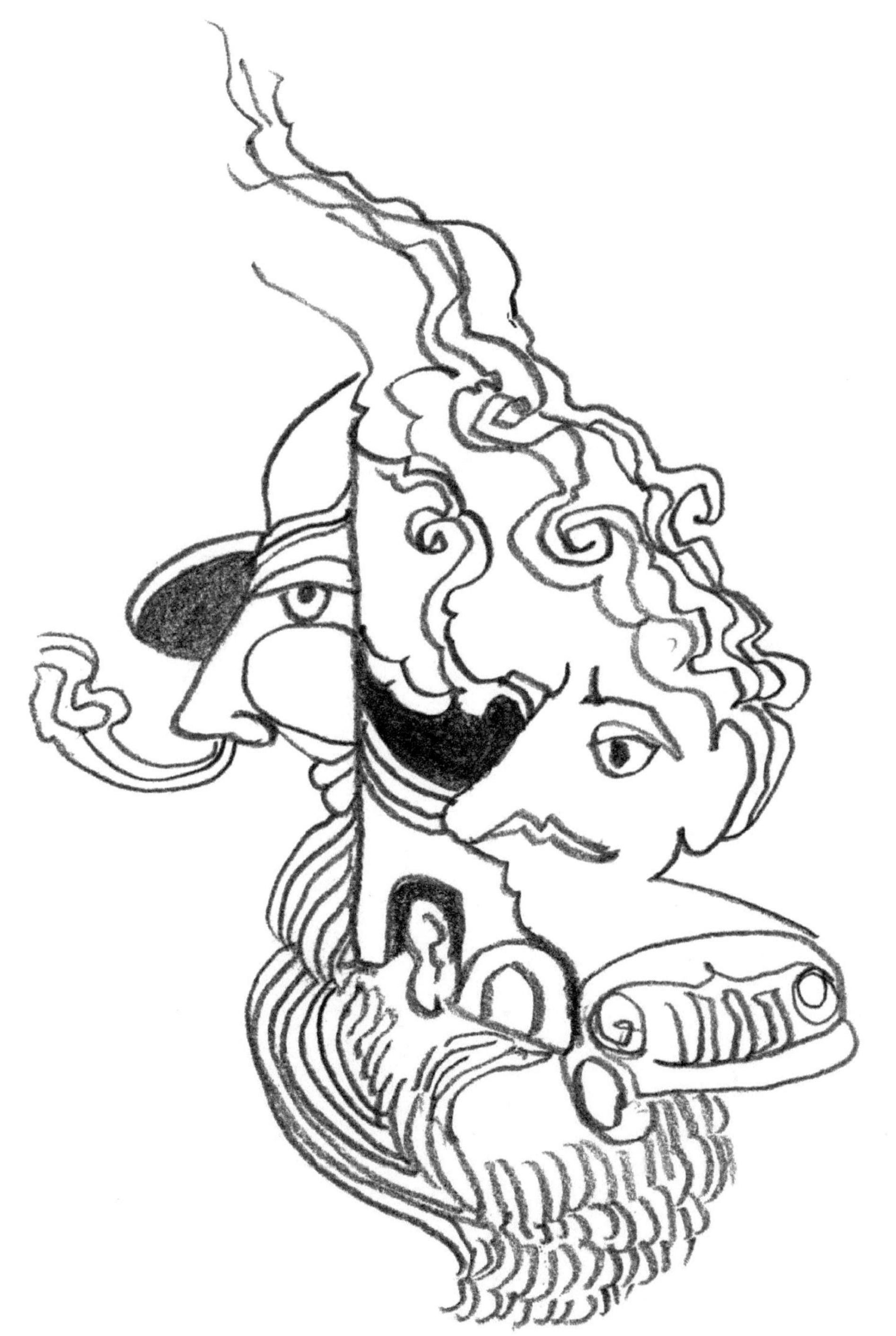

196

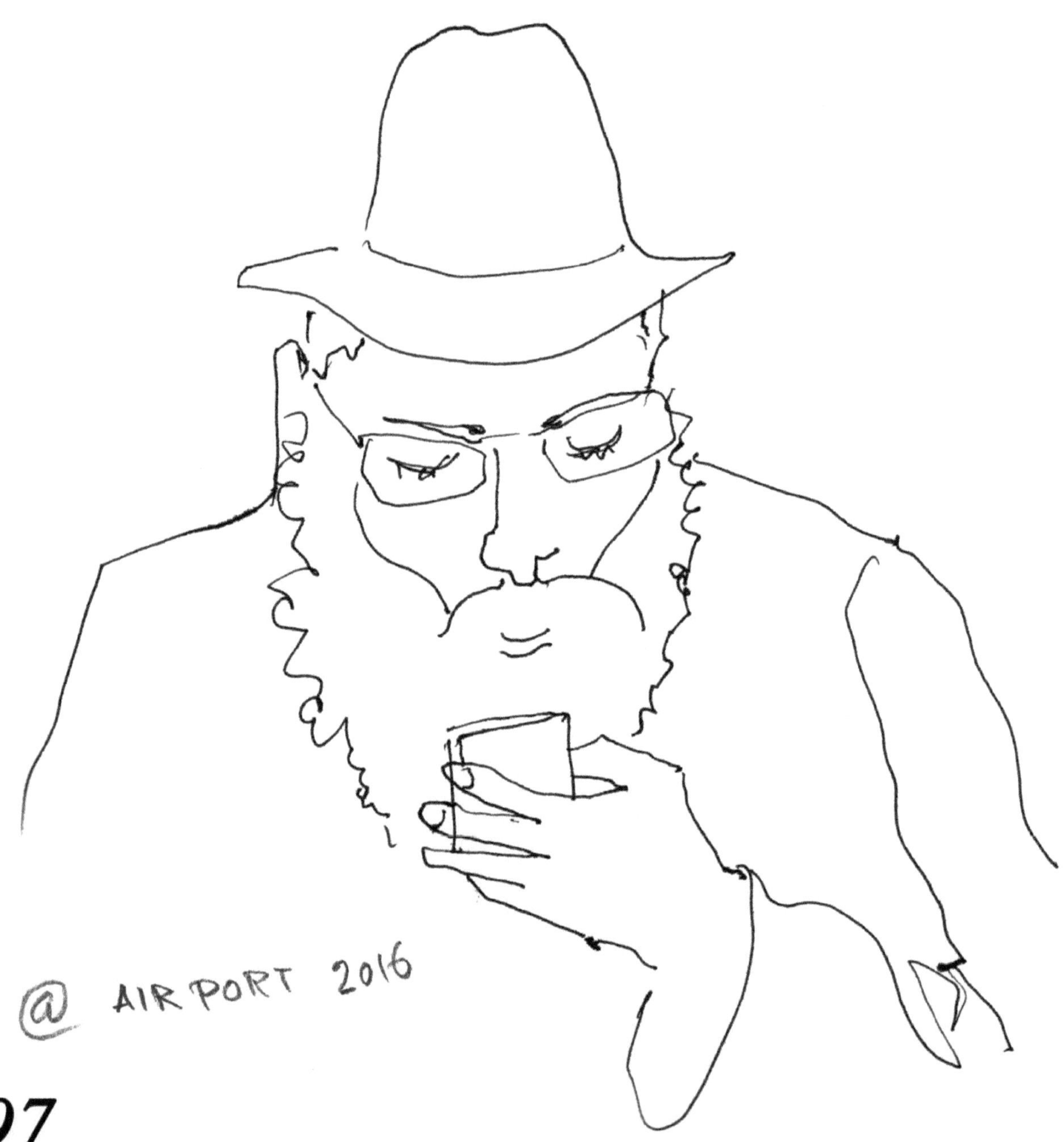

197

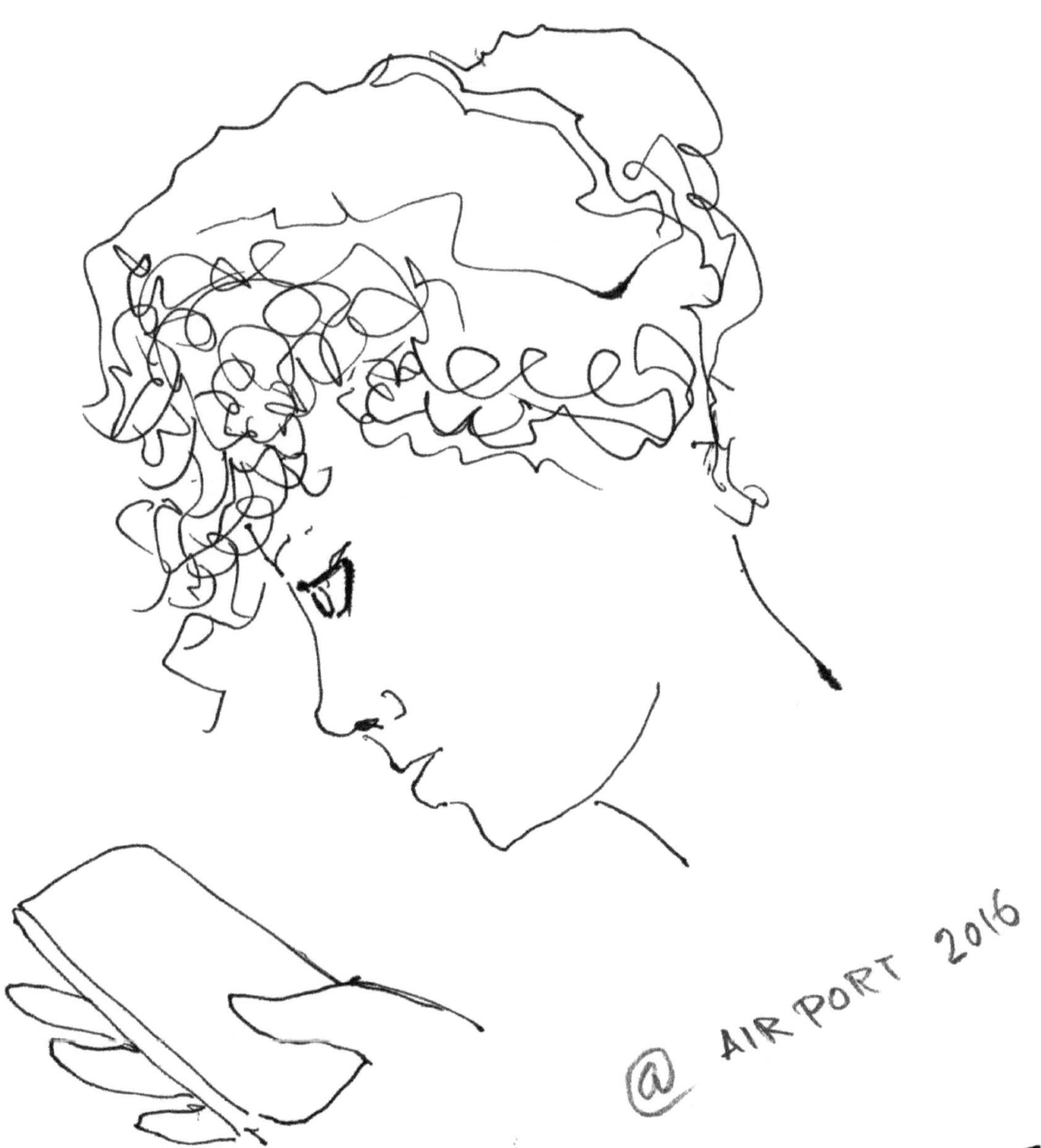

198

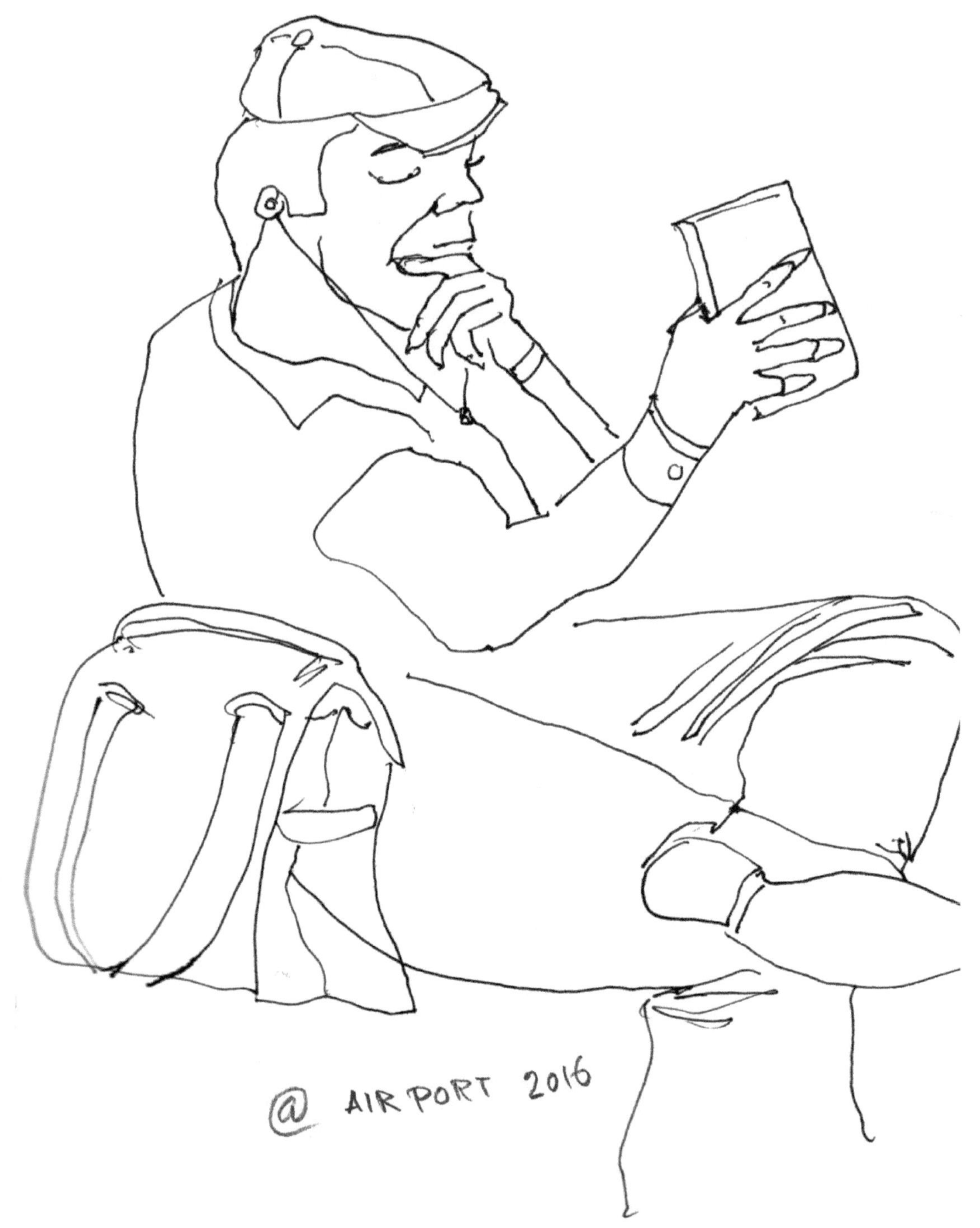

199

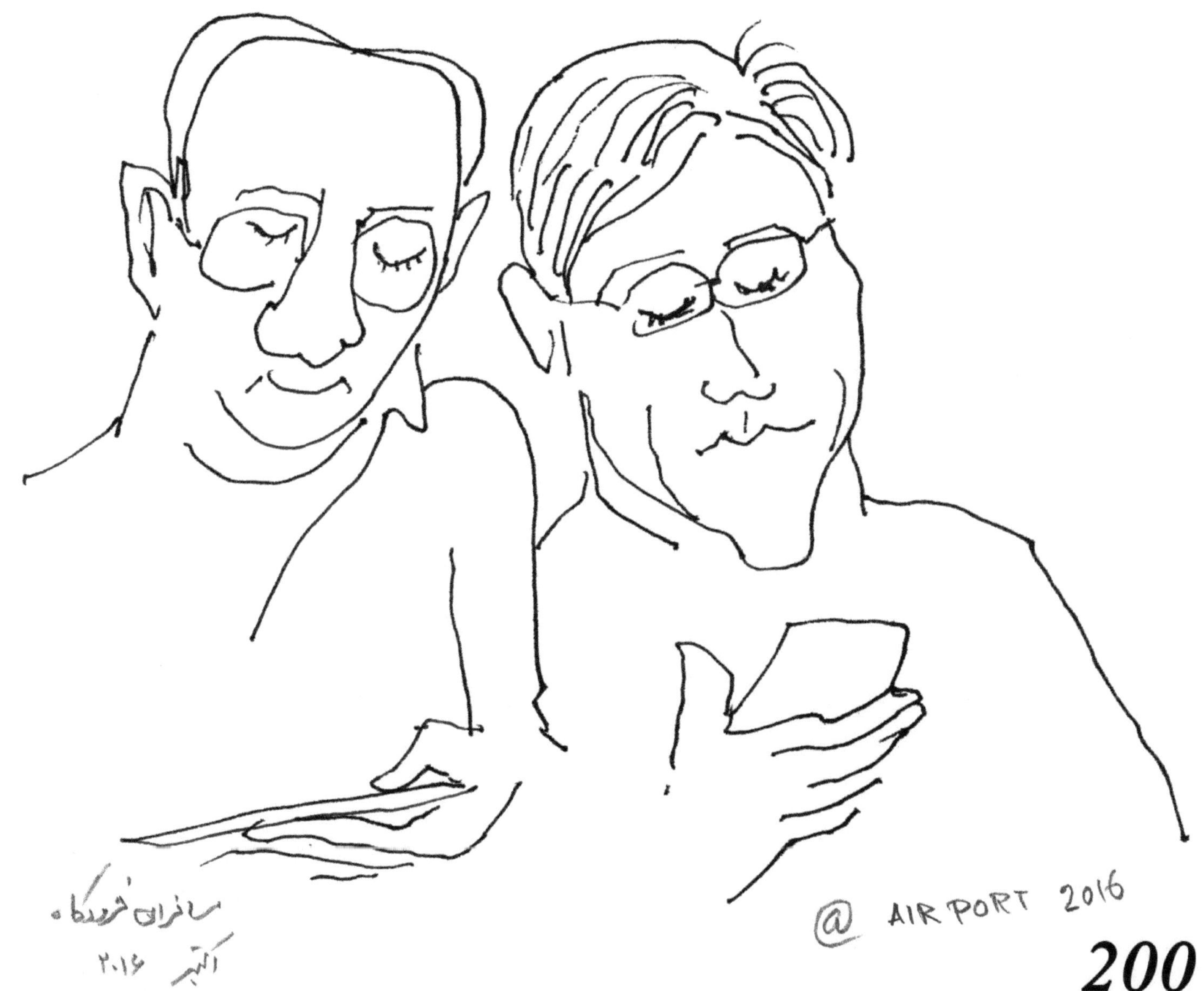
@ AIRPORT 2016
200

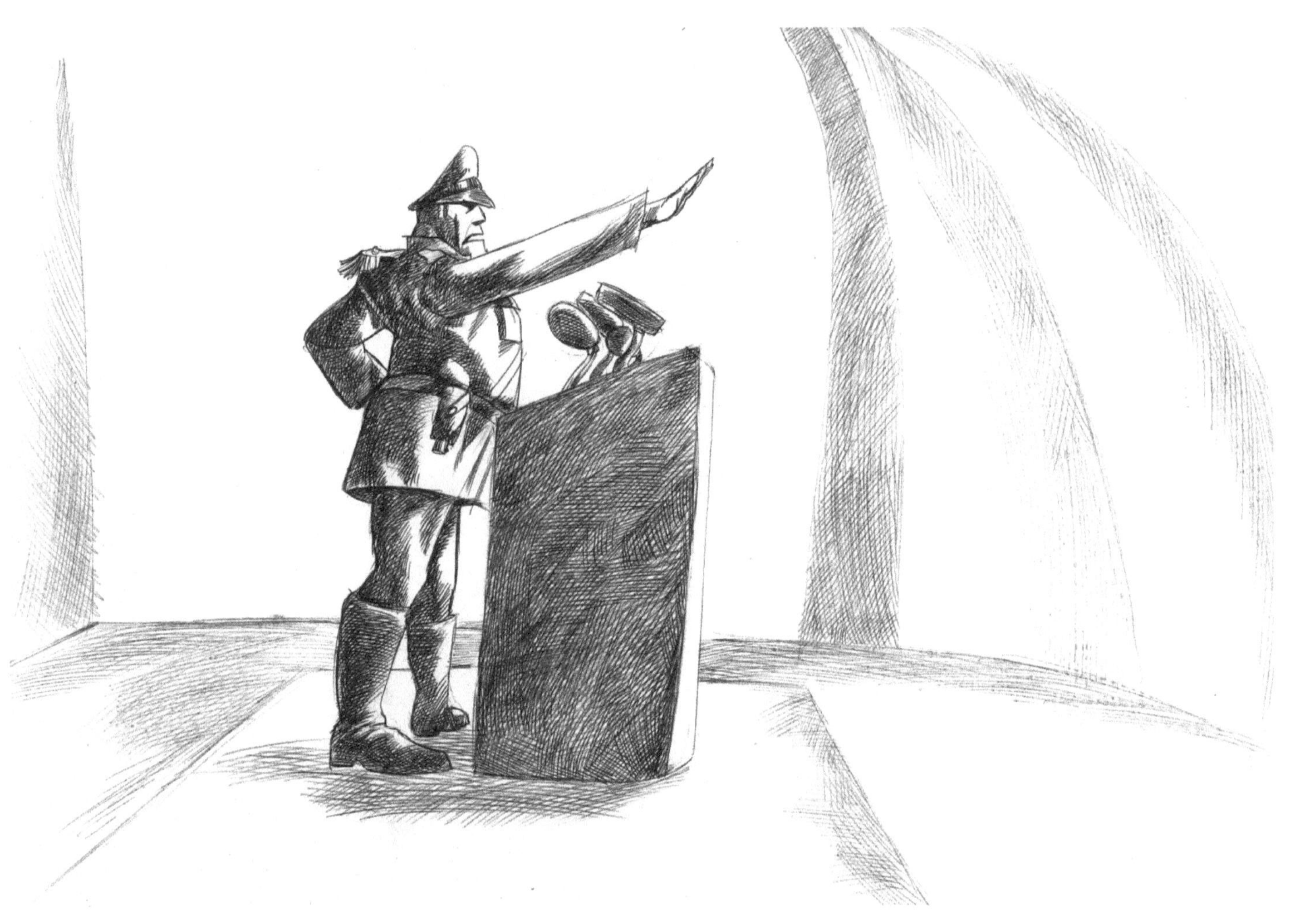

201

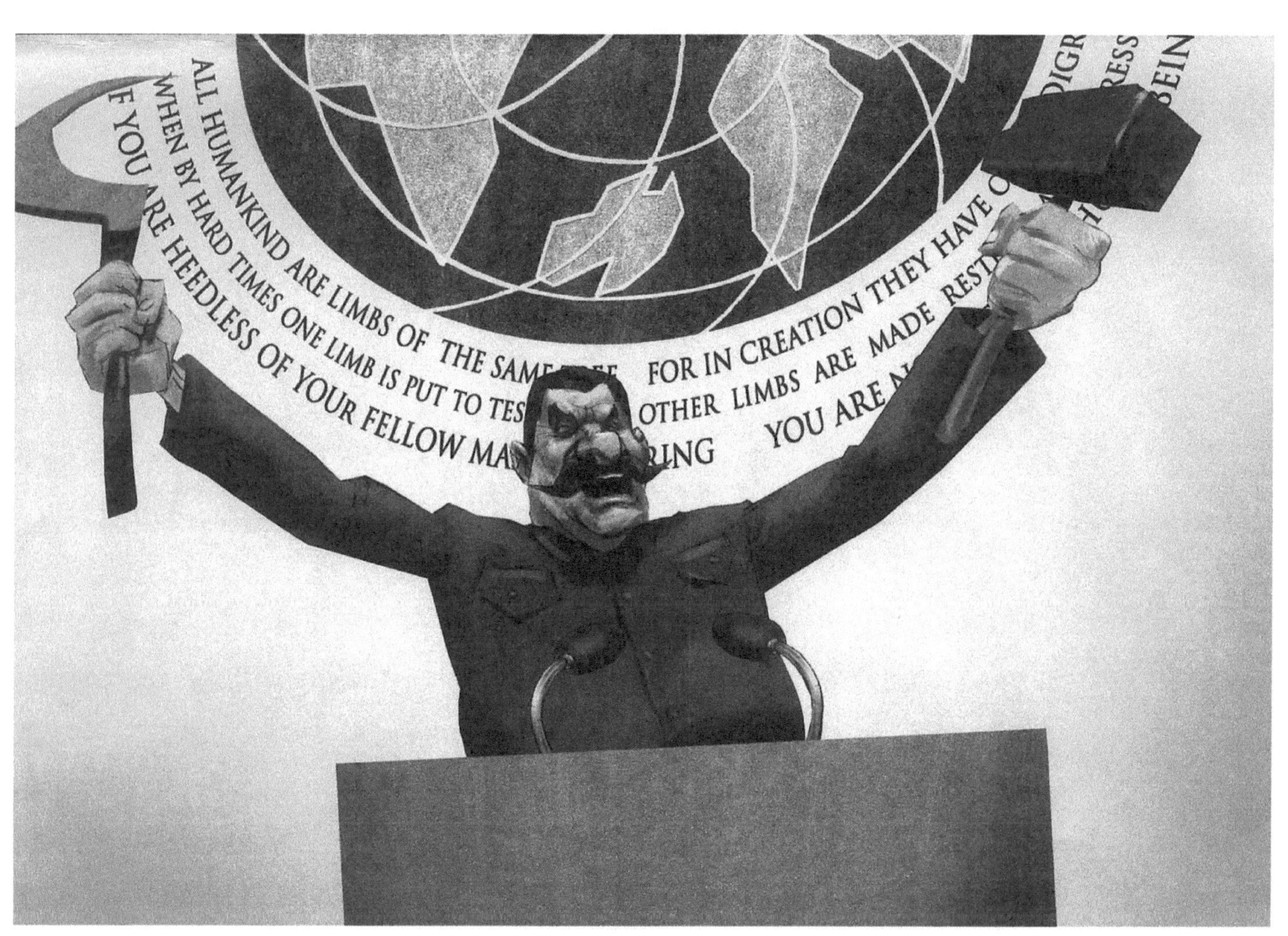

روزف استالین Josef Stalin

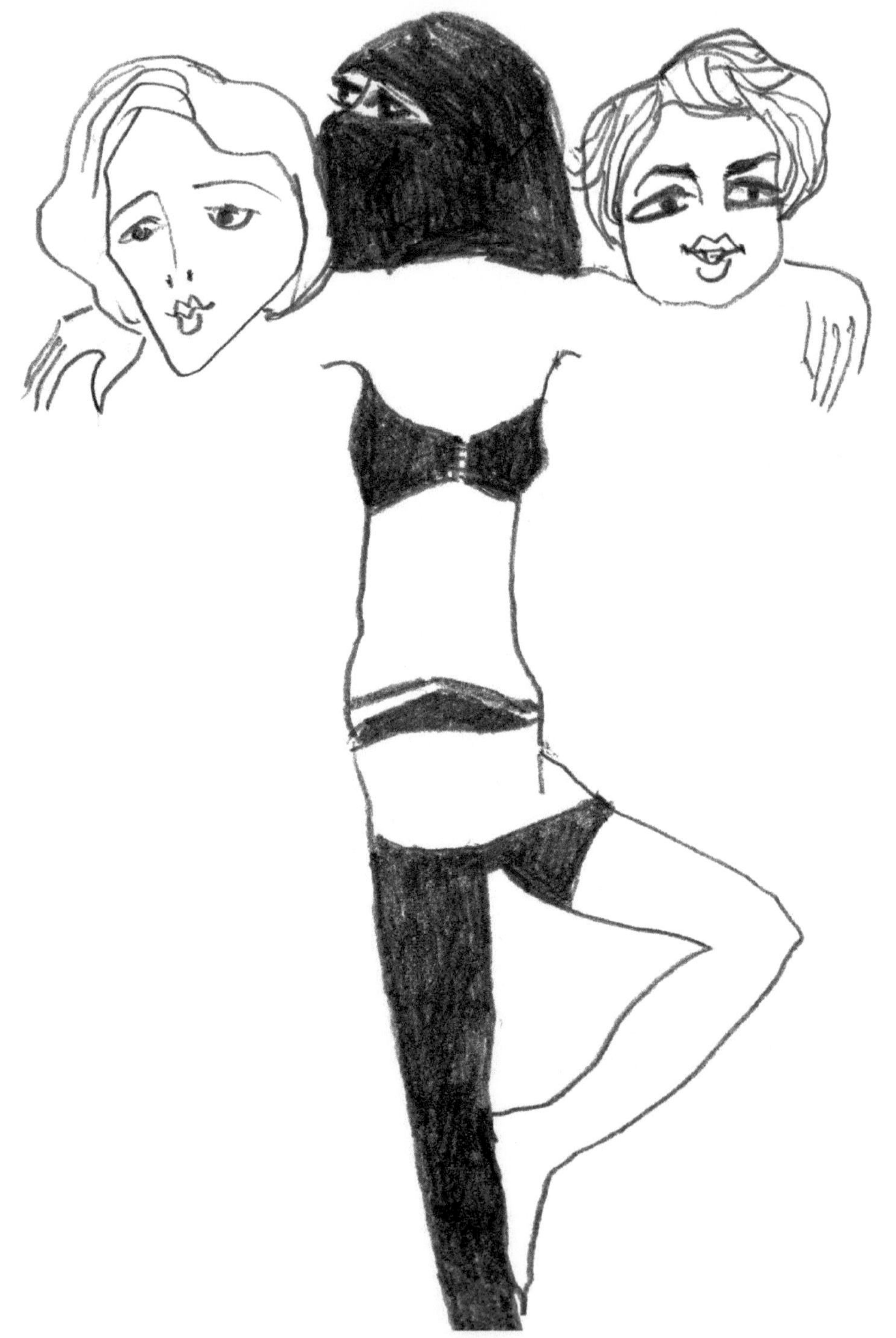

203

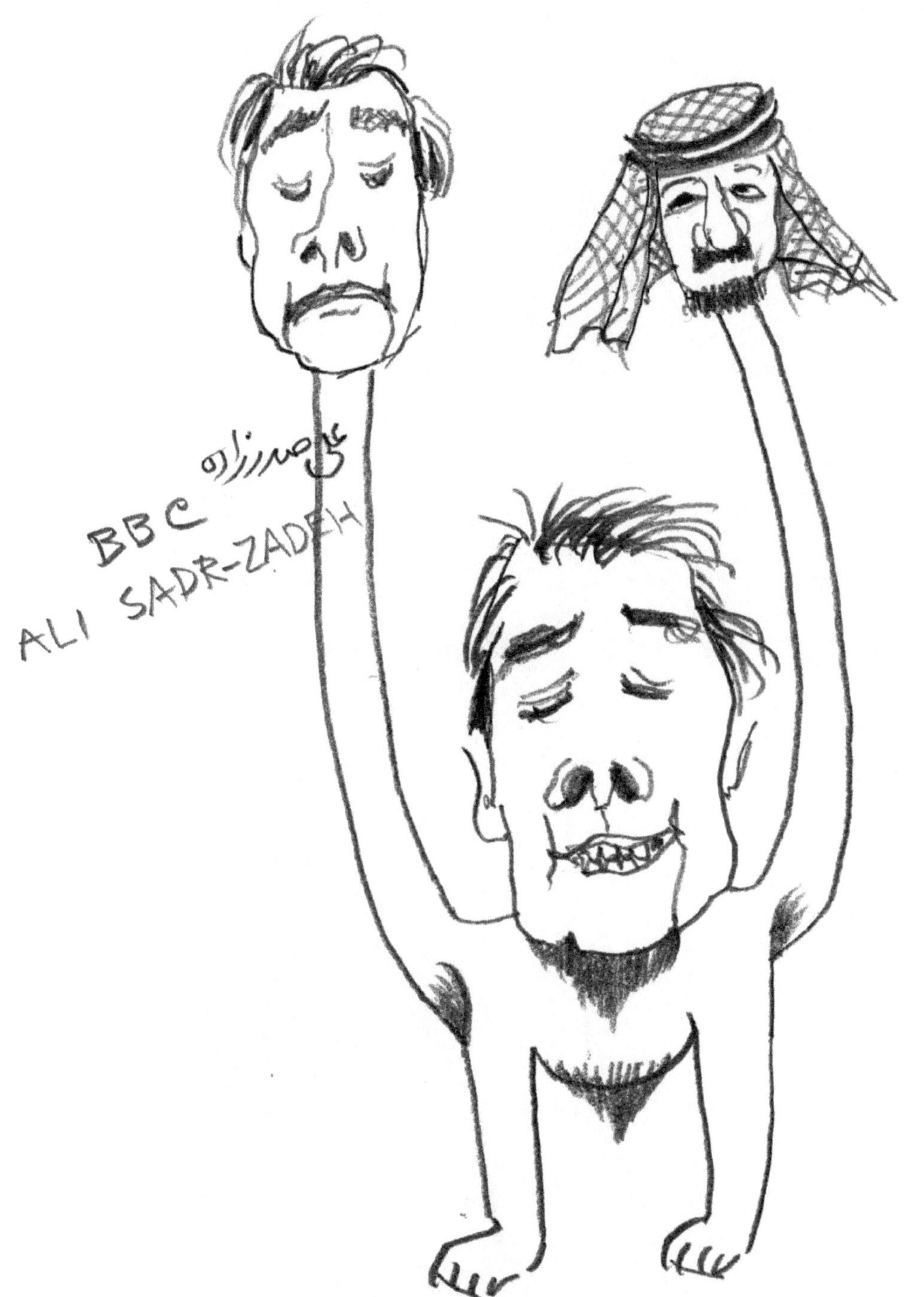

204

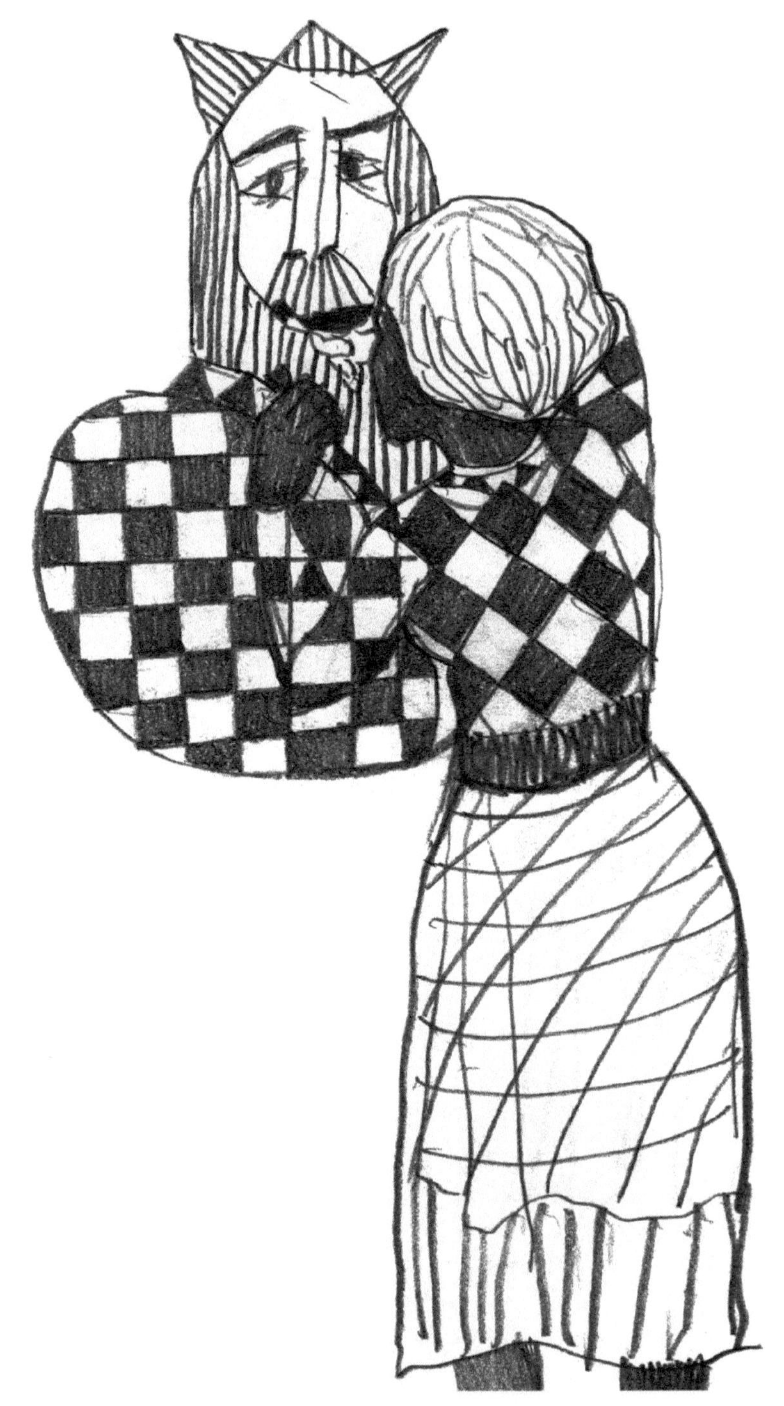

205

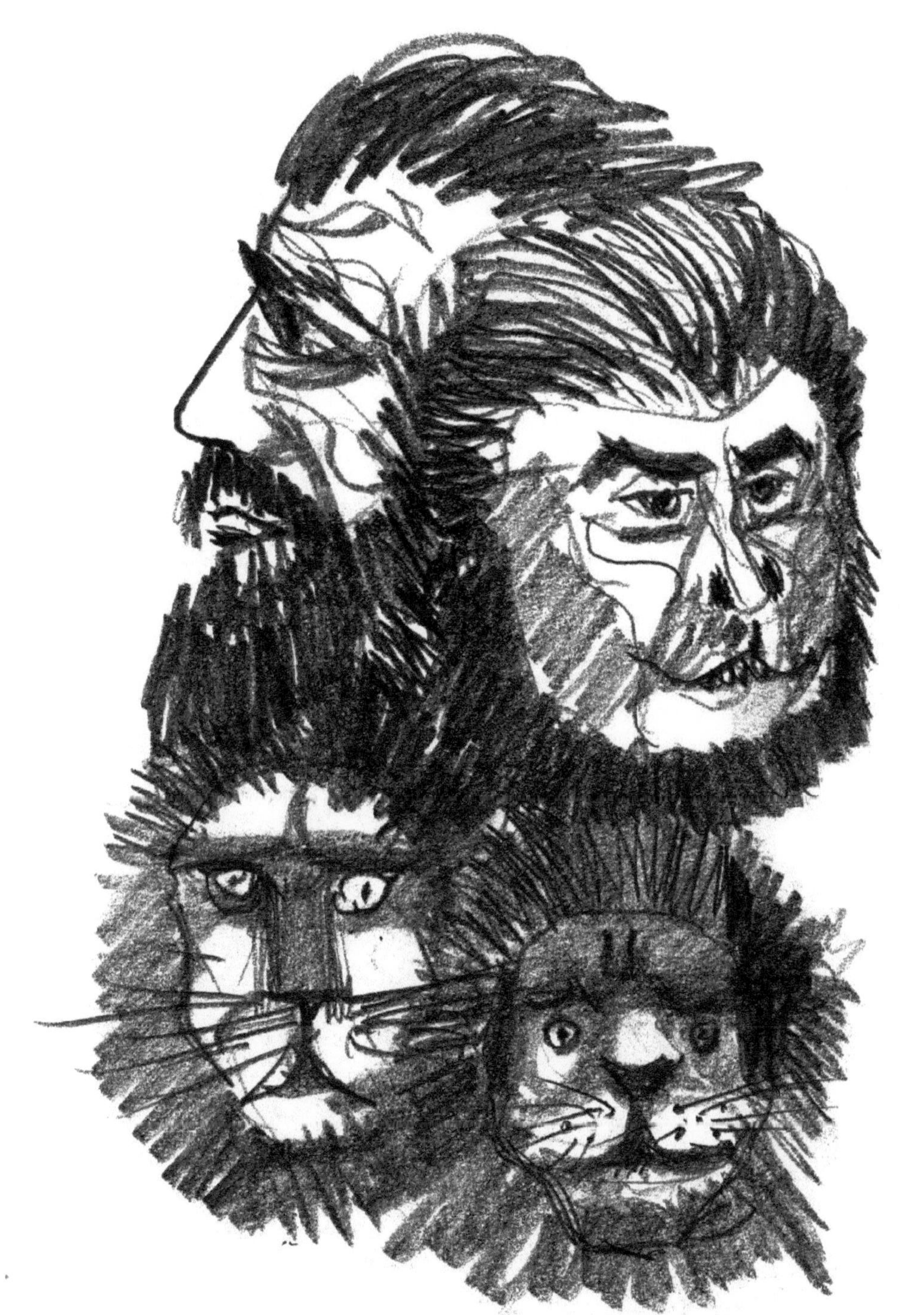

206

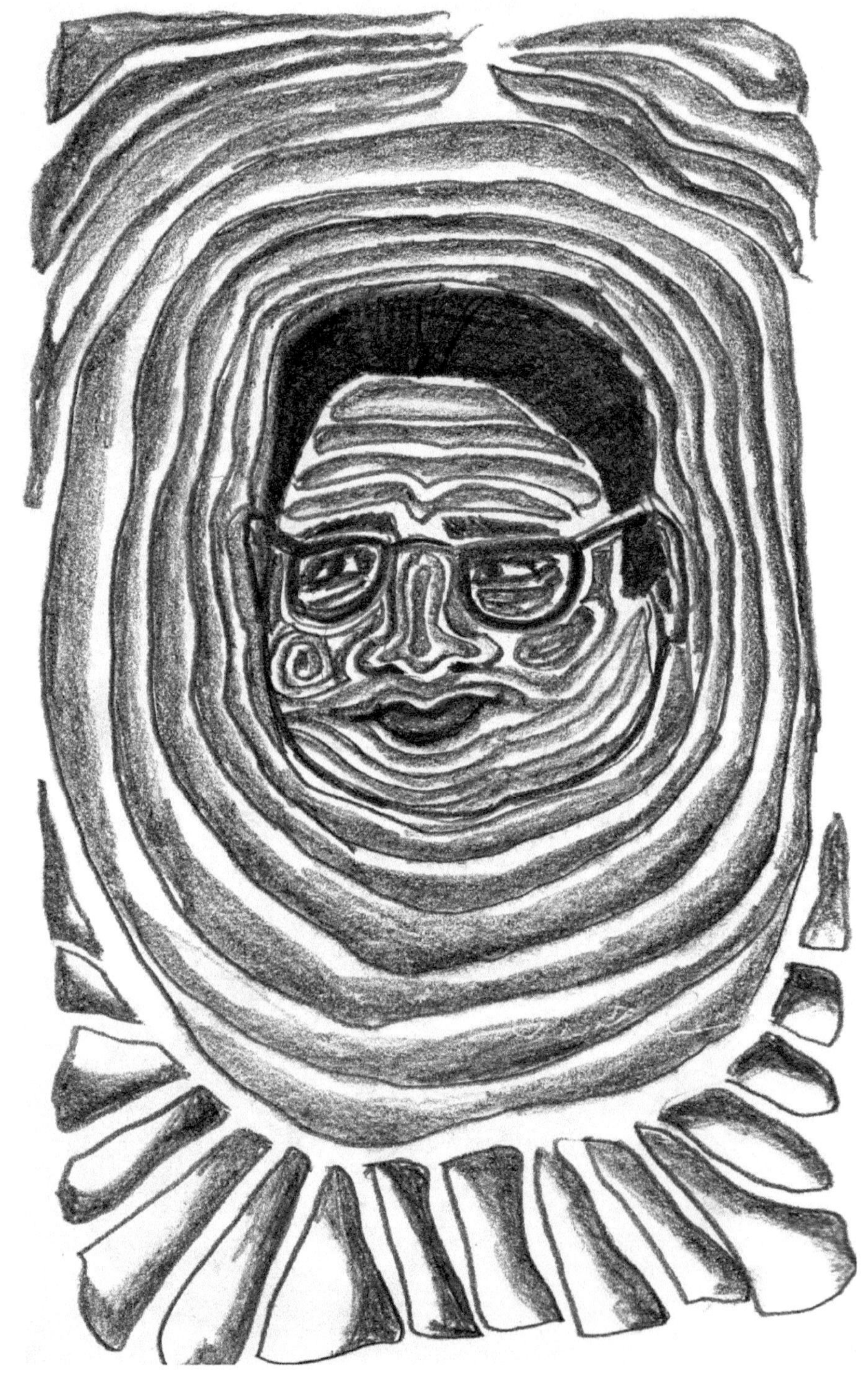

207

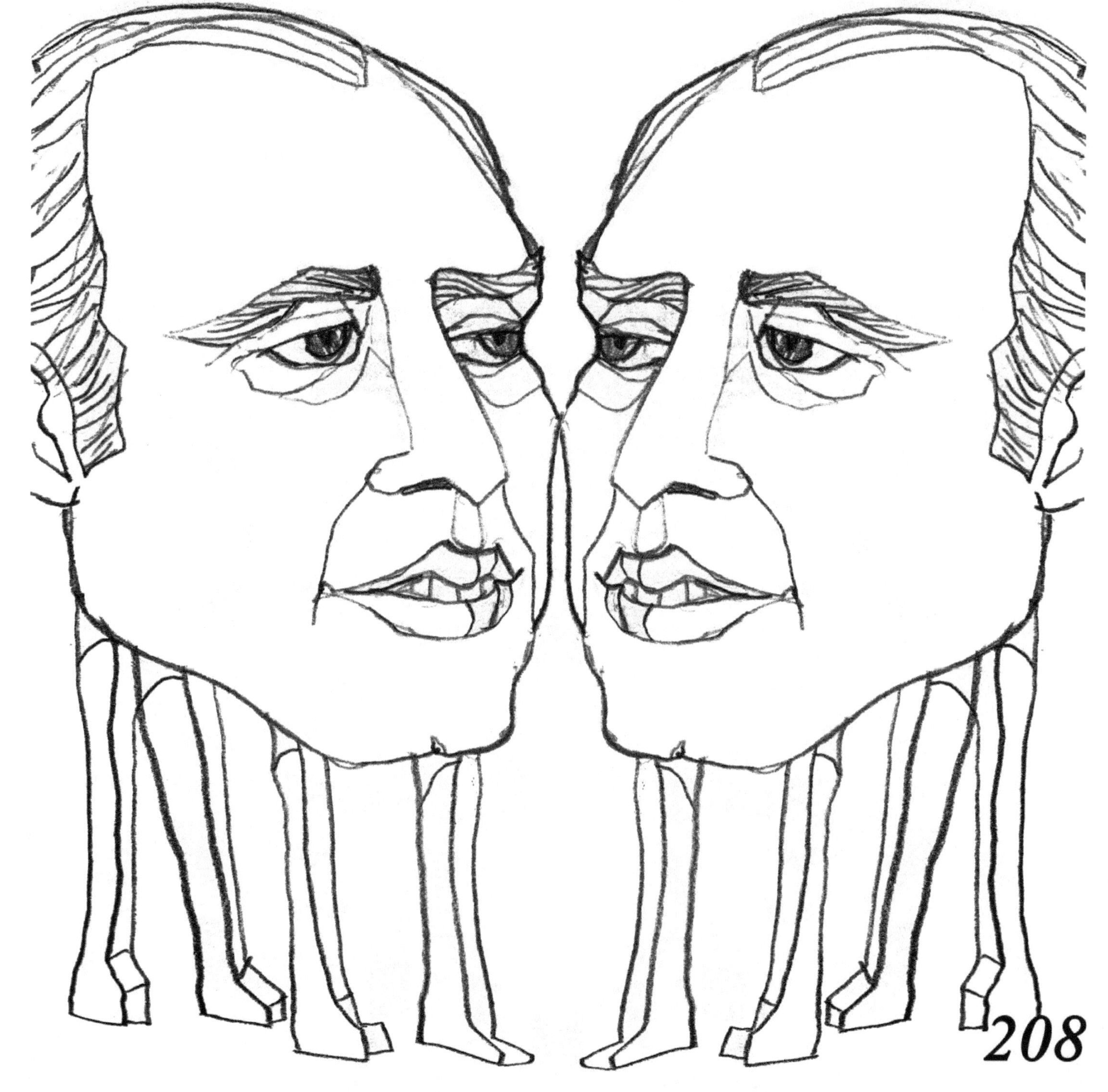

208

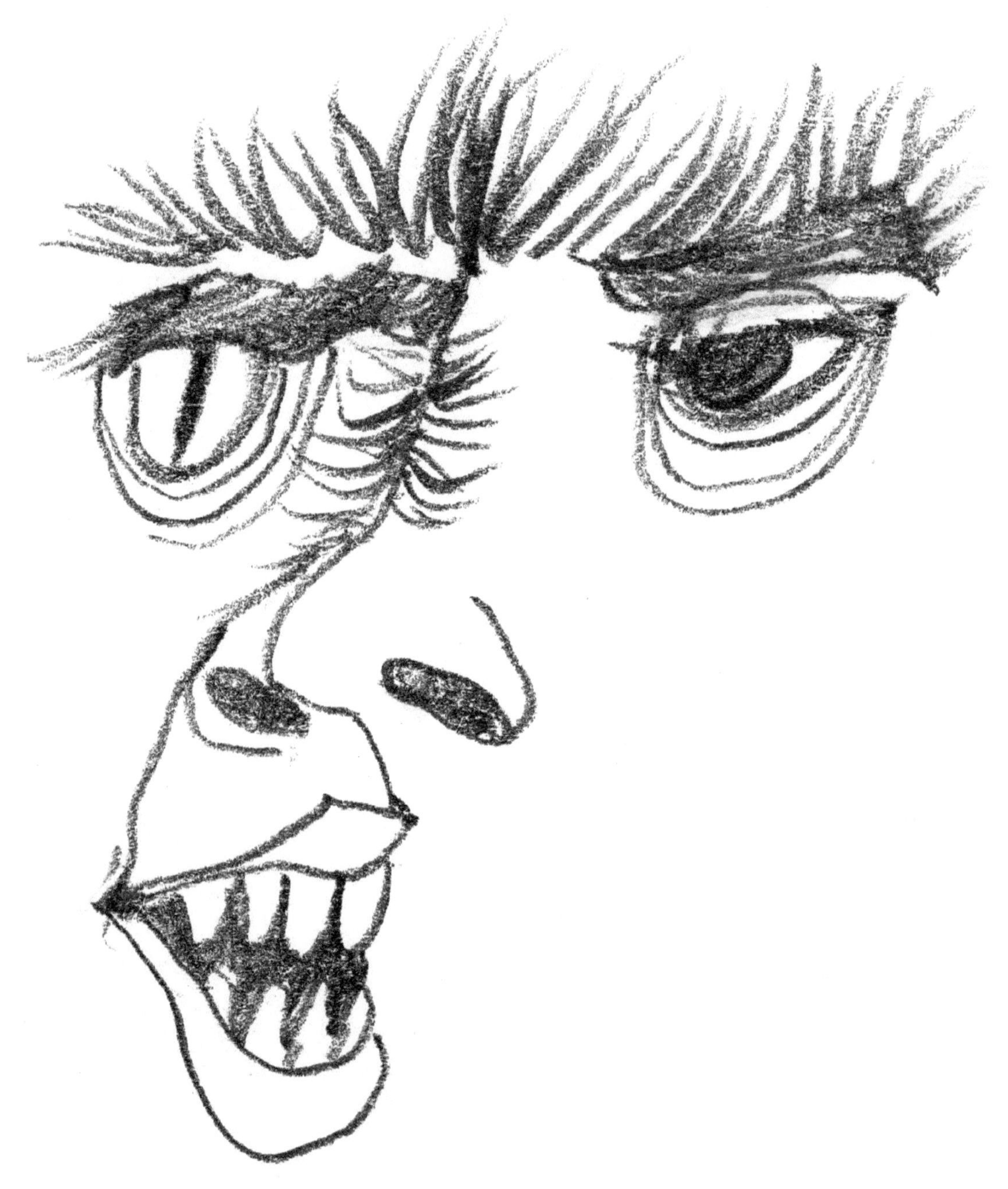

209

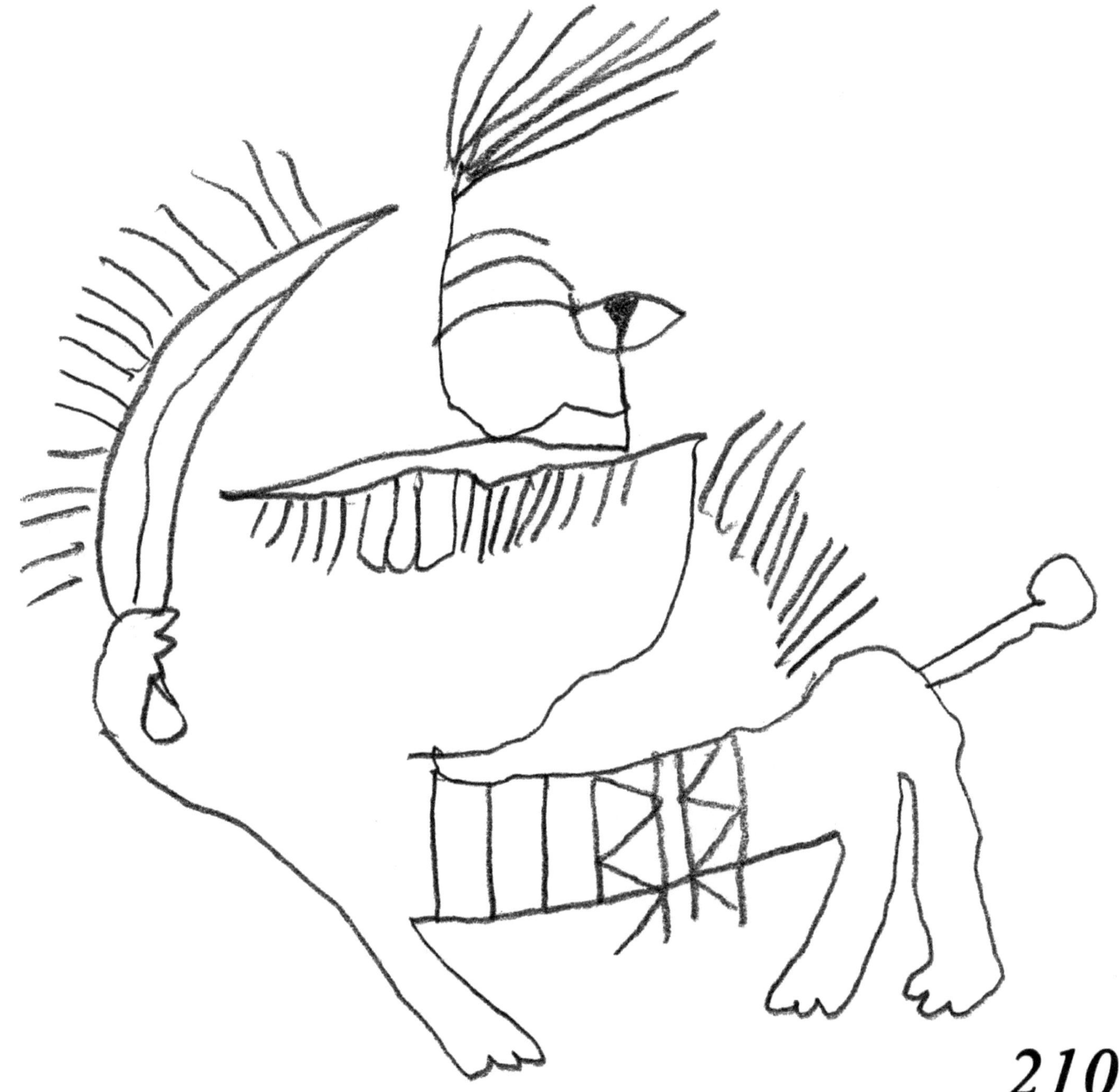

210

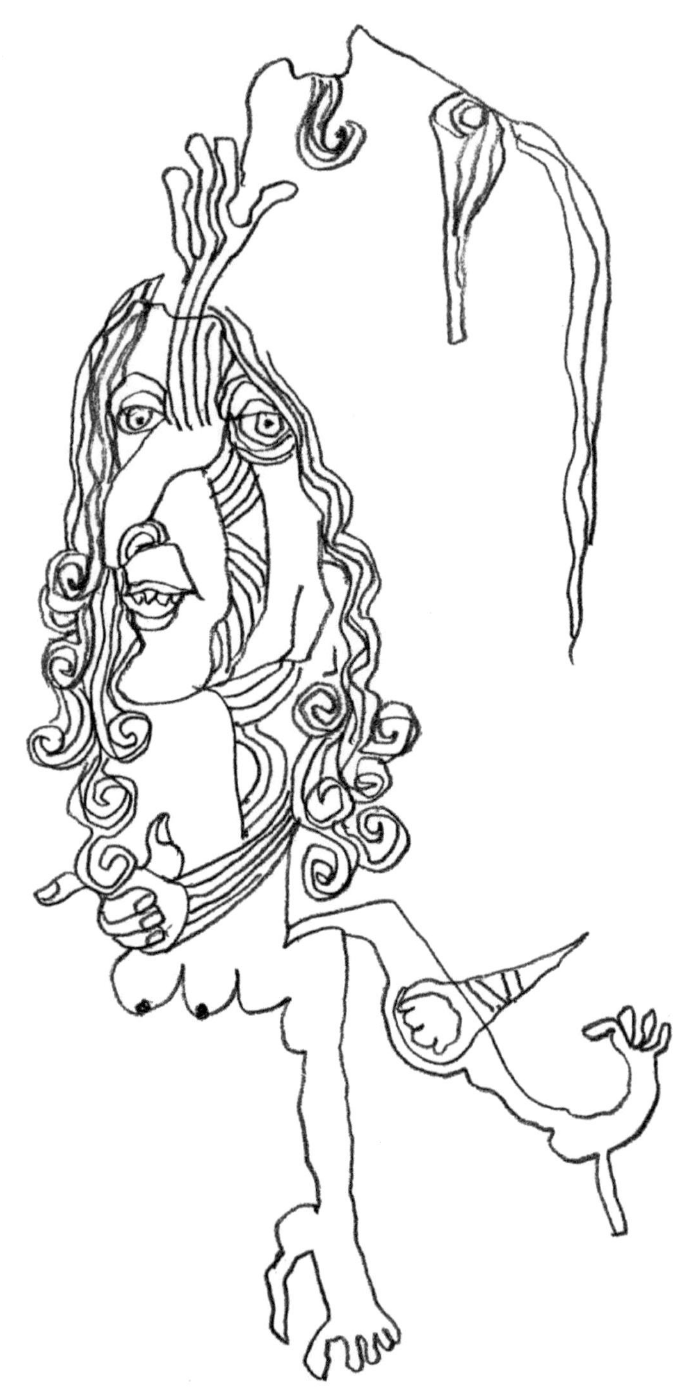

211

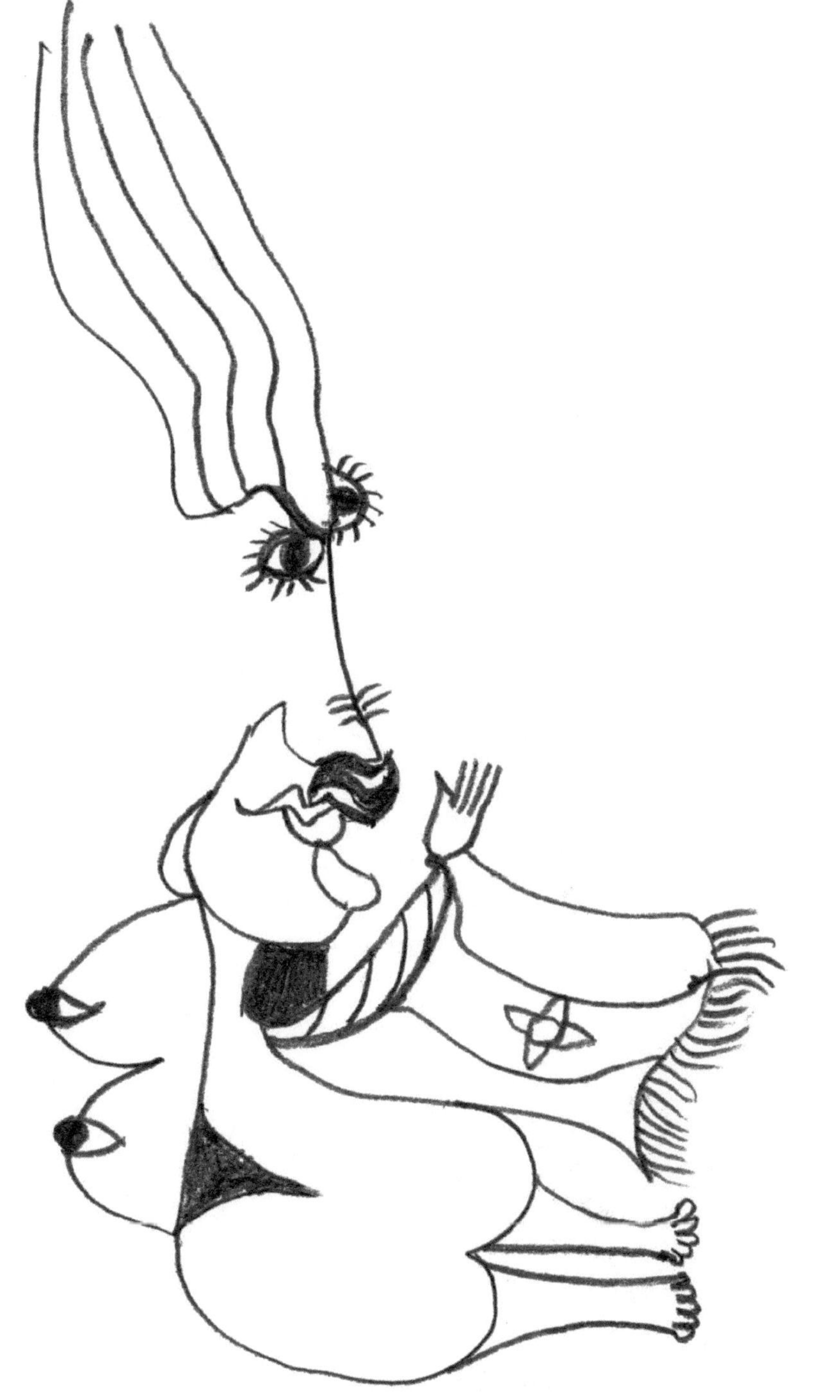

212

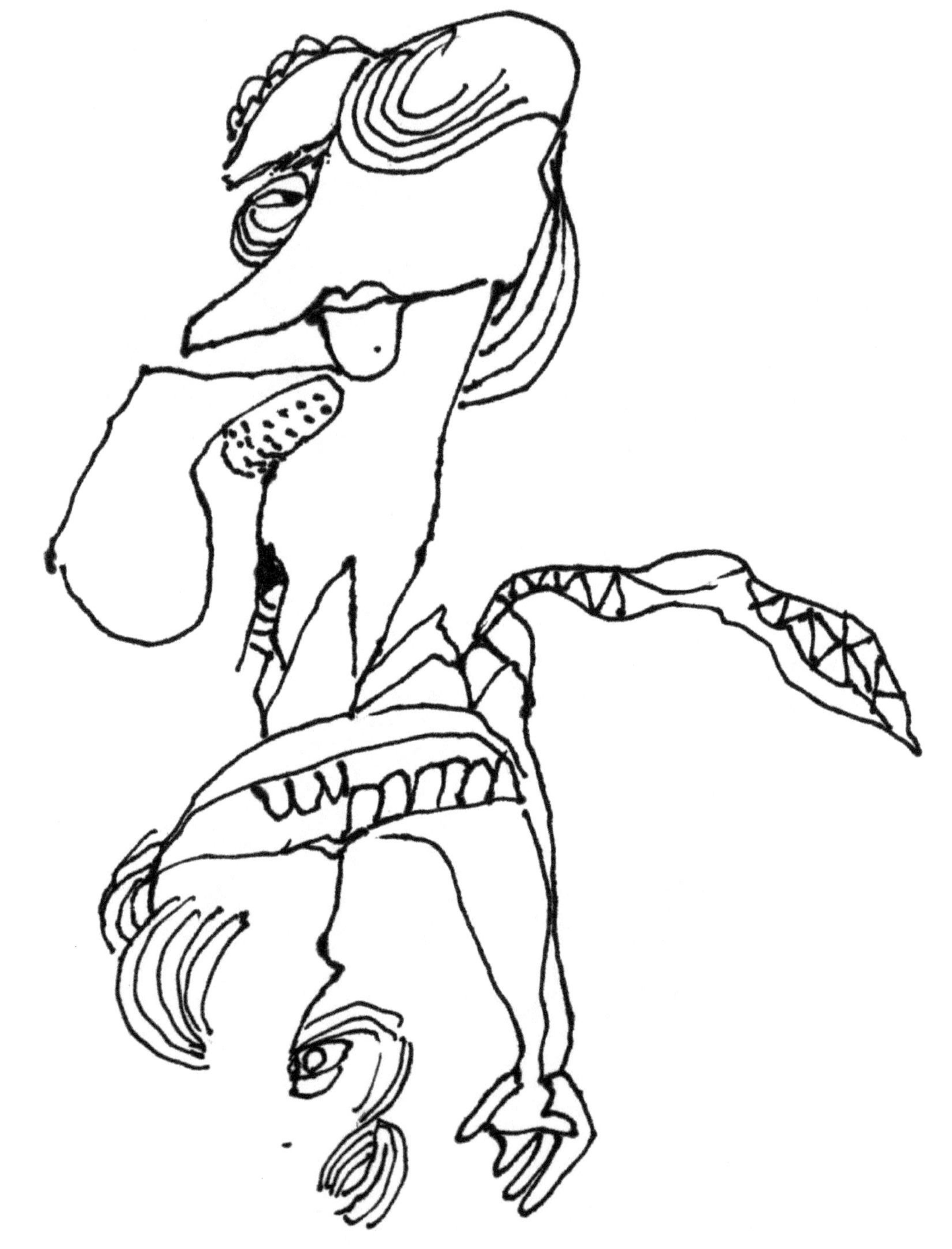

213

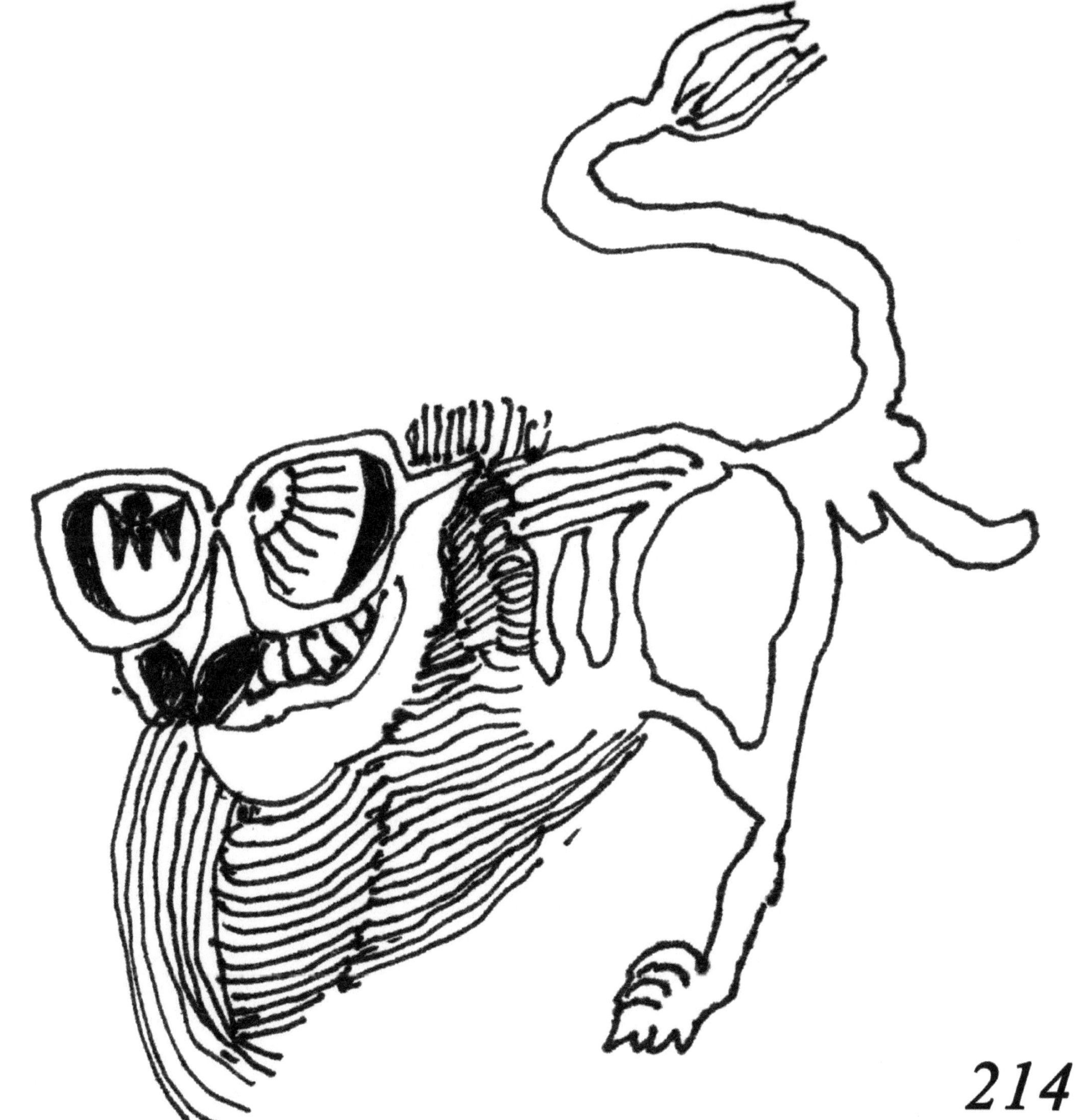

214

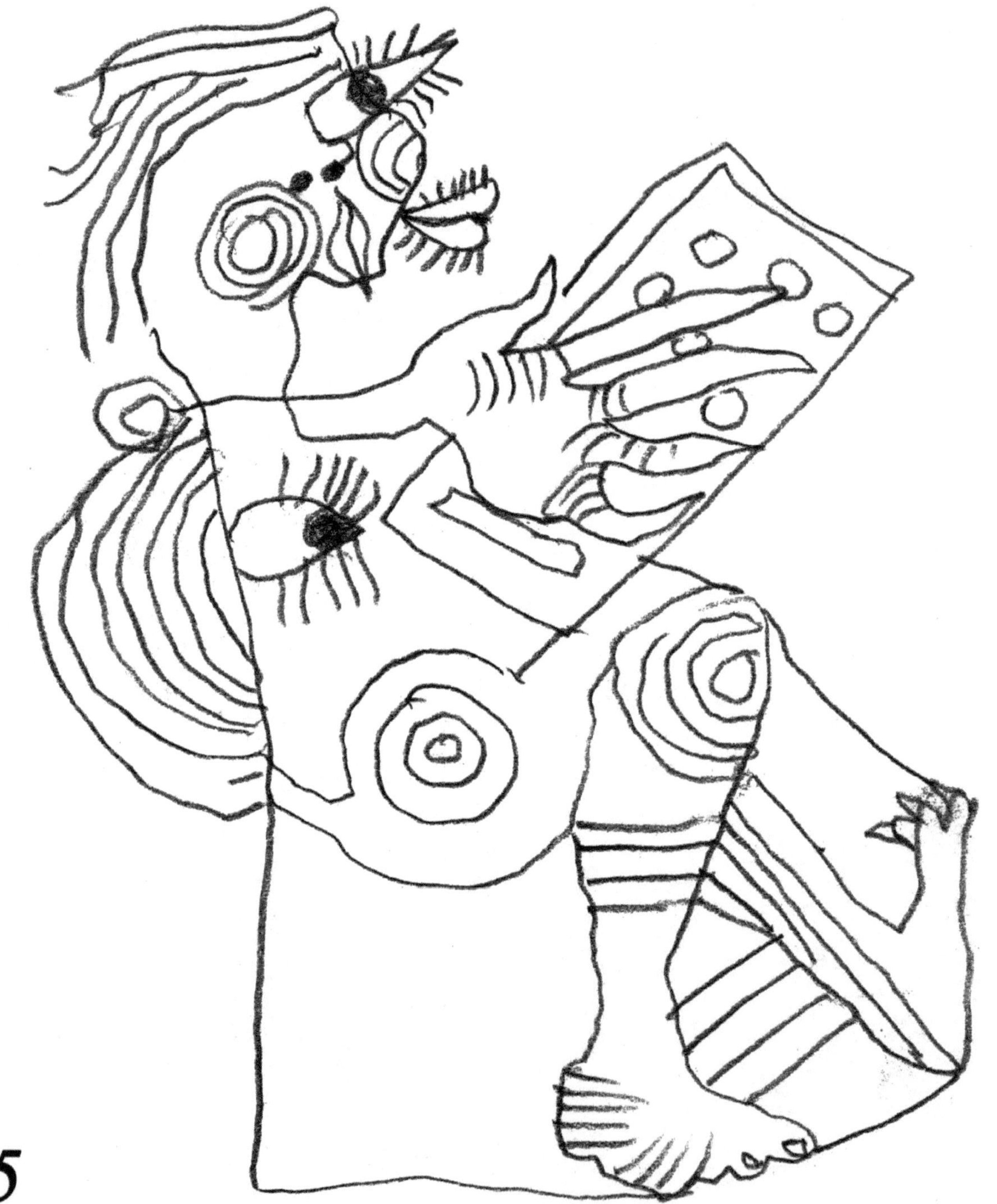

215

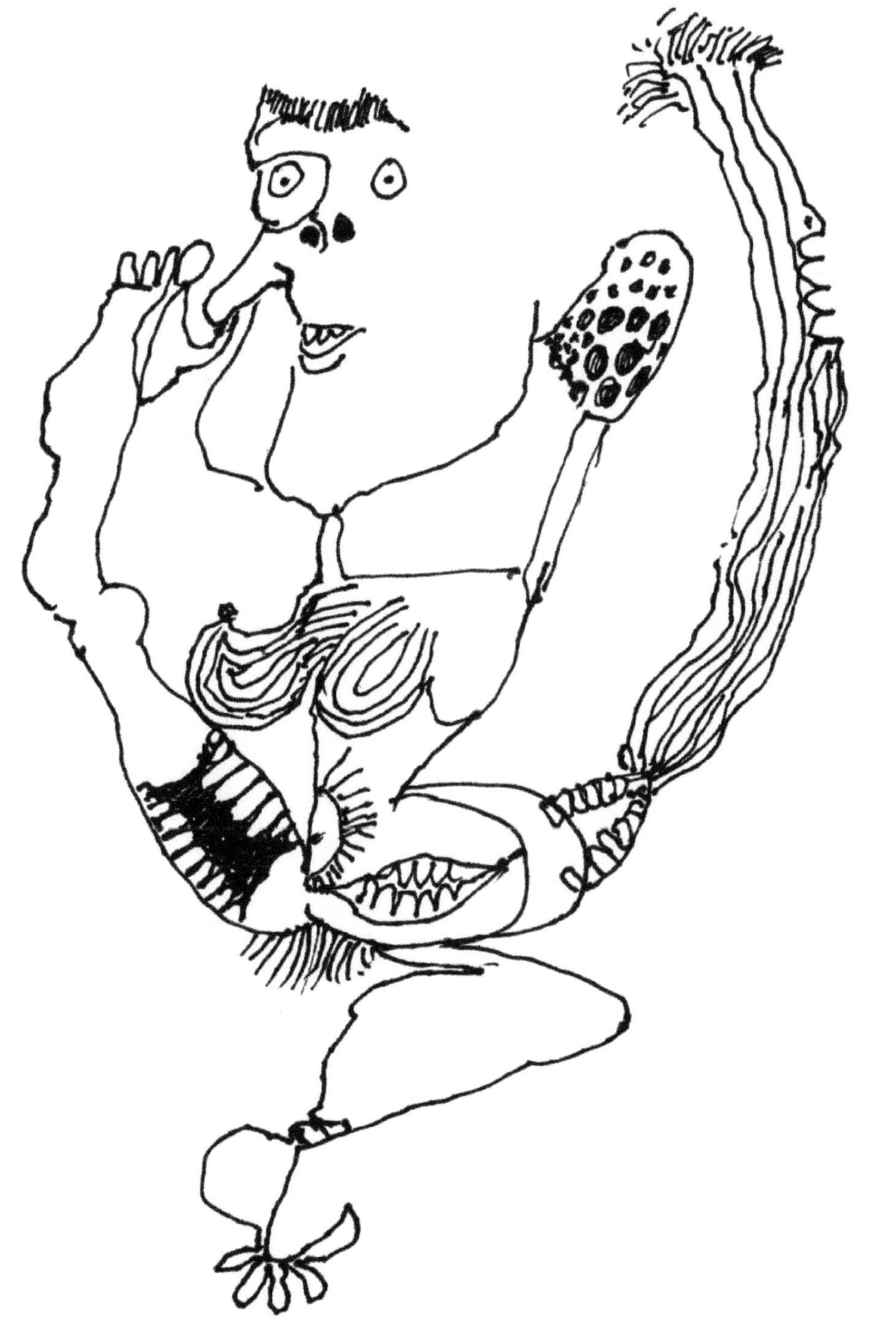

216

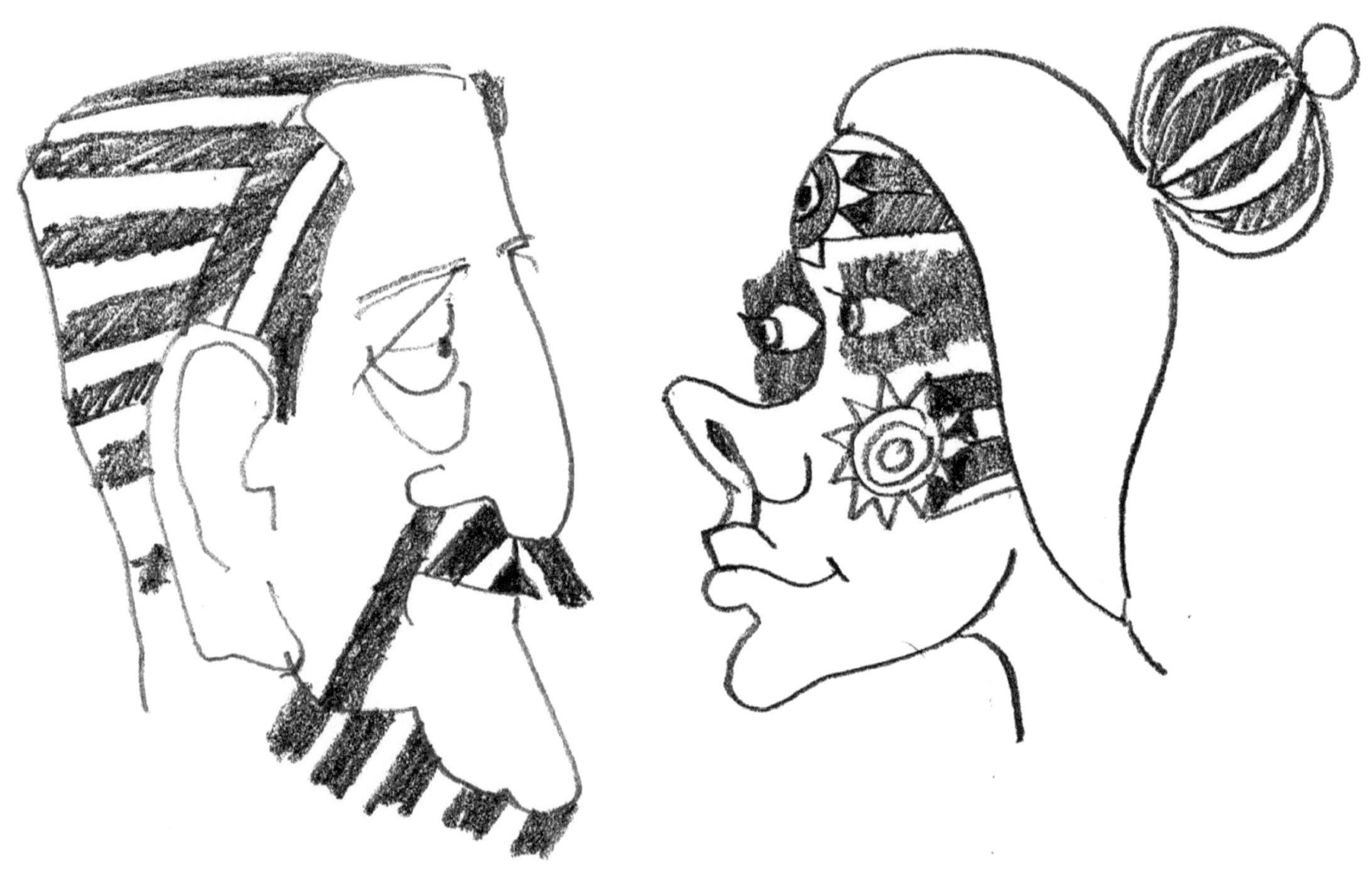

217

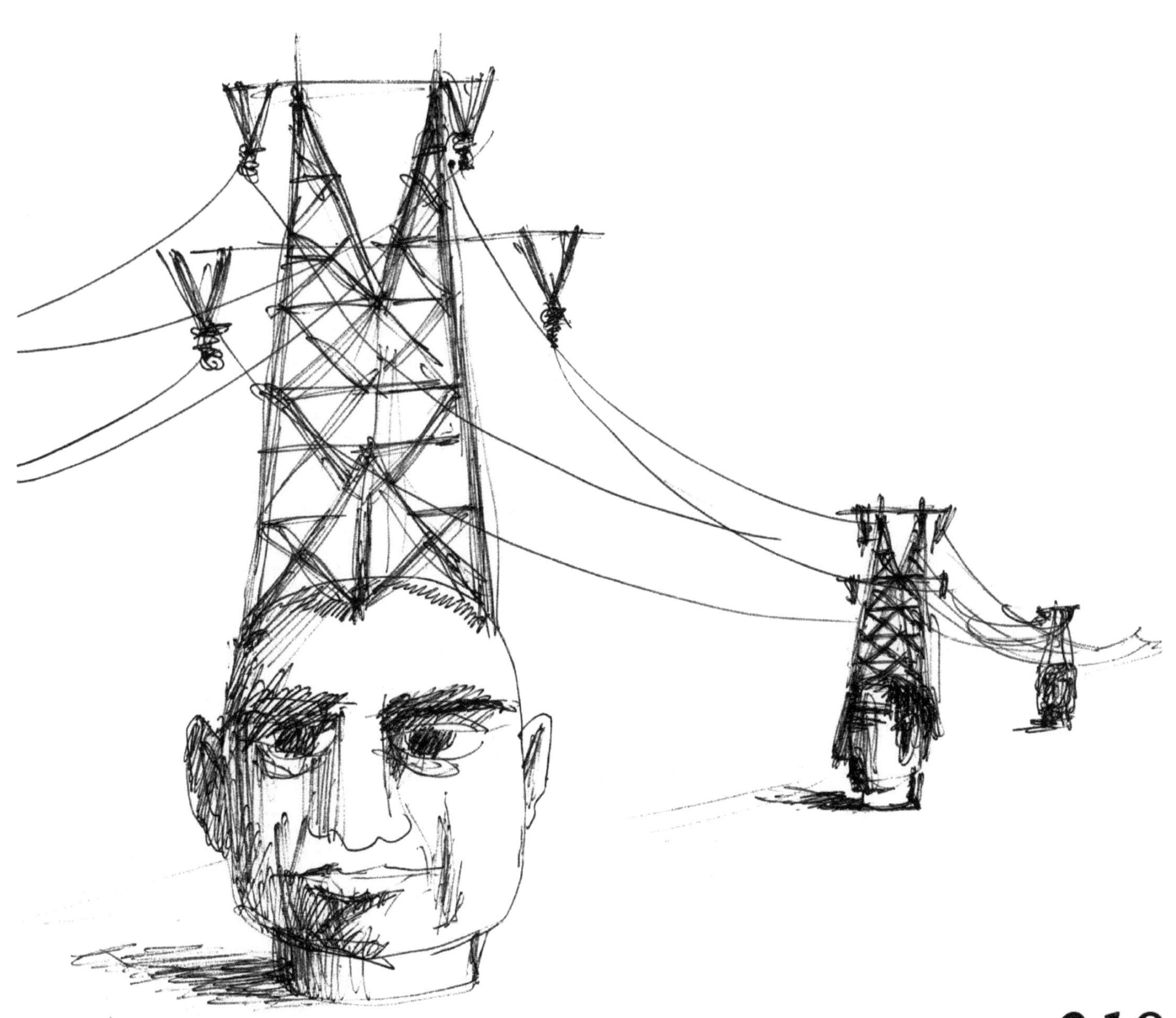

By NZ

Of NZ

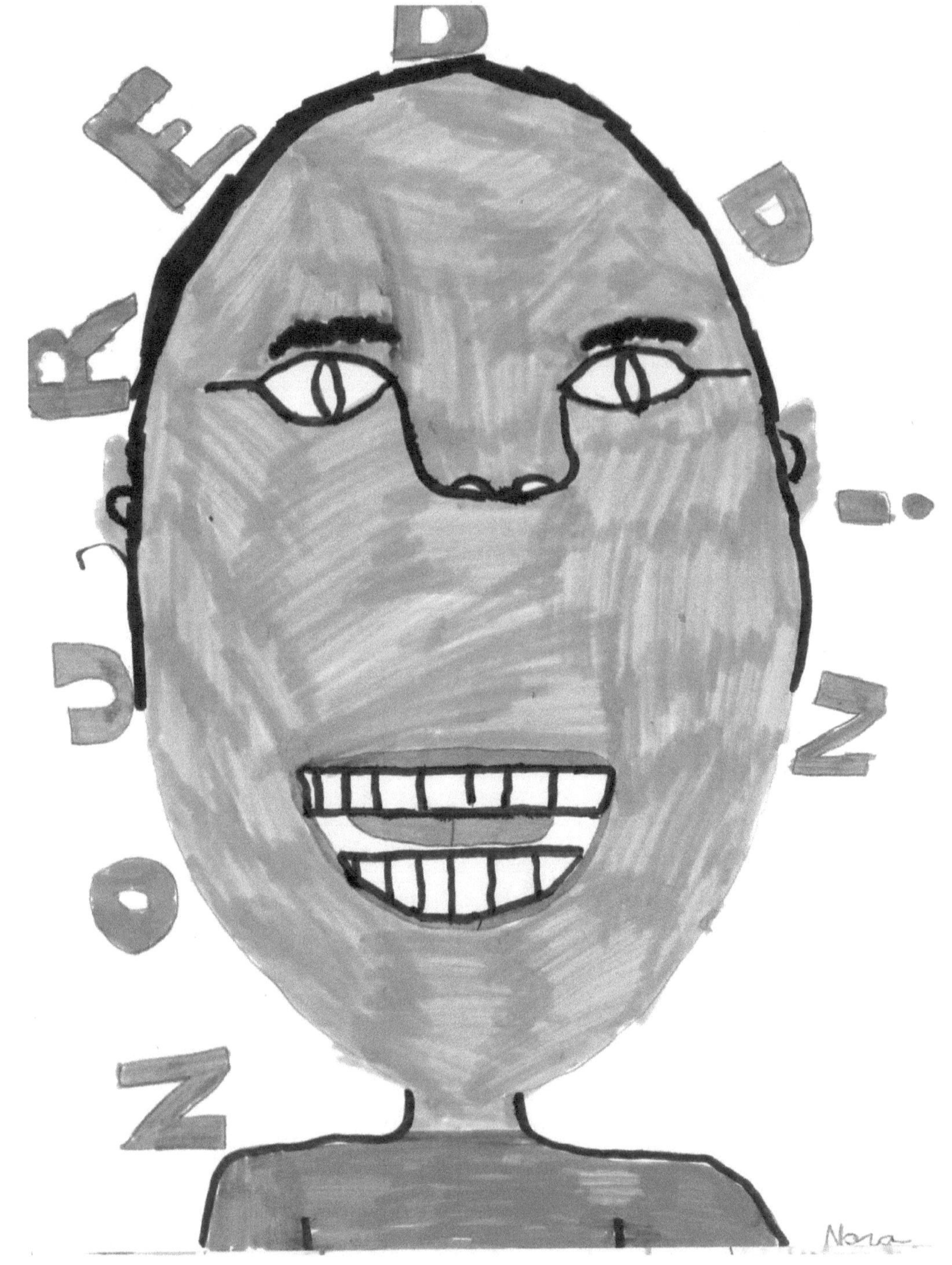

۴۲

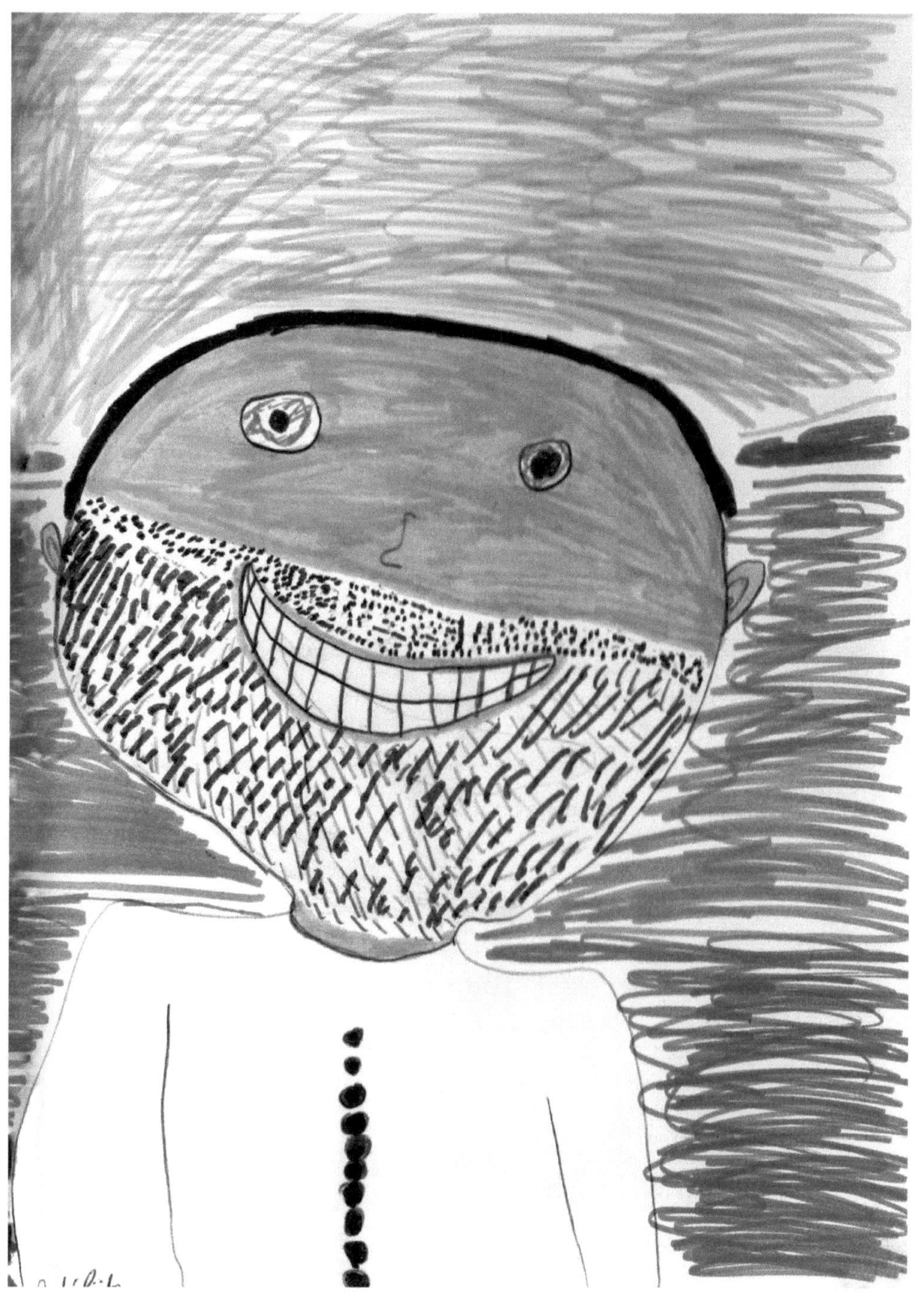

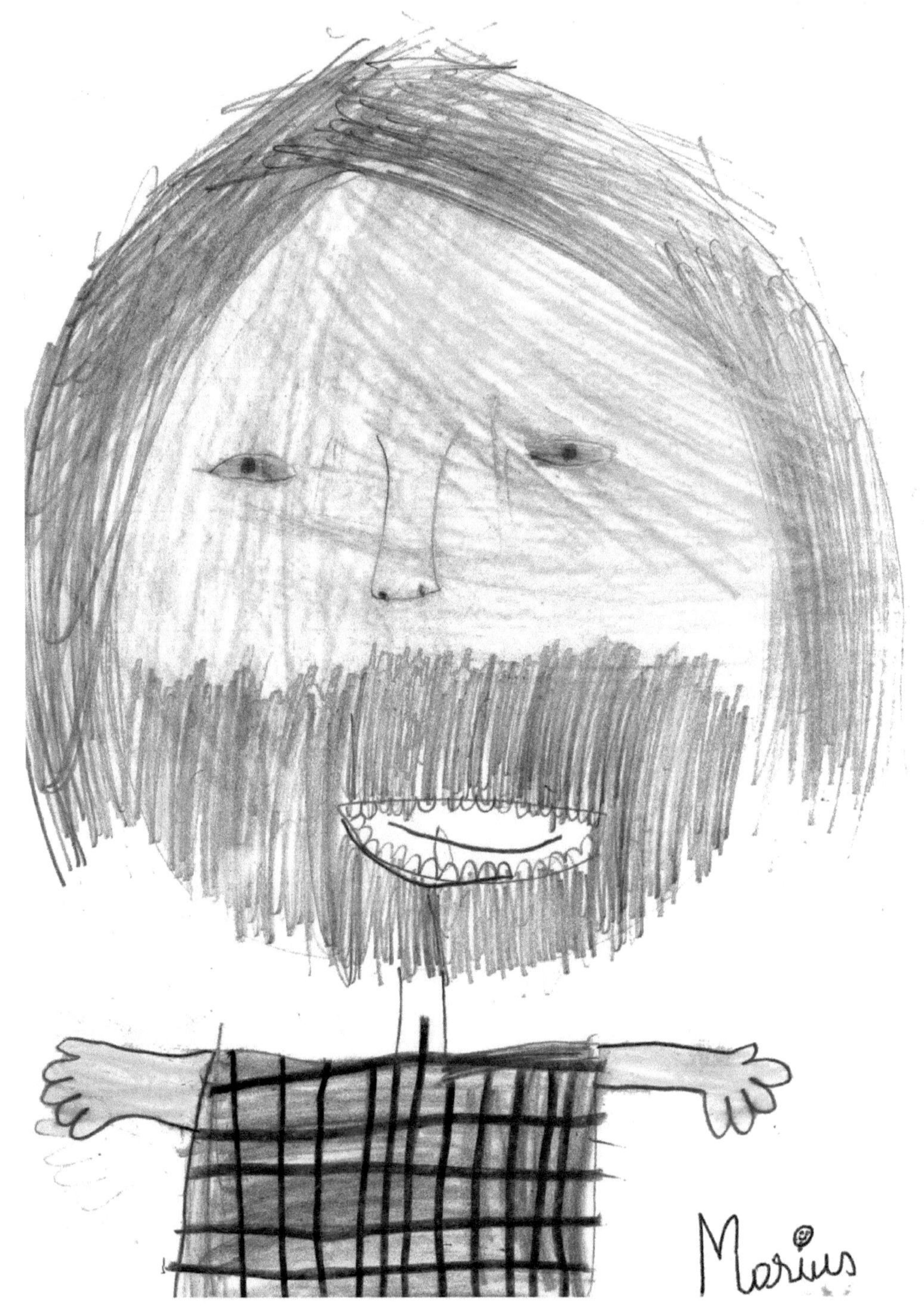

۴۲

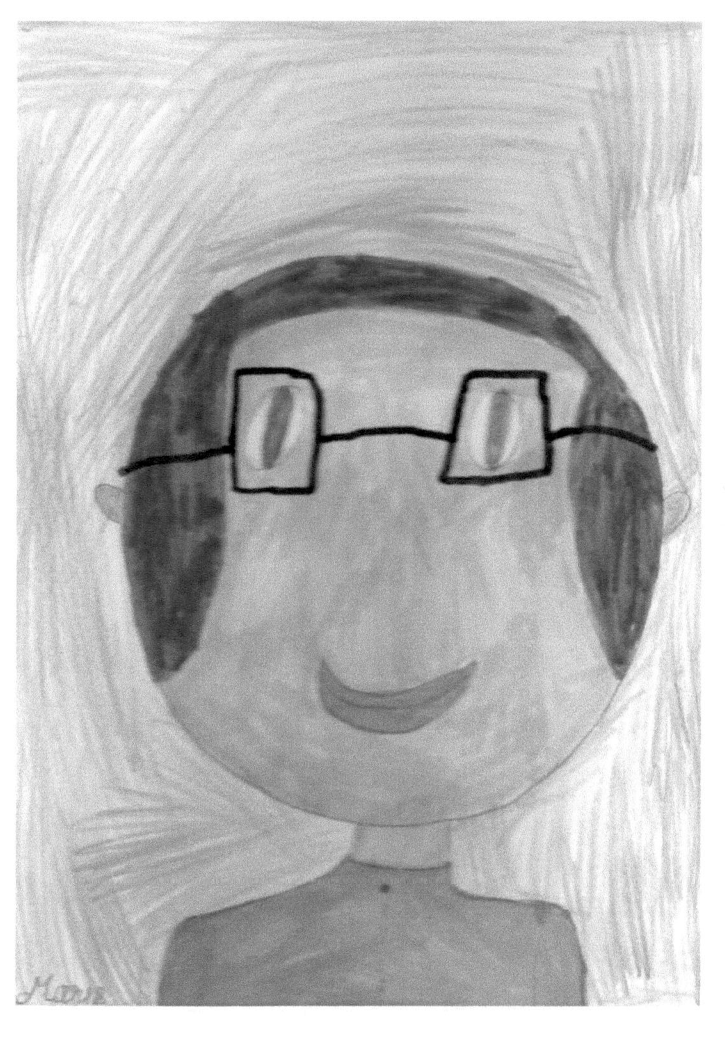

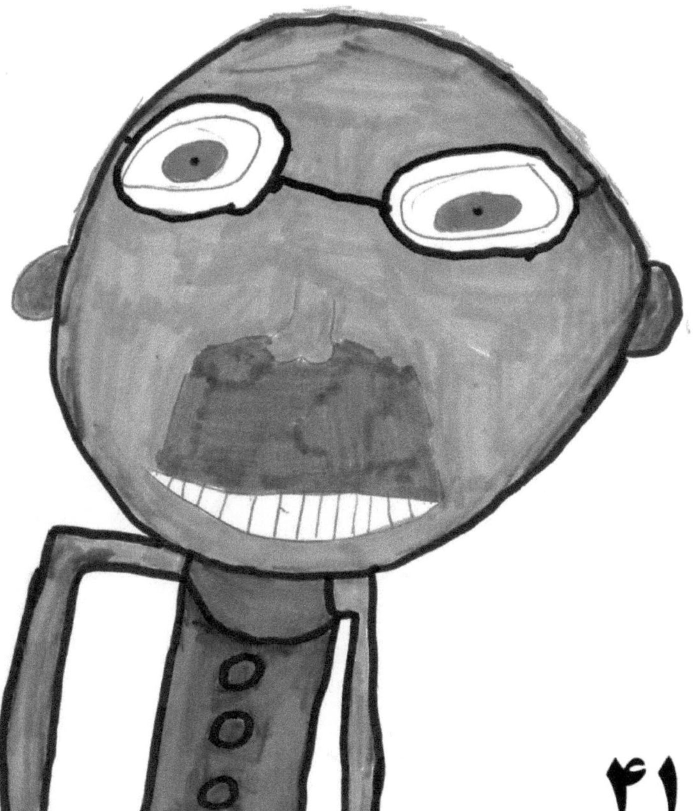

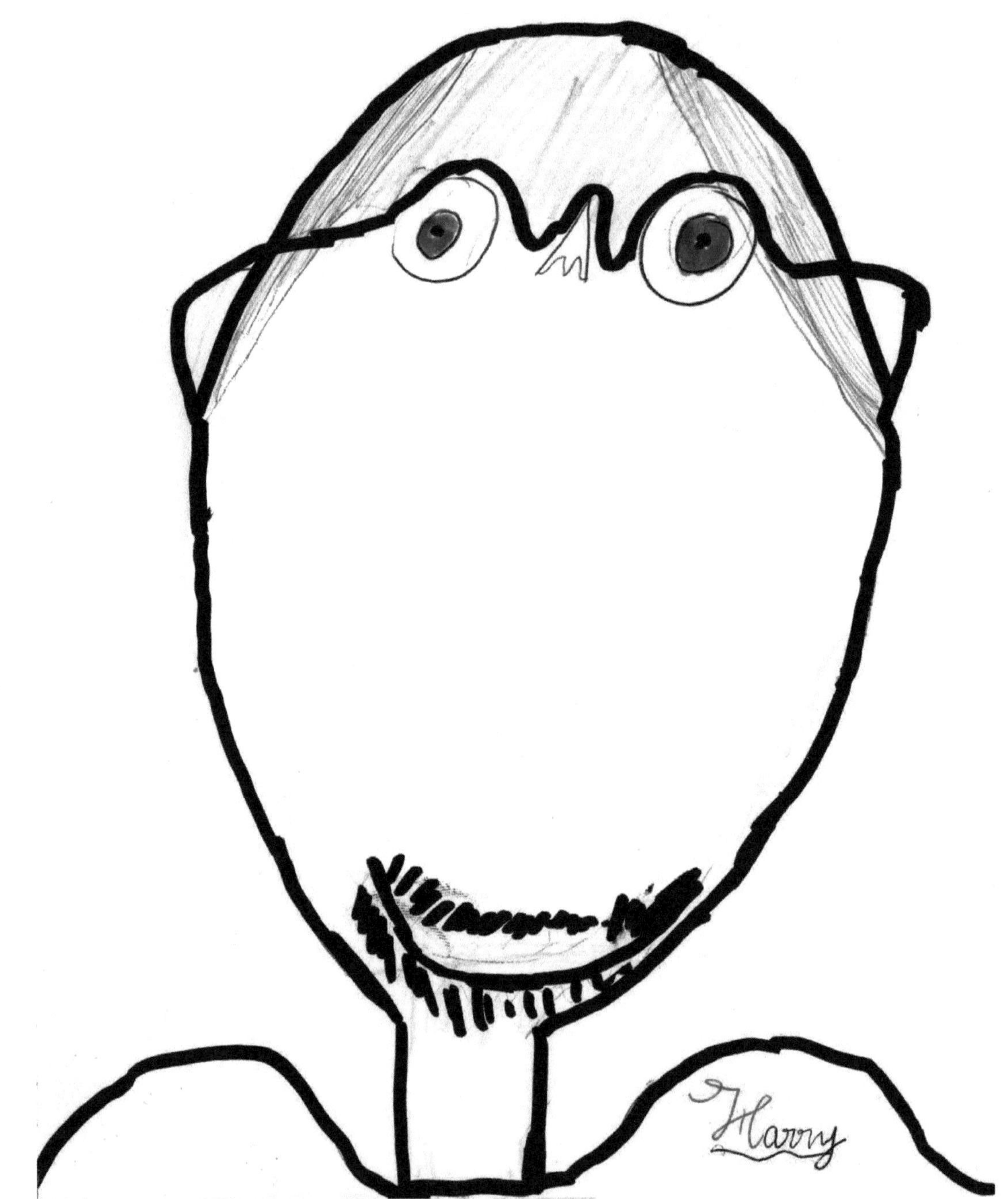

٤٠.

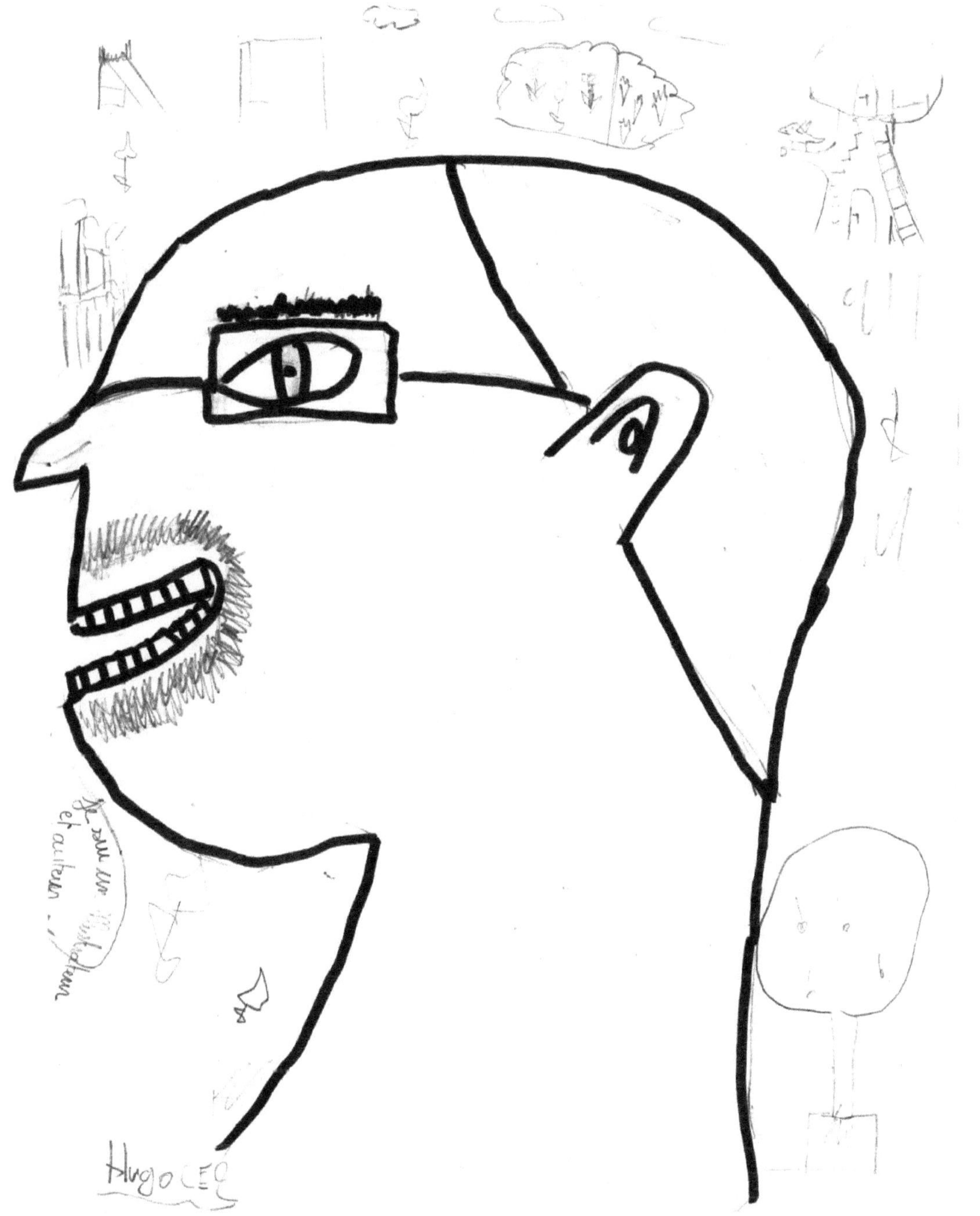
Hugo CEC

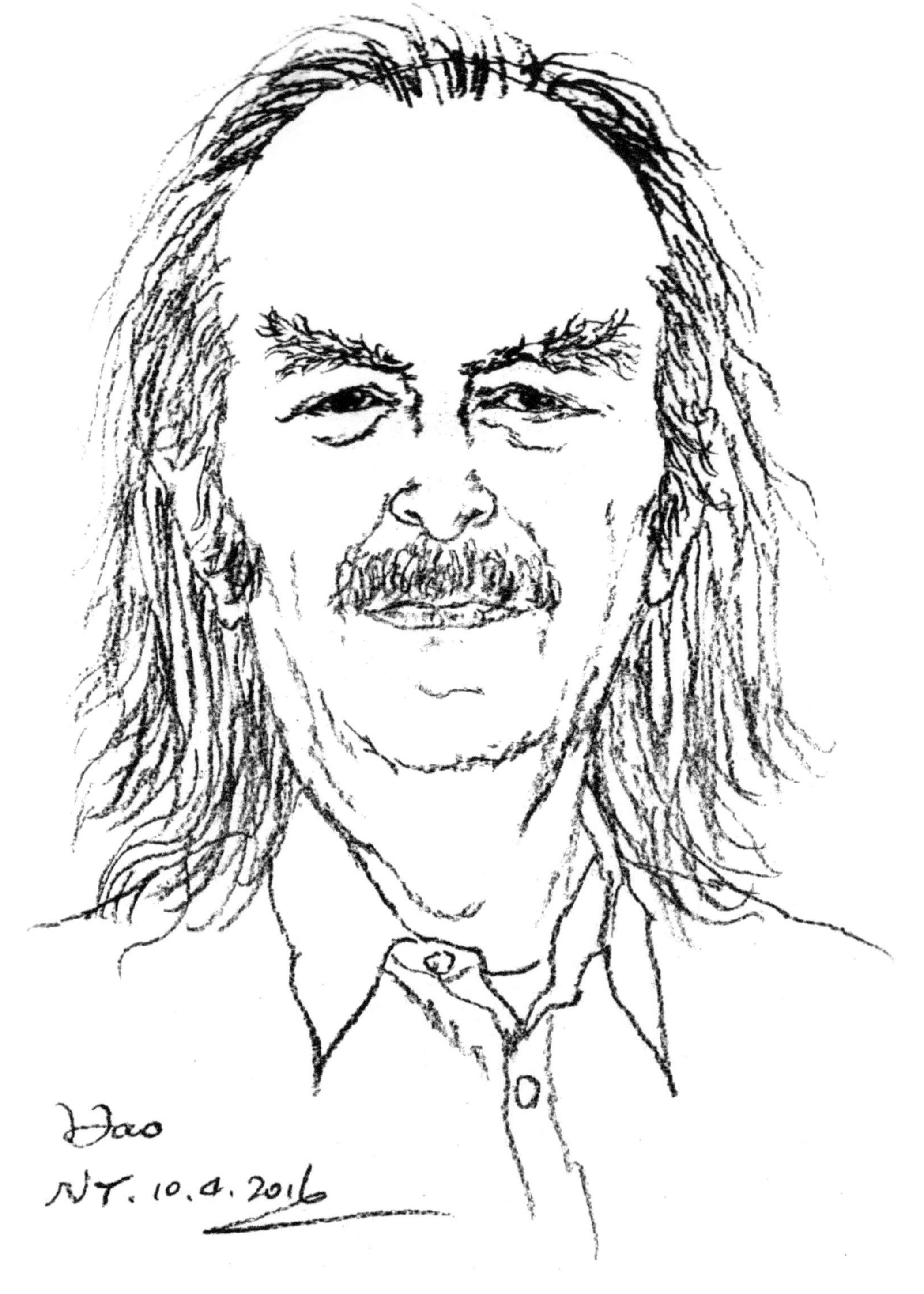

٣٨

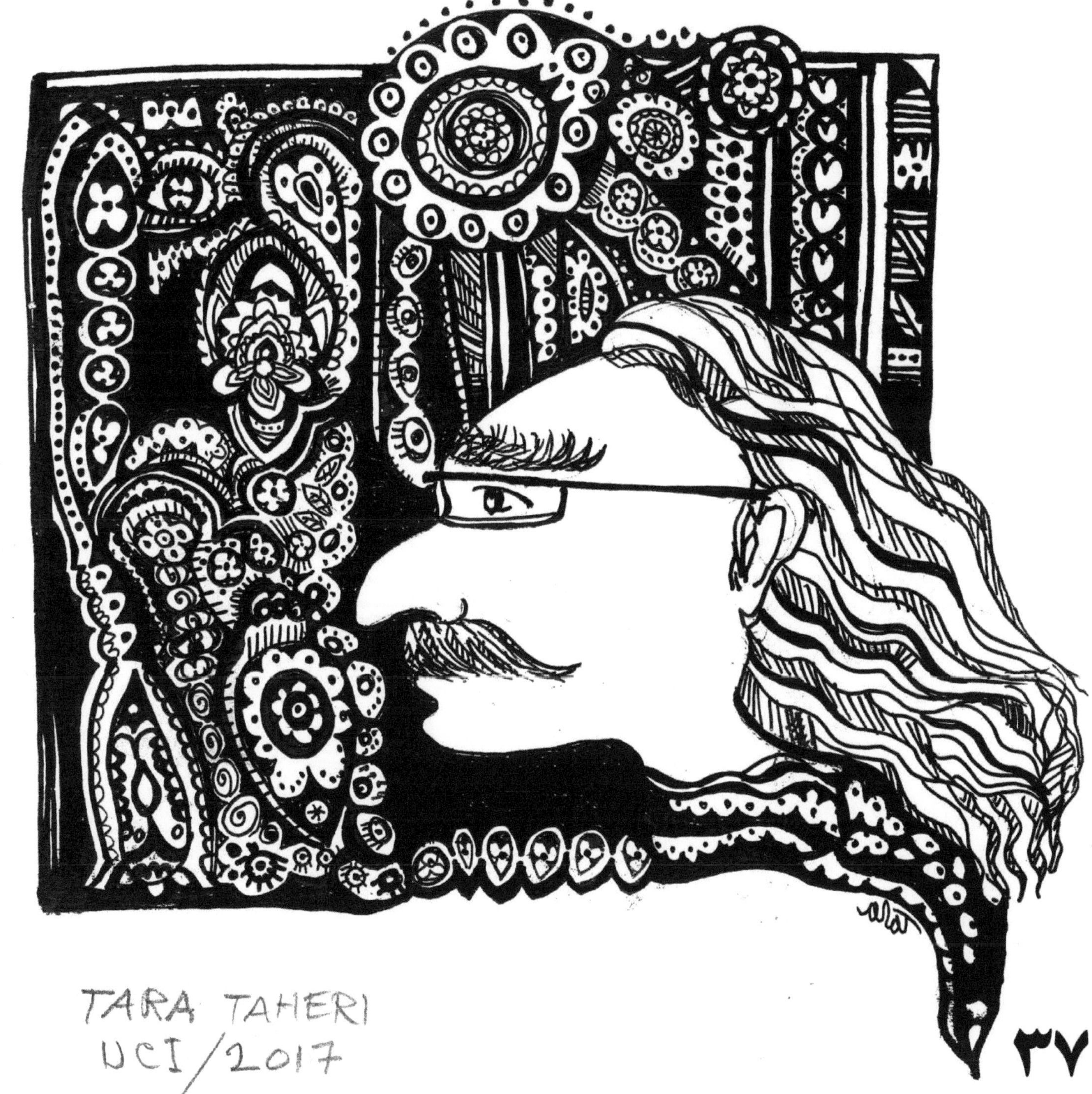
TARA TAHERI
UCI/2017
٣٧

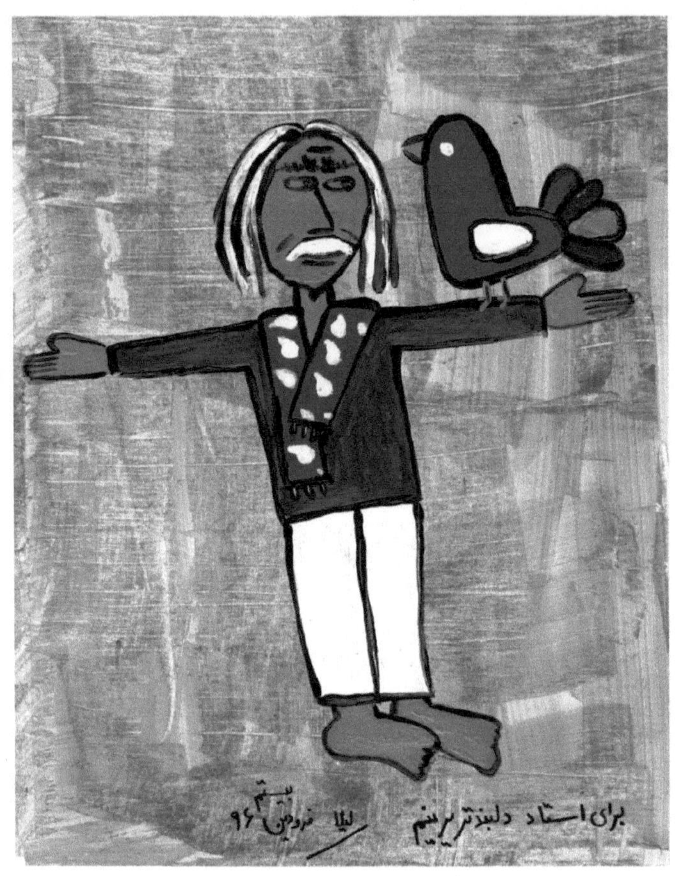

LEILA ASGARI
UCI WORKSHOP

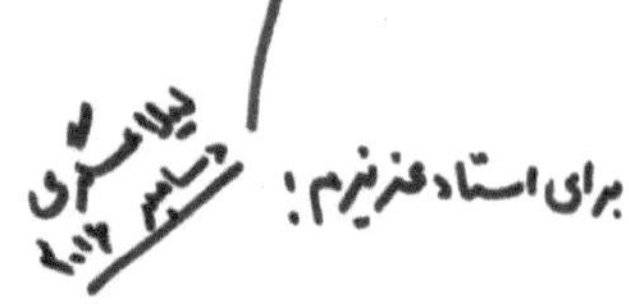

بیست و هشتم آذر ۹۵
هیجدهم دسامبر ۲۰۱۶
لاله علوی نژاد

UCI
18/12/2017

Laleh Alavinejad
nov. 2016

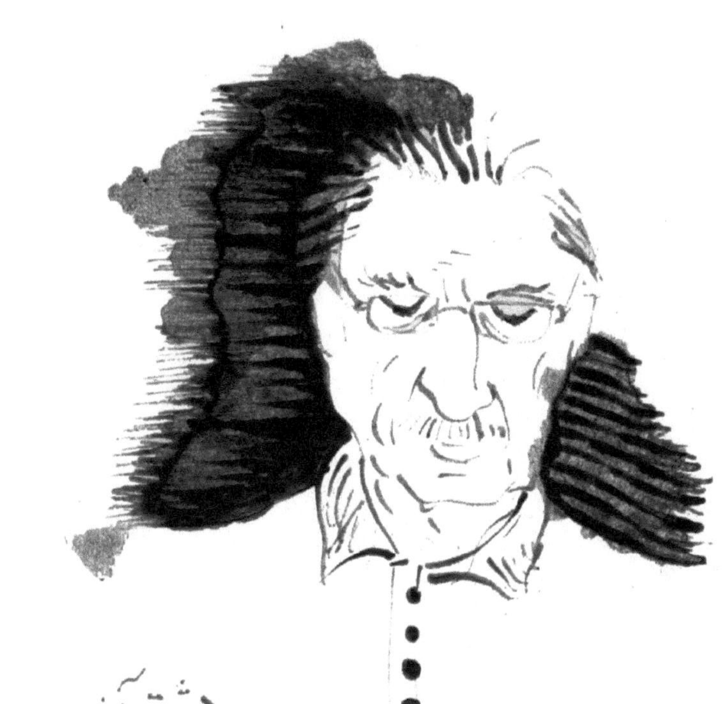

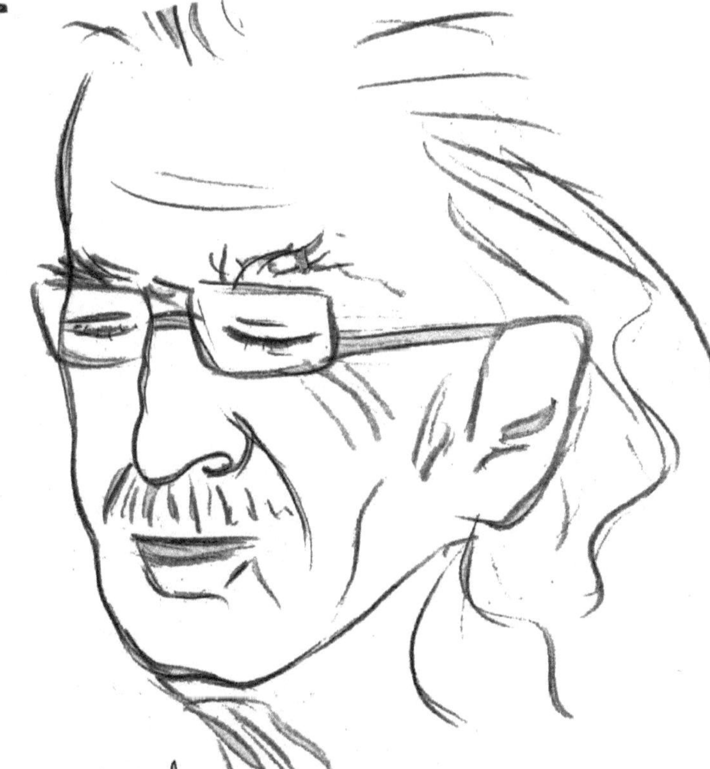

۳۵

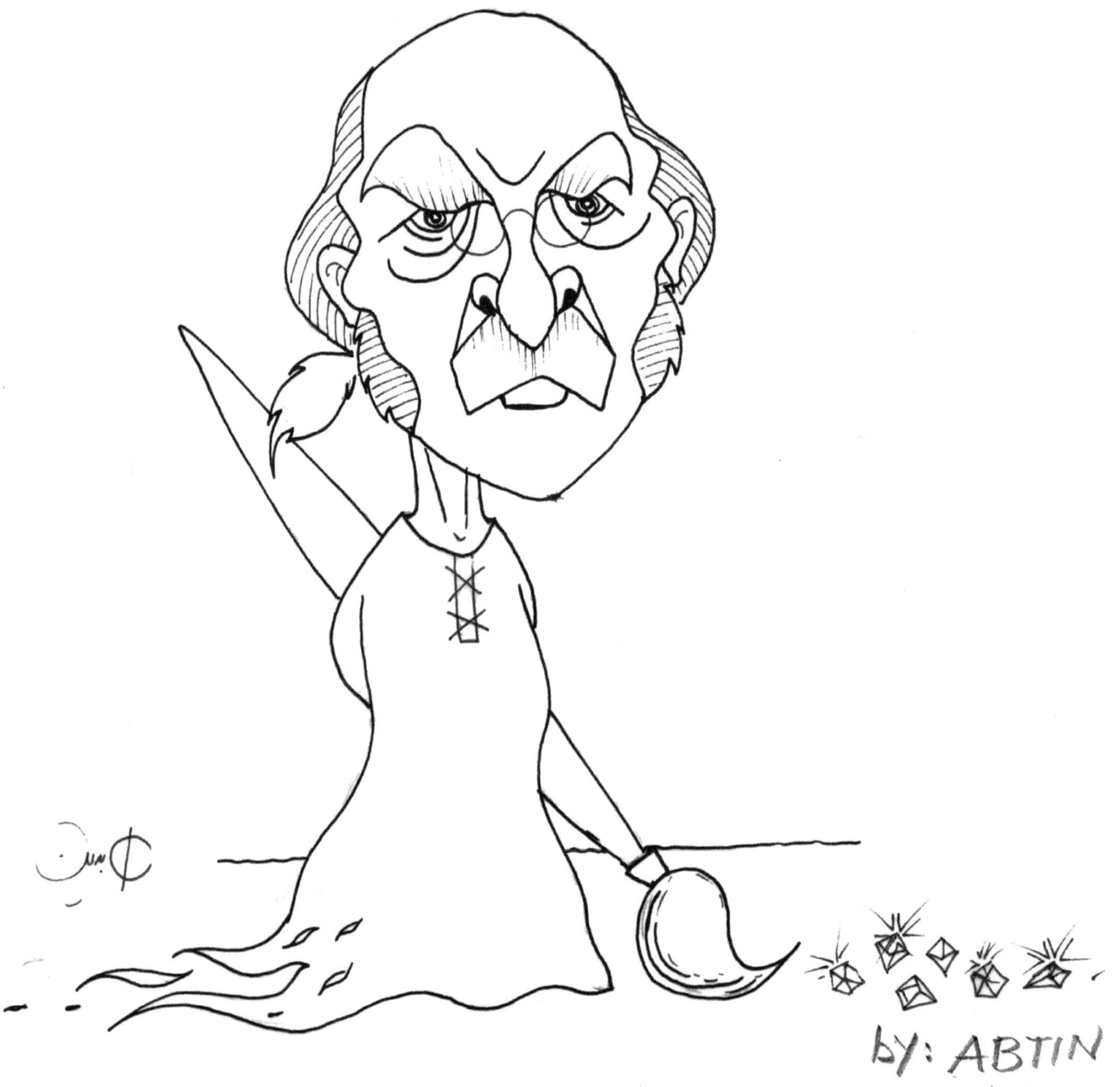

by: ABTIN
2010/IRAN
۳۴

1st. Tehran International Animation Festival
N. ZARRINKELK
Ch. Vaghari
2010
(Kermanshah/IRAN)

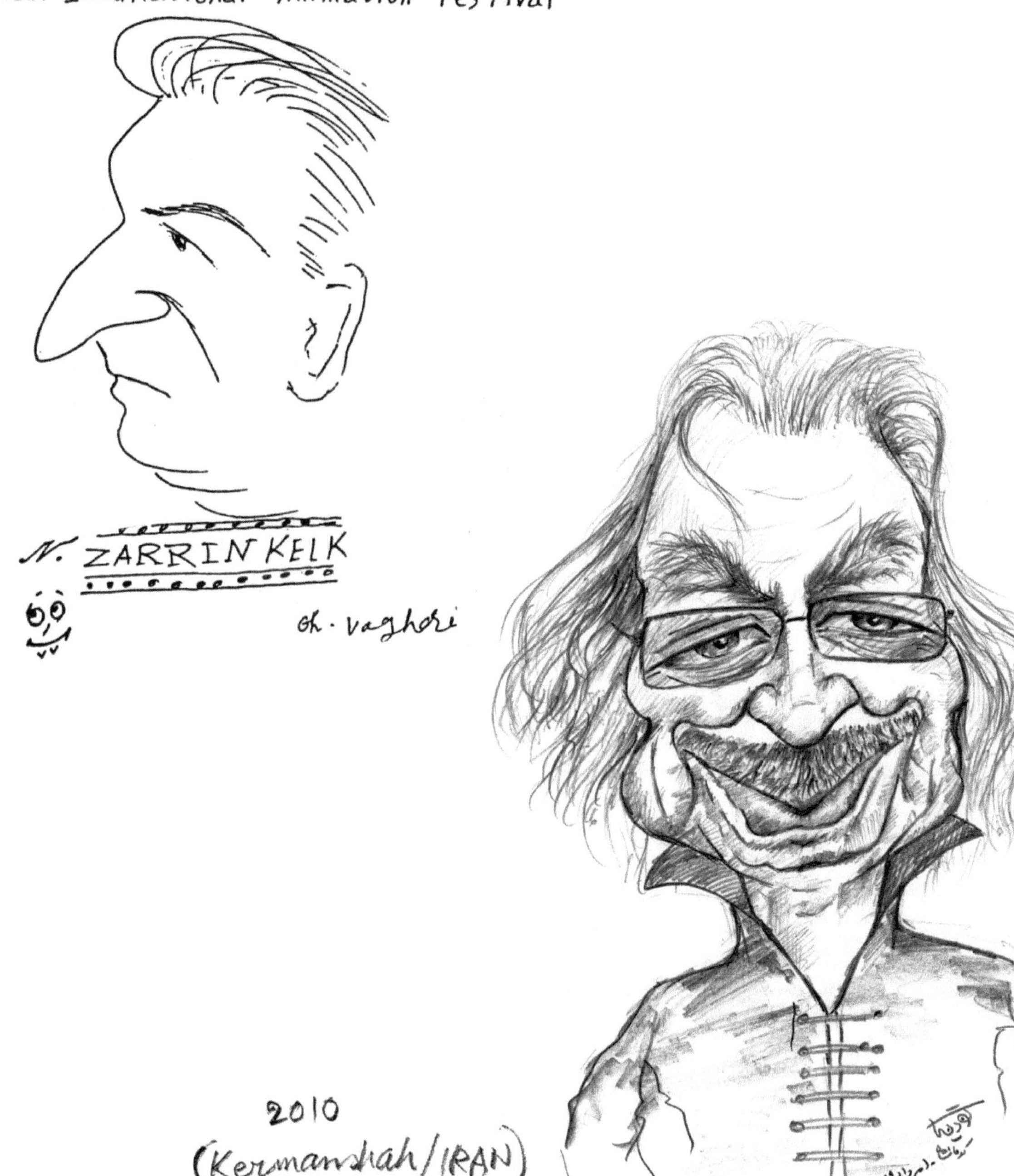

۳۳

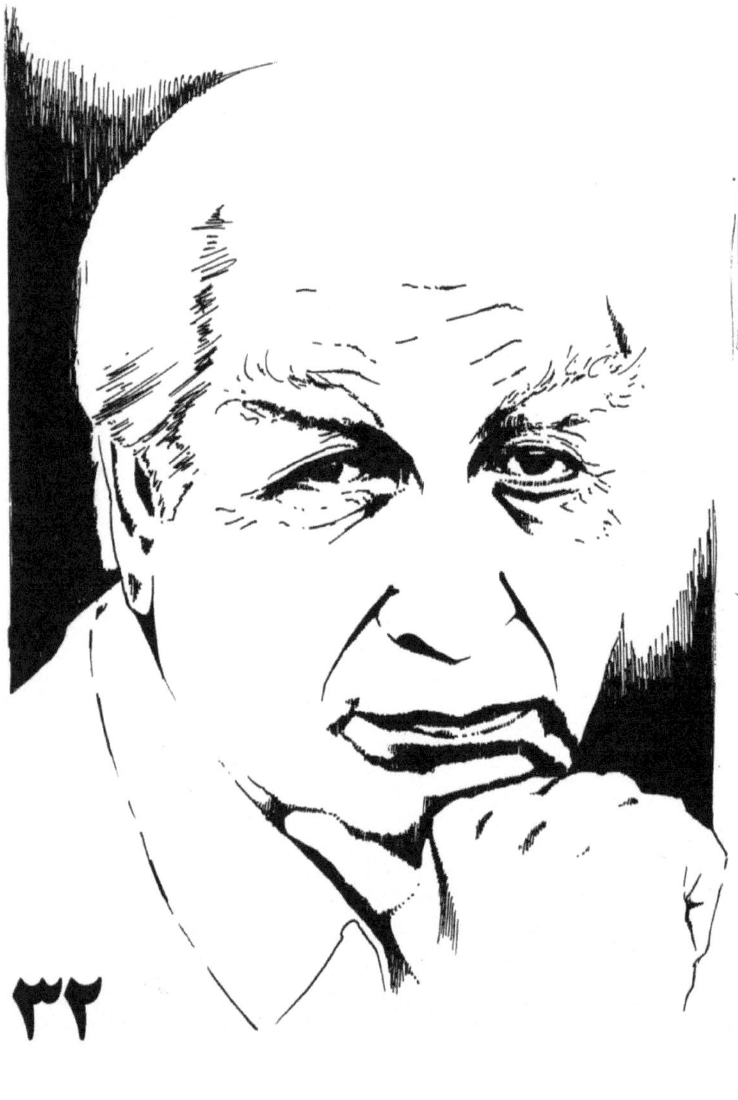

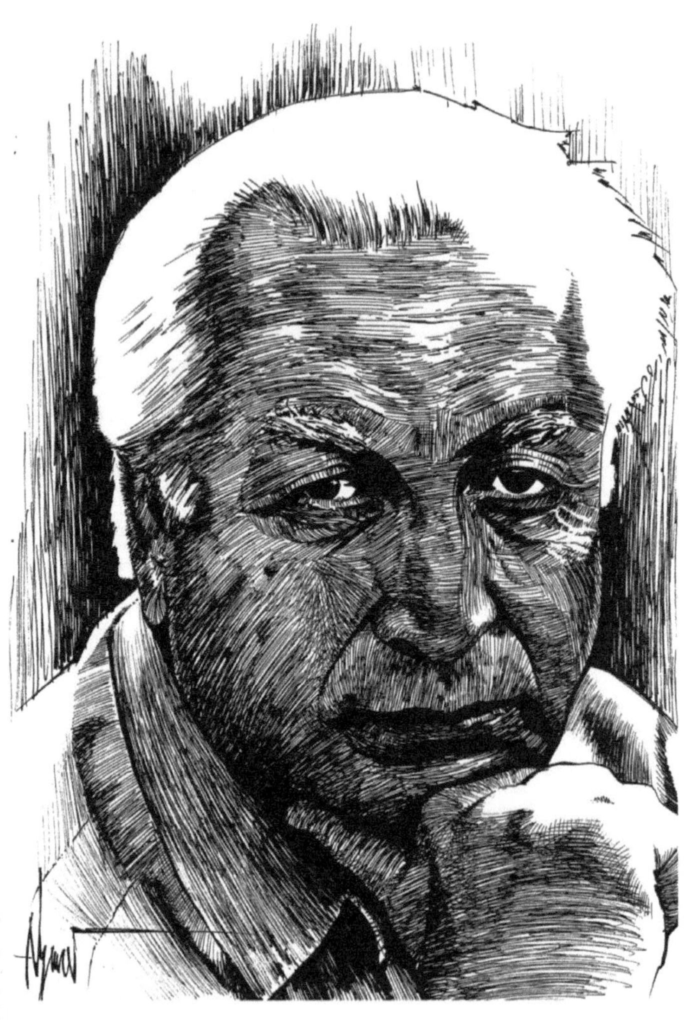

۳۲

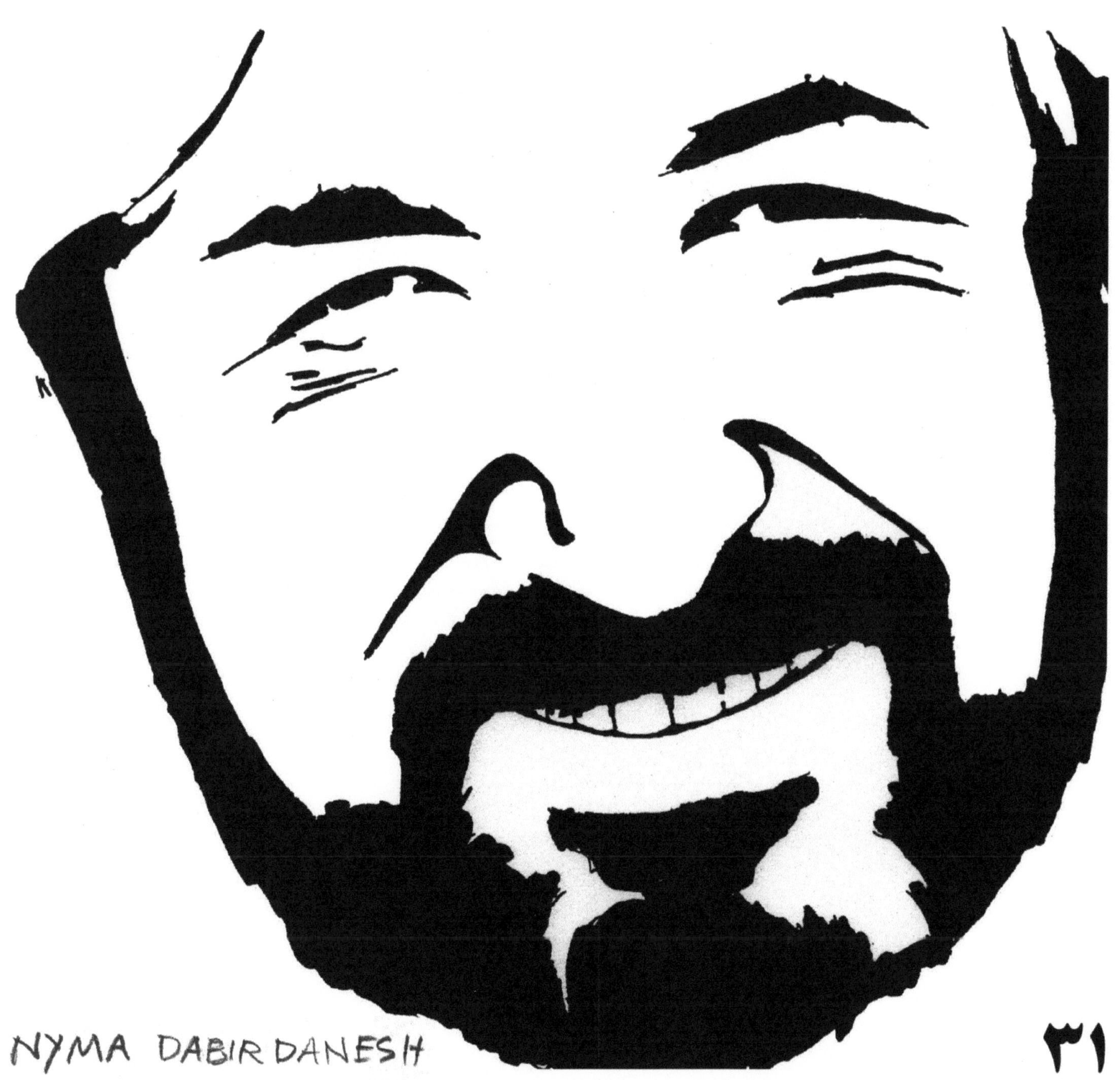

NYMA DABIRDANESH ٣١

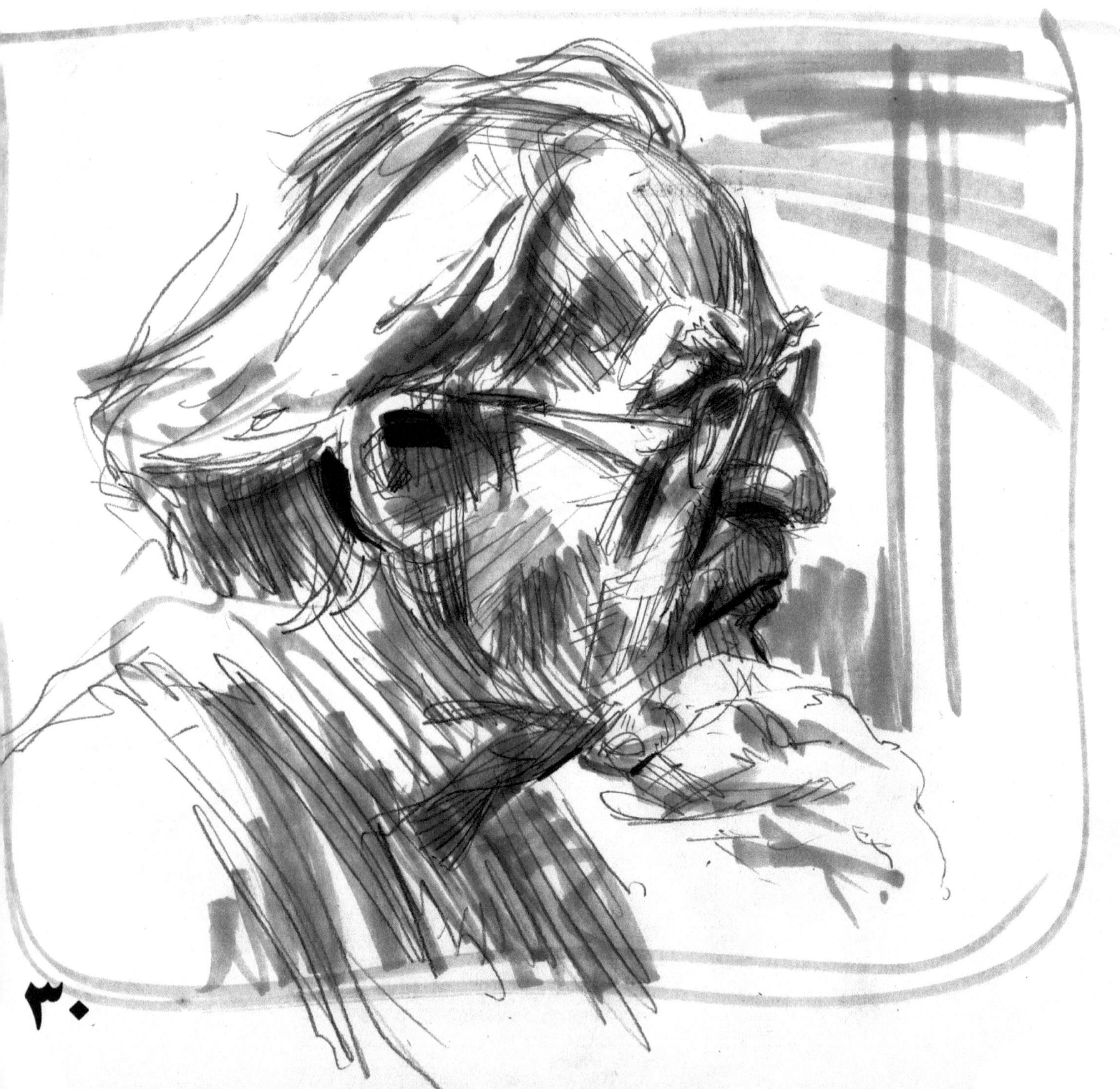

٣٠

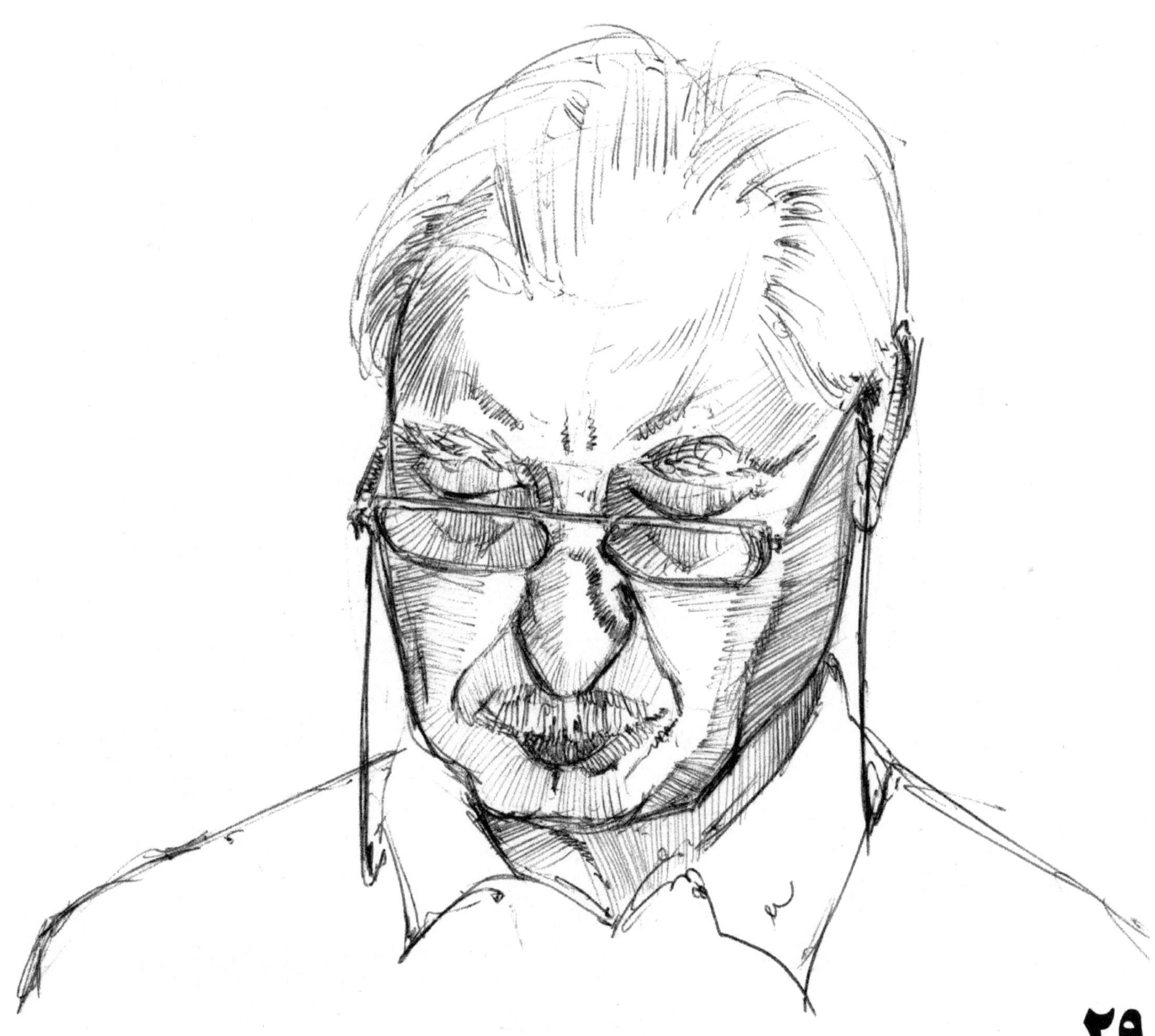

٢٩

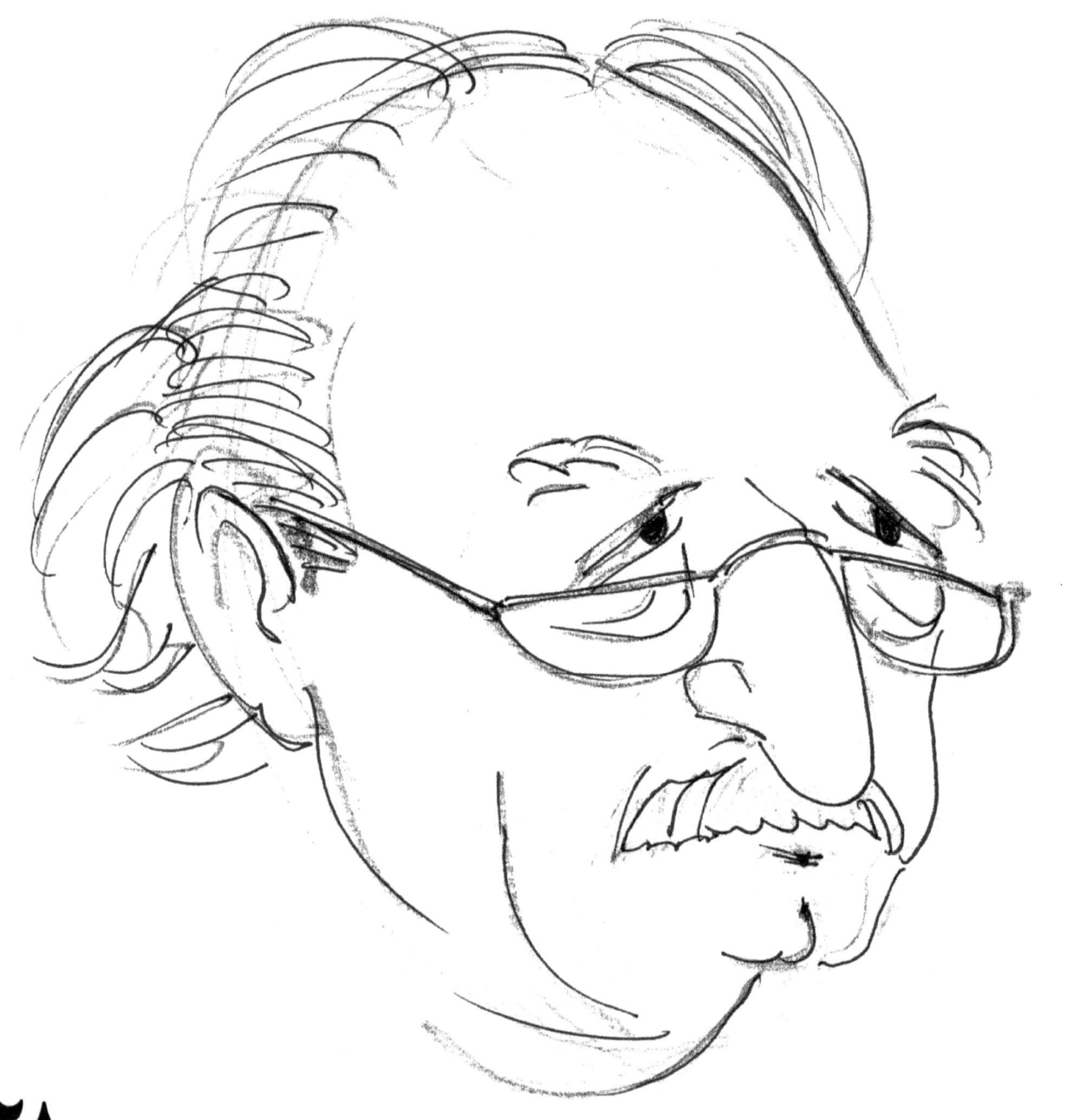

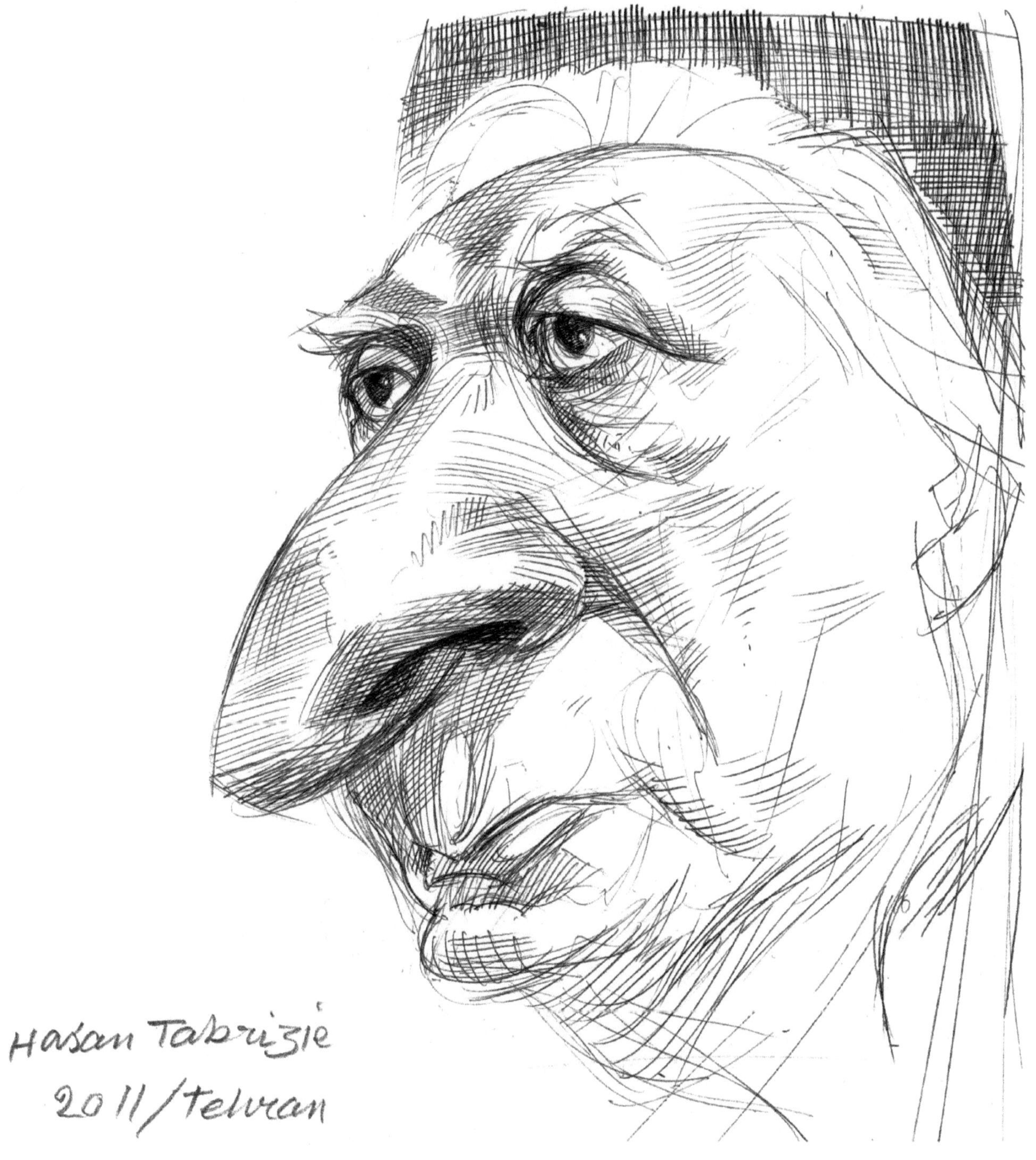
Hasan Tabrizie
2011/Tehran
۲۷

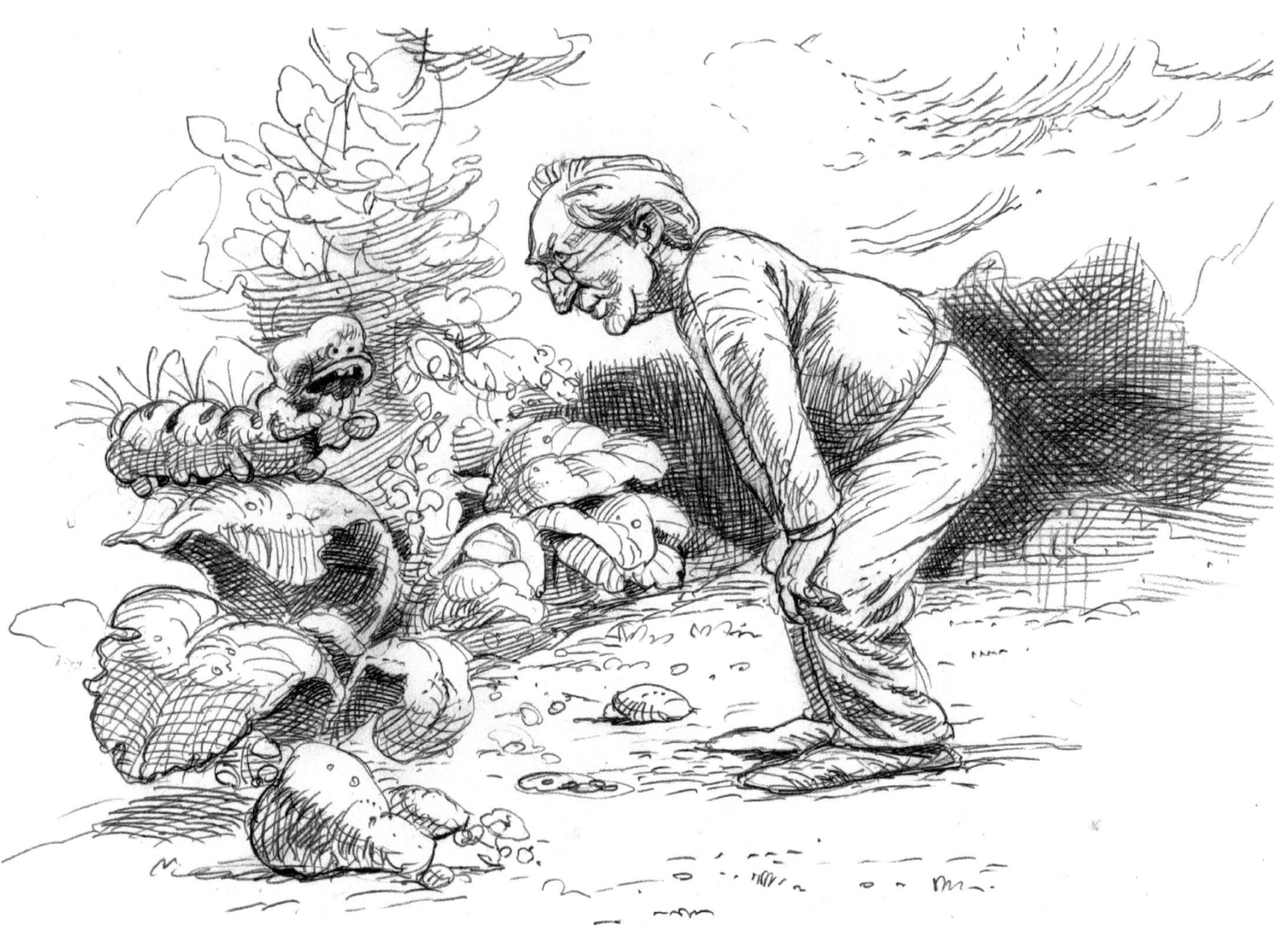

۲۶

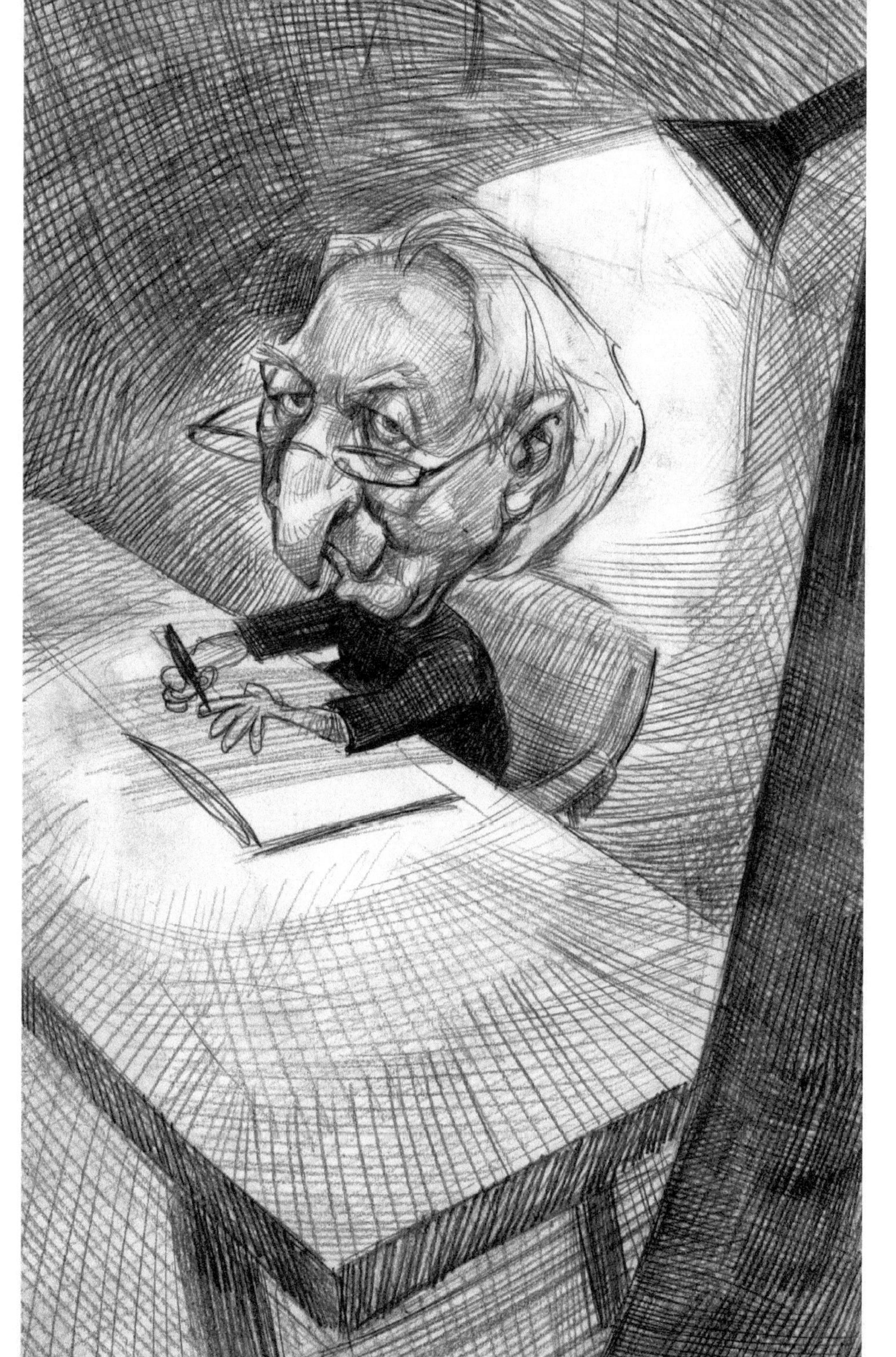

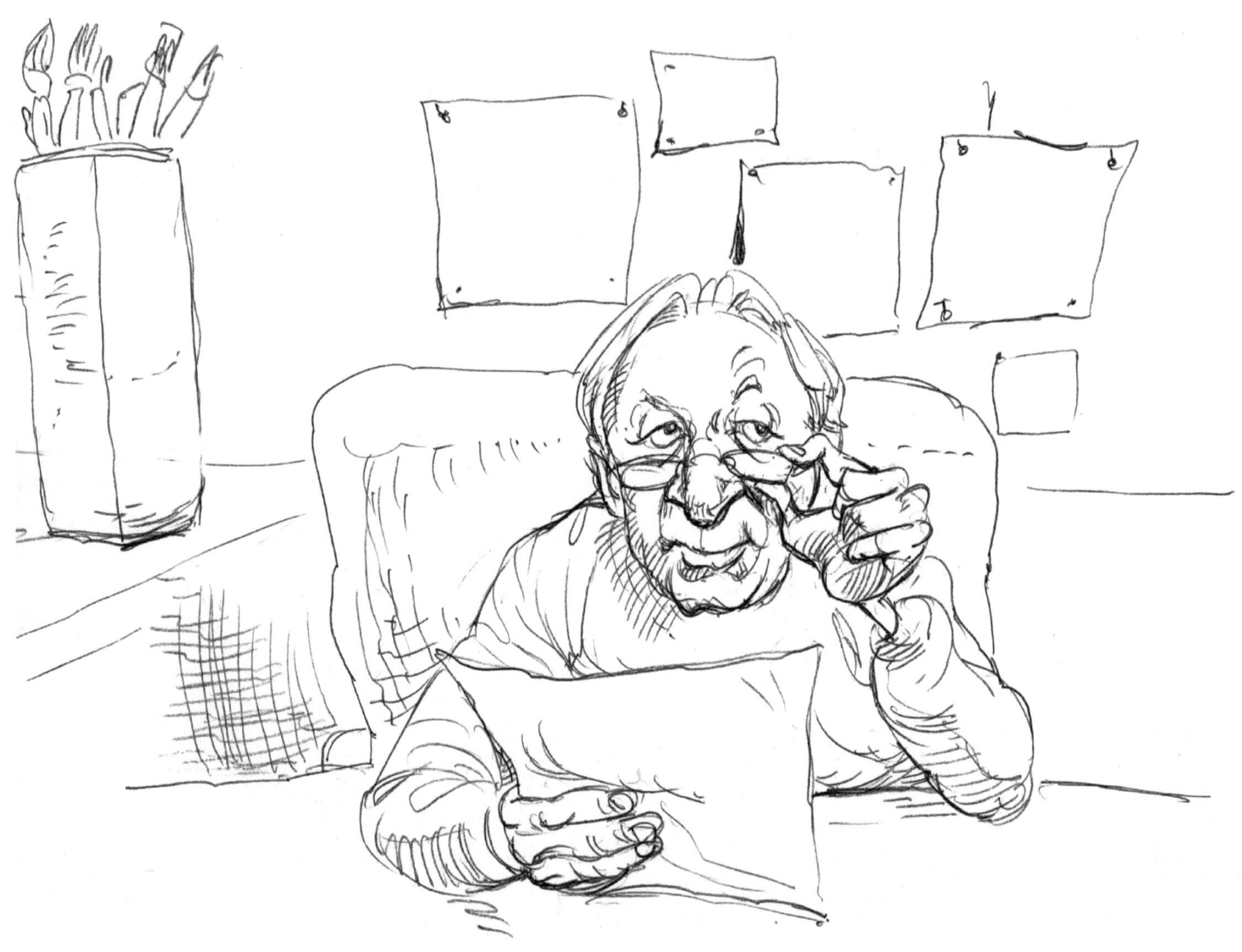

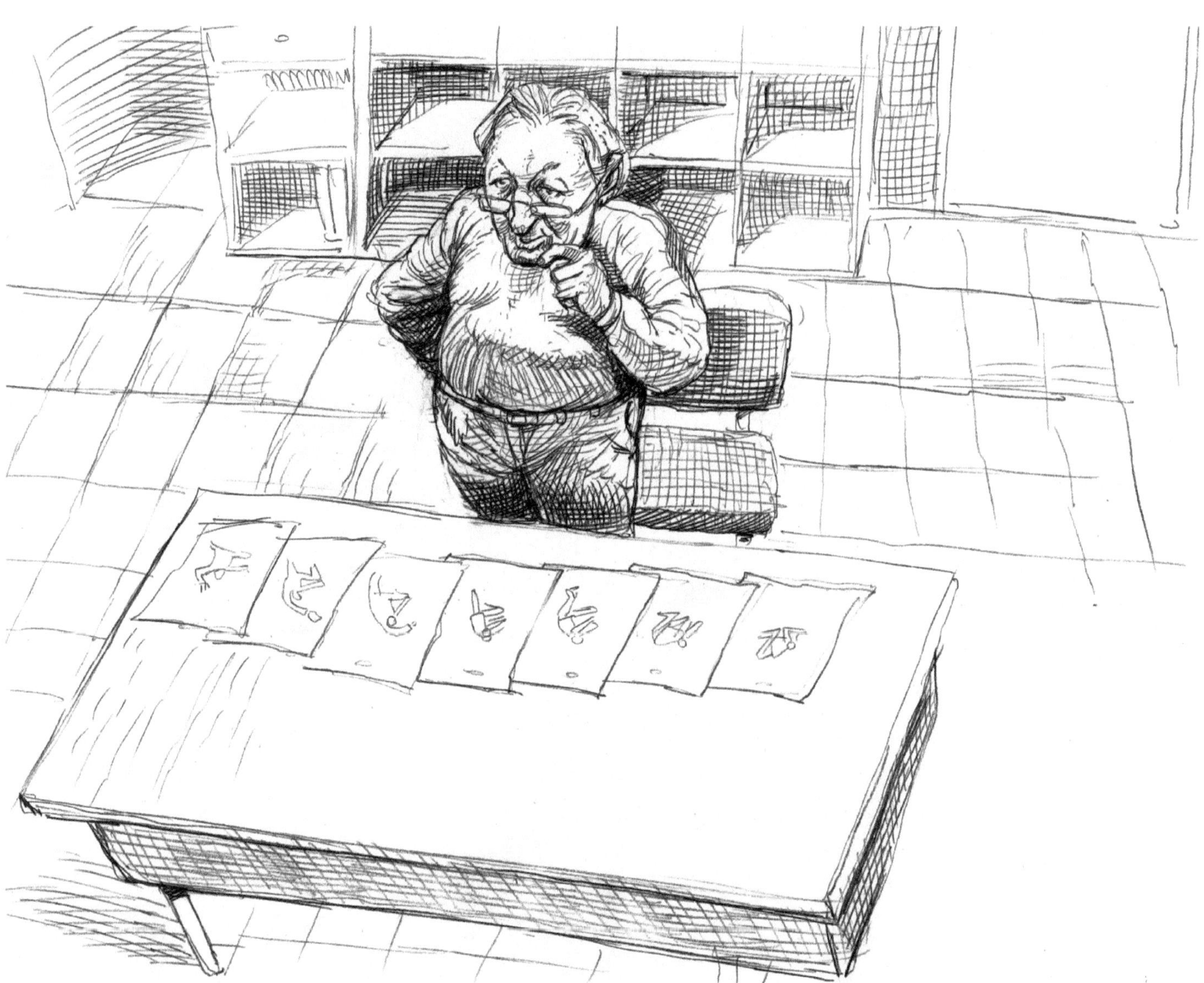

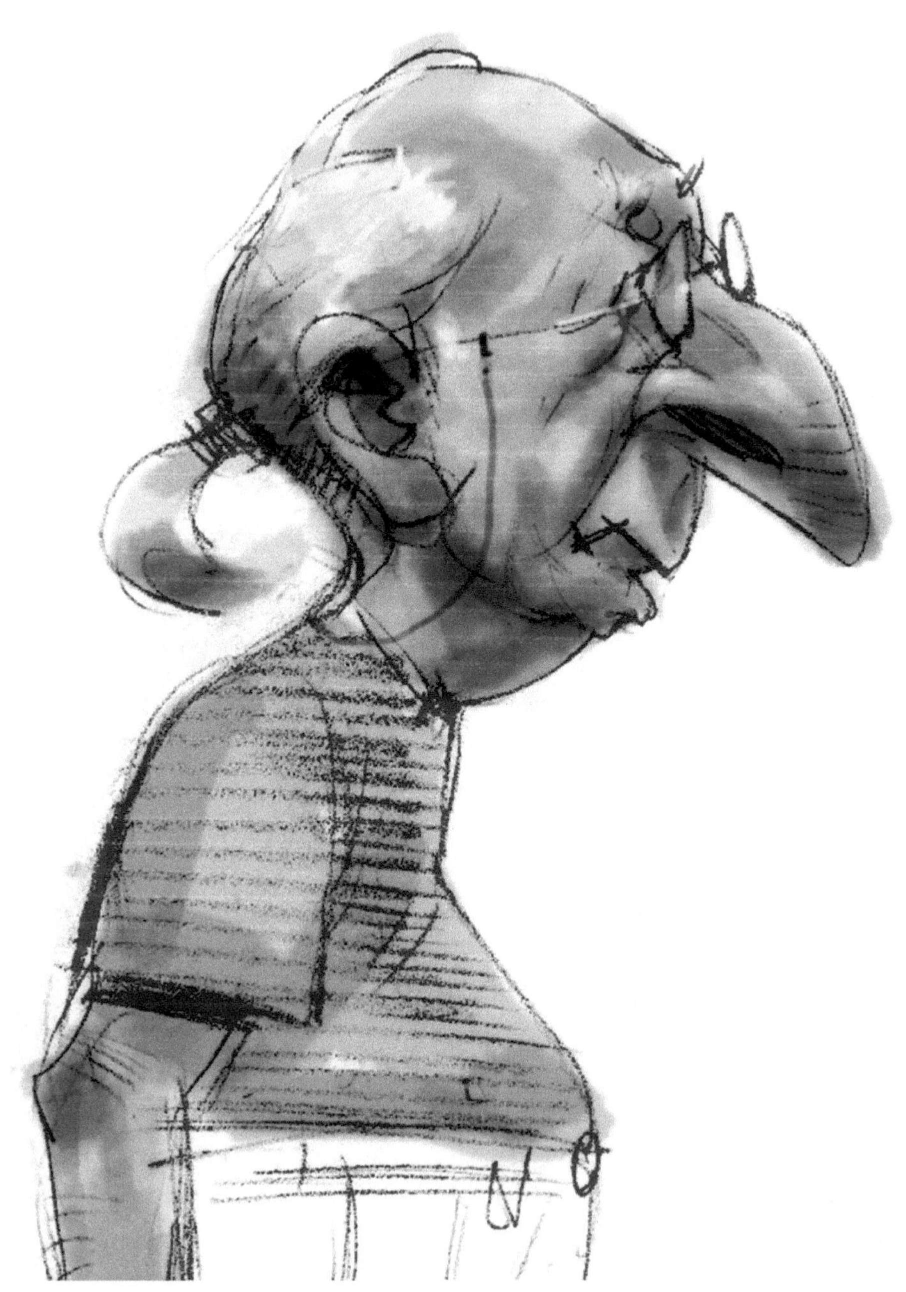

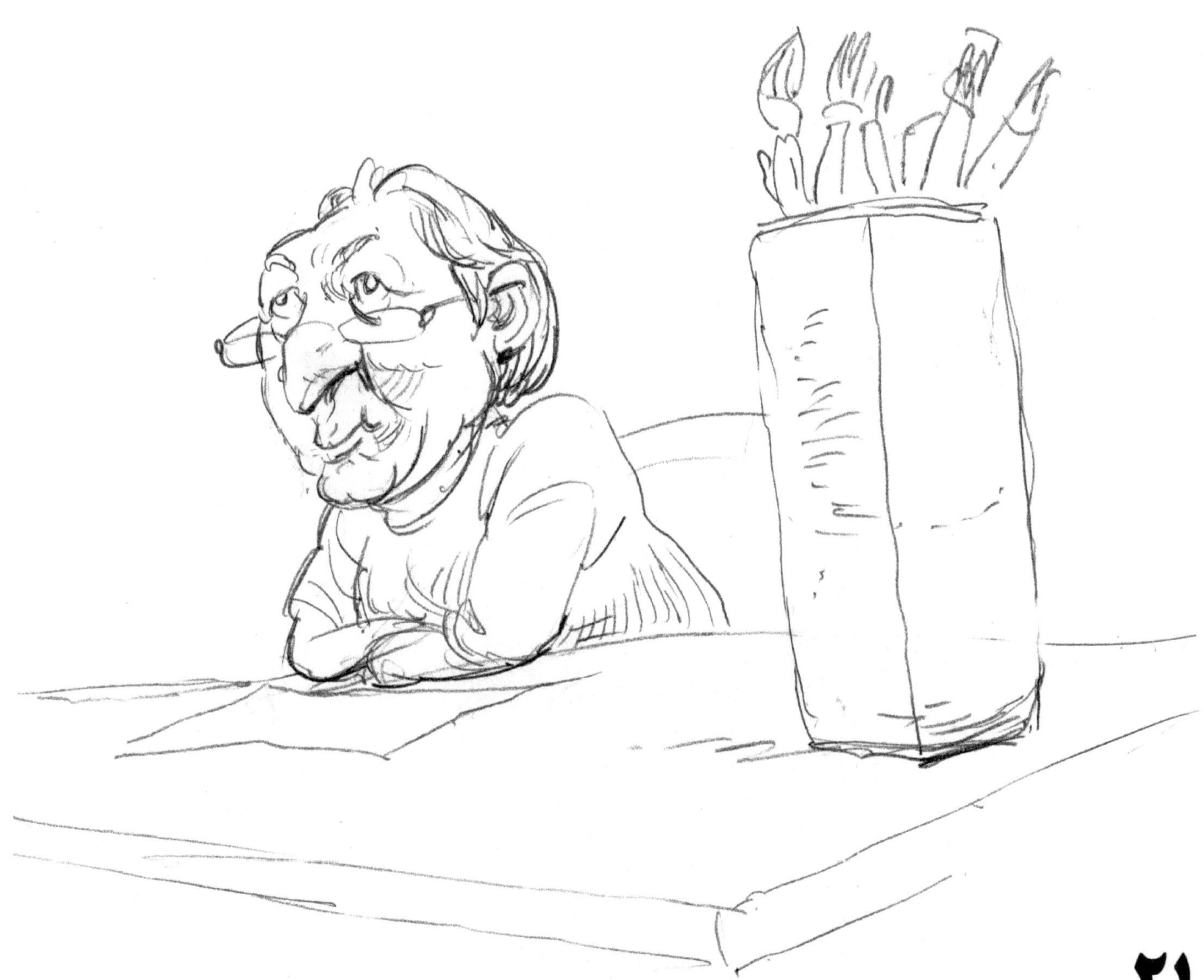

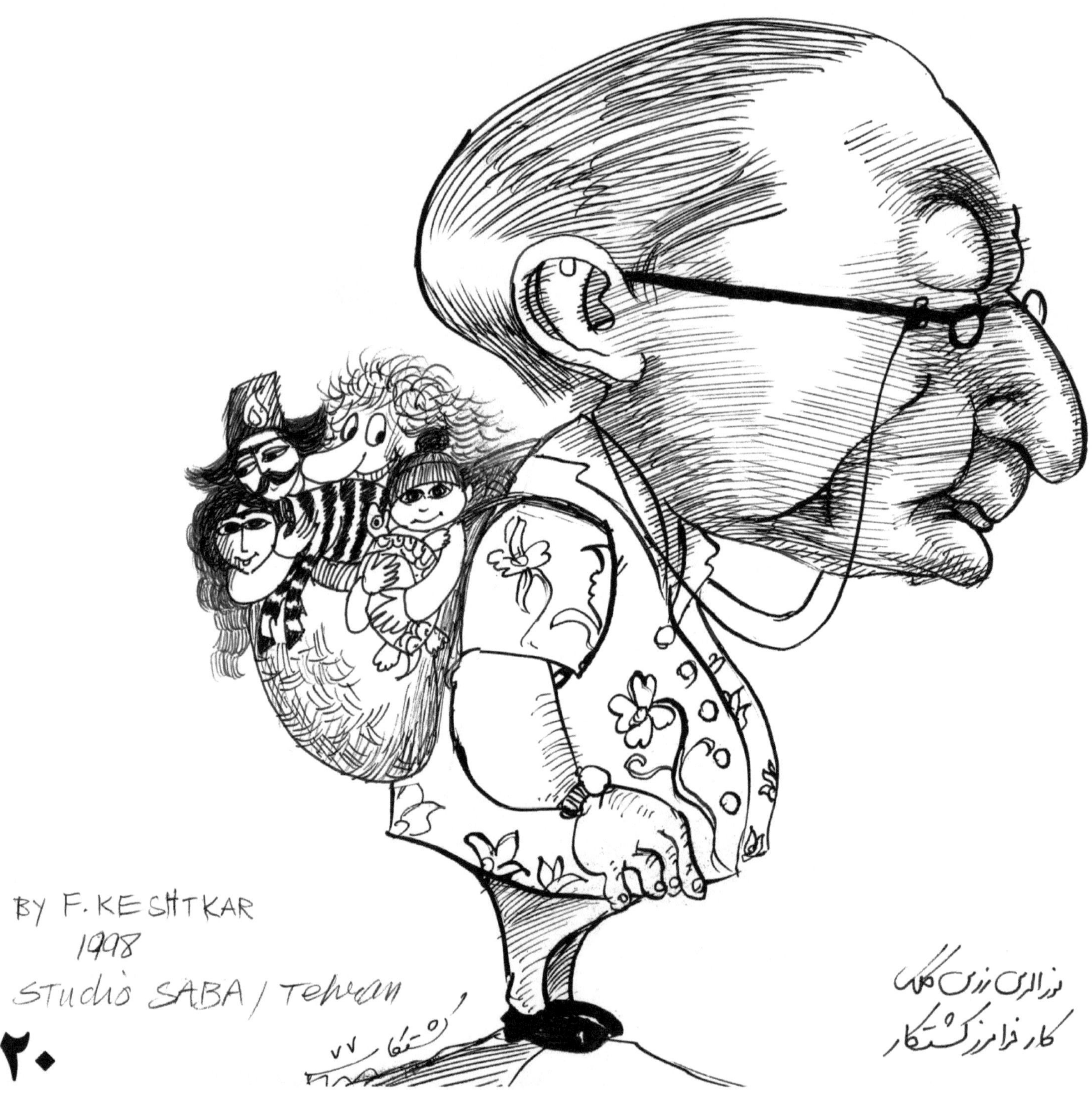

BY F. KESHTKAR
1998
STUDIO SABA / Tehran
٢٠
نورالدین زرین کلک
کار فرامرز کشتکار

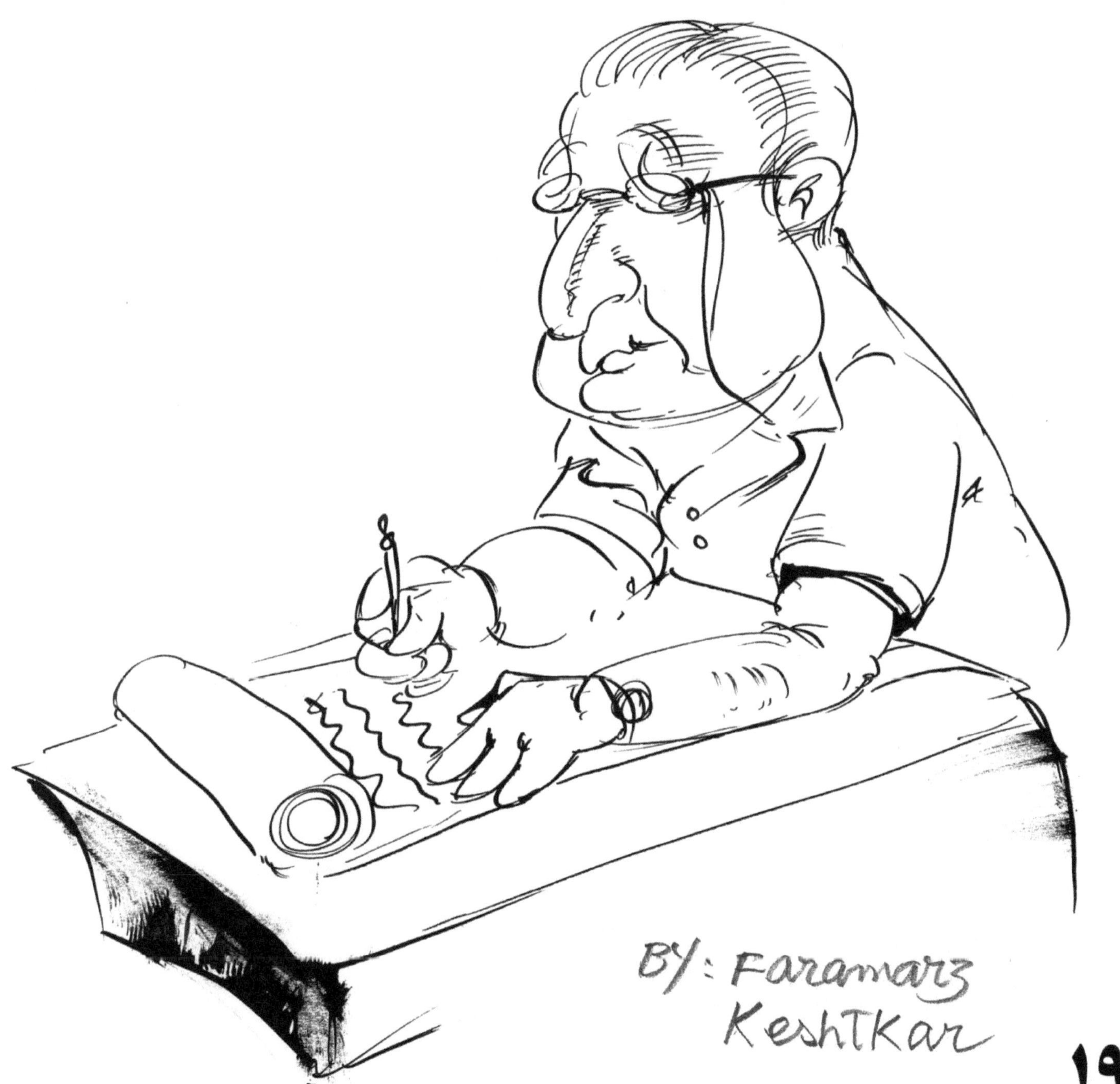

BY: Faramarz
KeshTkar

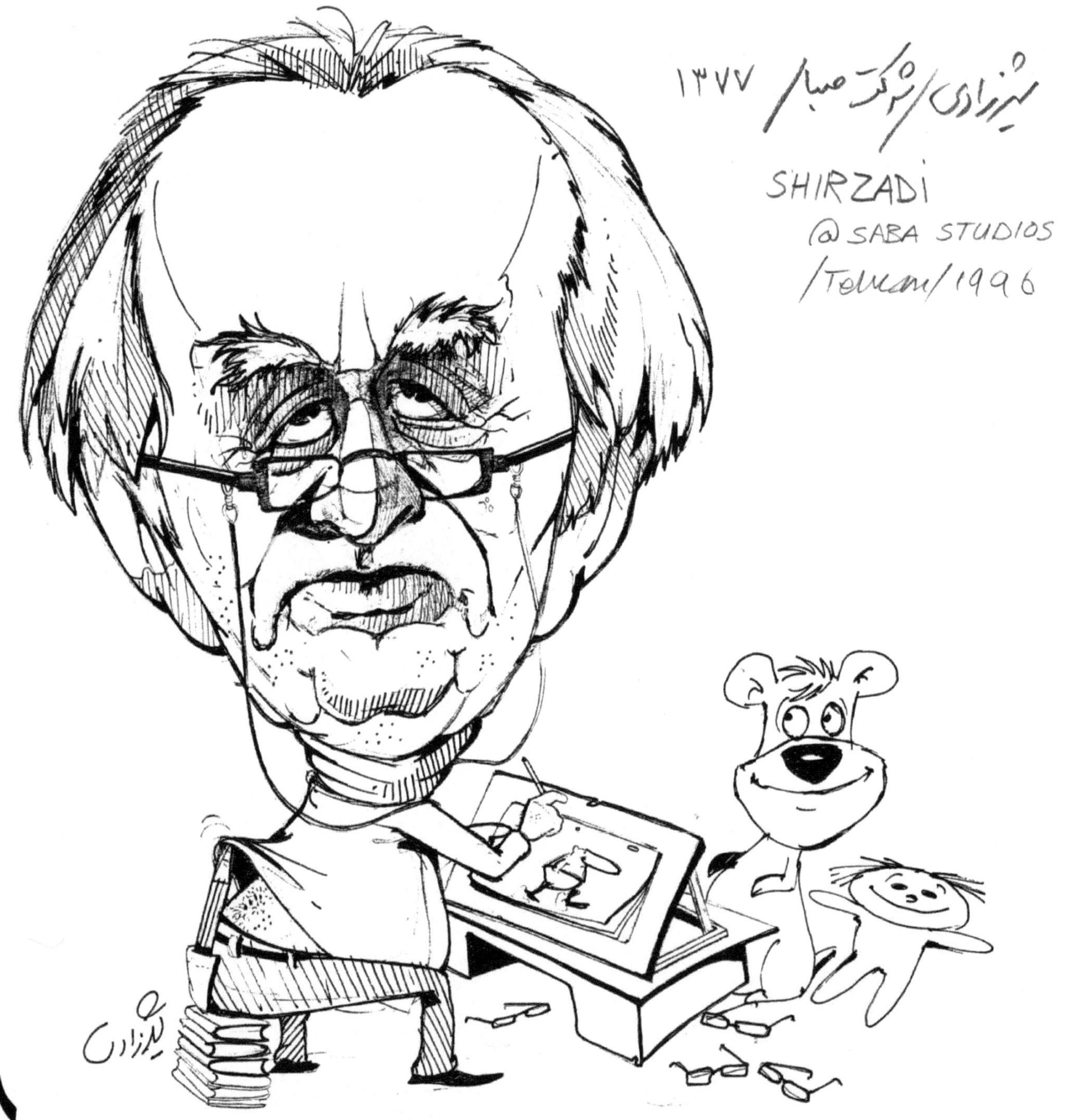
شیرزادی / شرکت صبا ۱۳۷۷
SHIRZADI
@ SABA STUDIOS
/Tehran/1996
۱۸

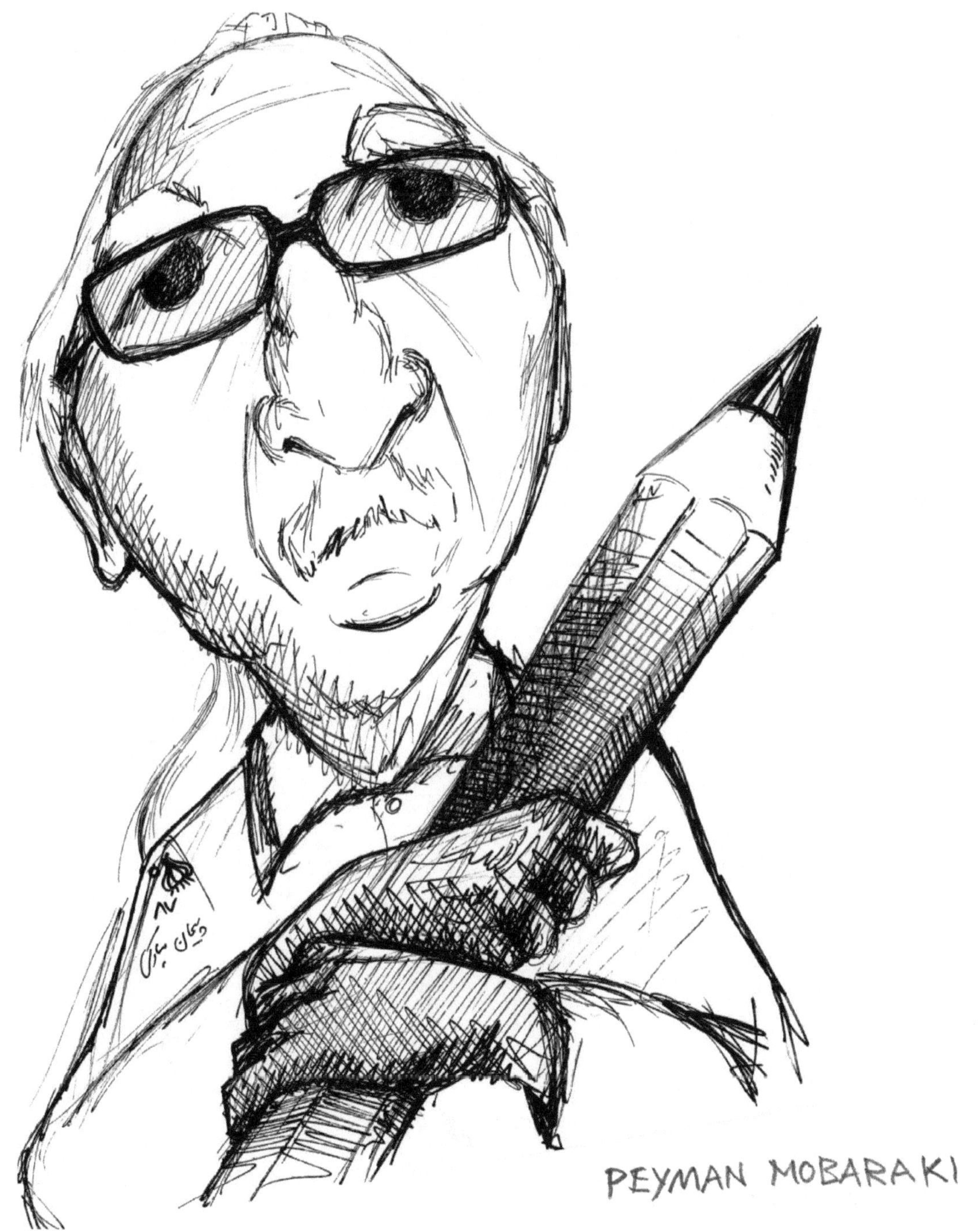
PEYMAN MOBARAKI

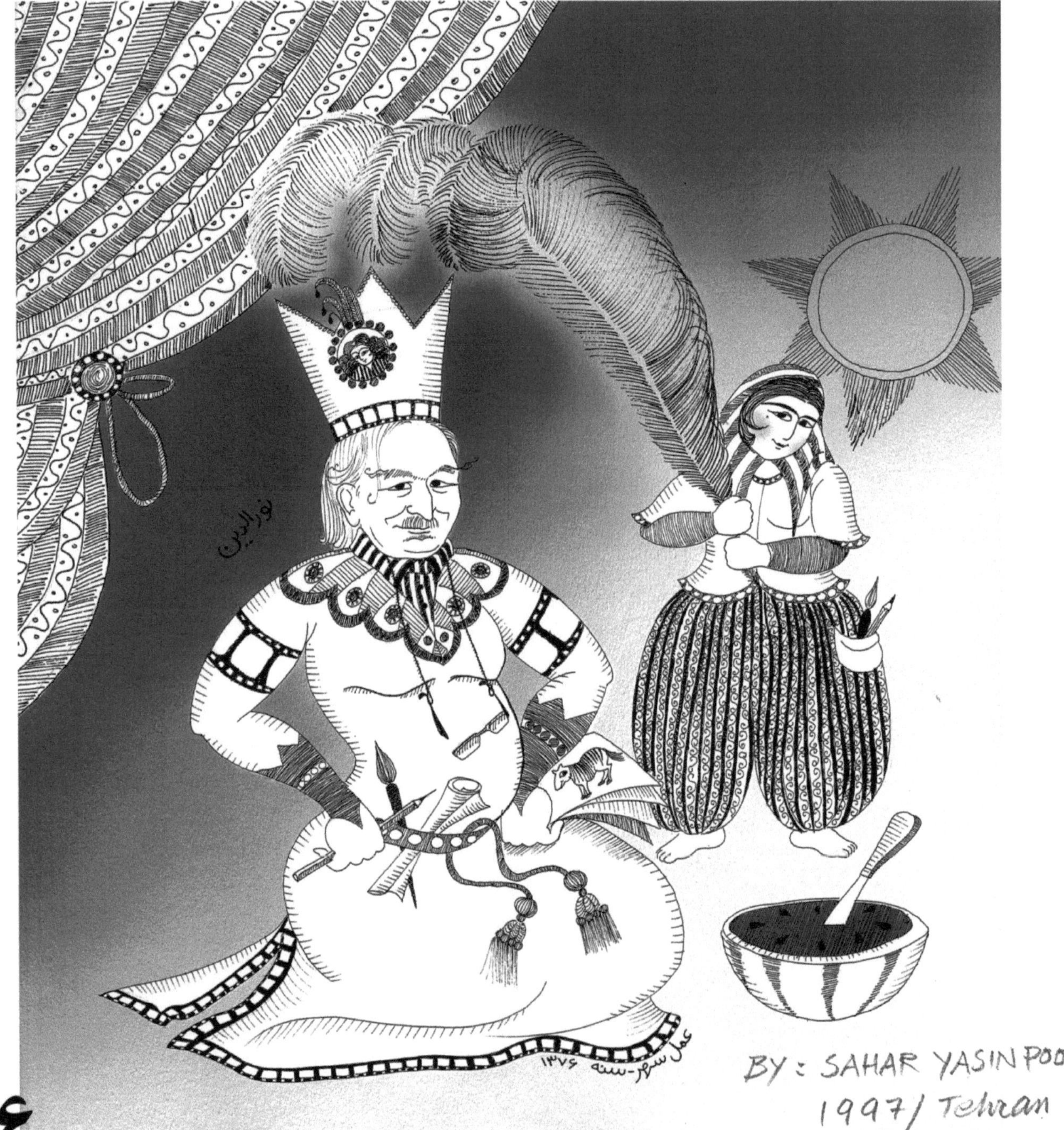

BY: SAHAR YASIN POOR
1997/ Tehran

۱۶

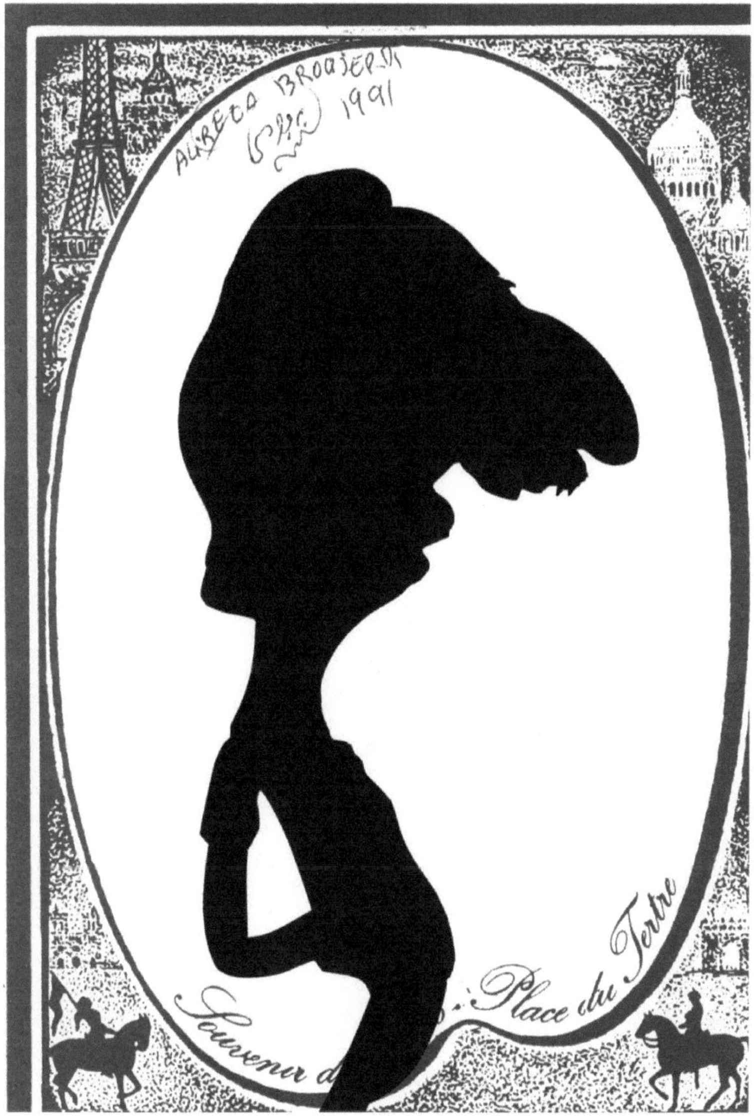

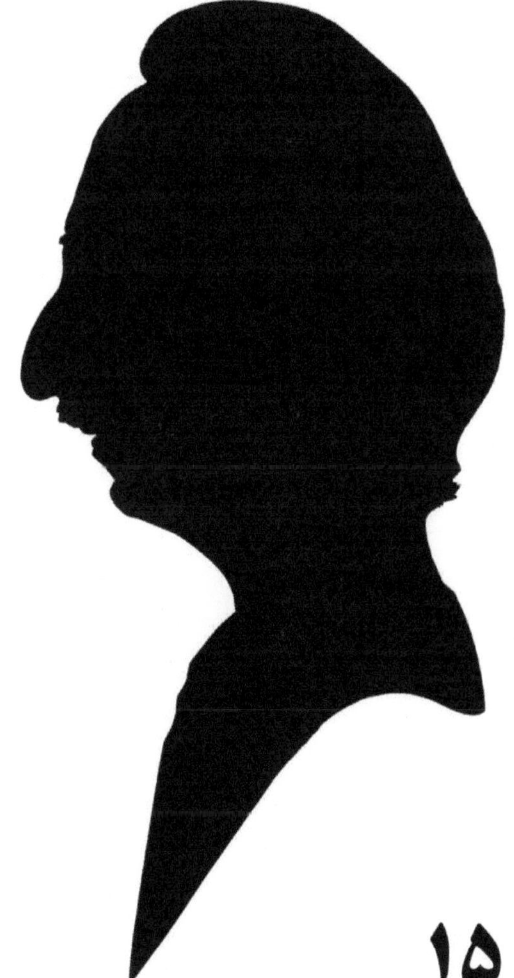
Souvenir de … Place du Tertre
15

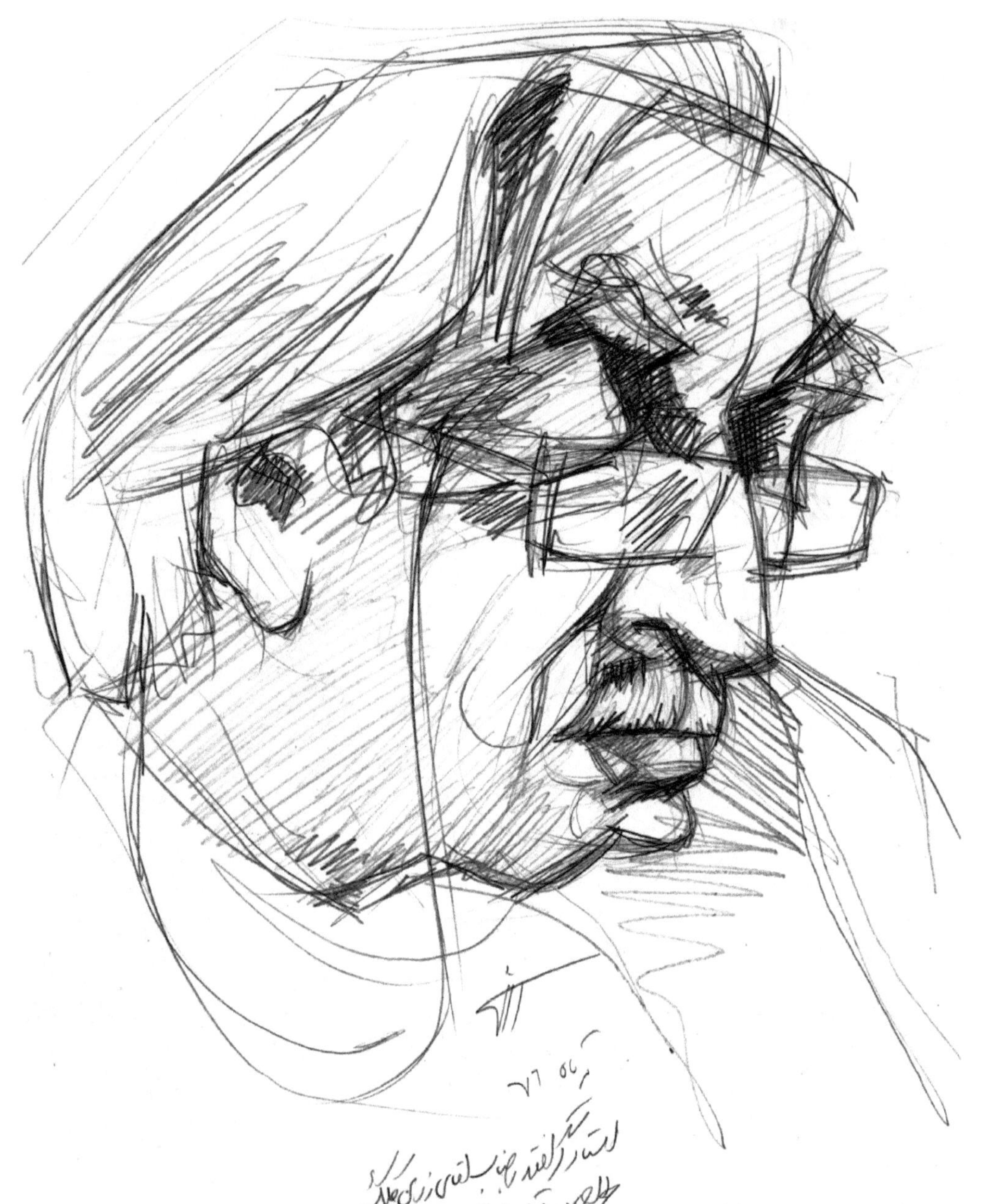

۱۴

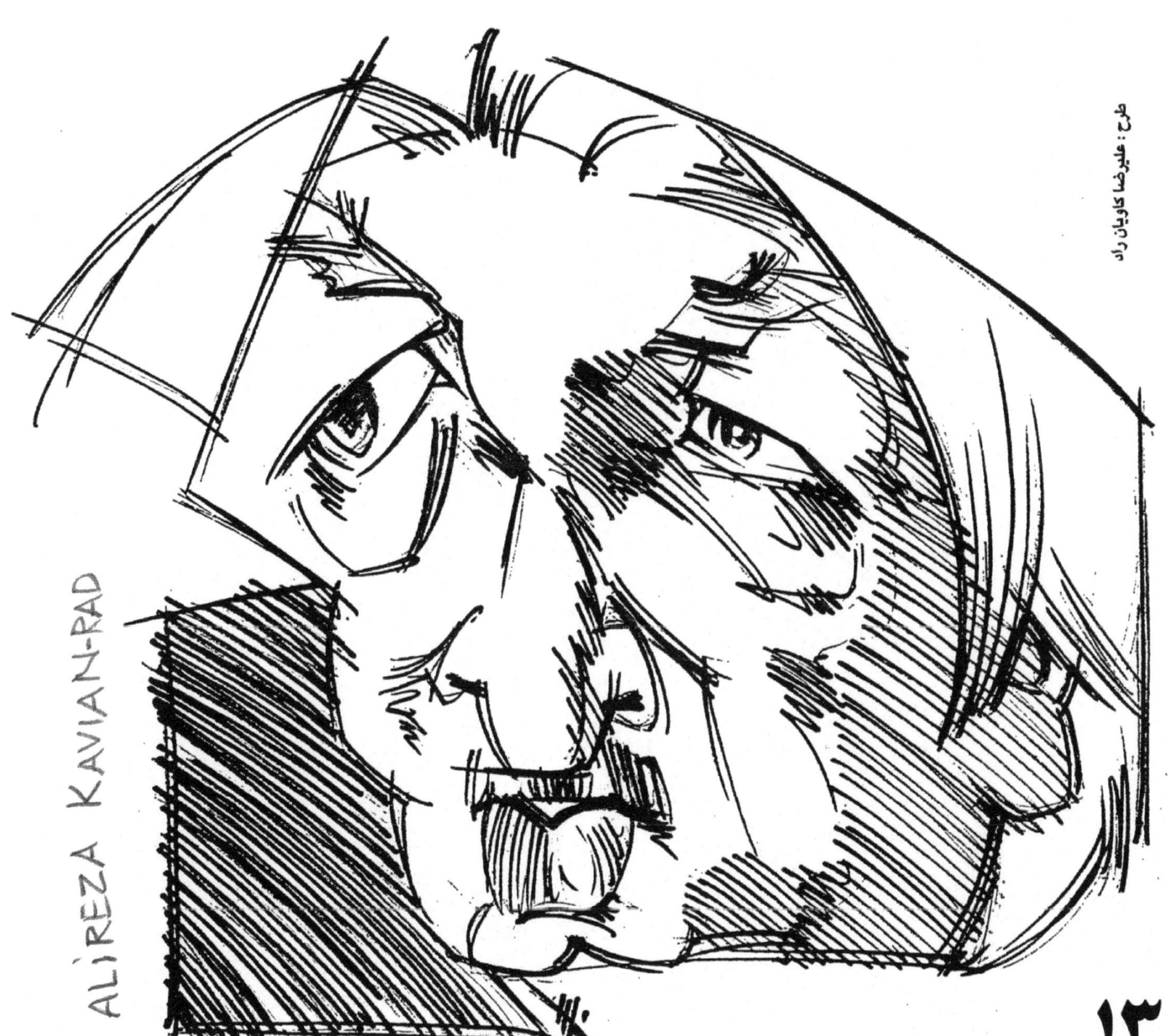

ALÌREZA KAVIAN-RAD
طرح : علیرضا کاویان راد
۱۳

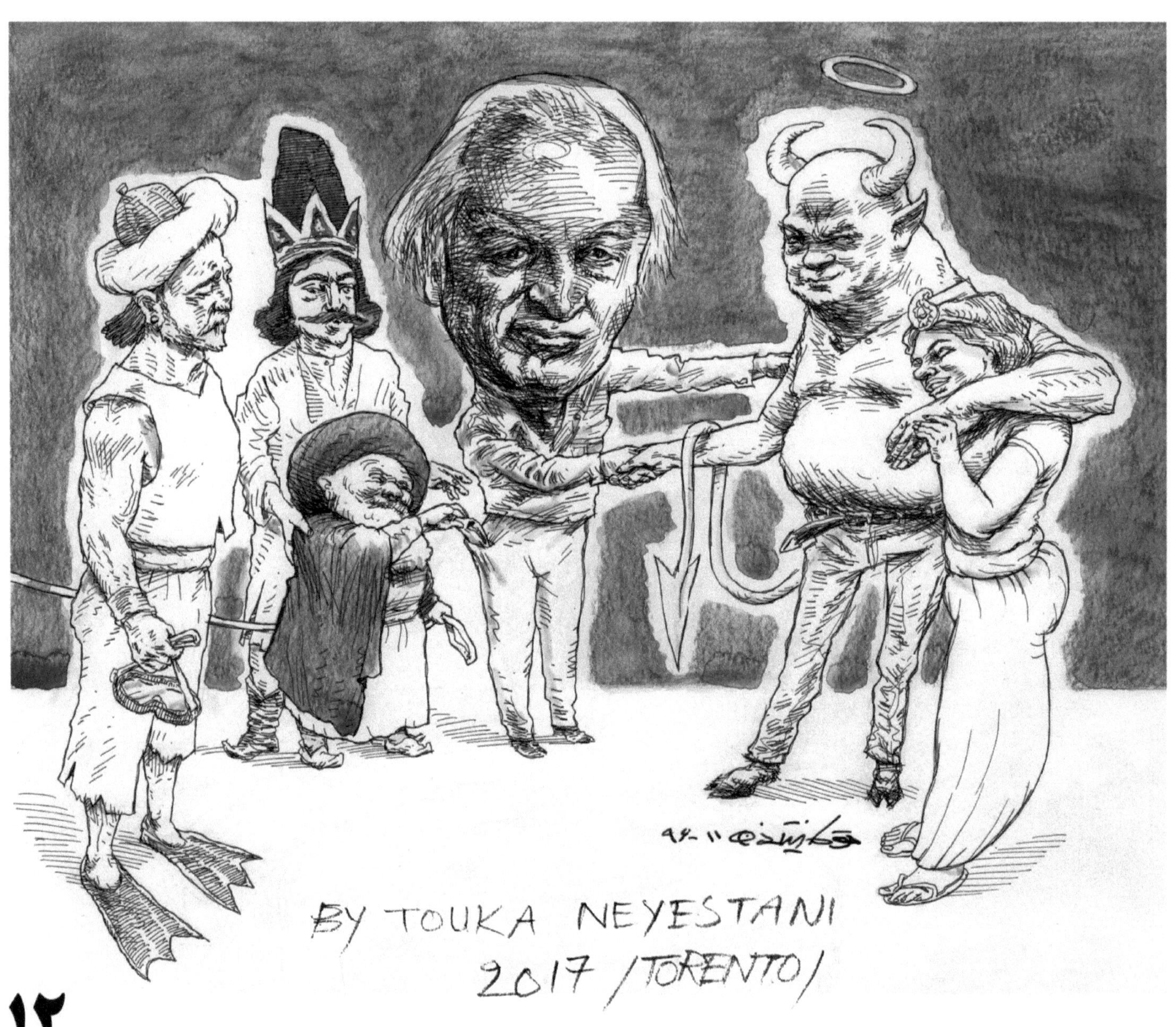
BY TOUKA NEYESTANI
2017 /TORENTO/

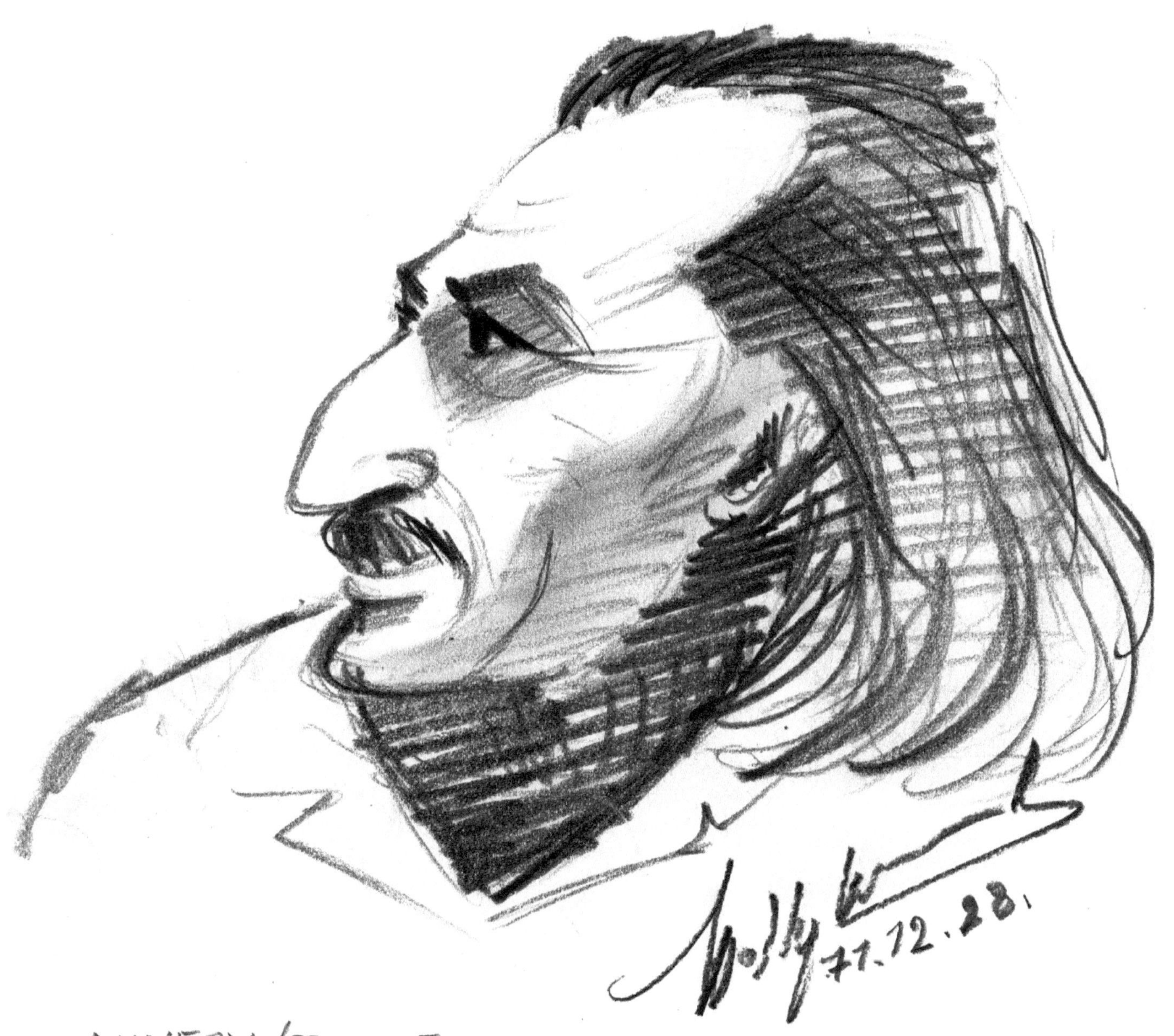

ANNECY/FRANCE
11

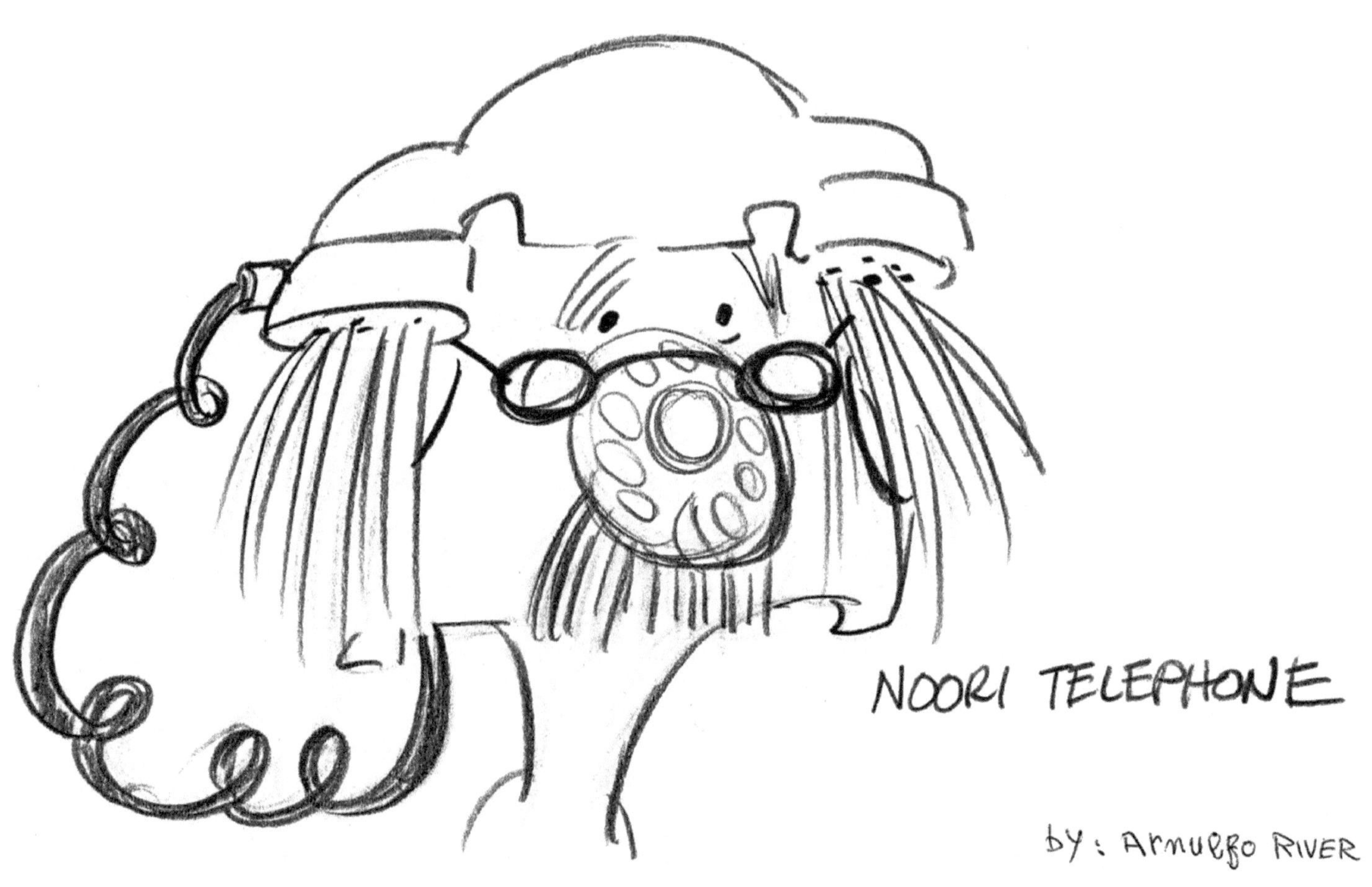

10.

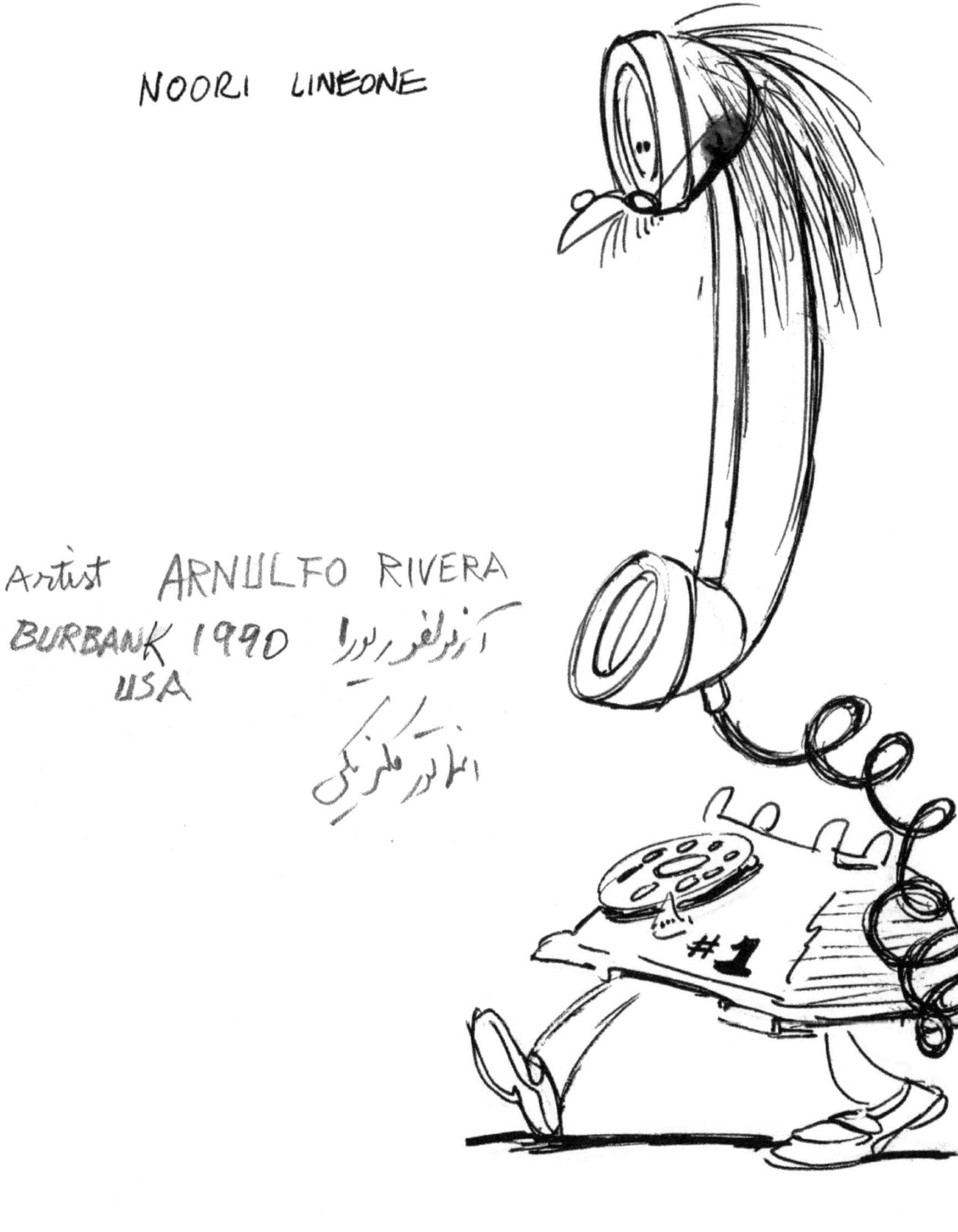

NOORI LINEONE
Artist ARNULFO RIVERA
BURBANK 1990
USA
#1
٩

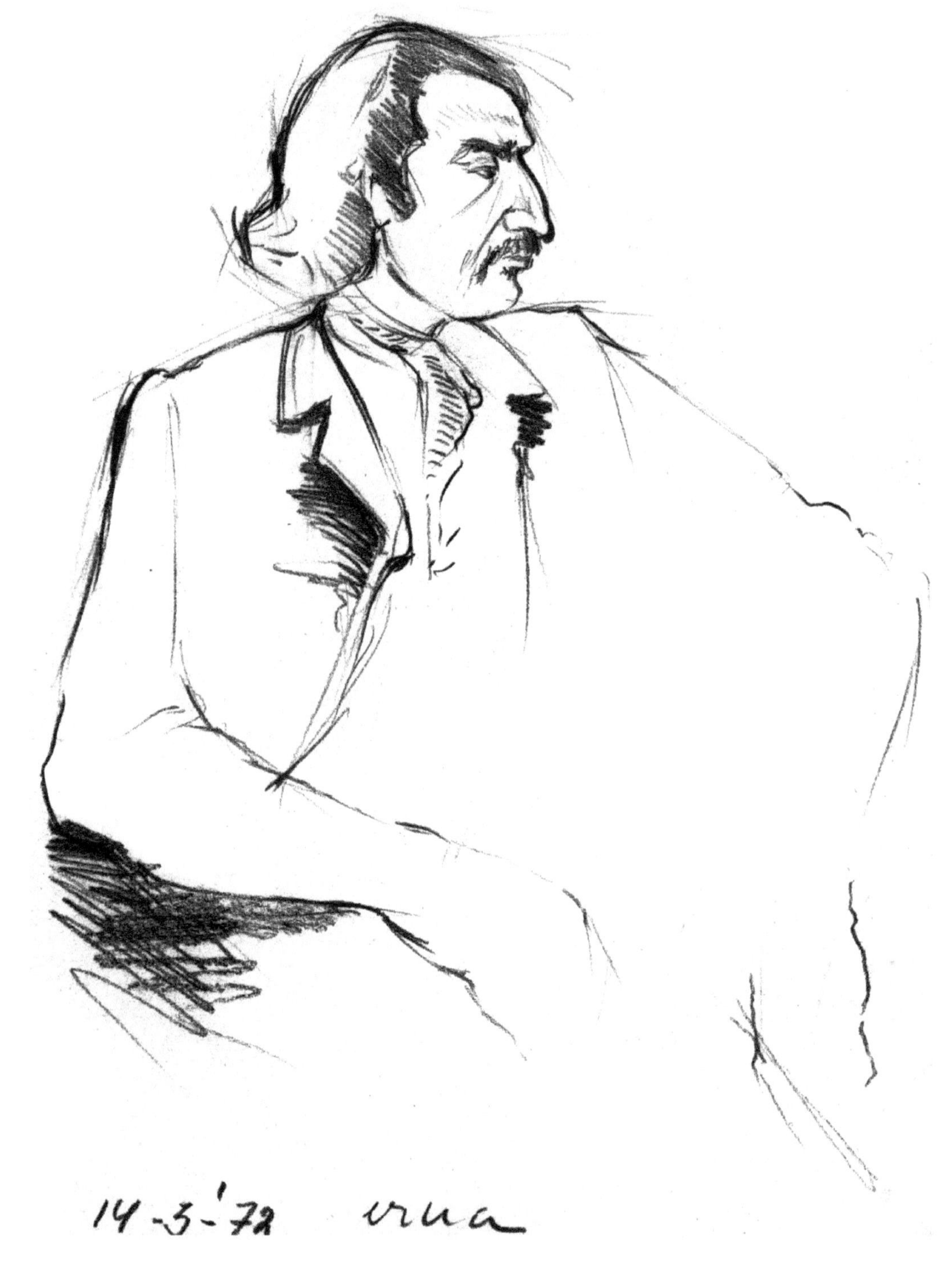

14-3-'72 vna

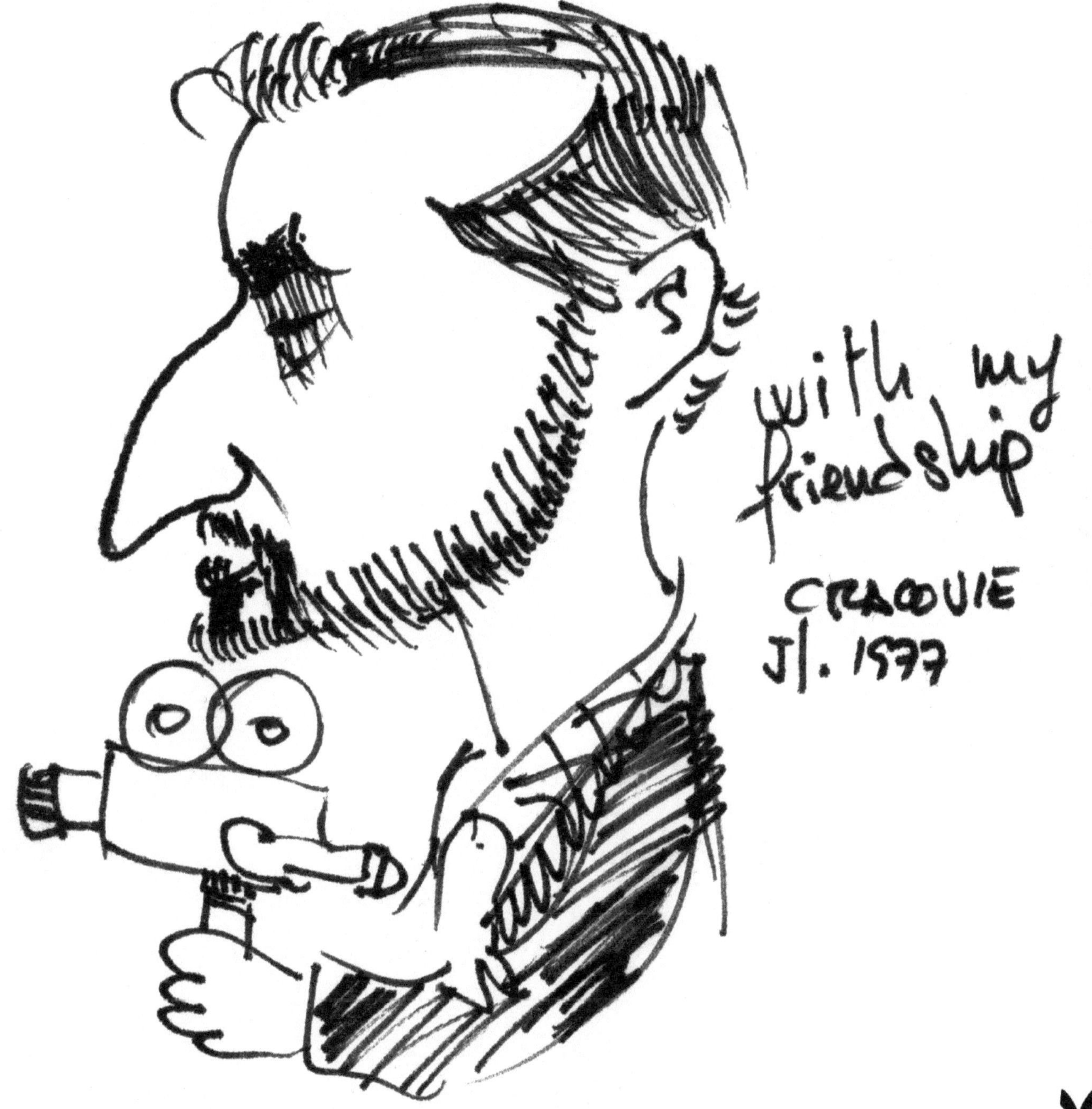
with my
friendship
CRAOUIE
J/. 1977

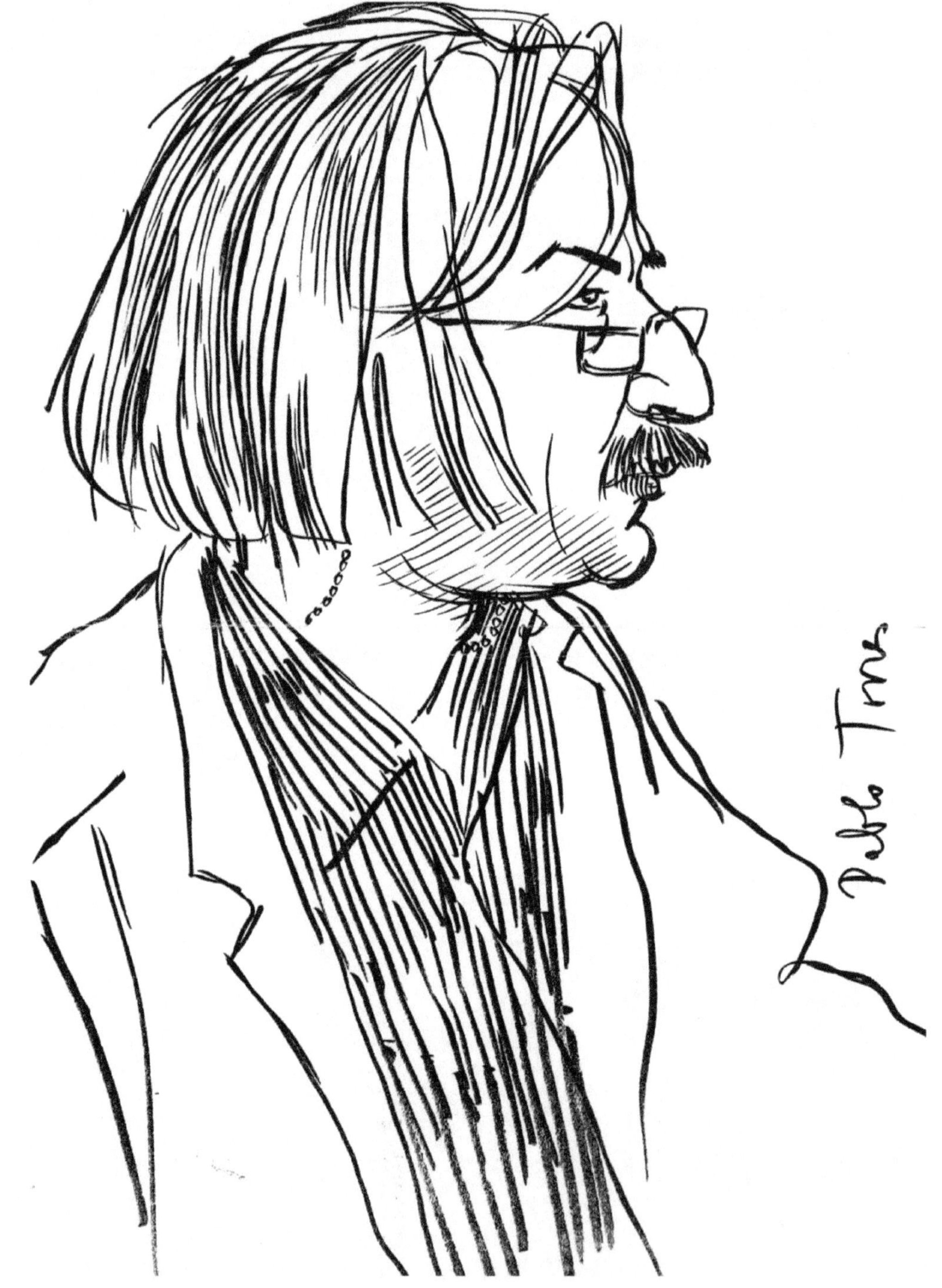

Pablo Tórmen

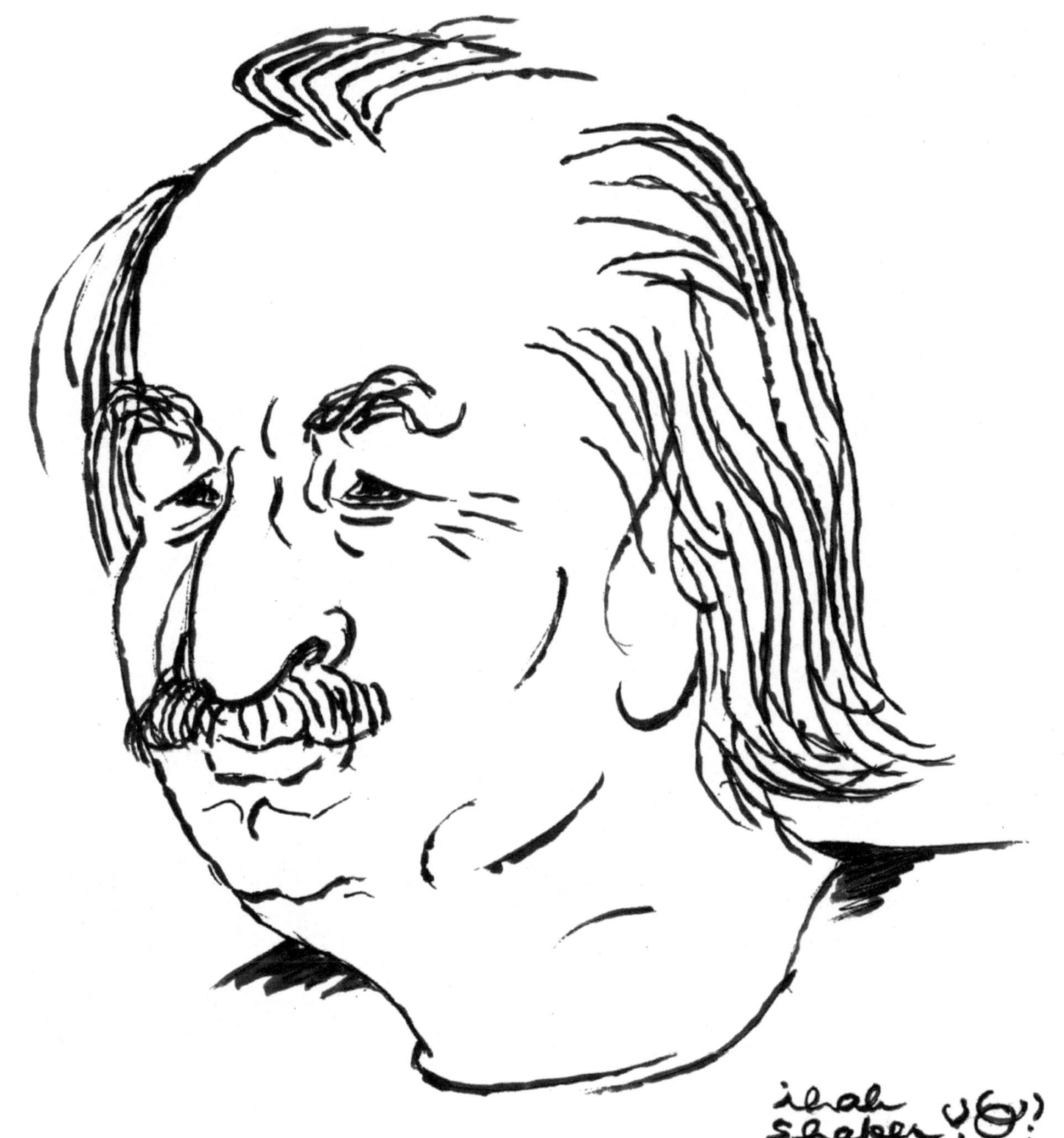

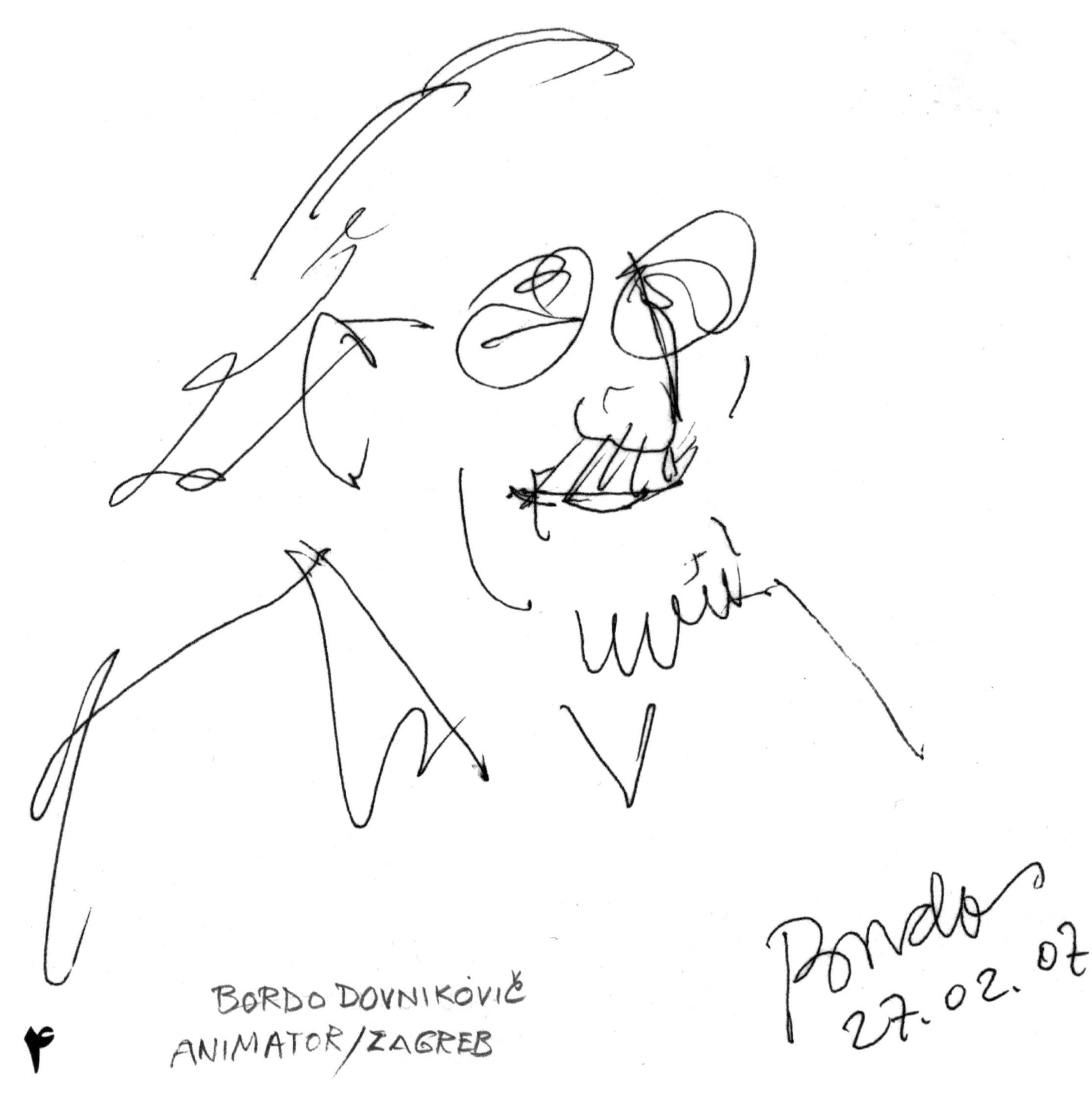

BORDO DOVNIKOVIĆ
ANIMATOR/ZAGREB
Bordo
27.02.07

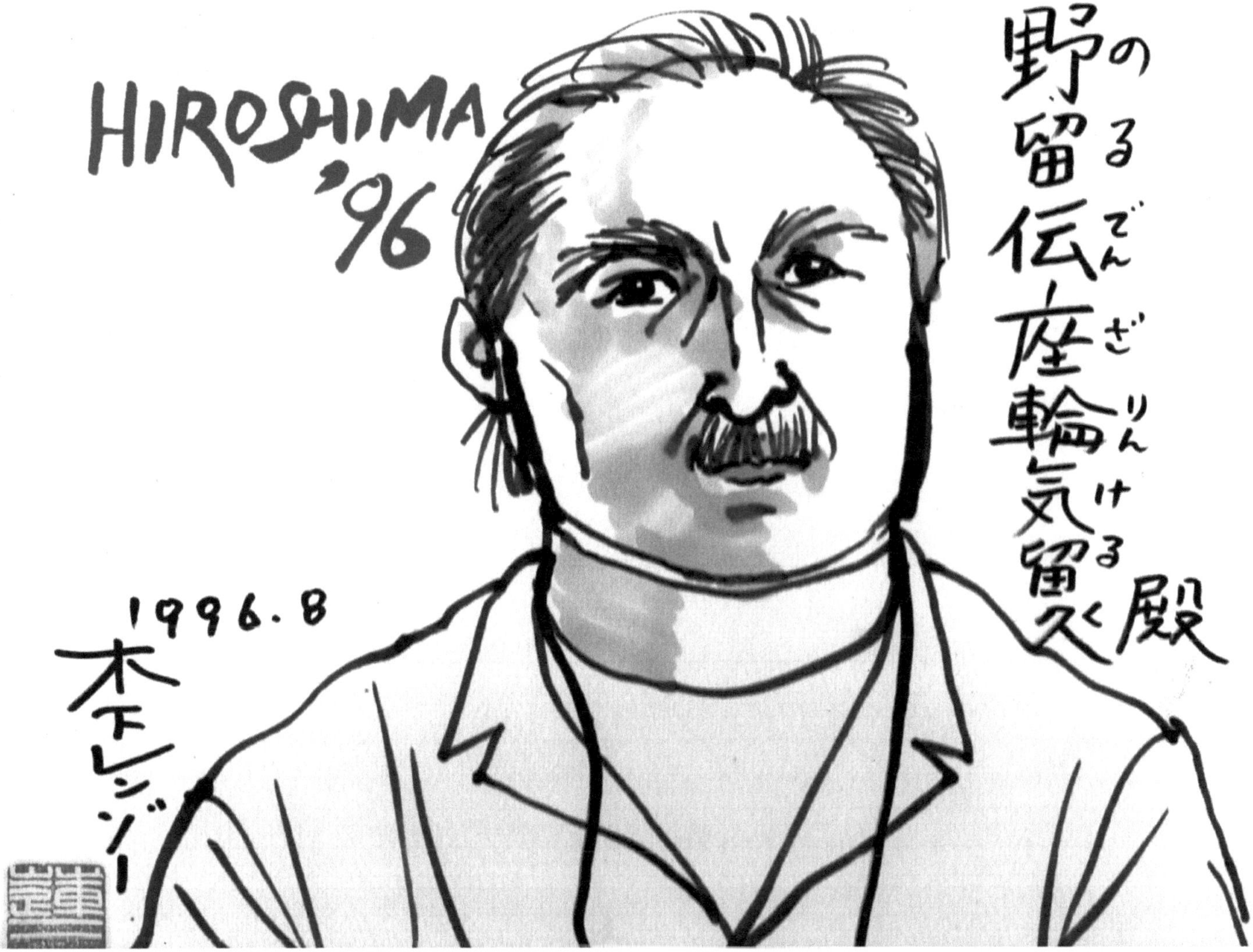

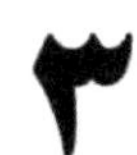

HIROSHIMA
'96
1996.8
木下レンゾー
野留伝座輪気留处殿
RENZO KINOSHITA
JAPAN

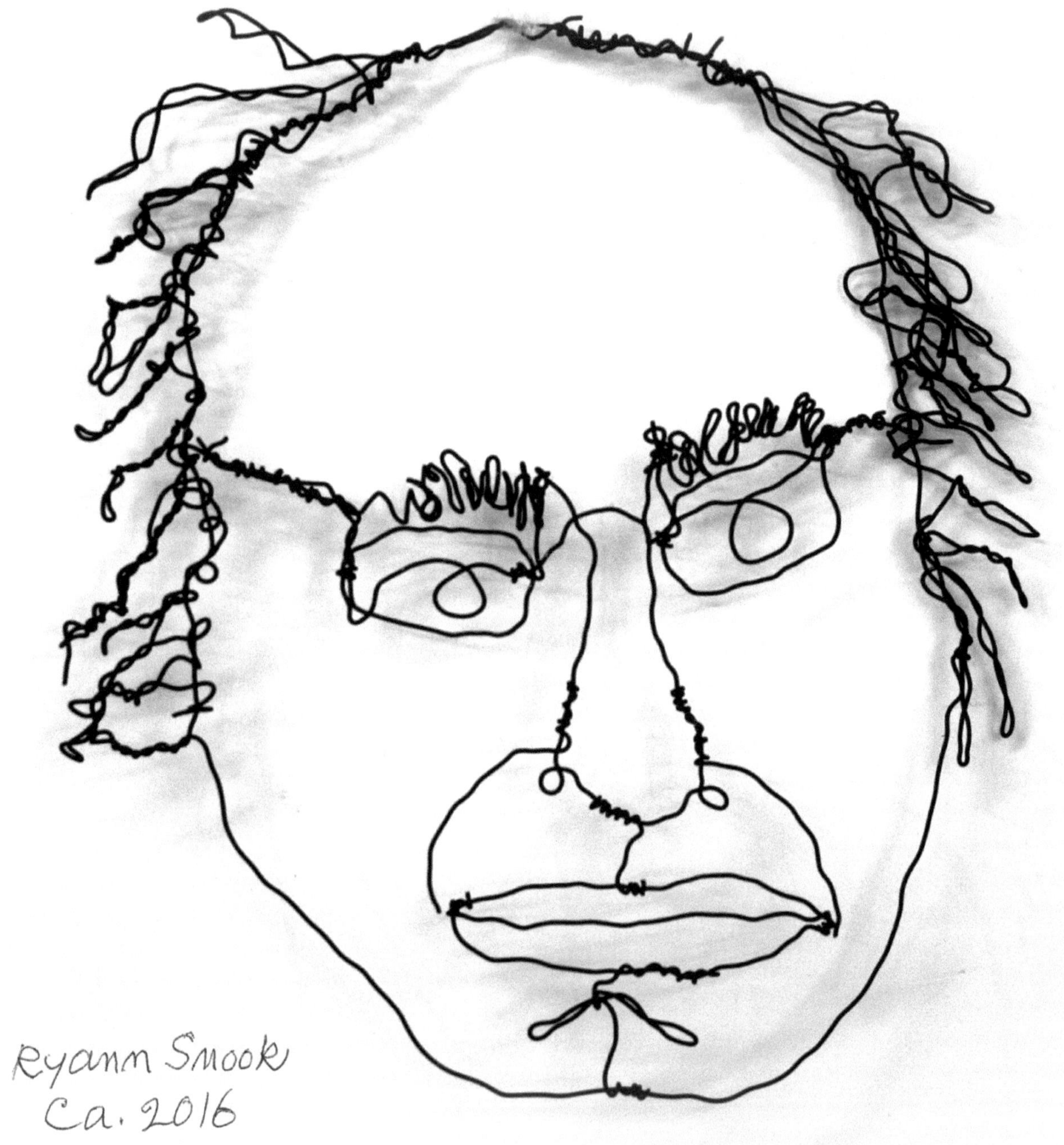

Ryann Smook
Ca. 2016

٢

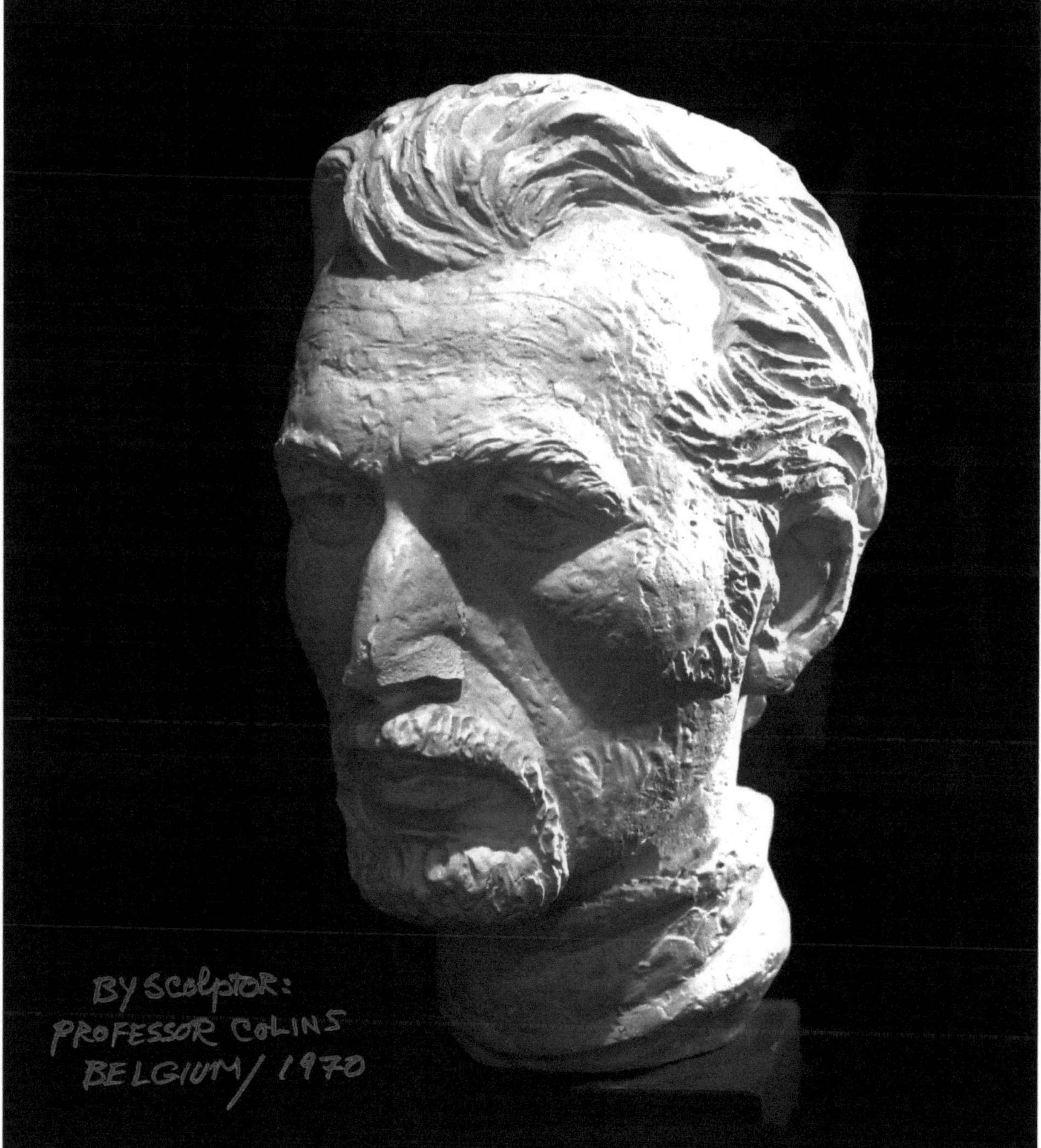
BY SCULPTOR:
PROFESSOR COLINS
BELGIUM / 1970

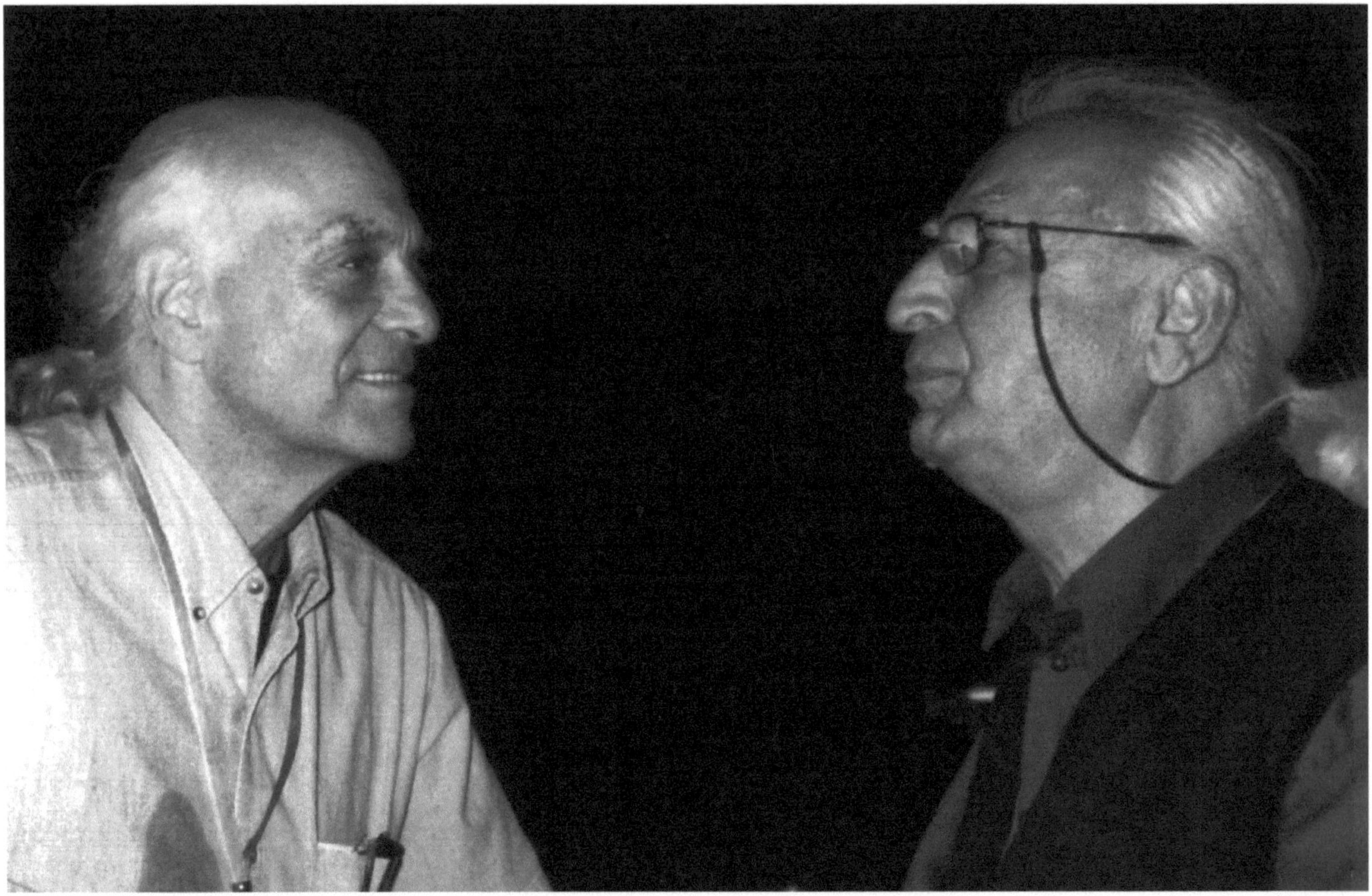

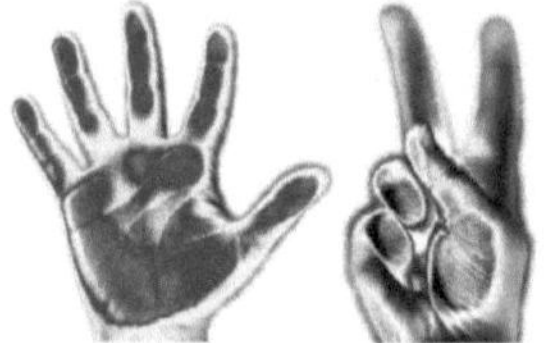

نورالدین زرین‌کلک و دیوید ارلیک (استاد دانشکده انیمیشن در ایالت ورمانت، وایس پرزیدنت مجمع جهانی انیمیشن "ASIFA").

من این اقبال را داشته ام که نورالدین زرین کلک را به مثابه یک همکار و دوست عزیز، در اولین دیدارمان در فستیوال آنسی فرانسه ۱۹۷۹ بشناسم

و در ادامه ی این دوستی، در سال ۱۹۸۶ او را برای یک تور آموزشی / نمایشی از فیلم های زیبای او به ولایت نیوانگلند امریکا دعوت کنم.

همچنین در سال ۲۰۰۹ یکبار دیگر، تا تماشاگران امریکایی نه تنها زیر تاثیر فیلم های شیرین او، بلکه شخصیت طنز و انسانی او قرار گرفتند.

در طول ۳۸ سال گذشته، نورالدین و من در بسیاری جشنواره های انیمیشن دنیا شرکت کرده و در همین دیدار ها به تبادل کارها و آرزوهای خود- که اغلب هم مرتبط به آسیفا (انجمن جهانی فیلمسازان انیمیشن) می شد - می پرداختیم.

پیش از این که من در سال ۲۰۰۰ از هیات مدیره ی آسیفای جهانی بازنشسته شوم نورالدین را متقاعد کردم تا به عنوان پرزیدنت آسیفا به رتق و فتق آن بپردازد؛ سمتی که او با نهایت سربلندی از عهده ی آن برآمد.

دیوید ارلیک

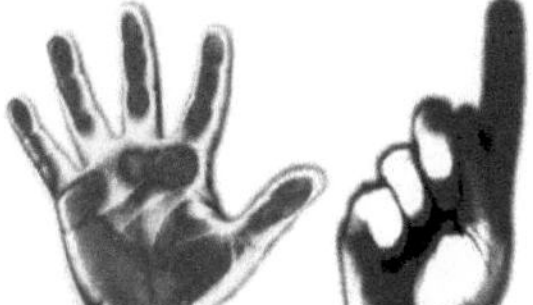

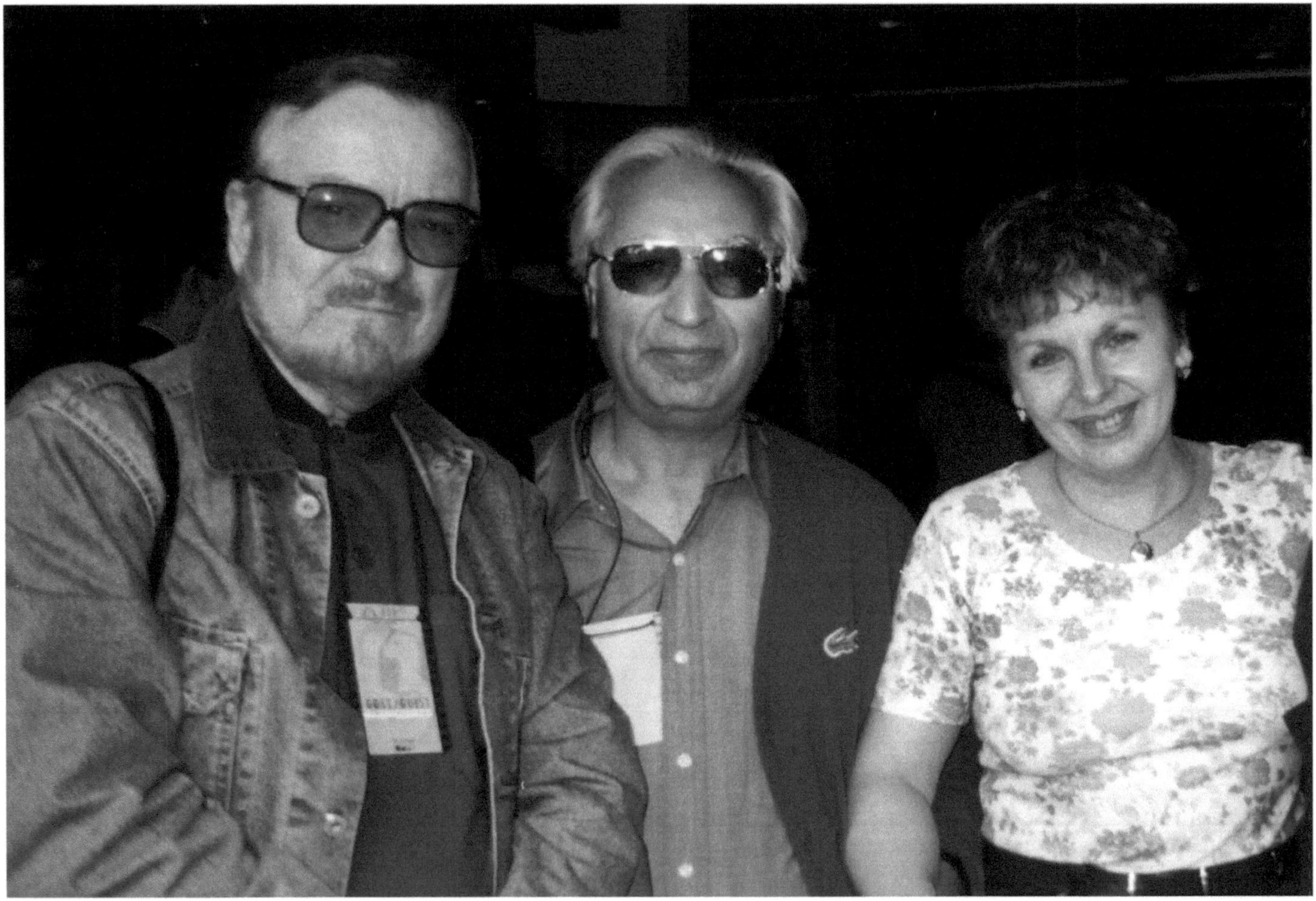

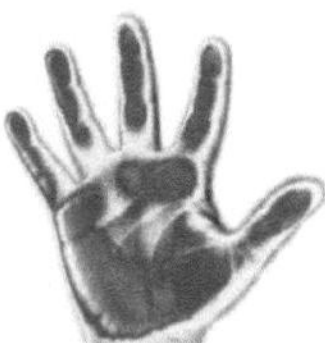

همکار من ، نوری زرین کلک سالهاست که دوست من است

ومن خود را به او خیلی نزدیک حس می کنم؛ بویژه بدلیل تنوع در خلاقیت ها و فعالیت های او و در دایره ی
هنرها؛ از انیمیشن و گرافیک گرفته تا فعالیت های آموزشی و نیز در آسیفا (انجمن جهانی انیمیشن)
که حوزه ی هویتی من هم هست.
انتخاب زرین کلک بعنوان پرزیدنت آسیفای جهانی در سال ۲۰۰۳ گواه اعتبار و آبروی او بعنوان یک هنرمند،
و هم به دلیل ارزش انسانی او است
خلاقیت زرین کلک – در انیمیشن و گرافیک – ریشه در هنرنیرومند ایرانی دارد و همین است که اورا یکی
از سرشناس ترین نمایندگان هنر کشورش کرده است و در عین حال، از او یک هنرمند بین المللی بوجود
آورده است.
من که فیلم های او را در چند فستیوال بین المللی دیده ام؛ اینک تنها با دیدن چند صحنه می توانم
صاحب آنرا که نوری باشد در آن ها تشخیص دهم
فیلمی که در ذهن من جای ویژه ای دارد " دنیای دیوانه ی دیوانه ی دیوانه" است
که نوری در آن، قاره ها و کشور ها را روی نقشه بجان هم می اندازد؛
فکری بدیع و درخشانی که تنها بدرد انیمیشن می خورد...
و من بعد از دیدن آن از خود می پرسم: چرا چنین فکر ساده ای را خودم برای فیلمم نکردم!!
باری؛ ما همه منتظریم تا در سال های پیش رو، دستاورد های تازه ی نوری را در پهنه ی خلاقیت های او
ببینیم.

دراز بزی دوست من ؛ نوری.

بوردو
Bordo

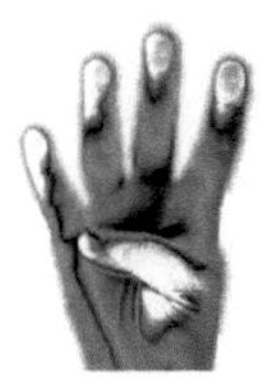

نیست (گرچه شاید برای از ما بهتران روشـن باشـد!).

تنها بعنوان یک خاطره و در ادامه ی پرسش ام می نویسم: دوتا از شمایل هایی که در کتاب حاضر می بینید از من و "رنزو کینوشیتا" رییس انجمن بین المللی کارگردان های انیمیشن است که او یکی را از من و یکی را من از او کشیدم؛ اما تصورمی کنید این طراحی ها در چه شرایطی کشیده شده اند؟ روی پله های ورودی تالارجشنواره ی هیروشیما؛ جایی که وی شمایل مشتریان را در برابر دریافت مزد می کشید.

البته از من پولی نگرفت، زیرا من هم متقابلا شمایلش را کشیدم!

و حرف آخر این که در کتاب پیش رویتان دو بخش می بینید:

۱- شمایل هایی که در طول یکی دوسال اخیردر شرایط متفاوت – خیابان، بازار، فرودگاه، بیمارستان .
بیش از چهره های تلویزیونی در شب های تنبلی کشیده ام

۲- شمایل هایی که دوستان و دشمنانم از من کشیده اند.

کارهای بچه‌گانه این بخش قصه‌ی شیرینی دارد از این قرار: معلمی در دبستانی در شـهر "رن" فرانسه به بچه‌ها گفته بود نقاشی ناشناس مهمان شما خواهد بود... تصصور شما از این مهمان چیست؟ (بدون ذکر نام و نشان و سـن و جنسیت و کشـور من!)

نورالدین زرین کلک
کالیفرنیا/ پاییز ۲۰۱۷

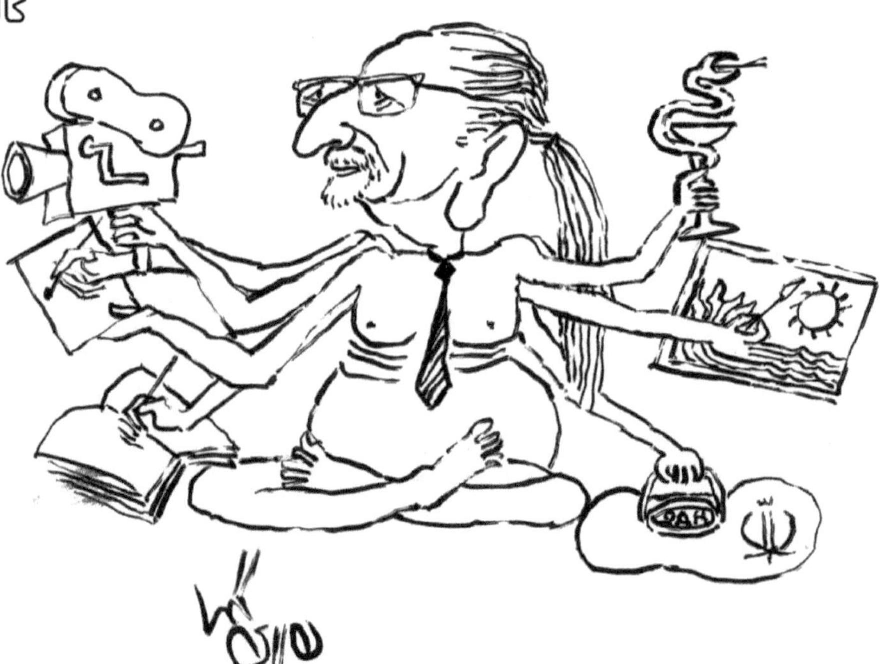

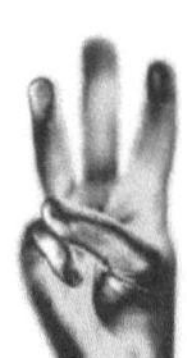

یک مداد، یک کاغذ و یک چشم فضول، همه ی آن چیزیست که برای طراحی یک شمایل یا پرتره لازم است.

شاید این تعریف – درعصر دوربین و آی پد و موبایل – تعریف جامع و مانعی از آنچه میخواهم بگویم نباشد، اما بهر روی قصد من، همان طراحی دستی ست ودر کتاب پیش رو، طراحی چهره.

اگر برای بسیاری از مردم، کشتن وقت، راه های دیگر و سرگرمی های دم دست تری هست؛ مثل جدول حل کردن، تلویزیون تماشاکردن یا ناخن جویدن!، برای برخی دیگر- مثل من- طراحی چهره ی آدم های در حال جدول حل کردن، تلویزیون تماشا کردن و ناخن جویدن بهترین راه کشتن وقت - همراه احساس وجد از این کشتن- است!

تماشای آدم ها و صحنه ها، دقت در تفاوت قیافه ها و رفتار ها و شکار قیافه های وا رفته با ژست های ناپلئونی وا رفته، یا پیرزنان قوزی با سبدهای خریدشان و صد ها صحنه ی مضحک یا ترازیک، از لذت ترین سرگرمی های امثال من ست که کار دیگری بلد نیستند.

فرمول های اندام شناسی و قیافه شناسی از قبیل: سر کوچک، شانه های افتاده، شکم برآمده، پاهای لاغر، دماغ چاق، چشم های تنگ، دهان گشاد و هزار نکته ی دیگر جای مصرف و آزمون اش همین جاست. کوپه ی مترو، پارک محله، مطب دکترها، مجلس سخنرانی، ایستگاه اتوبوس، سالن انتظار فرودگاه و میز رستوران، همه آزمایشگاه های مناسبی برای این تفریح بی خطر و ضررند که یک مداد و یک کاغذ را ساعت ها سرگرم و فعال نگه دارند.

اگر پیرمردها را با فک بیرون آمده و پف چشم و قوز پشت می توان تعریف کرد و کودکان را با سربزرگ و اندام های کوچک، چشم های درشت و گونه های برآمده؛ در مشاهدات مستقیم خود تضاد های فراوانی می بینید و در پایان به این نتیجه میرسید که "در عالم طبیعت هیچ چیز فرمول ندارد!" و تعریف های آکادمیک نه فرمول ریاضی ست و نه قاعده ی فیزیک که نتوان خلافش را پیدا کرد.

طراحی چهره، پرتره کشی یا شمایل سازی که درین کتاب نوع تفریحی و طنز آمیز آن را می بینید البته همیشه هم برای دل کشنده اش تفریح و بازی نیست؛ چنان که در طول تاریخ نقاشی شمایل پادشاهان و صاحبان مال و زور، دکان پر درامدی برای نقاشان درباری بوده است و گوشه ی کوچک اما روشنگری از تاریخ. (سبیل شاهانه ی شاه عباس را بجزدر پرتره های آن شاهنشاه در کجا میشد یافت؟)

هنوزهم بسیارند پرتره سازان دوره گردی که در دیدنگاه های پررفت و آمد دنیا مثل حیاط موزه ی ژرژپمپیدو، میدان سن ویکتوریای ونیز، و میدان توریستی هست که نان خود را از طراحی شمایل مسافران، عاشقان و دست بجیبان در می آورند (که نوش جانشان).

در تاریخ ایران ما به دلیل آموزه های دینی اسلام که در آن شبیه سازی ممنوع است؛ هنر شمایل سازی بسیار نادر و تنها در سده های بعد از یازدهم شمسی آن هم تنها از پادشاهان (شاه عباس صفوی، آقا محمد خان قاجار، فتح علیشاه، ناصرالدین و اعقاب او) و صاحب دولتان و امیران و وزیران باقی مانده است.

این که چرا امروزهم با وجود بیرنگ شدن ممنوعیت شمایل سازی، کمتر طراحی را می توان در خیابان و بازار ایران یافت که مشغول شمایل سازی - ولو برای امرار معاش- باشد، بر من معلوم

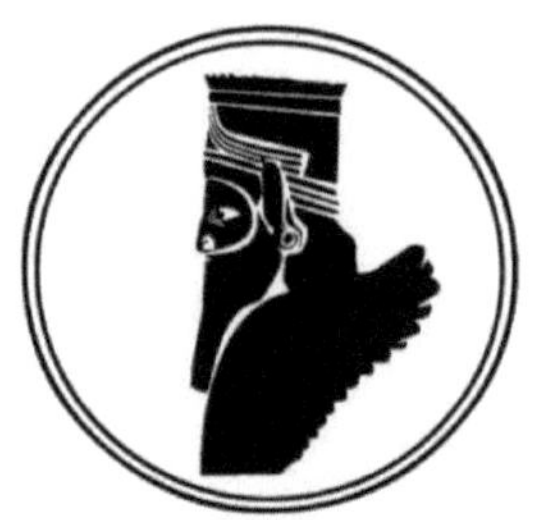

حضور دکتر نورالدین زرین‌کلک در طی دو سال گذشته در مرکز ایران‌شناسی ساموئل جردن باعث افتخار ماست. ایشان خلاقیت و نوآوری را برای مرکز به ارمغان آورده است. کتاب وی شامل دویست طرح جالب و جذاب از چهره‌ها و اشخاص مهم طی چهل سال اخیر است. طرح‌ها در اماکن عمومی اعم از کنفرانس ها، کافی‌شاپ‌ها و یا دورهمی‌های دوستانه، و از اشخاصی که توجه ایشان را جلب کرده‌اند نقش زده شده و موضوع طرح ایشان گشته‌اند.

مفتخریم که "پرتره" توسط مرکز ایرانشناسی دانشگاه اروای منتشر شده و امیدواریم این همکاری ادامه داشته باشد.

تورج دریایی
مرکز ایرانشناسی ساموئل جردن
دانشگاه کالیفرنیا، اروای

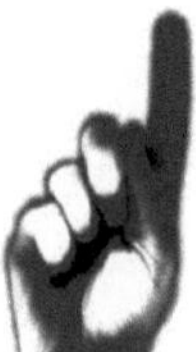

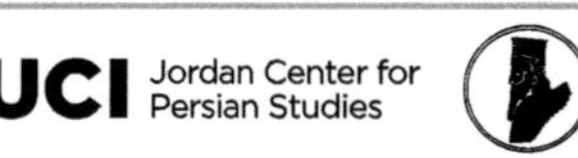

مرکز ایران‌شناسی ساموئل جردن

چهره‌ها

نورالدین زرین‌کلک

شابک: ۹۷۸-۰-۹۹۹۴۷۵۵-۶-۰

طراحی جلد و صفحه‌بندی: نگار زرین‌کلک

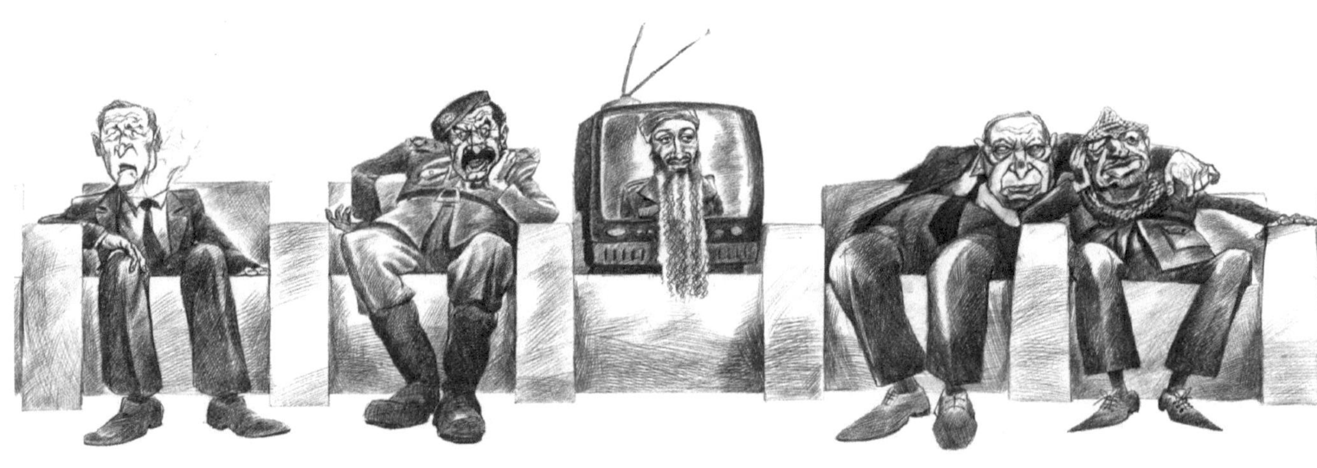

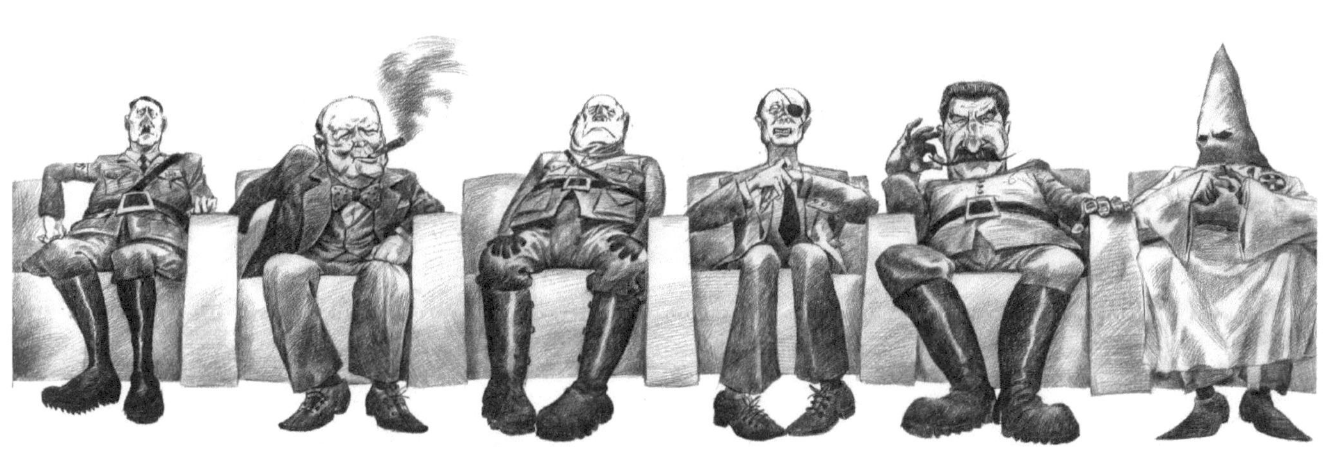

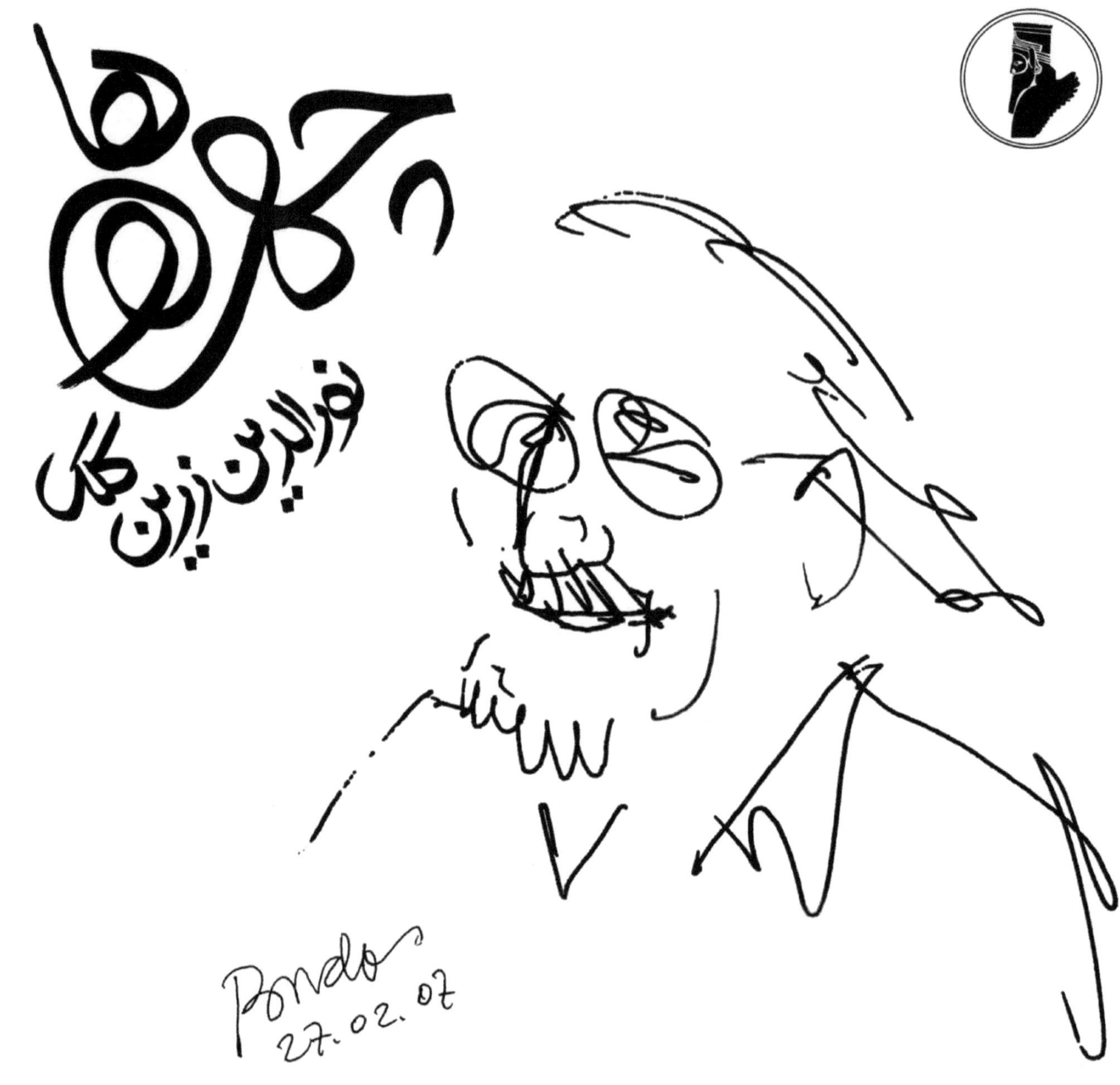

قوانین یزدن گک
Pondo
27. 02. 07

Printed by Libri Plureos GmbH in Hamburg,
Germany